HISTOIRE

DE

LA BASSE-RÉPUBLIQUE

(1870-1890)

PAR

ALFRED BERTEZÈNE

PARIS

Librairie de LA VOIX DE PARIS

155, RUE MONTMARTRE, 155

1891

TOUS DROITS RÉSERVÉS

HISTOIRE
DE
LA BASSE-RÉPUBLIQUE

Il a été tiré de cet ouvrage :

Cent exemplaires numérotés, avec le portrait et la signature de l'auteur. Prix : 20 francs.

Quatre exemplaires numérotés sur papier du Japon, avec le portrait et la signature de l'auteur. (Ces quatre derniers exemplaires ne sont pas en vente.)

HISTOIRE

DE

LA BASSE-RÉPUBLIQUE

(1870-1890)

PAR

ALFRED BERTEZÈNE

PARIS

Librairie de LA VOIX DE PARIS

155, RUE MONTMARTRE, 155

1891

TOUS DROITS RÉSERVÉS

En présentant au public un ouvrage dans lequel on voit aux prises cinq ou six partis politiques, il ne me paraît pas inutile de déclarer que je ne tiens à plaire à aucun, pas même au parti républicain.

Mon but est de fournir des matériaux et des éléments d'investigation aux penseurs de l'avenir, et de dégager moi-même, s'il se peut, quelques lois sociales. J'étudie les événements absolument comme le géologue étudie un terrain jurassique, l'analyste une équation différentielle, le chimiste une mystérieuse combinaison.

Il n'en est pas de l'historien comme du journaliste. Celui-ci, dont la tâche a son utilité, ses périls, sa grandeur, est fatalement porté, par les besoins de la polémique quotidienne, à exagérer le blâme et l'éloge. Sous sa plume, telle vérité, dite à un moment inopportun, pourrait entraîner les plus désastreuses conséquences.

Celui qui, le 17 mai 1877, au moment où M. Gambetta prononçait son énergique philippique contre le gouvernement de M. de Mac-Mahon et des curés, serait venu rappeler les cigares exquis, celui-là aurait fait acte de maladroit et, par suite, de mauvais citoyen.

C'est dans cet esprit qu'avait été préparée la première édition de mon poème La Révolution (Le Progrès, mars 1877); dans cet esprit que fut composée l'Histoire de La Troisième République, 1880. Nous glissions sur les défaillances de 1870; nous voulions croire, malgré tout, que les Simon et les Gambetta feraient oublier par un ardent libéralisme et d'heureuses réformes, les hontes du Gouvernement de la Défense Nationale. Quand l'ennemi donne l'assaut aux murailles, les défenseurs doivent faire taire leurs griefs.

Aujourd'hui, aucune considération ne peut prévaloir. La discipline que les Partis sont obligés de subir, presque toujours au grand détriment de la Vérité, n'existe plus pour nous. C'est à cette édition seule, et à la dixième de La Révolution, écrites en dehors de toutes préoccupations politiques, que ceux qui s'intéressent à nos travaux, devront s'en référer, pour avoir notre opinion définitive sur les hommes et les choses de ce temps.

Ma Politique Scientifique a déjà besoin d'être remaniée et mise au point. J'en reprends la publication dans mon journal La Voix de Paris.

Je dis dans la préface de la dixième édition de La Révolution :
« On remarquera que certains personnages nommés auparavant

avec faveur, les Grévy et les Rochefort entre autres, sont maintenant signalés à l'indignation publique et traînés au pilori. N'accusez pas de versatilité le poète de La Révolution, pas plus qu'ailleurs l'historien de La Basse-République. Prenez-vous-en aux palinodies de démocrates de hasard, de politiciens sans principes et sans convictions : ce sont eux qui ont varié. L'écrivain, lui, est resté fidèle au Progrès ; et il reste plus que jamais fidèle à la Vérité en stigmatisant, le jour où ils sont démasqués, les fourbes et les traîtres. »

Avide de Justice, notre seul guide est la Raison, plus inflexible que l'antique Destin. La Science politique, telle que nous la comprenons, ne saurait être faite pour fournir des arguments et des armes aux Partis plus ou moins respectables qui évoluent sur la scène du monde.

A. B.

20 décembre 1890.

Le titre de « Basse-République » n'implique nullement insulte au principe républicain. Réminiscence du Bas-Empire, il souligne simplement un régime qui n'a guère eu de démocratique que le nom.

I.

BONAPARTE

I. — La Révolution française, fille du monde gallo-romain, succomba sous les erreurs et les préjugés des vieilles races latines, roulés jusque dans sa genèse. Comme l'antique nation qui fleurit sur les bords du Tibre et remplit l'univers de ses armées et du bruit de son nom, la première République, après avoir promené ses grenadiers invincibles de l'Adriatique à la mer du Nord, s'effondra dans le Césarisme. Elle avait brisé, il est vrai, l'ancien moule social, proclamé la Souveraineté du Peuple, affirmé les droits de la Science; elle n'avait pas édifié. Au milieu de l'effroyable tempête, aveuglés par la fumée qui s'élevait des champs de bataille et troublés par les coups de canon qui retentissaient, au milieu de cris de rage, d'un bout de l'Europe à l'autre, les penseurs, — sans lesquels rien ne se produit de durable, — pouvaient difficilement apercevoir les lois d'équilibre du monde nouveau. Pour que le cerveau humain distille la vérité et sécrète des principes, il lui faut, comme en chimie, au moment d'une cristallisation, des conditions particulières de calme et de tranquillité.

II. — L'explosion de Quatre-Vingt-Neuf avait eu pour première cause l'amélioration matérielle du sort des masses et une plus égale répartition du bien-être. Ce but est loin d'avoir été atteint. Huit ans après la prise de la Bastille, malgré la chute de l'ancien régime et la vente des biens du clergé, en dépit des victoires éclatantes de nos armes, le Déficit réapparaissait. Le gouvernement Directorial était sans autorité; d'effrontés accapareurs mettaient le patrimoine national en coupe réglée ; les fournisseurs des armées, les banquiers, nouveaux rois de la République, tenaient le haut du pavé. La Réaction relevait la tête ; les intérêts s'alarmaient ; et quand les intérêts s'alarment, progrès, aspirations généreuses, tout s'efface ; il n'y a plus qu'eux. La France, en proie aux traitants et aux avocats, avait l'air d'une assemblée d'actionnaires attendant un gérant. Un homme nouveau, indépendant, jeune, énergique, vainqueur des royalistes au 13 Vendémiaire, illustré par sa belle conduite au pont d'Arcole, attaché par son intérêt même à soutenir l'état de choses sorti de la Révolution, Bonaparte se présenta. Il fut acclamé. Le dix-huit brumaire an VII (9 novembre 1799), à la tête d'un bataillon dévoué, il expulse de l'Orangerie de Saint-Cloud le Conseil des Cinq-Cents, cénacle d'avocats bavards et présomptueux. Au lendemain du Coup d'État, le nouveau ministre des finances, Gaudin, se fit ouvrir le Trésor : il y trouva en tout 167,000 francs, qu'il porta dans son portefeuille au Premier Consul. C'est à peu près la même scène qui se reproduira en 1871, quand M. Pouyer-Quertier, chargé de mettre un peu d'ordre dans le chaos financier, réunit toutes les ressources disponibles dans son chapeau, et le présentant à M. Thiers lui dit : « Voilà tout ce qui reste de la fortune de la France! »

III. — Avec Bonaparte, il faut le reconnaître, les premiers bienfaits de la Révolution sont consolidés. Le Code civil les consacre. Les acquéreurs de biens nationaux sont rassurés. L'ordre est garanti. Le Concordat ramène la paix dans les consciences catholiques ; la liberté des cultes est proclamée. Le Protestantisme, force considérable par le talent et la richesse, se serre autour du puissant Protecteur. Malheureusement sa prodigieuse fortune éblouit le Premier Consul. Tournant le dos à la démocratie dont il était sorti, il parade au despote, installe aux Tuileries une véritable fabrique de comtes et de ducs, invente la Légion d'Honneur. Pauvres inventions d'un esprit étroit ! Il lui faut des chambellans, à cet ancien sous-lieutenant d'artillerie! L'abaissement est si général, qu'il en trouve, qu'il en refuse. Les républicains les plus considérables postulent pour galoper à ses côtés, ou assister à son lever. Le pape Pie VII dut venir expressément de Rome pour couronner le nouvel Autocrate. Le 2 décembre 1804, à Notre-Dame, le vicaire du Christ, après une triple onction sur la tête de Bonaparte, prononça, au milieu du sérieux général, les paroles suivantes :

« Dieu tout-puissant, qui avez établi Hazaël pour gouverner la

Syrie ; qui avez répandu l'onction sainte des rois sur la tête de Saül et de David par le ministère du prophète Samuel, répandez par mes mains les trésors de vos grâces et de vos bénédictions sur votre serviteur Napoléon, que, malgré notre indignité personnelle, nous consacrons aujourd'hui empereur en votre nom ! »

Je ne sais trop si Dieu, comme l'affirmait Pie VII, avait réellement établi Hazaël pour gouverner la Syrie ; ce que j'affirme, c'est que les Sections de Paris et les Volontaires de 1792 n'avaient pas compté établir un général pour une pareille cérémonie.

Aussitôt couronné, le despote, à la tête de son Aristocratie, va courir les champs de bataille de l'Europe. « Les générations de la France, dit M. de Chateaubriand dans ses *Mémoires d'Outre-Tombe*, furent mises en coupe réglée ; le réformé, le remplacé, étaient repris ; tel fils d'un pauvre artisan, racheté trois fois au prix de la petite fortune du père, était obligé de marcher. Des colonnes mobiles parcouraient les provinces comme un pays ennemi, pour enlever au peuple ses derniers enfants. »

La presse était muette, comme la tribune. L'imposture et le silence étaient les deux grands moyens employés pour tenir la France dans l'erreur. Vos enfants meurent sur le champ de bataille... On ne fait pas assez de cas de vous pour vous dire ce qu'ils sont devenus. On vous tait les événements les plus importants. Les ennemis sont à Meaux : vous ne l'apprenez que par la fuite des gens de la campagne. On vous enveloppe de ténèbres ; on se joue de vos inquiétudes. Vous voulez élever la voix ? Un espion vous dénonce, un gendarme vous arrête, une commission militaire vous juge, un peloton vous exécute.

IV. — Les mauvais jours arrivent. La capitulation de Baylen porte le premier coup au colosse aux pieds d'argile. L'incendie de Moscou donne le signal du réveil des nationalités. Les Russes font le vide autour de la Grande-Armée. Napoléon, étonné qu'il fasse froid en plein hiver, dans les steppes hyperboréennes, abandonne son armée au milieu des neiges et regagne en toute hâte les tièdes salons des Tuileries : « Il fait meilleur ici que sur les bords de la Bérésina », disait-il en se frottant les mains devant un feu flambant. Pas un mot de regret, pas une parole d'attendrissement pour les grenadiers qui tombaient là-bas par milliers du froid et de la faim.

Les courtisans disaient : « Ce qu'il y a d'heureux dans cette retraite, « c'est que l'Empereur n'a jamais manqué de rien ; il a toujours été « bien nourri, bien enveloppé dans une bonne voiture. »

De retour à Paris, au milieu de sa Cour, insouciant des désastres accumulés par son ambition, toujours triomphant et glorieux, paré d'un riche manteau, semé d'abeilles d'or, la tête couverte du chapeau à la Henri IV, il s'étalait brillant sur un trône, répétant les attitudes royales qu'on lui avait enseignées.

V. — Et malgré les impôts écrasants, malgré les désastres, les campagnes vénéraient le despote. Bonaparte, devenu Napoléon, bénéficiait de toute la haine amassée contre l'ancien régime. Les agents de la dictature avaient accrédité dans les moindres hameaux l'idée que toutes ces guerres étaient pour défendre les bienfaits de Quatre-Vingt-Neuf, menacés par la contre-révolution. Les républicains regardaient Bonaparte comme leur ouvrage et le chef d'un Etat libre. L'illusion survécut à la retraite de Russie et à Waterloo même. Ce qui contribuait à égarer les esprits, c'est que les instruments dont l'Autocrate se servait étaient des instruments révolutionnaires. Ces admirables armées de la République, ces généraux sortis de la lutte gigantesque soutenue par la France révolutionnaire, furent par lui jetés habilement dans la mêlée. Les Grenadiers de l'An II, les Volontaires de Sambre-et-Meuse, les Kellermann, les Jourdan, les Masséna et les Augereau, entraînés par leur propre gloire, furent les derniers à s'apercevoir de la transformation qui s'accomplissait. Avec la plus grande sincérité, ils s'imaginaient combattre pour la patrie, quand ils ne combattaient plus que pour un tyran. Devenus prétoriens, ils se croyaient encore des patriotes.

L'Europe libérale et les Penseurs n'étaient pas dupes de cette illusion des Ney, des Augereau et autres Jacobins à la Fouché, domestiqués par Bonaparte. Le mépris du droit des gens et du droit des peuples était flagrant. Les nations étrangères qui, aux grands jours de Jemmapes et de Fleurus, avaient acclamé nos armées libératrices, se voyant maintenant foulées aux pieds par un Autocrate de hasard, se ruèrent sur leurs armes pour l'Indépendance. La chute de Bonaparte devint fatale à courte échéance. Il était isolé... Sans racines dans un pays auquel il avait pris son or et son sang, il ne représentait plus que lui-même. Il tomba en 1814.

Il fut définitivement vaincu le 18 juin 1815, à Waterloo. S'il ne l'eût été là, il l'aurait été ailleurs. Vingt victoires ne signifient rien, quand une seule défaite va vous perdre. Supposez Blücher arrivant trop tard au secours de Wellington, celui-ci était écrasé, et Napoléon une fois de plus victorieux. La défaite finale et fatale n'était que reculée; elle aurait eu un autre nom, voilà tout.

II

WATERLOO

I. — Etendons-nous un peu sur les Cent-Jours. Jadis le vainqueur égorgeait le vaincu et buvait dans son crâne fumant. Ce n'était pas très humain, mais la guerre n'est pas une pastorale. On était sûr que le vaincu ne reviendrait pas. Au lieu de verser l'Ale ou l'Hydromel dans le crâne de Bonaparte, les Alliés, plus civilisés, et par égard pour l'Empereur d'Autriche dont il était le gendre, se contentèrent de le reléguer à l'île d'Elbe, dans un climat délicieux, aux portes de la France. Il s'en échappa (on devait s'y attendre), débarqua au golfe Juan, fut acclamé à Grenoble par ses prétoriens, et le 20 mars 1815 coucha aux Tuileries. Il crut que l'Europe fermerait l'œil sur la violation du pacte de 1814, et qu'on lui laisserait faire enfin le *bonheur* des Français. On ne le lui permit pas. A peine son débarquement était-il connu, le czar Alexandre mobilisa sa garde; Blücher parlait de le pendre haut et court, s'il tombait entre ses mains; l'Autriche et l'Angleterre mirent leurs armées en route. Le jour même de l'entrée de Napoléon à Paris, les ambassadeurs des puissances demandèrent leurs passeports. Il écrivit aux souverains, *ses chers frères;* on ne lui répondit pas. Bientôt le Congrès de Vienne le déclare hors la loi, lui et son armée, « véritable bande de brigands qu'il faut exterminer ». La Vendée s'insurge.

L'enthousiasme factice de la première heure est tombé. Dans ces conditions, Bonaparte est perdu. Lui-même a le pressentiment de sa chute inévitable : « J'avais, a-t-il dit, l'instinct d'une issue malheureuse ».

C'est à ce moment, et non après Waterloo, qu'il devait demander « à s'asseoir, comme Thémistocle, au foyer du peuple britannique ». On lui eût tenu compte de son effacement et pardonné son équipée.

Pourquoi a-t-il été quand même de l'avant, menant à la boucherie nos sublimes grenadiers, attirant sur la France de nouvelles et plus effroyables calamités? Pourquoi? Parce que cet homme était un égoïste sans scrupules, un vil ambitieux, et qu'il ne faut demander ni sentiments désintéressés, ni grandeur d'âme à ces sortes de personnages. Quand ils sont aux abois, comme le joueur effréné qui lance sur le tapis le dernier morceau de pain de ses enfants, ils n'hésitent pas à accumuler les désastres; et c'est une suprême jouissance pour eux de tout entraîner dans leur ruine.

II. — Donc, le 15 juin 1815, Napoléon, avec 124,000 hommes, passe la frontière de Belgique. Son frère Jérôme, par une brillante attaque, enlève le pont de Charleroi. L'armée française avait en ce moment les Prussiens de Blücher à droite, l'armée anglo-hollandaise de Wellington à gauche. Le 16 juin, Napoléon attaque Blücher à Ligny, pendant que Ney se porte sur les Quatre-Bras. Les deux batailles furent indécises. Blücher fut refoulé, non annihilé. Wellington se replia sur la route de Bruxelles, toujours, ne l'oublions pas, en communication avec Blücher et liant son sort au sien.

Le 17, Napoléon détache Grouchy pour observer et contenir les Prussiens; lui-même, avec Ney, se met à la poursuite des Anglais. Ce jour-là, à deux heures de l'après-midi, un orage épouvantable éclata sur la Belgique, inondant les campagnes, effondrant les routes. Les troupes de toutes armes, au milieu de ce déluge qui transformait les champs en marécages, marchaient confondues en un désordre inexprimable. Le tonnerre grondait encore, lorsque vers sept heures du soir, l'armée française arriva au pied du plateau de Mont-Saint-Jean, non loin du village de Waterloo. Une forte reconnaissance ayant été poussée sur l'ordre de l'Empereur, fut reçue par une bordée formidable de coups de canon. L'armée anglaise entière était là, se couvrant de tous ses feux. Napoléon éprouva une vive satisfaction de savoir que Wellington s'était résolu à l'attendre en avant de la forêt de Soignes. Il comptait écraser ce premier ennemi et en finir ensuite avec les Prussiens de Blücher.

III. — Les forces des deux armées en présence se balançaient, 72,000 Français contre 70,000 Anglais, Belges et Hanovriens. Le 18, vers le matin, la pluie cessa. On continua à s'observer en silence; l'Empereur, sur l'avis des officiers d'artillerie, attendait pour commencer l'attaque que le sol détrempé se fût un peu raffermi. A onze heures, l'impatience est générale. Nos troupes pleines d'ardeur demandent à marcher. Napoléon monte à cheval, et au milieu de cris frénétiques de « Vive l'Empereur! », au son des musiques militaires, les tambours battant aux champs, parcourt au galop le front de bandière. A ce moment, le soleil brilla à travers les nuages. Ce n'était pas le soleil d'Austerlitz!

Le bruit des acclamations et des fanfares de l'armée française arrive à lord Wellington adossé à un arbre en avant de la forêt. Une lunette à la main, il assiste à l'imposant spectacle de puissantes légions jurant de vaincre ou de mourir.

Le silence s'est fait, silence solennel qui plane toujours sur deux armées au moment de combattre.

Ney, Jérôme, d'Erlon, Cambronne, Milhaud sont là à cheval, attentifs aux gestes du Maître. Celui-ci, après avoir du haut d'un observatoire élevé pendant la nuit, promené ses regards sur l'immense champ de bataille tout étincelant de baïonnettes, et s'être assuré que chacun est à son poste, fait un signe. Aussitôt les aides de camp partent au galop. Les maréchaux regagnent leurs corps. Bientôt un frémissement général s'élève, car la fusillade crépite à l'extrême gauche de l'armée française. Jérôme et Kellermann font une vigoureuse démonstration sur le château de Goumont occupé par les Hanovriens. Cependant que l'Empereur réunissant une puissante batterie de 78 pièces, canonne le plateau de Mont-Saint-Jean, et lance Ney sur la Haie-Sainte, hameau au pied du coteau. Ce mouvement réussit d'abord. La grosse artillerie du maréchal fait d'affreux ravages dans les rangs anglais; quelques soldats lâchent pied. Ney veut profiter de la panique qu'il découvre sur certains points de l'armée ennemie. Il enlève une partie de ses pièces pour les porter sur les positions mêmes de l'adversaire. Celui-ci, le feu cessant, raffermit ses lignes. Il y avait un ravin à traverser; les lourdes pièces de la division Marcognet s'y engagent. Mais la pente opposée est rapide; les roues enfoncent dans la boue jusqu'aux essieux. Les artilleurs jurent, tonnent, fouettent les chevaux; les hommes poussent. On avance difficilement.

Des hauteurs du plateau, Wellington a vu notre embarras : il appelle à lui deux escadrons de dragons, leur fait une large distribution de *gin* et les lance à fond de train dans le vallon. Ils coupent les traits, tuent les chevaux, sabrent les artilleurs. Ils furent à leur tour chargés et sabrés jusqu'au dernier par les cuirassiers de Milhaud. Notre grosse artillerie n'en était pas moins hors de service.

Il allait être deux heures, quand du côté de la Chapelle-Saint-Lambert, des masses noires en mouvement appellent l'attention de Napoléon et l'inquiètent. Quelles peuvent être ces troupes dont, même avec une lunette, il est impossible de reconnaître l'uniforme? Serait-ce Grouchy?

Le général Bertrand se dirige de toute la vitesse de son cheval vers Saint-Lambert. Arrivé à une certaine distance du corps suspect, il met pied à terre et reconnait l'infanterie de Bulow. Il revient en toute hâte annoncer cette grave nouvelle à l'Empereur. L'intervention imminente des forces prussiennes constitue un danger des plus redoutables. Ce danger grandit encore des rapports successifs qui arrivent : les patrouilles du général Domon sont revenues sans avoir aperçu Grouchy. Bientôt on reçoit une dépêche du maréchal lui-même : au lieu de quitter Gembloux au point du jour, il n'en est parti, retardé lui aussi par la pluie, qu'à neuf heures et demie du matin.

Napoléon envisage toute l'étendue du péril. Un désastre s'annonce, il n'en peut douter. Alors, au lieu d'organiser la retraite et de sauver, il en était temps encore, la majeure partie de ses soldats, cet insensé lance ses dernières réserves sur le plateau de Mont-Saint-Jean. Elles tourbillonnent sur elles-mêmes, criblées de mitraille, sans pouvoir entamer les carrés anglais, lesquels apercevant le renfort promis, opposent une plus opiniâtre résistance.

Il est huit heures, une nouvelle canonnade se fait entendre au loin : « C'est Grouchy! » crient nos soldats. « Voilà Blücher! » disent les Anglais. C'était Blücher.

Wellington a quitté son arbre. La figure rayonnante, l'œil en feu, au milieu de hourrahs enthousiastes, il parcourt les rangs anglais, faisant passer chez les siens l'ardeur dont il est animé : « En avant, *my boys!* La victoire est à nous! » Et faisant avancer son extrême droite, il la lance comme un torrent des hauteurs du plateau. Blücher arrivé au hameau de la Haie en débusque les deux régiments qui le défendent et fait une trouée horrible au centre de nos troupes. Au même instant, la fusillade et le canon éclatent à moins de six cents mètres sur les derrières de l'armée française. Les Prussiens nous ont débordés. « Sauve qui peut! Nous sommes trahis! » crient nos soldats. La déroute commence; la débandade est affreuse. A neuf heures du soir, alors que les ombres de la nuit commençaient à s'étendre sur le lugubre champ de bataille, un homme s'approcha de l'Empereur : « Frère, lui dit-il, l'air sombre, c'est ici que doit tomber tout ce qui porte le nom de Bonaparte... En avant! »

Et tirant son épée, le roi Jérôme montra les bataillons anglais. Napoléon tourna bride et disparut dans les ténèbres.

La Vieille Garde, pour protéger la retraite de cet Empereur auquel elle croit encore, se forme alors en carré, Cambronne en tête, à la hauteur de la maison d'Écosse. Les boulets ennemis enlèvent des files entières de ces braves. Les rangs se reforment. Les redoutables bonnets à poils avancent lentement, calmes comme à la parade, refoulant tout sur leur passage. Une dernière et plus effroyable canonnade résonne... Les rangs encore debout s'écroulent... La Vieille Garde était anéantie...

La Révolution avait terminé son premier cycle. L'aurore à la fois sanglante et majestueuse qui ouvre le dix-neuvième siècle, n'avait guère éclairé que le carnage épouvantable des multitudes.

O sublimes volontaires de l'An I, sortis des sections parisiennes ! Héros de Valmy, de Jemmapes et de Fleurus!... Peu d'entre vous ont pu arriver à Waterloo. Tombés sur les coteaux de Sambre-et-Meuse, ou comme Marceau dans les défilés de la Forêt-Noire, vous avez été dévorés par les batailles avant d'avoir vu votre œuvre détournée par un Despote. Sans Rousseau, Voltaire et les Encyclopédistes qui dominent le dix-huitième siècle, et dont l'œuvre brille, indestructible, dans le ciel social, il ne resterait peut-être plus rien de la Révolution.

IV. — Analysons maintenant le dernier acte de la sinistre épopée impériale. Napoléon, en transportant tout d'abord les hostilités en Belgique, avait cru faire un coup de maître : « Wellington et Blücher, disait-il, peuvent être battus, dispersés, anéantis, avant que le reste des troupes alliées ait eu le temps de les rejoindre. Alors, Bruxelles se déclarera, les bords du Rhin reprendront les armes, l'Italie, la Pologne et la Saxe se soulèveront ; et ainsi, dès le commencement de la campagne, le premier coup, s'il est bien frappé, peut dissoudre la coalition ». Je ne vois pas ce qui autorisait Napoléon à compter sur la Belgique et la Saxe. Avait-il oublié la défection des Saxons eux-mêmes à Leipsick? Oui, les nationalités se réveillaient ; mais ce réveil se faisait contre nous.

Ce qui a causé la défaite de Napoléon à Waterloo, ce n'a été ni l'arrivée de Blücher, ni la ténacité de Wellington. Ça été le manque de troupes. Au moment décisif, Ney demande de l'infanterie : « De l'infanterie? s'écrie l'Empereur. Et où veut-il que j'en prenne? Veut-il que j'en fasse? »

C'est le manque de troupes qui causa l'inaction de Grouchy et son impuissance devant les cent mille Prussiens de Blücher et de Zieten.

C'est le manque de troupes qui avait rendu incomplète notre victoire du 16 juin.

C'est le manque de troupes qui fit que, dans cette affaire de Ligny et des Quatre-Bras, le comte d'Erlon, usant sa journée en marches et en contre-marches, se promena entre deux canonnades sur un rayon de trois lieues, sans aucune utilité pour Ney et pour Napoléon. Et ce manque de troupes était fatal. En admettant même que la France déjà épuisée eût pu fournir des contingents suffisants, l'Empereur n'aurait pas eu le temps matériel de les lever et de les armer. Le territoire eût été envahi auparavant par vingt côtés à la fois. C'est ce que voulut éviter Napoléon en prenant l'offensive. Seulement il n'écarta un péril que pour tomber dans un autre. Comme en Mécanique, ce qu'il gagna en rapidité, il le perdit en force. Napoléon a eu tort de maudire ses généraux, d'accuser le Destin. Lui-même et ses lieutenants, sans en excepter Grouchy, firent des prodiges de stratégie dans cette campagne. Malheureusement pour Napoléon, mis hors la loi, au ban de l'Europe entière, soutenu seulement par quelques prétoriens, le problème abordé étant insoluble, ne pouvait être résolu.

V. — « S'il n'avait pas plu, a dit Napoléon, Wellington aurait été écrasé avant l'arrivée de Blücher. »

La chose n'est pas certaine. En outre, cette pluie qui retarda l'attaque des Français, retarda aussi l'arrivée des Prussiens. S'il avait fait beau, certes Napoléon eût pu mettre son armée en mouvement dès cinq heures du matin; mais alors, et par la même raison, Blücher aurait pu quitter Wavres plus tôt et apparaître à midi avec ses colonnes.

Cette arrivée de Blücher, que des historiens de fantaisie nous ont présentée comme tout à fait imprévue, était au contraire escomptée par l'ennemi; elle entrait dans les calculs de Wellington, lorsqu'il s'adossa à la forêt de Soignes : « Que faire? lui demandait-on, sous son arbre, au milieu d'une pluie de fer. — Attendre! Attendre encore!... Je n'ai pas d'autres ordres à donner... Blücher, ou la nuit. » Cette même arrivée aurait dû entrer dans les calculs de Napoléon. Celui-ci avait conscience que l'armée prussienne n'avait éprouvé qu'un simple échec, l'avant-veille, à Ligny; qu'elle restait entière avec ses 90,000 hommes; que Grouchy avec quelque vingt-cinq mille soldats n'était même pas en position d'en surveiller les mouvements, bien loin de pouvoir la contenir. Supposer qu'après Ligny Blücher avait fui du côté de Cologne, était une supposition gratuite et que rien n'autorisait. Quand vers trois heures de l'après-midi, au fort de la mêlée, nos braves grenadiers, apercevant, du côté de Planchenoit, des colonnes en mouvement, s'écrièrent : « Voilà Grouchy! » Napoléon, j'en ai la conviction, savait fort bien que ce ne pouvait être Grouchy.

Il n'aurait pas dû livrer bataille à Wellington, sans savoir au préalable, d'une façon absolue, ce qu'était devenu Blücher. Or il ne le savait pas. Il s'étourdit lui-même sur les probabilités de succès de la journée qui s'ouvrait. Il alla quand même de l'avant. Que faire, d'ailleurs? Impossible de reculer. Et après tout, le hasard est si grand!

Enfin, je le répète, si Napoléon n'avait pas été vaincu à Waterloo, il l'eût été ailleurs. Comment, avec une poignée de soldats, eût-il pu tenir tête à 800,000 ennemis? L'année précédente, pendant la campagne de France, que de victoires n'avait-il pas remportées? Victoires à Montmirail, à Champaubert, à Montereau. Il n'en avait pas moins succombé. Supposons Wellington mis en déroute à Waterloo. Le lendemain, Blücher, survenant avec ses 90.000 hommes de troupes fraîches, était assez fort à lui seul pour culbuter l'armée française.

Napoléon a réussi à faire prendre le change aux Français sur Waterloo. Il a accusé la pluie, Grouchy, d'Erlon, Ney et Wellington lui-même. Ce dernier aurait dû prendre la fuite pour avoir sa haute approbation. « Fatalité! » a-t-il dit. Tel le célèbre joueur Garcia, ayant gaspillé trois millions gagnés aux banques des bords du Rhin, et venant à perdre ses derniers écus, parlait de déveine et fulminait contre le Destin!

VI. — « Il aurait fui, s'il l'avait pu! » a dit Napoléon, en parlant de Wellington. C'est là une insulte imméritée à un adversaire courageux et tenace. Eh! grand Empereur, on peut toujours fuir. Vous en avez donné vous-même la preuve à Waterloo. Je sais bien que vous avez pallié la chose en disant : « J'ai *suivi le torrent.* » Mais tout individu qui fuit, *suit le torrent.* Les véritables braves se font tuer en essayant de lui barrer passage. En tout cas, lorsque la mort ne veut pas de vous, il est toujours possible d'en finir avec une épée ou un pistolet. Et après avoir occupé le premier trône du monde, on ne s'expose pas à se faire mettre de nouveau la main au collet, comme un repris de justice en rupture de ban.

Le brave roi Jérôme, le héros qui, au pont de Charleroi, trois jours auparavant, avait tenu tête au milieu des balles, à toute une armée, avait le sentiment et du devoir et de l'honneur, lorsque, à neuf heures du soir, à Waterloo, il proposa à son frère de mourir tous deux en chargeant, épée en main, les carrés ennemis.

Oui, — et je défie qu'on réfute la conclusion de cette impartiale analyse, — si Napoléon avait été un homme de cœur, il n'aurait pas quitté vivant le champ de bataille de Waterloo.

On dit que les derniers mots prononcés par Bonaparte à son lit de mort, le 5 mai 1821, furent : « Tête... Armée. » On s'est souvent demandé quelle avait bien pu être la pensée à laquelle ils se rapportaient. Je crois l'avoir devinée, cette pensée. La voici : « J'aurais dû tomber à la Tête de l'Armée ! »

VII. — Le 21 juin 1815, Bonaparte vaincu est de retour à Paris. Le 22, la Chambre des pairs et la Chambre des députés se déclarent en permanence, et proclament traître à la patrie quiconque voudra les suspendre ou les dissoudre. Les alliés exaspérés avancent sur Paris. Louis XVIII approche. Il faut vider la place. Où peut aller le vaincu de Waterloo? Vers le Nord? C'est s'exposer à tomber entre les mains de Blücher qui le fusillerait sans merci. Dans le Midi? Il serait écharpé avant d'arriver à Marseille. Bonaparte se réfugie à Rochefort, puis voyant toute évasion par mer impossible, paie d'audace : il se présente à bord du navire anglais le *Bellérophon* et adresse la lettre suivante au prince régent d'Angleterre :

« Altesse royale, en butte aux factions qui divisent mon pays et à l'inimitié des plus grandes puissances de l'Europe, j'ai consommé ma carrière politique. Je viens, comme Thémistocle, m'asseoir au foyer du peuple britannique. Je me mets sous la protection de ses lois, que je réclame de Votre Altesse royale, comme celle du plus puissant, du plus constant, du plus généreux de mes ennemis. »

Je ne vois pas ce qui pouvait autoriser Napoléon, déporté une première fois, à compter sur la générosité de l'Angleterre. Je ne me le figure guère se promenant en pleine liberté dans les rues de Londres, et saluant amicalement au passage le duc de Wellington. Il était déjà revenu de l'île d'Elbe. A la première complication politique en France, il serait revenu de Londres pour faire *le bonheur* de ses anciens sujets.

Non, il devait s'attendre aux dernières mesures de rigueur. Et en effet, on répliqua à l'évadé de l'île d'Elbe en l'expédiant au fond de l'Atlantique, à Sainte-Hélène, sous bonne garde cette fois. Mon Corse trouva le procédé peu de son goût. Il protesta, comme bien on se l'imagine. Il soutint qu'il était venu *librement* à bord du *Bellérophon*. » Il en appela à l'Histoire.

L'Histoire a des protestations plus intéressantes à recueillir que celles de ce batailleur déconfit.

III

LA RESTAURATION

I. — Le 31 mars 1814, après la première abdication de Napoléon, des armées innombrables campaient sur le territoire français. Paris était occupé par l'ennemi. Cinq cent mille Russes, Allemands, Prussiens, restés de l'autre côté du Rhin, étaient prêts à seconder les efforts de leurs compatriotes par une seconde invasion, qui aurait achevé la désolation de la France ; l'Espagne allait franchir les Pyrénées sur les traces de l'armée anglaise et portugaise.

Voici que Louis XVIII, frère de Louis XVI, apparaît. Les souverains alliés le reconnaissent roi de France. Un traité de Paris est signé. Quatre mois après, les armées ennemies avaient repassé nos frontières, sans avoir emporté un écu, tiré un coup de fusil, versé une goutte de sang. La France se trouve agrandie sur quelques-unes de ses frontières ; on partage avec elle les vaisseaux et les magasins d'Anvers ; on lui rend trois cent mille de ses enfants exposés à périr dans les prisons des alliés, si la guerre se fût prolongée ; après vingt-cinq années de combats, le bruit des armes cesse subitement d'un bout de l'Europe à l'autre.

II. — Aussi, n'en déplaise aux historiens de parti, la France entière applaudit au retour de Louis XVIII.

« Les hommes de la République et de l'Empire, dit Chateaubriand, saluèrent avec enthousiasme la Restauration.... Impérialistes et libéraux, vous vous êtes agenouillés devant le fils d'Henri IV! Qui passait sa vie chez l'autocrate Alexandre? Les classes de l'Institut, les savants, les gens de lettres, philosophes, philanthropes et théophilanthropes. Ils en revenaient charmés, comblés d'éloges et de tabatières. » (*Mémoires d'Outre-Tombe.*)

Les plus chers amis de Napoléon, Berthier par exemple, à qui portaient-ils leur dévouement ? A la légitimité. Qui composait ces proclamations, ces adresses accusatrices et outrageantes pour Napoléon, dont la France était inondée ? Des royalistes ? Non ; les ministres, les autorités choisies par Bonaparte. Où se donnaient les plus brillantes fêtes aux Souverains étrangers ? A la Malmaison, chez l'Impératrice Joséphine !

III. — Le retour de l'île d'Elbe et les Cent-Jours exaspérèrent les Alliés et les Royalistes. Napoléon abattu à Mont-Saint-Jean, les vainqueurs se ruèrent furieux sur la France et prirent possession de Paris comme d'une ville conquise. Blücher voulait faire sauter le pont d'Iéna et renverser l'Arc de Triomphe. Aidés de M. de Maubreuil, les Cosaques et les Prussiens jetèrent bas la statue de l'Empereur, de la colonne Vendôme, et la traînèrent la corde au cou dans les rues de Paris. Le musée du Louvre fut dépouillé des chefs-d'œuvre que la victoire y avait entassés ; nos bibliothèques, nos collections précieuses, furent mises au pillage. Un million d'étrangers accouraient à la curée !

Les Alliés fermèrent la salle des séances de la Chambre des députés et rétablirent Louis XVIII sur son trône. Cette seconde Restauration coûta cher à la France. Il fallut d'abord payer aux Alliés 100 millions, puis une autre indemnité de guerre de 700 millions, et encore 370 millions de réclamations particulières. Ce n'est pas tout : 150,000 soldats étrangers restèrent pendant trois ans sur notre sol, entretenus et nourris à nos frais pour faire la police de l'Europe. Voilà à quels brillants résultats avaient abouti les victoires du *grand* Empereur !

IV. — Une politique violente l'emporta dans les conseils du Gouvernement. Le maréchal Ney, condamné par un conseil de guerre, fut passé par les armes près de l'Observatoire. La Terreur Blanche désola le Midi. Toutes les conquêtes de la Révolution furent remises en question. Par contre-coup, une opposition formidable s'organisa : les officiers de l'Empire tenus à l'écart, en demi-solde, les classes libérales, les propriétaires de biens nationaux, menacés d'une restitution, se liguent contre ce régime rétrograde. Les Bourbons étaient rentrés à la suite de nos désastres ; on les présenta comme la continuation de la conquête. Louis XVIII, qui était un souverain humain et éclairé, fut attaqué avec la dernière acrimonie comme étant revenu *dans les fourgons de l'étranger*. C'était absolument inique; mais les partis sont implacables. Ils ne regardent pas à se servir d'armes empoisonnées.

Alors aussi on forgea, pour les besoins de la polémique, la légende napoléonienne. Bonaparte ne fut plus que le vainqueur de Marengo et d'Austerlitz. A Waterloo, il avait été trahi. Trahi! grand Dieu! et par qui, si ce n'est par lui-même? Vit-on fidélité plus extraordinaire, plus touchante, que celle de son armée? Jamais les soldats français ne se sont montrés plus héroïques que dans l'instant même où, maudissant l'auteur de nos infortunes, ils respectaient encore en ce despote leur général, et seraient morts avec lui, si lui-même avait su mourir.

V. — Rien n'y fit. Le maréchal Grouchy eut beau prouver qu'il lui avait été matériellement impossible d'arriver à temps sur le champ de bataille, son nom resta voué à l'exécration générale.

De cette époque date la longue confusion des souvenirs napoléoniens et des idées libérales.

Par le fait de toute une équipe d'écrivains à courte vue, de Casimir Delavigne, de Hugo, de Béranger et de Thiers, l'histoire fut faussée.

Le châtiment mérité de Bonaparte se confond avec les malheurs immérités de la patrie.

On pleure sur Sainte-Hélène. On maudit Albion et Hudson-Lowe.

Charles X et les Jésuites refont une popularité à l'homme sinistre de Waterloo.

C'est ainsi qu'en 1877, MM. de Broglie et Fourtou referont une popularité aux traîtres de 1870, aux Jules Ferry et aux Jules Simon, que Paris abhorrait.

Le peuple qui avait fait la Révolution contre les Bourbons, détestait naturellement ces derniers et accepta la légende. Il ne comprenait pas grand'chose à la politique transcendante des orateurs de l'opposition.

Si l'une des conspirations libérales qui marquèrent la seconde Restauration avait réussi, dès le lendemain, les dissensions éclataient; les républicains auraient voulu reprendre l'œuvre révolutionnaire interrompue au 9 Thermidor; les bonapartistes n'auraient compris qu'une dictature militaire avec une politique de gloire et de conquêtes.

Rien n'était possible.

Dans ces tournois de tribune, où triomphent la rhétorique creuse et sonore du général Foy, la sévère argumentation de Manuel et la philosophie vague de Royer-Collard, c'est uniquement l'intérêt de la caste bourgeoise qui s'agite.

Mais les masses, en France, ont soif de justice et de progrès.

Et lorsque, en juillet 1830, les 221 appelèrent le peuple à la défense de la Charte menacée par les Ordonnances, il répondit à cet appel et se battit de confiance sur les barricades.

Charles X vaincu reprit une seconde fois le chemin de l'exil.

IV

LOUIS-PHILIPPE

I. — La Restauration avait apparu comme la continuation de nos désastres et une revanche de l'ancien régime. A son tour, la monarchie de Juillet eut le malheur d'apparaître comme une revanche de 1815. La *meilleure des Républiques* n'ayant pas fait aux démocrates et aux bonapartistes la part à laquelle ils croyaient avoir droit, fut accusée de trahir sa mission. Ce qui était le mal aigu, le péril imminent de la première heure deviendra pour elle la cause d'une faiblesse chronique, cruellement exploitée par une opposition qui lui imputera à lâcheté la réserve de sa politique extérieure.

Ce régime du Juste-Milieu, que certains présentent comme un retour à l'âge d'or, vécut d'une existence précaire.

Cinq mois après l'avènement de Louis-Philippe, le 22 décembre 1830, une première insurrection saluait à coups de fusil le régime qui s'était annoncé comme la meilleure des Républiques. Le Gouvernement faisait condamner, par la Chambre des pairs, trois des ministres de Charles X. Le 14 juin 1831, une émeute éclatait à Paris. Le 2 novembre suivant, une insurrection terrible ensanglantait les rues de Lyon. Le 23 mai 1832, la guerre civile s'allume en Vendée; le 1ᵉʳ juin, l'enterrement du général Lamarque provoque un nouveau soulèvement populaire. En 1834, le massacre de la rue Transnonain épouvante l'Europe. Et ainsi, d'année en année, les troubles se succèdent, alternant avec les tentatives de régicide, dont le nombre augmente en raison directe des rigueurs et des répressions.

Ce régime est en même temps caractérisé par des scandales retentissants; par les spéculations sur les blés pendant les années de disette; par les marchés Gisquet; par les expropriations de la rue Rambuteau; par la mort tragique du prince de Condé; par le procès des anciens ministres Teste et Despan-Cubières; par l'affaire Pritchard; par deux insurrections militaires au cri de : « Vive l'empereur! »

Louis-Philippe, — qui s'aperçut trop tard que la légende napoléonienne était une machine de guerre montée contre son gouvernement par les habiles du parti démocratique et de l'Église bonapartiste, — Louis-Philippe, sur la foi des poésies de Béranger et de Victor Hugo, eut la naïveté d'envoyer le prince de Joinville chercher à Sainte-Hélène les cendres de Bonaparte. Et quand il tomba en février 1848, le neveu du Premier Consul, bénéficiant de la légende, se trouva à point et en situation pour recueillir, une fois l'incapacité des républicains démontrée (ce qui ne fut pas long), l'héritage de la monarchie.

II. — Aucune amertume n'a été épargnée à Louis-Philippe; tous les outrages lui ont été prodigués. Son règne devint *une halte dans la boue*, et la révolution qui le renversa du trône reçut le nom de *Révolution du mépris*.

Ces outrages prouvent en soi peu de chose. Ils accompagnent tous les régimes. La République elle-même n'est pas épargnée. Que dis-je? La monarchie de Juillet et le second Empire n'ont jamais entendu semblable concert de clameurs furibondes. Écoutons Henri Rochefort, ancien membre du Gouvernement de la Défense en 1870 : « 1884 finit dans la boue. Cette année nous coûtera autant d'argent, plus de morts et plus de honte que celle de la guerre allemande. Ces douze mois ont été traversés par tous les fléaux : par le choléra, par le Congrès de Versailles, par des massacres au Tonkin, par nos échecs devant Formose, par la ruine de nos finances, englouties dans les poches de la famille Ferry, par la mise en faillite d'un nombre considérable de députés et de sénateurs, par le refus des esclaves de la majorité de voter le budget et, finalement, par le vol d'un milliard opéré par le président du conseil des ministres, de complicité avec la bande de souteneurs qui l'a reconnu pour chef. Jamais, à aucune époque, sous aucun gouvernement et dans aucun pays, un tel amas de crimes, d'impostures, de pirateries et d'assassinats ne s'est produit entre le 1ᵉʳ janvier et la Saint-Sylvestre ».

III. — Il y a déjà un enseignement à tirer de ces clameurs qui poursuivent tous les régimes. Le principe IV de notre *Politique Scientifique* nous dévoile le mécanisme intime des polémiques des partis :

« Tous les gouvernements sont composés d'hommes. Les républicains sont des hommes, c'est-à-dire en proie, tout comme les monarchistes, aux passions humaines, à l'envie, à l'orgueil, à la cupidité. Par suite, république ou monarchie, tous les gouvernements sont imparfaits, tous prêtent le flanc aux critiques. Ces critiques sont plus ou moins acerbes suivant que les circonstances sont plus difficiles, les adversaires plus aigris et moins loyaux, les besoins plus impérieux. »

Quand on a la goutte, rien ne semble plus atroce que cette infirmité. Est-on en proie à l'asthme? La vie est intolérable. L'asthmatique regarde d'un œil d'envie l'homme atteint d'un cancer. Il respire, au moins, celui-là! C'est presque un des heureux de la vie! Celui qui est affligé d'une gastrite considère les autres maladies comme supportables. Il n'est pas jusqu'au simple panaris, jusqu'au mal de dents qui ne semblent surpasser à certains moments toute autre souffrance.

Conclusion : le pire gouvernement, c'est celui qu'on a.

V

DEUXIÈME RÉPUBLIQUE

I. — Les Arago, les Lamartine, les Ledru-Rollin et les Louis Blanc, qui, après le coup de main de Février 1848 et la réussite inespérée de leurs manœuvres, s'emparèrent du pouvoir, n'avaient qu'un trait d'union : la haine de la dynastie disparue. Sur tout le reste ils étaient en désaccord complet. Les premiers décrets furent d'abord rendus « *Au nom du peuple français* ». Ce ne fut que le 26 février, et devant l'attitude menaçante des faubourgs en armes, que le Gouvernement provisoire se prononça pour la République et fit précéder ses proclamations de la devise sacramentelle « Liberté, Égalité, Fraternité ».

Le pouvoir était tombé aux mains d'hommes bien intentionnés; et certes les principaux membres du nouveau Directoire, Lamartine, Garnier-Pagès, Ledru-Rollin et Louis Blanc, n'avaient en vue que le bonheur de la France et l'avancement général. Mais les bonnes intentions ne suffisent pas en politique. Les propositions les plus étranges se faisaient jour. On parlait d'aller délivrer la Pologne, sans se douter qu'on aurait ainsi fait le jeu du parti clérical, instigateur de la révolte et tout-puissant dans ce pays rétrograde. On acclamait la liberté, mais on ne savait pas être libre. Le peuple avait la foi en des rêveurs mystiques; et la foi ne saurait donner à une société de citoyens et de producteurs la constitution propre à assurer l'exercice des droits, le travail, les débouchés, la régularité de la circulation, le fonctionnement de l'échange; il faut la Science. Au palais du Luxembourg, sous les lambris dorés, servi par des huissiers galonnés, trônait et pontifiait Louis Blanc, sorte de Druide intraitable et farouche, prophète dont les travailleurs recueillaient avidement les sentences, sans les comprendre, et célébraient les bienfaits avant même de les avoir reçus.

On croyait à la prochaine venue d'un Messie émancipateur du Prolétariat.

Victor Considérant avec son phalanstère, Cabet avec son Icarie, Proudhon, Pierre Leroux présentaient à leurs adeptes ravis une société nouvelle, sortie, comme la Minerve antique, toute constituée de leurs cerveaux.

II. — Le Gouvernement provisoire engagea les ministres de tous les cultes salariés à invoquer la bénédiction divine sur l'œuvre du peuple. Les évêques, charmés qu'on leur demandât leur concours, et après en avoir référé à Rome, substituèrent à l'ancienne formule de prières les mots : « *Domine, salvam fac rempublicam* ». Une comédie aux représentations multiples fit le tour de la France : la bénédiction des arbres de la liberté. Edgar Quinet raconte ainsi une de ces scènes :

« Le lendemain du jour d'émancipation, d'ardents amis me pressent d'accourir au pied de la montagne Sainte-Geneviève. Il s'agissait pour nous d'inaugurer de nos mains la victoire de la philosophie. J'arrive : la place était déjà remplie d'un peuple frémissant d'enthousiasme. Je m'arrête au bord de la fosse où l'arbre allait être enraciné. Sur l'autre bord était notre maire, le sculpteur David (d'Angers). Un murmure solennel s'échappe de cette foule attendrie. Elle se découvre, il se fait un moment de silence sacré. Du fond de la terre surgit, porté par l'enthousiasme, un homme en surplis. Il ouvre ses lèvres auxquelles étaient suspendus des milliers d'hommes, et voici les paroles qui tombent dans la fosse : *Messieurs, cet arbre de la liberté nous est donné par les dames du Sacré-Cœur*. Mille voix répondirent; l'accent en monta jusqu'aux nues. »

Voilà les républicains de 1848, les petits-fils de Voltaire acclamant le Sacré-Cœur, un demi-siècle après Chaumette, Anacharsis Clootz et la Raison !…

III. — Le Gouvernement avait proclamé en don de joyeux avènement, le suffrage universel, et sur les instances de Louis Blanc, garanti le *Droit au travail*. Le Prolétariat parisien crut être généreux en accordant au Pouvoir quatre-vingt-dix jours pour étudier l'organisation promise.

C'est ce que les orateurs de la démocratie appelèrent « mettre trois mois de misère au service de la République ». Trois mois de délai pour un pareil problème! Ce n'eût pas été trop de trois ans, et même de trente ans.

Le droit au travail! Mais une société qui serait en mesure de garantir un pareil droit, et de donner du travail à tous ceux de ses membres qui en demanderaient, serait une société idéale! Les questions les plus complexes seraient simplifiées et résolues du coup. Le chômage est supprimé, le Mal est vaincu. Et qui donc en effet pouvant vivre en travaillant, se refuserait à travailler?

Le droit au travail! Si vous assurez telle classe de travailleurs, il faut les assurer toutes. Si l'ouvrier maçon a un droit à construire et l'ouvrier tailleur un droit à faire des habits, il faut qu'on garantisse au propriétaire et à l'industriel le droit à la location et le droit à la vente. Si l'ouvrier typographe a le droit à composer, il faut que l'écrivain ait le droit à l'écoulement de ses ouvrages. *Le Constitutionnel* va alors demander un droit aux abonnés; M. de Cassagnac aura un droit à faire des articles qu'il faudra lui payer; peut-être même nous forcera-t-il à les lire!

Le droit au travail! Il n'en coûtait pas plus de garantir le droit à la santé.

IV. — Et s'il n'y a pas de travail? En créera-t-on? C'est en effet à cette extrémité qu'il faudra en venir. Les hommes de Février, acculés à leur formule, en seront fatalement amenés à l'idée d'Ateliers nationaux. Or, on ne crée pas le travail. On peut le favoriser, lui donner une plus ou moins grande impulsion, mais là où il n'existe pas, le Gouvernement le plus fort (et ce n'était pas le cas du Gouvernement de 1848) ne saurait l'improviser.

Je ne vois dans cette formule magique, lancée aux travailleurs enthousiasmés, qu'une preuve éclatante de l'ignorance en même temps que de l'outrecuidance de nos modernes républicains. Je la rapproche de la fameuse phrase de M. Jules Favre pendant le siège de Paris : « Nous ne céderons ni un pouce de notre territoire, ni une pierre de nos forteresses ». Les mêmes hommes, je les retrouve en 1870. Et de même qu'en 1848, les Garnier-Pagès, les Favre, les Arago, les Jules Simon et les Louis Blanc furent absolument impuissants à réaliser leur programme; de même, en 1870, ils ne feront rien pour mettre leurs actes à la hauteur de leurs paroles et de l'orgueilleux défi lancé à M. de Bismark. En 1848, ils mitraillèrent sans pitié les égarés qui avaient cru à leurs promesses; en 1871, ils fusilleront avec une rage indicible ceux qui auront cru à leur patriotisme.

V. — Le commerce, la finance, la grande industrie comprirent bien vite toute l'étendue du péril que faisait courir à la société le téméraire engagement pris par le Gouvernement provisoire. La haute banque donna la première le signal de la lutte. M. de Rothschild était soumissionnaire d'un emprunt de 250 millions de rente 3 0/0, pris par lui à 72 fr. 48 cent. Au commencement de février, 85 millions environ avaient été versés et le soumissionnaire était libre de tout engagement jusqu'au 6 juillet. A partir de cette date, il devait, le 7 de chaque mois, verser au trésor 10 millions jusqu'à parfait paiement. Le Baron, après l'échauffourée de Février, se refusa absolument, invoquant le cas de force majeure, à faire les versements ultérieurs. La clientèle de M. de Rothschild suivit l'exemple du patron; les capitaux se mirent en grève avec une remarquable unanimité. La panique organisée rue Laffitte gagna tous les établissements de crédit et jusqu'à la propriété foncière. La vie économique de la France se trouva suspendue. Le 5 0/0, qui, avant la chute de Louis-Philippe, marquait 117 fr. 60, tomba brusquement à 50 fr. après le 24 Février.

VI. — Et le droit au travail? Que devenait-il? Le Gouvernement était désespéré; toutes les transactions étant arrêtées, le problème lui apparaissait alors dans sa redoutable complexité, absolument insoluble. Les clubs tonnaient; la population ouvrière, sans ressources, accusait le Gouvernement de manquer à sa mission et de trahir les intérêts des travailleurs. Nous entrons dans l'ère des manifestations.

Le 17 mars, Blanqui et ses partisans se portèrent sur l'Hôtel de Ville pour demander l'ajournement des élections législatives et voir où en était l'organisation du travail. Louis Blanc, Arago, Ledru-Rollin et les républicains *poureus* trouvent excellentes les manifestations quand elles sont dirigées contre Charles X, Louis-Philippe ou Napoléon III. Elles leur déplaisent fort, quand elles visent leurs personnes sacro-saintes. A l'aspect menaçant des colonnes révolutionnaires, les gouvernants de Février frémissent. Les orateurs officiels, comme il est d'usage en ces sortes de circonstances, amusent les délégués par des discours. Ces discours, nous les connaissons; nous les entendrons en 1870, pendant le siège de Paris : « Patience!... Ayez confiance en nous!... Le Gouvernement s'occupe du bonheur du peuple! » Et autres formules évasives que les docteurs de la République excellent à prononcer avec componction et les yeux au ciel.

Blanqui élève la voix et veut une réponse positive. « Le Gouvernement va délibérer. » Et le Gouvernement s'enfuit par les couloirs;

mais, avant que Louis Blanc ait pu disparaître, un vigoureux ouvrier, en bras de chemise, montrant une poitrine velue, s'est précipité vers lui et lui mettant la main sur l'épaule : « Tu es donc un traître, toi aussi! »

Eh! non, brave travailleur, Louis Blanc n'était pas un traître. C'était simplement un politicien, c'est-à-dire un homme qui fait métier de député et promet bien souvent ce qu'il ne pourra pas tenir.

Le Gouvernement, enfin dégagé, se montre au balcon de l'Hôtel de Ville. Un défilé de gardes nationaux, dévoués et bien pensants, s'organise; et la journée finit par des congratulations générales entre officieux.

VII. — A la fin d'avril, des élections législatives eurent lieu. Malgré les acclamations de « Vive la République! » poussées le 4 mai, par la nouvelle Assemblée Constituante, la réaction avait gagné du terrain; mais les vieux partis crurent plus adroit de dissimuler provisoirement leur drapeau; ils laissèrent nommer une Commission exécutive républicaine de cinq membres et attendirent le moment favorable.

La situation s'aggravait. Le Gouvernement était à bout d'expédients; en vain nommait-il commissions sur commissions. Commission pour *examiner* la question du travail, commission pour *examiner* la question du crédit; commission pour réprimer la *curée des places*. Il ne manquait plus qu'une commission pour étudier les commissions. Le Gouvernement était sans argent, sans chevaux, sans soldats; les discussions de la Constituante ont révélé que l'armée disponible après février n'était pas de 60,000 hommes. Le commerce était nul et nous n'avions pas, comme en 1789, 4 milliards de biens nationaux sous la main.

— Faites-nous travailler vous-même, avaient dit les ouvriers au Gouvernement, si les entrepreneurs ne peuvent reprendre leur fabrication.

A cette proposition des ouvriers, le Gouvernement opposait une triple fin de non-recevoir :

— Je n'ai point d'argent, disait-il, et par conséquent je ne puis vous assurer des salaires. Je n'ai que faire pour moi-même de vos produits, et ne saurais à qui les vendre; et quand bien même je le saurais, cela n'avancerait de rien, parce que, par la concurrence, l'industrie libre se trouvant arrêtée, me renverrait ses travailleurs.

— En ce cas, chargez-vous de toute l'industrie, de tous les transports, de l'agriculture même, reprirent les ouvriers.

— Je ne le puis, répliquait le Gouvernement. Un pareil régime serait la communauté, la servitude absolue et universelle, contre laquelle proteste l'immense majorité des citoyens. Elle l'a prouvé le 17 mars, le 16 avril, le 15 mai; elle l'a prouvé en nous envoyant une assemblée composée aux neuf dixièmes de partisans de la libre concurrence, du libre commerce, de la libre et indépendante propriété. Que voulez-vous que je fasse contre la volonté de 35 millions de citoyens?

— Faites-nous donc crédit, avancez-nous des capitaux, organisez la commandite de l'État.

— Vous n'avez point de gage à m'offrir, répliquait le Gouvernement. Et puis, je vous l'ai dit, je n'ai pas d'argent.

— *C'est à l'État de donner crédit, non de le recevoir!* Cette formule est de vous et nous ne l'avons point oubliée. Créez un papier-monnaie; nous l'acceptons d'avance et le ferons recevoir aux fournisseurs.

— Cours forcé! assignats! répondait avec angoisse le Gouvernement. Je puis bien forcer le paiement, mais je ne puis forcer la vente; votre papier-monnaie tombera sous la dépréciation, et votre misère sera pire.

— La Révolution de février ne signifie donc rien? dirent avec inquiétude les ouvriers. Faut-il que nous mourions encore pour l'avoir faite?

VIII. — Le Gouvernement provisoire, ne pouvant ni organiser le travail, ni donner crédit, avait espéré qu'avec le temps il ramènerait la *confiance*, que le travail se rétablirait de lui-même et qu'il suffirait en attendant d'offrir aux masses ouvrières une subvention alimentaire.

Telle fut, dit Proudhon, la pensée des *Ateliers nationaux*, pensée toute d'humanité et de bon désir, mais éclatant avec d'impuissance.

Ce qui arriva était facile à prévoir. Le commerce et l'industrie étant en souffrance, les ouvriers atteints par le chômage affluèrent aux Ateliers. Ils furent d'abord dix mille; leur nombre monta vite à trente mille. Au commencement de juin on comptait plus de cent mille hommes à la solde du Pouvoir. Des communes suburbaines partaient des escouades entières d'ouvriers inoccupés ou qui n'étaient pas fâchés d'aller voir les boulevards parisiens. Un patron faisait-il une réprimande à un employé? Celui-ci menaçait de quitter l'usine et d'aller travailler pour le Gouvernement. Les maires des villes environnantes saisirent avec empressement l'occasion de se débarrasser des fainéants et des mauvaises têtes de la localité. Un bruit courait : « On *la coule douce* au Champ de Mars! » Et en effet, on citait avec ravissement dans les usines, des gaillards qui touchaient 1 fr. 50 pour changer de place, toutes les cinq minutes, une brouette à peu près vide.

Or il est plus agréable de gagner trente sous à ne rien faire que cinq francs en travaillant. Les chefs de brigade, ayant devant eux des électeurs armés du droit de vote, et pouvant renverser légalement le Gouvernement, se montraient peu sévères. C'était justement l'époque du printemps et du renouveau. La nature s'éveillait. Les coteaux de Meudon et de Saint-Cloud envoyaient vers le Champ de Mars leurs senteurs embaumées. Quelle différence avec l'atmosphère viciée des usines du canal Saint-Martin! Ici on respirait à pleins poumons un air oxygéné; on buvait le soleil. De temps à autre, un orateur célèbre du club de la *Révolution* ou de la Société des *Montagnards* venait fraterniser avec les travailleurs. Un cercle se formait; le brigadier, pour ne pas avoir à sévir, allait discrètement au bureau mettre à jour la feuille de service. Alors le débat s'ouvrait, sérieux, large, solennel; on passait en revue les questions à l'ordre du jour; les actes du Gouvernement étaient sévèrement jugés; les plus hauts problèmes de philosophie politique et sociale étaient agités et résolus. Des acclamations formidables saluaient le discours de l'éminent tribun. On comprend qu'après les émotions d'un pareil débat, les esprits avaient besoin d'une puissante diversion. Une visite chez le marchand de vins était indiquée. On buvait « Au Progrès! A la reconstitution de la Pologne! A la Démocratie! A l'émancipation des Peuples! » On se sentait vivre! Enfin on se remettait au travail avec une ardeur qui ne pouvait être interrompue que par l'arrivée d'une nouvelle sommité démocratique.

IX. — Les Ateliers engloutissaient des sommes énormes; les usines, les chantiers privés étaient désertés. Le commerce et l'industrie râlaient; la Bourgeoisie voyait la rente et les valeurs de plus en plus dépréciées. Un cri s'éleva : « Il faut en finir! » Les meneurs réactionnaires de l'Assemblée, profitant du mécontentement général, soutinrent que le rétablissement de l'ordre et le retour de la confiance étaient incompatibles avec l'existence des Ateliers; que si l'on voulait sérieusement faire renaître le travail, il fallait commencer par les dissoudre. En sorte que le Gouvernement se trouvait enlacé d'un double cercle, soit qu'il voulût procurer du travail aux ouvriers, soit qu'il se décidât pour un temps à les nourrir. La Réaction se montrait d'autant plus intraitable, qu'elle pensait, non sans raison, que les Ateliers nationaux, comptant alors plus de

100,000 hommes, étaient le boulevard du Socialisme; que cette armée une fois dispersée, on aurait bon marché et de la démocratie, et de la Commission exécutive. Peut-être, se disait-elle qu'on pourrait, avant de discuter la Constitution, en finir avec la République.

Le Gouvernement prêta les mains aux manœuvres de la Réaction. Se voyant incapable de tenir les promesses faites aux travailleurs, il se tourna contre eux.

X. — M. de Falloux, un des chefs de la majorité de l'Assemblée, fut chargé de rédiger un rapport. Il conclut à la dissolution immédiate des Ateliers nationaux. Hugo, poète mystique et brouillon, politicien retors, dont les yeux ne s'étaient pas encore ouverts aux bénéfices à retirer de la démocratie, applaudit à M. de Falloux : « Autrefois, dit-il, nous avions le désœuvré de l'opulence; aujourd'hui, nous avons le désœuvré de la misère; la Monarchie avait des oisifs; la République aurait-elle des fainéants? »

L'Assemblée offrait aux travailleurs licenciés brusquement, une indemnité de trente francs par tête. A cette offre, les ouvriers répondirent par des barricades. Le 23 juin, le sang coule dans Paris. Le 24, la lutte reprend avec une fureur nouvelle. Quelques esprits généreux, émus des catastrophes qu'ils entrevoient, veulent faire entendre des paroles de paix. Germain Sarrut et Victor Considérant prononcent le mot de conciliation.

On les chasse de la tribune; le président Sénard s'oppose à la lecture de leur proposition : « La question préalable, » crie-t-on de tous côtés!

Baze : « Notre devoir est de rester impassibles à notre place, sans délibération avec l'émeute, sans pactisation quelconque avec elle par la discussion d'une proclamation. »

Caussidière a réussi à escalader la tribune : « Je demande, dit-il, qu'une proclamation soit faite aux flambeaux, et qu'un certain nombre de députés se rendent, accompagnés d'un membre de la Commission exécutive, dans le cœur de l'insurrection. » — Les cris : *A l'ordre! vous parlez comme un factieux! Monsieur le Président, suspendez la séance!* accueillent les paroles du Montagnard.

Le ministre Duclerc, qui tout à l'heure tombera sous les coups de la Réaction, traite lui-même cette proposition d'insensée.

Baune veut se joindre à Caussidière. Cris plus nombreux : *Suspendez la séance, monsieur le Président!*

Enfin, le dénouement approche. Les réactionnaires jettent le masque. Pascal Duprat, un républicain à tout faire, propose « que

Paris soit déclaré en état de siège, et tous les pouvoirs remis au général Cavaignac ».

En vain, Larabit, Caussidière, Sarrut, Lagrange et Considérant protestent contre la dictature d'un soldat... D'immenses clameurs couvrent leurs voix :

Bérard : « Allez vous joindre aux insurgés ! »

Garnier-Pagès : « Il faut en finir ! »

Tréveneuc : « La garde nationale demande de tous côtés l'état de siège. »

Langlois : « C'est le vœu de la population. »

Bastide : « Dépêchez-vous; dans une heure l'Hôtel de Ville sera pris. »

Jules Favre, Marie et autres républicains joignent leurs imprécations à celles de la meute réactionnaire et fraternisent avec les Quentin-Bauchart, les Falloux et les Babaud-Laribière. — « A l'ordre, Caussidière ! La censure contre Larabit ! Aux voix ! Nous nous rallions à la proposition Pascal Duprat. »

Et Cavaignac est proclamé dictateur.

Alors le Gouvernement lui-même comprend qu'il n'a plus de raison d'être. Il dépose ses pouvoirs sur le bureau de l'Assemblée.

L'insurrection fut écrasée; et avec une cruauté qui fit dire à Louis-Philippe, alors retiré à Claremont : « Il n'y a que les Gouvernements anonymes qui puissent se permettre une pareille répression ».

La Deuxième République avait vécu.

VI

LE PRINCE-PRÉSIDENT

I. — Louis Bonaparte, fils du roi de Hollande et de la reine Hortense, était devenu, par la mort du duc de Reichstadt, en 1832, l'héritier direct des droits que pouvait avoir au trône de France, la dynastie napoléonienne. Sa jeunesse fut assez aventureuse; il dissipa rapidement la fortune paternelle et vécut d'expédients. Une Anglaise, miss Howard, qui l'aimait tendrement, paya à deux reprises ses dettes. Le Prince, à Strasbourg en 1836, à Boulogne en 1840, avait essayé de soulever les populations et de renverser Louis-Philippe. Il avait échoué. La dernière tentative lui avait valu une condamnation à la détention perpétuelle. Enfermé au fort de Ham, il réussit, en 1846, à s'évader sous un déguisement et se retira en Angleterre. Après la Révolution de Février, il était revenu à Paris. Sur les instances de M. de Lamartine, membre du Gouvernement provisoire, et pour ne pas augmenter, a-t-il dit lui-même, les difficultés du moment, il avait consenti à s'éloigner. Aux élections complémentaires de juin 1848, il fut porté par le département de la Seine à l'Assemblée. Voyant la mauvaise tournure que prenaient les événements, il comprit qu'il était plus sage et plus habile à la fois de se réserver, et il déclina le mandat législatif. Ses partisans n'en poursuivaient pas moins leur propagande dans le pays; après les journées de Juin, le terrain déblayé des questions sociales, ils se mirent à l'œuvre avec un redoublement d'activité; et le 13 septembre 1848, cinq départements nommèrent en même temps le Prince Louis représentant du peuple.

Le fantôme du bonapartisme, par le fait de cette quintuple élection, prit soudain un corps redoutable. La légende de gloire, inventée par les Hugo, les Béranger, les Thiers et autres admirateurs de la Colonne, portait ses fruits naturels. Les débris de la Vieille Garde tressaillirent jusqu'au fond des plus petits hameaux.

Les grognards, au tempérament de fer, qui étaient entrés dans toutes les capitales de l'Europe, crurent naïvement que c'était le grand Empereur lui-même qui, nouveau Barberousse, après vingt-sept ans d'absence, revenait des rives extrêmes de l'Océan se mettre à la tête de ses anciens compagnons d'armes et rendre à la France abaissée son antique splendeur. Et le neveu du premier Consul, passant place Vendôme, pouvait dire, en montrant le vainqueur d'Iéna dont la silhouette se profilait dans l'azur : « Voilà mon grand Électeur ! »

II. — Sur le rapport approbatif de Jules Favre, l'Assemblée, malgré la loi qui bannissait les membres de la famille Bonaparte, prononça la validation des élections du 13 septembre. Le Prince Louis fut admis à siéger.

En se plaçant au point de vue républicain, cette validation fut une faute immense. Les écrivains ordinaires de la démocratie, surpris plus tard par le triomphe du Prétendant, ont voulu expliquer et défendre leur vote. Réfutons leurs arguments et montrons leur peu de perspicacité :

« Il est puéril, dit Louis Blanc (*Histoire de la Révolution de 1848*, chap. 21), de supposer que l'action des causes générales qui nous conduisaient à l'Empire, eût pu être arrêtée par une loi de proscription des Bonapartes... Le prestige des prétendants en général, et en particulier de Louis Bonaparte, ne pouvait qu'augmenter par l'éloignement ; il valait mieux le voir de près, parce que alors on pouvait mieux le mesurer. »

Ce qui est puéril, ce qui est même insoutenable, c'est de supposer qu'à notre époque de publicité un prétendant ait pour le peuple français plus de prestige à Londres qu'à Paris. La masse de la population électorale ne le voit pas de plus près et ne peut mieux le mesurer à Paris qu'à Londres. Ce qui n'est pas douteux, c'est qu'il lui est beaucoup plus facile en France qu'à l'étranger d'exercer d'une manière continue l'action personnelle d'un chef de parti, beaucoup plus facile de mettre ses mouvements en rapport avec ceux de l'opinion publique et de saisir, au moment même où elles se présentent, les occasions favorables à sa cause.

Louis Blanc dit encore : « *Si Louis Bonaparte n'était pas rentré en*

France par la volonté de l'Assemblée, il y serait rentré contre sa volonté, violemment, avec scandale ».

En tous cas, il n'y serait pas rentré par la faute de ceux qui avaient été chargés de défendre et de fonder la République. D'ailleurs, que savez-vous du cours qu'aurait pris l'histoire dans le cas supposé? Qui vous assure que la loi d'exil maintenue n'aurait pas été respectée? Louis Blanc est à l'aise pour faire des conjectures là-dessus; mais on en peut faire d'autres, aussi plausibles, que dis-je? autrement fondées. En fait, ce qui décidera la victoire du bonapartisme, au 2 décembre 1851, c'est qu'il pourra disposer des forces organisées du pouvoir exécutif légal, que la République avait laissées dans ses mains.

Deux fois, avant 1848, le prétendant s'était mis en révolte contre les pouvoirs établis; deux fois il avait tenté d'entrer en France « *violemment, avec scandale contre la loi* »; deux fois il avait échoué. Qui dit qu'une troisième tentative eût réussi, et que le régime républicain, les conditions de l'attaque étant les mêmes, n'eût pu se défendre aussi bien que le régime monarchique?

Louis Blanc fait avancer un dernier argument :

« En montrant qu'on avait peur de Louis Bonaparte, on le grandissait, ce qui était propre à poser sa candidature. »

Ce sont là pures phrases. On n'écarte pas un danger, on ne le diminue pas en faisant semblant de ne pas le voir, en déclarant bien haut qu'il n'est pas à craindre et qu'on ne le craint pas. Il s'agit de prendre, non une attitude affectée de sécurité, mais les mesures qui peuvent donner une sécurité réelle. D'ailleurs, rien n'est brutal comme un fait. La preuve que Louis Blanc et ses amis ont commis une bévue, c'est que l'Empire l'a emporté. Louis Blanc tint à voir de près le Prétendant « *pour mieux le mesurer* ». Eh bien! on le vit de près, on le mesura... et il battit ses concurrents.

La première édition de mon poème *La Révolution* (Titre *Le Progrès*, mars 1877) était dédiée à Louis Blanc. A cette époque, nous n'avions pas encore étudié à fond, comme aujourd'hui, l'histoire des deux Républiques françaises, et nous prenions pour argent comptant les éloges que se décernaient les uns aux autres les bonzes de la Démocratie.

III. — Les mêmes considérations sont applicables aux mêmes cas. Les partisans des princes d'Orléans ont donc été mal inspirés, en 1886, lorsqu'ils ont porté le comte de Paris à des manifestations qui, comme celle de l'hôtel Galliera, devaient fatalement éveiller les méfiances républicaines et appeler des mesures de rigueur contre les représentants des monarchies déchues.

La politique de l'exil est une mauvaise politique.

A la fin de novembre 1887, au moment où *l'intègre* Grévy apparaissait aux yeux de tous ce qu'il était réellement, un agent d'affaires de la dernière catégorie, d'autant moins excusable qu'il était plus haut placé, à ce moment-là, il y eut une sorte d'interrègne. Cramponné à son fauteuil, Grévy, parlant de ses *droits*, de ses *devoirs*, comme aurait pu le faire l'héritier de vingt rois, refusait de céder la place. Nous étions sans gouvernement. L'Élysée était mal gardé. Passant faubourg Saint-Honoré avec un de mes amis, le 30 novembre, vers onze heures du soir, il nous parut que le service de sûreté de la présidence était en désarroi. Deux agents arpentaient le trottoir. Le Palais, toutes lumières éteintes, ressemblait à une immense nécropole. La cour d'honneur éclairée seulement par une lueur venant de la rue, me rappela le *Campo-Santo* de Pise, sous les pâles rayons de la lune. Soudain, au moment même où nous passions devant le grand portail de fer, une fenêtre s'ouvrit dans le fond et une forme douteuse y apparut. Était-ce toi, Grévy, Président à tout faire, vieillard cupide, plus coupable que Wilson, était-ce toi, qui, te voyant démasqué et conscient enfin de l'obliquité de tes actes et de l'indignation générale, venais écouter dans les ténèbres les bruits déjà menaçants de la grande Cité, et méditer sur la profondeur de ta chute?

Cette nuit-là, deux cents hommes déterminés, profitant du moment psychologique, pouvaient, sur un mot d'ordre du comte de Paris, balayer l'Élysée et se trouver au matin, absolument maîtres de la situation. Et nul ne se serait levé pour défendre un Gouvernement qui se débattait dans la vase.

Ce *moment psychologique* ne saurait être saisi à distance. Ce n'est pas de Tunbridge-Wells ou de Sheen-House qu'on peut étudier les dispositions dernières à prendre, le régiment à sonder, les chefs à gagner, les postes à enlever, les courages à soutenir. C'est ici surtout que la présence réelle est indispensable. Et le mot d'ordre définitif ne saurait être transmis par le télégraphe.

IV. — Le Prince, aussitôt son élection validée, parut à la tribune, au milieu de l'attention générale : « Après trente-trois ans de proscription, dit-il, je retrouve enfin ma patrie et mes droits de citoyen. La République m'a fait ce bonheur; qu'elle reçoive mon serment de reconnaissance et de dévouement ; et que les généreux compatriotes qui m'ont porté dans cette enceinte soient bien certains qu'ils me verront toujours dévoué à cette noble tâche : assurer l'ordre et la tranquillité, premier besoin du pays, et développer les institutions démocratiques que le peuple a le droit de réclamer. Ma conduite prouvera que nul plus que moi n'est dévoué à la défense de l'ordre et à l'affermissement de la République. »

Ce langage eut un long retentissement dans le pays. La France se préparait à élire le Président de la République. La propagande des comités Napoléoniens reçut un si vif élan de ce discours que les républicains s'alarmèrent. Clément Thomas, se faisant l'interprète des inquiétudes de son parti, demanda, le 25 octobre, à la tribune : « A quel titre M. Louis Bonaparte posait sa candidature à la Présidence? »

Isambert répondit : « En vertu de son droit de citoyen ».

Cette réponse souleva un tumulte inexprimable. Elle était cependant sans réplique. Du moment que l'Assemblée avait reconnu au Prince le droit d'être député, il avait aussi le droit d'être Président.

V. — Louis Bonaparte assistait rarement aux séances de l'Assemblée; mais le lendemain, on le vit paraître à la tribune : « Citoyens représentants, dit-il, l'incident regrettable qui s'est élevé, hier, à mon sujet ne me permet pas de me taire. De quoi m'accuse-t-on? D'accepter du sentiment populaire une candidature que je n'ai pas recherchée. Eh bien! oui, je l'accepte, cette candidature qui m'honore! Je l'accepte, parce que des élections successives et le décret unanime de l'Assemblée contre la proscription de ma famille, m'autorisent à croire que la France regarde mon nom comme pouvant servir à la consolidation de la société. Ce qu'il faut surtout au pays, c'est un Gouvernement stable, intelligent, ferme, sage, qui pense plus à guérir ses maux qu'à les venger. Je ne veux que mériter l'estime de l'Assemblée nationale et de tous les hommes de bien, la confiance de ce peuple magnanime qu'on a si légèrement traité hier. Je saurai toujours montrer le calme d'un homme résolu à faire son devoir. Je déclare donc à ceux qui voudraient organiser contre moi un système de provocations, que dorénavant je ne répondrai à aucune interpellation, à aucune espèce d'attaque. Je ne répondrai pas à ceux qui voudraient me faire parler, alors que je veux me taire. »

VI. — Il n'y avait plus à se méprendre sur la portée de ces paroles. C'était bien là le langage d'un chef de parti. Louis Bonaparte, dépouillant le rôle effacé dans lequel il s'était renfermé jusqu'alors, déployait à la face du pays, en pleine Assemblée, et son programme et son drapeau. Ce prince, que des historiens à courte vue nous ont représenté lourd et épais, était en réalité un esprit perspicace et délié. Il avait conscience de sa force et de sa popularité; il savait ce qu'il voulait, il savait où il allait; toutes choses que ne savaient ni les Lamartine, ni les Louis Blanc, ni les Ledru-Rollin, profondément divisés sur les questions sociales. Pendant sa longue captivité de Ham, il avait pu étudier les aspirations du pays, diagnostiquer ses besoins et prendre mesure de l'opinion publique; et alors dosant, en habile préparateur, la quantité de liberté dont était capable la société française, il avait élaboré une formule dont les composants se retrouvent dans tous ses discours et que je dégage ainsi :

I. Apaisement. — II. Ordre. — III. Libéralisme.

Le Prince se présentait à la France sous le triple caractère de Pacificateur, de Représentant de l'ordre et de Partisan d'institutions démocratiques. Son drapeau, c'est le drapeau d'Arcole, d'Austerlitz et d'Iéna. Dans l'état pathologique de la France en 1848, avec un pareil programme, la victoire était certaine à courte échéance. Bien inutile au Prince, de se mettre, comme on le lui conseillait, à la remorque d'un parti. Il était Parti lui-même, et n'avait à être la dupe ni le complice de personne.

VII. — L'élection présidentielle arrive. Le dictateur Cavaignac, seul concurrent sérieux de Louis Bonaparte, avait les sympathies de la bourgeoisie; mais la répression sanglante de Juin lui avait aliéné les masses; d'un autre côté, les réactionnaires, toujours à l'affût d'une restauration monarchique, étaient hostiles au Général à cause de la droiture de son caractère et de la fermeté de ses opinions libérales. Quant aux candidats avancés, Raspail, Ledru-Rollin et Lamartine, ils ne pouvaient guère compter que sur les *Rouges* et les débris épars des sociétés secrètes.

La journée du 10 décembre fut un triomphe pour le Prince. Dans les campagnes on vota d'acclamation. Les grenadiers de la Première République, encore verts, les grognards du Consulat et de l'Empire allèrent au scrutin tambours battants et enseignes déployées.

LOUIS BONAPARTE..............	Cinq millions 560,000 voix.
Général CAVAIGNAC............	Un million 469,000 »
LEDRU-ROLLIN................	370,000 »
RASPAIL.....................	36,000 »
LAMARTINE...................	17,000 »

Ainsi, malgré l'hostilité de l'Assemblée et des pouvoirs publics, le neveu du vaincu de Waterloo, du déporté de Sainte-Hélène, par une absurde confusion des idées patriotiques et des souvenirs napoléoniens, distançait ses concurrents de plus de *quatre millions* de voix! Ce vote frappa de stupeur les républicains. Ils comprirent alors l'erreur d'optique qu'ils avaient commise en abrogeant la loi de bannissement des Bonapartes et en validant l'élection du 13 septembre. Il était trop tard. Il n'y avait qu'à s'exécuter. Le 20 décembre 1848, Waldeck-Rousseau dépose son rapport sur l'élection présidentielle. Les conclusions en sont adoptées. Immédiatement après, le général Cavaignac monte à la tribune : « J'ai l'honneur, dit-il, d'informer l'Assemblée que MM. les ministres ont remis entre mes mains, leur démission collective. A mon tour, je remets entre les mains de l'Assemblée les pouvoirs qu'elle m'avait confiés. » Le Président de la Chambre, Armand Marrast, se lève alors et, au milieu d'un religieux silence, proclame Louis Bonaparte Président de la République pour quatre ans.

Le Prince prêta serment; puis, sortant de l'Assemblée, il monta en voiture et, escorté d'un détachement de dragons, alla prendre possession du Palais de l'Élysée.

VIII. — Les ennemis personnels du Prince, les Hugo, les Thiers, les Louis Blanc et les Garnier-Pagès, irrités d'avoir été évincés, lui ont jeté à la face, après le coup d'État, ce serment du 20 décembre 1848. Quoi donc? Il y a donc des serments en politique? Est-ce qu'un serment a jamais embarrassé un chef de parti? Louis XVI, en 1790, au moment de la Fédération, n'avait-il pas accepté solennellement, sur l'autel de la Patrie, cette Constitution qu'il sapait en arrière, de concert avec Marie-Antoinette, Breteuil et Bouillé? Charles X n'avait-il pas juré d'observer la Charte? En 1860, au château de Baden-Baden, Guillaume n'avait-il pas juré, en présence des princes allemands, de respecter leur souveraineté? Ce piétiste émérite, confit en dévotion, la bouche toujours pleine d'un Dieu de fantaisie, bon à tout approuver, fabriqué par lui et estampillé par M. de Bismarck, a-t-il hésité un instant à manquer à la parole donnée? N'a-t-il pas immolé à la raison d'État les principes qu'il avait professés toute sa vie, et sacrifié à l'agrandissement de la Prusse les droits légitimes des princes vaincus, du roi de Hanovre, du duc de Nassau et du grand-duc de Hesse?

Dans la nuit du 30 au 31 juillet 1830, le duc d'Orléans disait au duc de Mortemart : « Je me ferai tuer plutôt que d'accepter la couronne ».

Le 31 juillet, dans la matinée, il prenait, sur l'invitation de quelques députés, la lieutenance-générale du royaume et, le 6 août, il était nommé roi des Français, sous le nom de Louis-Philippe Iᵉʳ.

Jules Favre, Jules Simon, Garnier-Pagès et Gambetta, si sévères quand il s'agit d'autrui, ne cherchaient-ils pas, en 1869, à renverser ce même Louis Bonaparte, auquel cependant ils avaient prêté serment, en posant leur candidature?

Trochu n'avait-il pas dit : « Le Gouverneur de Paris ne capitulera pas? » Et Etienne Arago : « Moi vivant, les Prussiens n'entreront pas dans Paris! » Ils y sont entrés tout de même, et sans avoir eu à passer sur son corps. Sans doute, au dernier moment, il a réfléchi, et a voulu rendre un nouveau service à la République en lui conservant une précieuse existence.

Un serment est tenu... lorsqu'il n'est pas contraire à l'intérêt de le tenir.

IX. — La Révolution de Février avait eu son contre-coup en Europe. Berlin, Vienne, Cracovie et Venise s'étaient soulevées contre leurs maîtres. Le futur empereur d'Allemagne, Guillaume, avait fui en Angleterre; Ferdinand d'Autriche s'était réfugié à Inspruck. Les Milanais, après une lutte sanglante avec la garnison autrichienne commandée par le maréchal Radetzki, appellent la Lombardie aux armes et proclament leur indépendance. La Hongrie se lève à la voix de Kossuth, la Pologne à celle de Miérolawski... Un instant on put croire que l'Europe entière allait devenir républicaine.

Le Gouvernement provisoire, dans un manifeste solennel, avait déclaré, le 5 mars, par l'organe de M. de Lamartine, que la République française respecterait les traités comme les gouvernements, mais qu'elle protégerait les mouvements légitimes des nationalités opprimées. Ainsi s'expliquent les manifestations du peuple de Paris en faveur de l'Italie et les cris de : « Vive la Pologne! » Comme pour le « *Droit au travail* », le peuple ne faisait que suivre l'impulsion donnée par les hommes au pouvoir. Ici aussi, le Gouvernement ne tarda pas à faire volte-face et à répudier toute propagande républicaine au dehors. Les néfastes journées de Juin arrivèrent. La défaite complète du parti démocratique en France rendit l'espoir aux despotes. Tranquilles du côté de Paris, ils reprirent partout l'offensive. A l'appel du nouvel empereur d'Autriche, François-Joseph, les Cosaques apparurent en Hongrie. Le prince Guillaume, quittant en hâte l'Angleterre, se mit à la tête des forces militaires dirigées contre les révolutionnaires de l'Allemagne du Sud. En peu de jours il écrasa l'insurrection avec une âpreté qui lui mérita le surnom, dont il se faisait gloire, de *Guillaume-le-Mitrailleur*.

Le maréchal Radetzki battit à Custozza (24 juillet 1848) le roi de Piémont, Charles-Albert, qui avait voulu mettre à profit le mouvement révolutionnaire pour chasser les Autrichiens et réaliser l'unité italienne. Après sa victoire, Radetzki, irrité, rentra dans Milan où il exerça les plus terribles vengeances. Manin se vit assiégé dans Venise.

En vain les peuples foulés aux pieds imploraient le secours de la France. Le général Cavaignac assista impassible à l'agonie de la liberté européenne.

X. — Les derniers partisans de la Révolution en Italie, traqués au Nord par Radetzki, au Sud par le roi *Bomba*, Ferdinand de Naples, s'étaient concentrés dans Rome. Le pape Pie IX, effrayé du bouleversement de l'Europe et se voyant momentanément isolé, se résolut, pour gagner du temps, à quelques concessions libérales. Elles ne firent qu'accroître les exigences du parti avancé qui réclamait la République. Le 15 novembre 1848, le ministre-conseiller de Pie IX, un jurisconsulte éminent, Rossi, qui avait accepté la tâche difficile de mettre fin à la crise et de concilier les partis, traversait, vers une heure, la place de la Chancellerie. Près du péristyle, il sent une main se poser sur son épaule; il se retourne fièrement... et reçoit dans la gorge un coup de poignard qui l'étend raide mort. La populace applaudit le meurtrier et le protégea contre les gardes du Quirinal. Pendant toute la soirée, d'horribles menaces de mort retentirent sous les fenêtres de Pie IX. Le Pontife épouvanté s'enfuit à Gaëte, laissant la Cité au pouvoir de la Révolution. Le mouvement gagna la Toscane. Le 18 février 1849, Florence s'unissait à Rome pour former la République italienne centrale.

XI. — Du fond du palais de l'Élysée, le Prince-Président suivait d'un œil attentif l'agitation de la péninsule. Charles-Albert, définitivement écrasé à Novare (20 mars 1849), avait abdiqué. Haynau épouvantait Brescia par ses cruautés. Le nouveau roi de Piémont, le futur combattant de San-Martino, Victor-Emmanuel, avait traité avec les Autrichiens et faisait bombarder les républicains dans Gênes par le général La Marmora. Louis-Bonaparte crut le moment favorable de faire à son tour acte de conservateur et de montrer à la réaction européenne, qui le tenait en suspicion, qu'il n'avait rien de commun avec les doctrines démagogiques et savait agir avec vigueur contre les révolutionnaires. Le pape, à Gaëte, implorait à grands cris, pour le rétablissement de son pouvoir temporel, le secours de la catholicité. Le clergé français protestait contre ce qu'il appelait « la spoliation du Saint-Siège ». Le prince résolut un coup d'éclat. S'étant fait voter par l'Assemblée, sans exposer de plan d'action, sans préciser ses projets, un crédit de 1,200,000 francs, il donna ordre, dans le plus grand secret, à l'escadre de la Méditerranée, de faire voile sur Civita-Vecchia. Et le 30 avril 1849, le pays stupéfait apprenait qu'une armée française commandée par le général Oudinot, avait mis le siège devant Rome.

Mazzini et les triumvirs, surpris par cette attaque inopinée, résistèrent avec énergie et repoussèrent un premier assaut. Garibaldi accourut des Abruzzes et se jeta dans la place avec 6000 partisans.

Nos troupes avaient reçu des renforts; le 3 juillet 1849, Rome tombait en leur pouvoir. Le colonel Niel alla porter aussitôt au pape Pie IX, à Gaëte, les clefs de la Ville éternelle.

Rôle étrange, joué là par une armée française! Nous sommes loin du solennel manifeste de Lamartine en faveur des nationalités! Triste spectacle donné par cette République qu'à son aurore les peuples avaient saluée de leurs acclamations, et qui devait tendre aux opprimés une main fraternelle!

C'était la faillite hideuse, sans vergogne, impitoyable pour les faibles. Dans la personne de son Président, porté sur le pavois par cinq millions de suffrages, la France faisait banqueroute sur toute la ligne; banqueroute aux ouvriers à Paris, banqueroute aux peuples, en Europe.

XL. — Le parti démocratique et la Montagne protestèrent contre l'expédition de Rome. La nouvelle Assemblée législative, élue le 13 mai 1849, était encore plus cléricale que son aînée. Le ministre Odilon Barrot soutint avec énergie la politique de l'Élysée. La minorité républicaine refusa de prendre part au vote; et Ledru-Rollin s'écria : « La Constitution étant violée, la minorité la défendra, même par les armes ».

Le 13 juin 1849, un appel au pays était lancé par les cent vingt-deux représentants de la Montagne :

« Au Peuple !

« Le Président de la République a déclaré la guerre à Rome.

« Il a employé les forces de la France contre la liberté du peuple romain.

« Les représentants du peuple soussignés ont proposé la mise en accusation du pouvoir exécutif. La majorité de l'Assemblée a rejeté l'acte d'accusation. Elle s'était déjà rendue complice du crime par son vote du 11 juin sur les affaires d'Italie.

« Peuple, le moment est suprême! Tous ces actes révèlent un système de conspiration monarchique contre la République. La haine de la démocratie, mal dissimulée sur les bords de la Seine, éclate en toute liberté sur les bords du Tibre. Soldats, vous comptiez arracher l'Italie aux Autrichiens; on vous condamne à seconder les Autrichiens dans l'asservissement de l'Italie.

« Rallions-nous tous au cri de : Vive la Constitution! vive la République! »

Cette minorité, depuis les journées de Juin 1848, n'avait ni assez d'autorité, ni assez d'influence pour mettre en mouvement les masses démocratiques. Le Pouvoir, en prévision d'une tentative des Montagnards, avait accumulé dans Paris des moyens de défense formidables. Le général Changarnier, avec une puissante artillerie, occupait les points stratégiques. Les manifestants furent facilement dispersés. Les députés opposants, cernés dans le Conservatoire, s'enfuirent par les fenêtres. Ledru-Rollin gagna le jardin par un vasistas.

Louis-Bonaparte, à l'instar de son oncle, le Premier Consul, toujours prêt à frapper sur les républicains, profita de l'émeute du 13 juin pour supprimer le peu de droits qui restaient encore au pays et consommer la ruine légale du parti démocratique. L'autorité ferma les clubs, suspendit les journaux avancés, avec la haute approbation des Thiers, des Dufaure et des Quentin-Bauchart, destitua les fonctionnaires non absolument dévoués aux idées rétrogrades, traqua sans merci les *Rouges*, et fit abattre les arbres de la liberté.

XII. — La journée du 13 juin 1849 eut aussi ses conséquences au delà des monts. La Cour pontificale, voyant Louis Bonaparte si bien dévoué aux intérêts du Saint-Siège, ne garda plus de mesure et, protégée par les baïonnettes françaises, se livra à une politique violente de réaction. L'Europe elle-même commença à regarder d'un œil étonné ce despotisme, renouvelé du Moyen-Age, qui florissait à l'ombre du drapeau français. Le Prince-Président, voulant à tout prix sortir d'une position presque ridicule, et qui faisait de lui le gendarme de la Réaction, chargea notre ministre, M. de Corcelles, de présenter à Pie IX, encore à Gaëte, de respectueuses observations sur l'intolérance croissante des cardinaux de l'entourage, et d'obtenir de Sa Sainteté, pour les États de l'Église, quelques réformes réclamées par l'opinion modérée. Il fut répondu aux timides remontrances du neveu du vaincu de Waterloo par un absolu « *Non possumus!* »

La situation était des plus délicates pour le Prince. Céder aux ultramontains, c'était se mettre à la remorque du parti clérical en France, s'aliéner la bourgeoisie et perdre toute popularité. D'un autre côté, abandonner le Saint-Père à ses propres forces, c'était avouer qu'on s'était engagé légèrement dans l'expédition de Rome et donner raison au parti républicain qui avait protesté contre notre intervention au delà des monts. Le rappel de nos troupes aurait en outre amené des protestations énergiques de la part de la majorité de l'Assemblée et chez les catholiques exaltés. Peut-être même des troubles graves auraient-ils éclaté dans le pays. Il fallait cependant prendre une décision.

Le 6 septembre 1849, le Prince fit insérer au *Moniteur* une lettre à son officier d'ordonnance, Edgar Ney, par laquelle il protestait contre la tyrannie qu'on voulait donner pour base à la rentrée du Pape : « Lorsque nos armées, disait le Président, firent le tour de l'Europe, elles laissèrent partout, comme trace de leur passage, la destruction des abus de la féodalité, et les germes de la liberté; il ne sera pas dit qu'en 1849 une armée française ait pu agir dans un autre sens et amener d'autres résultats. »

L'apparition de cette lettre souleva des clameurs formidables dans le camp réactionnaire. M. de Falloux, qui représentait l'opinion légitimiste dans le cabinet, donna immédiatement sa démission. Le Prince ne s'en émut pas autrement. Par la publication de cette lettre, dont les conséquences avaient été mûrement étudiées et pesées, il se débarrassait habilement et sans éclat, des liens dans lesquels cherchait à l'enlacer une majorité cléricale.

Il se mettait tous les jours en communion plus intime avec le pays; ses voyages à Nancy et dans la Bretagne avaient assis son prestige et grandi sa popularité. Il était maintenant solidement armé pour une lutte qu'avec une sûreté incontestable de coup d'œil il avait, dès la première heure de sa présidence, jugée inévitable. Nommé par un plébiscite, le Prince était en effet devenu l'égal et par suite l'antagoniste de l'Assemblée. La majorité réactionnaire ayant ses candidats au trône, autres que lui, les rivalités de prérogatives, les conflits d'attributions étaient fatals entre les deux pouvoirs exécutif et législatif.

XIII. — Le 28 avril 1850, des élections complémentaires ayant donné un résultat favorable aux candidatures avancées (Eugène Sue fut nommé à Paris), la majorité trembla pour sa propre réélection; et le Président, qui, toujours à l'exemple du Premier Consul, saisissait avec empressement les occasions de frapper sur les *Rouges*, ses seuls ennemis, laissa présenter à l'Assemblée et voter par elle la loi du 31 mai 1850, abrogeant le suffrage universel et supprimant trois millions d'électeurs, presque tous républicains.

L'Assemblée se discréditait ainsi aux yeux des masses. L'année suivante, le même Président, manœuvrant en sens inverse, se posera en Restaurateur du suffrage universel et demandera l'abrogation de la loi impopulaire du 31 mai.

Toute cette voltige parlementaire ou Élyséenne est peu intéressante. Aux intrigues des monarchistes en vue d'une *fusion* des maisons de Bourbon et d'Orléans, le Prince riposta en faisant organiser par ses partisans un vaste pétitionnement pour la prolongation de ses pouvoirs, expirant en mai 1852. Le 9 janvier 1851, il lança une véritable déclaration de guerre à l'Assemblée : le général Changarnier, orléaniste avéré, était révoqué de ses doubles fonctions de Commandant de la Garde nationale de la Seine et de Chef de la 1ʳᵉ division militaire. La majorité répliqua à ce coup d'audace par le renversement du Ministère. Dès lors, le Prince se résolut à se passer du concours de l'Assemblée et à vivre à côté d'elle jusqu'au moment où il pourrait en avoir raison par la force. Il prenait d'ailleurs ses dispositions pour cette éventualité, massait des troupes, passait des revues, créait des généraux et s'entourait d'hommes déterminés, absolument dévoués à sa personne. Bien que les préparatifs de l'Élysée se fissent au grand jour et qu'on ne parlât dans les cercles politiques que d'un coup d'État prochain, l'Assemblée, en complet désarroi, ne savait s'arrêter à aucune mesure préservatrice.

XIV. — Le 5 novembre 1851, à la reprise de la session, le Prince-Président adressa aux représentants un Message dans lequel il se prononçait contre la loi du 31 mai et demandait le rétablissement du suffrage universel. Par cette habile évolution, l'Élysée se rapprochait du parti démocratique et jetait un nouveau germe de division parmi les républicains eux-mêmes. La majorité sentant le péril approcher, fit présenter, le 18 novembre, par M. Baze, un projet de loi donnant aux questeurs le droit de requérir directement la force armée pour protéger l'Assemblée en cas d'attaque. Si cette proposition eût été votée, un coup de main contre le parlement devenait impraticable. Le ministre de la guerre, le général Saint-Arnaud, protesta à la tribune contre l'adoption d'une loi qui tendait à attribuer à des députés la disposition de l'armée tout entière. Et comme le tumulte allait croissant : « On fait trop de bruit dans cette maison-là, dit-il : je vais chercher la garde ! » Et il sortit, en faisant un signe à M. de Morny. Celui-ci se leva aussitôt. Le général Magnan, qui de la tribune présidentielle observait les incidents de la séance, quitta en même temps le Palais législatif. Toutes les mesures étaient prises à l'Élysée. La veille, les troupes avaient été consignées dans les casernes. Le 18 au matin, elles étaient prêtes à marcher, sac au dos, avec les vivres de campagne, chevaux bridés et sellés. Si la proposition des questeurs eût été adoptée, les régiments s'ébranlaient sur l'heure vers l'Assemblée.

Le vote sur la prise en considération montra une fois de plus le peu de cohésion des partis et leur impuissance à s'entendre sur le salut commun. Les républicains se divisèrent devant le scrutin, les uns tenant pour le Président, dont le message venait de demander le rétablissement du suffrage universel ; les autres voyant en lui un Dictateur. Le projet de loi fut repoussé.

VII

LE DEUX-DÉCEMBRE

I. — Le Prince avait vu le péril; il résolut d'accélérer le dénouement. Le 1ᵉʳ décembre au soir, il y avait grande réception à l'Élysée. Le Président, entouré de diplomates et de hauts personnages, conservait son calme ordinaire. Son secrétaire Mocquard venant à passer, il se détacha du groupe : « Personne ne se doute de rien », lui dit-il. Et il lui donna un ordre à voix basse. A onze heures du soir, la réception terminée, le Prince rentra dans ses appartements privés.

Prévenus par Mocquard, le général Saint-Arnaud, de Morny, de Maupas, préfet de police, et Fialin de Persigny attendaient dans le salon : « Messieurs, dit le Prince, c'est pour cette nuit ! » Et ouvrant une cassette, il remit à chacun un pli cacheté contenant ses dernières instructions.

II. — Le lendemain matin 2 décembre, à cinq heures, les principaux membres de l'Assemblée, Cavaignac, Thiers, Changarnier, Baze, Charras, Le Flô, Lagrange, et naturellement les chefs du parti révolutionnaire militant furent arrêtés à leurs domiciles et conduits sous escorte à la prison de Mazas. Le 42ᵉ régiment de ligne prit position près du Palais législatif et l'enveloppa de toutes parts. Les Parisiens en se réveillant, sous un ciel gris et brumeux, aperçurent avec étonnement des troupes au coin de tous les carrefours; les postes étaient doublés. Bientôt des proclamations sont affichées sur les murs.

On se presse pour les lire :

« Au nom du peuple français le Président de la République décrète :

« Art. 1er. L'Assemblée nationale est dissoute.

« Art. II. Le suffrage universel est rétabli.

« Art. III. Le peuple français est convoqué dans ses comices à partir du 14 décembre jusqu'au 21 décembre suivant.

« Palais de l'Élysée, 2 décembre 1851.

« LOUIS-NAPOLÉON BONAPARTE.

« Le Ministre de l'Intérieur,

« DE MORNY. »

A côté du décret, une proclamation faisait connaître au pays les motifs qui avaient déterminé le pouvoir à la dissolution de la Chambre :

« Français !

« La situation actuelle ne peut durer plus longtemps. Chaque jour qui s'écoule aggrave les dangers du pays. L'Assemblée, qui devait être le plus ferme appui de l'ordre, est devenue un foyer de complots. Au lieu de faire des lois dans l'intérêt général, elle forge des armes pour la guerre civile ; elle attente au pouvoir que je tiens directement du peuple ; elle compromet le repos de la France : je l'ai dissoute, et je rends le peuple juge entre elle et moi.

« Je fais un loyal appel à la nation tout entière, et je vous dis : si vous voulez continuer cet état de malaise qui nous dégrade et compromet notre avenir, choisissez un autre à ma place, car je ne veux plus d'un pouvoir qui est impuissant à faire le bien, me rend responsable d'actes que je ne puis empêcher et m'enchaîne au gouvernail quand je vois le vaisseau courir à l'abîme.

« Si, au contraire, vous avez confiance en moi, donnez-moi les moyens d'accomplir la grande mission que je tiens de vous. »

Suivait une proclamation à l'armée :

« SOLDATS !

« Soyez fiers de votre mission ! Vous sauverez la patrie ; car je compte sur vous non pour violer les lois mais pour faire respecter la première loi du pays, la souveraineté nationale, dont je suis le légitime représentant. Depuis longtemps vous souffrez comme moi des obstacles qui s'opposent, et au bien que je voulais faire, et aux démonstrations de votre sympathie en ma faveur. Ces obstades sont brisés. L'Assemblée a essayé d'attenter à l'autorité que je tiens de la nation ; elle a cessé d'exister. »

III. — L'Assemblée ébaucha une tentative de résistance. Trois cents représentants appartenant aux diverses fractions de la Chambre se réunirent vers dix heures sous la présidence de M. Benoist d'Azy, à la mairie du X⁰ arrondissement et prononcèrent la déchéance de Louis Bonaparte. Pendant qu'ils délibéraient, un bataillon commandé par le général Forey, arriva au pas de course, cerna la mairie et en arrêta 220 qui furent conduits, entre deux haies de soldats, à la caserne du quai d'Orsay.

La résistance légale ayant avorté, la Montagne essaya d'une prise d'armes, et appela le peuple à la défense de la Constitution. Mais le peuple se souciait fort peu de cette Constitution même. Les principaux chefs du parti républicain, Ledru-Rollin, Louis Blanc, Raspail, Proudhon, Barbès, qui seuls auraient peut-être pu mettre en mouvement les masses démocratiques, avaient disparu, les uns exilés, les autres en prison. Il ne restait que des hommes de second ordre, un Hugo, ancien barde gagé de Charles X, de Louis-Philippe et du Prince lui-même, dont il avait prôné la candidature en 1848, dans le journal l'*Événement* ; un Garnier-Pagès, qui, aux journées de Juin, avait, le premier, poussé le cri sinistre : « Il faut en finir ! »; des Favre, des Marie et des Thiers, que nous avons montrés en 1848 demandant l'état de siège et applaudissant à l'extermination des travailleurs ; je ne cite que pour mémoire les signataires du manifeste de la mairie de Grenelle, les Berryer, les Vitet et les Benoist d'Azy, partisans du comte de Chambord ou des princes d'Orléans, tous gens d'un libéralisme plus douteux encore que celui de Louis Bonaparte.

Et les Faubouriens jugeant, dans leur bon sens, qu'ils n'avaient que faire d'intervenir dans une querelle de politiciens, assistèrent impassibles et les bras croisés à la déroute des rhéteurs. Ils dirent à Schœlcher : « Nous ne voulons pas nous faire casser la tête pour une Assemblée qui nous a traités plus cruellement que ne le pourra jamais faire un despote ».

A Jules Vallès et à ses amis — la jeunesse des écoles d'alors : « Jeunes bourgeois, est-ce votre père ou votre oncle qui nous a exécutés en Juin ? »

A Esquiros : « Que voulez-vous que nous fassions ? Vous nous avez désarmés. Il n'y a plus un fusil dans tout le faubourg ! »

A Baudin : « Est-ce que vous croyez que nous allons nous faire tuer pour vous conserver vos vingt-cinq francs par jour ? »

Baudin répliqua : « Vous allez voir comment on meurt pour vingt-cinq francs. »

Et quand il l'eut montré, le peuple, après avoir salué le cadavre comme il salue toujours les actes héroïques, renfonça sa casquette sur sa tête pour regarder passer ses maîtres de la veille, encadrés de gendarmes.

Ce même jour, vers onze heures du matin, M. Suisse (Jules Simon) remontait avec quelques amis le boulevard Montmartre. Ils virent venir à eux M. Hugo. Il prit la main de M. Suisse : « Croyez-vous, dit-il, que si je me fais tuer et si l'on porte mon cadavre rue de la Harpe, le quartier latin se soulèvera? — Je n'en doute pas », répondit Jules Suisse.

Notons ce joli trait de Hugo demandant si le quartier latin se soulèverait au cas où il se ferait tuer, et, sur réponse affirmative, s'empressant... de rentrer chez lui!

IV. — Sans Baudin, qui eut à cœur de protester contre des paroles méprisantes et sacrifia sa vie pour affirmer son désintéressement et ses convictions démocratiques, l'acte du 2 décembre n'aurait été qu'un épisode assez ordinaire des luttes sociales. L'historien n'y aurait vu que le dénouement, prévu par tous et désiré par beaucoup, d'un tournoi politique entre compétiteurs peu intéressants, et aurait renvoyé dos à dos vainqueurs et vaincus.

Il ne faut pas se dissimuler en effet que l'immense majorité de la nation envisageait avec effroi l'échéance de mai 1852 et la retraite prochaine du Prince. Les partis, à l'occasion de la nouvelle élection présidentielle, allaient de nouveau se livrer un combat acharné, au détriment des intérêts supérieurs du pays. L'Assemblée, en s'opposant à une revision de la Constitution qui aurait permis au Prince de poser à nouveau sa candidature, avait fermé la porte à toute solution pacifique et poussé l'Élysée aux mesures extrêmes. Dans l'état d'absolue désagrégation des partis, la défaite du Président aurait été le signal d'une effroyable guerre civile. Que serait-il sorti du bouleversement général? Comment l'équilibre se serait-il rétabli? Au profit de qui? On ne le voit pas. Les réactionnaires étaient profondément divisés, les uns tenant pour le duc de Bordeaux, les autres pour le comte de Paris. Quant aux républicains, comme déjà en 1848, ils eussent été incapables de s'entendre sur un programme défini. En face d'un aussi redoutable inconnu, il est naturel que la société française se soit tournée vers le Prince comme vers un sauveur, et que le monde des affaires et la grande industrie aient soutenu la politique de l'Élysée. L'histoire s'éclaire à la lumière du passé.

Aujourd'hui, à quarante ans de distance, on comprend mieux ce triste épisode de nos luttes politiques. En présence de nos Assemblées discréditées, hostiles à toute réforme sérieuse, la risée de tous les esprits indépendants, on s'explique l'indifférence des Parisiens en 1851, et leur lenteur à s'armer en faveur de politiciens, qui, comme ceux de nos jours, donnaient le plus lamentable spectacle d'impuissance et d'incapacité.

Qui donc, dans les faubourgs, se lèverait aujourd'hui pour défendre des Chambres dont les Tirard, les Devès, les Rouvier et les Cassagnac sont le plus bel ornement? Voit-on le peuple se faisant tuer sur les barricades pour Jules Ferry?

V. — Malheureusement la mort héroïque de Baudin, rue Sainte-Marguerite, et l'épouvantable fusillade de la brigade Canrobert contre des citoyens inoffensifs, donnent à l'acte du 2 décembre une sinistre physionomie. Le sang coula; et quand le sang coule, tout disparaît devant l'historien; une seule question se dresse devant lui et domine tout : n'était-il pas possible de ne pas répandre ce sang?

Eh bien! oui, il y avait au conflit une terminaison autre que la violence. Et cette heureuse solution, je la résume en ce seul mot : **ATTENDRE!**

Le Prince, du haut de ses cinq millions de suffrages, dominait la situation et pouvait écouter impassible les clameurs des partis s'agitant au-dessous de lui, dans l'arène politique. Que risquait-il? Que pouvait-on contre lui? L'attente lui donnait la victoire. La proposition même des questeurs, votée, devenait inutile contre un Président affirmant hautement sa ferme intention de ne pas sortir de la légalité. Avant mai 1852, ou bien l'Assemblée, de plus en plus discréditée, aurait voté la revision, sous la pression irrésistible de l'opinion publique, ou bien les Parisiens, fatigués d'agitations stériles, seraient eux-mêmes intervenus, comme ils l'ont fait le 1er décembre 1887 pour Grévy, que certains politiciens parlaient de remettre sur pied, et auraient jeté dehors, par les basques de leurs habits, les Favre, les Hugo, les Garnier-Pagès, les Thiers, les Madier-Montjau et les Falloux.

Pendant qu'on le conduisait en voiture à Mazas, le général Changarnier dit au commissaire de police : « Le Président était sûr de sa réélection. C'est se donner bien inutilement la peine d'un coup d'État. »

Cette phrase vient à l'appui de mon analyse. Croit-on, en effet, que les cinq millions d'électeurs de 1848 auraient capitulé devant une poignée d'intrigants, et laissé déposséder leur Élu? Renversé, il serait revenu plus fort. Donc attendre, attendre encore! Et ne pas s'exposer à verser une goutte de sang. Car, si dans les grandes mêlées cinquante mille hommes sacrifiés pour une noble cause ne comptent pas, en politique une seule goutte de sang répandu injustement cri : vengeance et forme une tache éternelle.

Le Prince aurait peut-être attendu; mais les Morny, les Magnan et les Persigny étaient impatients d'en finir; les dettes hurlaient dans leurs antichambres; les protêts pleuvaient chez les concierges. Et le Prince, cédant aux sollicitations de l'entourage, brusqua le dénouement. Les coups de fusil simplifient les questions. Ils dispensent de raisons, de patience et de longues études. Un adversaire vous contredit, un ennemi vous gêne : vous les supprimez, et la discussion est close.

Enfin, et pour compléter cette étude, mettons les choses au pis : supposons que le Prince eût dû descendre du pouvoir. Eh bien! il en serait descendu, honnêtement, noblement, comme Georges Washington, et pur de toute souillure. La vie est si courte! Dix-huit, vingt-cinq ans, tout est dit. Les monarques, soumis comme nous aux lois de la nature, ne jouissent pas d'un brevet spécial de longévité. Les maladies arrivent; et quand on a la goutte ou la gravelle, quand on en est réduit comme le brillant *Fritz*, à ne respirer que par une canule, le spectacle de millions d'hommes courbés devant votre volonté est un faible adoucissement à vos souffrances. Un pouvoir aussi éphémère vaut-il donc qu'on se baigne dans le sang et qu'on se prépare des remords éternels pour l'atteindre? Pourquoi Louis Bonaparte ne serait-il pas redevenu simple citoyen, comme l'illustre planteur de Mount-Vernon? Aurait-il plus mal fini?

VI. — La nouvelle de la dispersion de l'Assemblée et du massacre du boulevard des Italiens détermina des prises d'armes en province. Vingt départements, le Gers, la Nièvre, le Loiret, l'Hérault, le Gard, les Basses-Alpes, l'Yonne, le Vaucluse, l'Aveyron, le Var, etc., se soulevèrent contre l'autorité du Président. Dans les pays de montagnes, le mouvement prit un redoutable caractère de gravité. Mirande tomba au pouvoir des *Rouges*. Des municipalités révolutionnaires dominèrent pendant quelques jours à Clamecy, à Coulange, à Cuers, à Saint-Florentin, à Pézenas, à Bédarrieux et à Castelnau. Dans la Drôme, le 6 décembre, quatre mille hommes se portèrent sur Crest. Le Préfet de Valence accourut au secours de la ville; il fallut pour disperser les insurgés tirer à mitraille contre leurs colonnes. Sur les rives du Gardon et dans la Vaunage, on se crut revenu au temps des Miquelets et des Camisards. Le tocsin sonnait à toute volée, nuit et jour, dans les villages; des bandes insurrectionnelles, conduites par les chefs des sociétés secrètes, parcouraient les campagnes, excitant les paysans à la révolte. Le 5 décembre au soir, six mille républicains des communes de Vauvert, de Beauvoisin, d'Uchaud, de Générac, d'Aigues-Vives, du Caylar, de Gallargues et de Calvisson, se donnaient le mot d'ordre pour marcher le lendemain sur Nîmes aux cris de : « Vive Barbès! A bas les Blancs! Vive la République! » Privas, Draguignan, Digne, Auch furent aussi un moment menacés. Si la Bourgeoisie s'était montrée favorable au mouvement, c'en était fait de Louis Bonaparte. Mais les écrivains à la solde des préfets répandirent perfidement le bruit que les insurgés pillaient les fermes, incendiaient les granges, tuaient les enfants et violaient les femmes.

Certes, au milieu de pareils bouleversements, il y eut des excès commis; cependant la grande masse des républicains combattait alors en toute loyauté et avec désintéressement pour la cause de la Liberté. D'aussi odieuses inventions eurent leur effet immédiat. Propriétaires et rentiers, croyant à une nouvelle Jacquerie, se serrèrent épouvantés autour des autorités régulières, et prêtèrent leur concours aux séides du coup d'État.

Devant l'attitude hostile de la Bourgeoisie des grandes villes, les insurgés durent renoncer à l'attaque des chefs-lieux.

La troupe courait sus aux émeutiers avec une énergie sauvage. A Paris, un ordre du jour du général Saint-Arnaud, en date du 3 décembre, ordonnait de fusiller tout individu pris les armes à la main. C'était ce que M. de Morny appelait : « Envahir la ville par la terreur! » La répression n'était pas moins rigoureuse en province. Le préfet du Var, Pastoureau, s'acquit même une triste célébrité en faisant fusiller une seconde fois un paysan, Martin Bidauré, laissé pour mort une première. Le 14 décembre, Barcelonnette, dernier centre de la résistance, tombait au pouvoir de la Dictature.

VII. — Louis Bonaparte marqua sa victoire par les plus terribles vengeances. Bien que, le 21 décembre, le coup d'État eût recueilli sept millions de suffrages, le nouveau Dictateur ne se crut pas encore assez affermi, et déploya pour consolider son autorité, et prévenir tout réveil de l'esprit démocratique, une sévérité qui alla jusqu'à supprimer le simple exercice de la liberté individuelle. Les préfets devinrent de véritables despotes, concentrant dans leurs mains les pouvoirs civils, militaires et judiciaires. Des Commissions mixtes, formées d'un procureur, d'un général de brigade, d'un commandant de gendarmerie et du préfet, fonctionnèrent dans chaque département et condamnèrent sans appel. Des arrestations en masse furent opérées; et pour procéder avec plus de rapidité, un décret présidentiel ordonna la transportation immédiate, à Cayenne ou à Lambessa, de tout individu ayant fait partie d'une société secrète. Près de cent vingt mille républicains, atteints par ce décret, furent subitement arrachés à leurs foyers et disparurent vers les régions équatoriales. Les proscriptions de Sylla étaient dépassées. Les gardes nationales furent licenciées; les journaux indépendants supprimés; un bureau de Censure établi. Paris et la France furent soumis à un régime de compression rappelant les jours les plus néfastes du Consulat et de l'Empire. L'espionnage fut élevé à la hauteur d'un principe de gouvernement. Dans les cafés, au théâtre, et jusque dans les bals, des oreilles étaient aux écoutes pour surprendre une conversation au passage et y trouver les éléments d'une dénonciation. Soudain un danseur était enlevé par les gendarmes au milieu d'un quadrille! La fureur des prétoriens n'épargnait même pas les animaux. A Beauvoisin, au moment où une foule nombreuse se préparait à assister à une course de taureaux, le commissaire de police de Vauvert, Melchissédec, escorté de gardes champêtres et de hussards, survint à l'improviste et fusilla les huit bêtes, une à une, par une fenêtre, dans le toril. Cet acte barbare ayant provoqué dans la foule des clameurs d'indignation, le commandement : *Apprêtez armes!* retentit. Sans l'intervention de quelques citoyens qui calmèrent les esprits, les plus épouvantables malheurs étaient à craindre.

Les gardes champêtres, dans les villages, étaient de véritables mouchards embrigadés par la préfecture, et toujours prêts à signaler les citoyens à l'allure indépendante, pour toucher la prime offerte à la délation. Pendant les longues soirées d'hiver, on apercevait, dissimulées dans les encoignures, collées contre les portes, ou assises sur le rebord des fenêtres, des ombres redoutables cherchant à saisir les bruits de la veillée. Il était prudent de passer son chemin en toute hâte sans rechercher ce que pouvait bien faire en un tel endroit, à une pareille heure, cette silhouette sinistre. Malheur à la famille qui, s'étant vu arracher un être aimé, se répandait, dans le silence de la nuit, en pleurs non assez étouffés, ou en protestations trop bruyantes! Le lendemain, au petit jour, les gendarmes apparaissaient et entraînaient une nouvelle victime.

La presse et la tribune étant muettes, un silence de mort plana sur le territoire.

VIII

L'EMPIRE LIBÉRAL.

I. — « L'Empire c'est la paix! » dit à Bordeaux, le 9 octobre 1852, Louis Bonaparte, aspirant à la couronne.

« J'en conviens cependant, ajoutait le Prince-Président, j'ai, comme l'Empereur, bien des conquêtes à faire. Je veux conquérir à la conciliation les partis dissidents et ramener dans le courant du grand fleuve populaire les dérivations hostiles qui vont se perdre sans profit pour personne.

« Je veux conquérir à la religion, à la morale, à l'aisance, cette partie encore si nombreuse de la population qui, au milieu d'un pays de foi et de croyance, connait à peine les *préceptes du Christ*; qui, au sein de la terre la plus fertile du monde, peut à peine jouir de ses produits de première nécessité. »

Le neveu du Premier Consul, reprenant la politique du Concordat, s'offrait ainsi à la nation comme une sorte de Messie botté, tenant d'une main la croix catholique et de l'autre une corne d'abondance d'où allaient s'échapper, aussitôt l'Empire accepté, canaux, routes et chemins de fer. Le nouvel Autocrate se révélait à son tour comme les monarques antiques, et pour fortifier son prestige, du double caractère militaire et sacerdotal. C'était de bonne politique; il est toutefois étrange qu'il ait pu être habile de parler à la France « *des préceptes du Christ* », un demi-siècle après Voltaire et la Convention.

Les brillantes perspectives de paix et de prospérité que le discours de Bordeaux avait fait ainsi resplendir aux yeux des populations, portèrent leurs fruits naturels ; et quand le nouveau César, de retour de sa tournée triomphale dans les Gaules, reparut sur les rives de la Seine, ce ne fut qu'une longue acclamation de la Bastille à l'Élysée.

Et les cloches des églises sonnaient à toute volée ; et l'encens s'élevait vers le ciel ; et les grandes orgues lançaient les *Te Deum*, les *Magnificat*, les *Gloria* et les *Salvum fac Napoleonem !* Et la rente montait... Et le 20 novembre 1852, *huit millions* de Français plaçaient la couronne impériale sur le front de l'Homme de Décembre.

II. — Tout obéit à des lois, et les gouvernements ont leur destin. Le second Empire, né, comme le premier, d'un coup d'État militaire, ne pouvait pas plus être la paix que la royauté bourgeoise de Louis-Philippe n'avait été la guerre ; et ce régime qui, en principe et dans les harangues officielles, répudiait toutes visées belliqueuses, jeta les armées françaises sur tous les champs de bataille de l'Ancien et du Nouveau-Monde, en Crimée, en Chine, en Cochinchine, en Italie et au Mexique. Il ne les conduira pas à Berlin, comme il se le promettait en dernier lieu.

Jusqu'en 1860, Napoléon III gouverna à peu près sans contrôle ; le Corps législatif et le Sénat n'étaient guère que des Chambres d'enregistrement. Il serait cependant injuste de ne pas reconnaître que de grandes choses furent accomplies. Sous l'heureuse impulsion du gouvernement, l'agriculture et l'industrie prirent le plus vif essor ; la construction de nos principales voies ferrées s'opéra avec une merveilleuse rapidité ; le Crédit foncier fut fondé, l'échelle mobile supprimée, un traité de commerce avec l'Angleterre conclu, Paris transformé.

Certes, la spéculation sut trouver, dans tous ces grands travaux, de larges et abondantes satisfactions ; mais dans quel pays, sous quel régime ne spécule-t-on pas ? Regardez les Grévy, les Wilson, les Cazot, les Constans, les Rouvier et autres illustrations de la troisième République ? Rappelons-nous la conversion de la rente 5 0/0, la débâcle de l'*Union Générale*, du *Panama* et du *Comptoir d'Escompte*. En Amérique, voyez la triste fin du Président Grant. Encore un qu'on nous représentait comme l'intégrité même !

On agiotait sous Louis-Philippe ; on agiote sous Napoléon III ; on agiotera sous la troisième République. Monarchie, Empire ou République, on agiotera tant que les hommes seront... ce qu'ils sont.

III. — Jusqu'en 1860, je l'ai dit, le Sénat, nommé par l'Empereur et le Corps législatif, peuplé de candidats officiels, délibérèrent à huis clos. Le Despote, en recevant l'investiture, avait donné cependant à entendre que le règne de l'absolutisme aurait une fin. L'appareil formidable des lois impériales devait se détendre un jour. Un temps devait venir où, selon les paroles mêmes du Dictateur, la Nation aurait plus de part au gouvernement; où les passions étant calmées, l'Administration serait plus douce et plus tolérante.

Après les gloires d'Inkermann et de Magenta et la signature du Traité de Commerce (22 janvier 1860), l'Empereur dit ce moment arrivé. Par un décret, en date du 24 novembre 1860, il modifia la Constitution de 1852 dans un sens libéral, donna au Sénat et au Corps législatif le droit d'Adresse, et autorisa la publication des débats parlementaires. C'était un premier pas vers ce qu'il appelait *le couronnement de l'édifice*. Le second fut fait en 1867. L'Empereur procédait avec une sage lenteur.

IV. — Donc, le 19 janvier 1867, Napoléon III voyant son pouvoir solidement assis, crut qu'il pouvait enfin, sans péril pour la dynastie, inaugurer un régime de liberté. Il adressa au ministre d'État, M. Rouher, une lettre dans laquelle il lui indiquait les réformes à accomplir et appelait spécialement son attention sur la suppression de l'autorisation préalable en matière de presse et sur le droit d'interpellation au Corps législatif.

L'opinion applaudit à cette initiative. Quoi qu'on ait dit, il est certain que le régime impérial aurait pu continuer à rester dans la ligne dictatoriale inaugurée au 2 décembre 1851. Les attaques de l'Opposition l'effleuraient à peine, et nul n'aurait été assez fort pour enlever à l'Empereur, s'il ne l'eût voulu, une parcelle de son autorité.

Malheureusement, de trop longs atermoiements firent perdre au Gouvernement le bénéfice de son initiative. Les réformes annoncées dans la lettre du 19 janvier traînèrent près de deux ans dans les cartons des ministères et dans les bureaux du Conseil d'État. Elles étaient escomptées, usées même, avant d'avoir été votées. Les vieux bonapartistes les acceptaient de fort mauvaise grâce. Pendant la discussion, M. Granier de Cassagnac, s'adressant à Jules Favre et Picard qui les trouvaient incomplètes, leur répondit durement : « Qu'à cela ne tienne; si vous n'en voulez pas, nous n'en voulons pas davantage ».

L'Empereur, par ses avances aux chefs de la Démocratie, croyait désarmer leur opposition; en réalité, il n'arrivait à rien, pas même à effacer les souvenirs du Deux-Décembre.

V. — La voie des réformes est glissante, et il est dangereux de pratiquer la moindre brèche dans les digues du despotisme. Déjà vieux, atteint d'une grave affection de la vessie, n'ayant plus la sûreté de coup d'œil de 1848; ses plus fidèles conseillers, Morny, Billaut disparus; circonvenu par la camarilla cléricale de l'Impératrice, Napoléon III tentait une aventure toujours périlleuse pour les gouvernements autocratiques. La guerre du Mexique, la plus grande pensée du règne, selon M. Rouher, venait de se terminer par la ruine des actionnaires français, le départ précipité de nos troupes et la chute de notre allié Maximilien, bientôt fusillé à Queretaro (19 juin 1867). L'Opposition avait beau jeu et se donnait carrière au Corps législatif. Jules Favre, aux applaudissements du pays tout entier, tonnait contre une aventure où s'engloutissaient les ressources et l'honneur de la patrie. A politique nouvelle, il faut personnel et hommes d'État nouveaux. L'historien les cherche en vain dans le monde parlementaire de l'époque. Une aussi longue période d'absolutisme avait annihilé toutes généreuses aspirations, comprimé les élans, empêché l'éclosion de capacités véritables. Napoléon III, évidemment plein de bonne volonté, mais à court d'hommes libres de tous engagements envers les partis, en fut réduit à s'adresser à un personnage sans autorité, infatué de lui-même, suspect aux bonapartistes purs et dont la vue seule, d'autre part, mettra en fureur les républicains, Émile Ollivier, fils d'un proscrit du coup d'État, frère d'un vaillant écrivain tué en duel, en 1848, par le réactionnaire M. de Ginestoux; Émile Ollivier, que d'aussi lugubres souvenirs n'arrêteront pas au seuil de l'homme de Décembre et qui sera immédiatement traité de renégat.

Le despote est rivé au despotisme, comme le forçat de jadis à son boulet. Il est toujours difficile, même pour un simple particulier, de faire dans la vie une rentrée honnête. A plus forte raison, dans le domaine politique, où d'immenses intérêts vous enlacent, ne saurait-on passer ainsi à volonté d'un régime à un autre...

Et les partis ne pardonnent pas...

VI. — La nouvelle loi sur la presse à peine votée (mai 1868), les haines longtemps contenues se déchaînèrent. Delescluze et Quentin dans le *Réveil*, les fils Hugo, dans le *Rappel*, Rochefort dans la *Lanterne*, Flourens, Ranc, Félix Ducasse, Briosne, Peyrouton, Vermorel et Millière, à la *Redoute* et aux *Folies-Belleville*, harcelèrent sans relâche le pouvoir. Le 1ᵉʳ novembre 1868, une manifestation eut lieu au cimetière Montmartre, sur les tombes de Baudin et de Cavaignac. Le ministre de l'intérieur, Pinard, dispersa les manifestants et gagna « la bataille de Clichy ». L'*Avenir National* et les *Irréconciliables* ouvrirent alors une souscription pour élever un monument au député tombé au Deux-Décembre rue Sainte-Marguerite. Tous les ennemis de l'Empire applaudirent, et Berryer lui-même, un des chefs du parti légitimiste, envoya son offrande en l'honneur du martyr de la liberté. Les républicains à cette occasion portèrent aux nues la magnanimité et la largeur de vues de l'orateur du droit divin. Son adhésion fut célébrée sur tous les modes. C'est un des traits les plus remarquables du caractère des hommes de la Basse-République que cette propension à s'enthousiasmer à tous propos. Nos modernes démocrates ont l'acclamation facile, et nous les verrons successivement exalter, sans trop savoir pourquoi, Bazaine, Trochu, Gambetta, Grévy et Carnot. L'Historien ne prend pas le change aussi facilement. Il pèse cette souscription de Berryer, et soudain évoquant le passé, il voit en juillet 1830 des centaines de héros tombant, comme Baudin, sur les barricades, pour la défense de leurs droits. Il lui semble que ce n'est pas de l'or, mais du plomb que Berryer et les hommes de la légitimité envoyèrent alors à ces nobles combattants... Dans cette bruyante adhésion d'un séide de l'Obscurantisme, il faut donc voir, non l'élévation d'une âme généreuse vers le Droit, mais la manœuvre déloyale d'un esprit jaloux et d'un mécontent.

VII. — Le ministère s'émut de ces manifestations. Le 14 novembre 1868, le *Réveil*, l'*Avenir National* et la *Tribune* étaient traduits en police correctionnelle. Depuis la nouvelle loi sur la presse, les délits de plume, soustraits à l'arbitraire du Gouvernement, étaient déférés aux tribunaux. Les journaux n'avaient pas eu trop à se féliciter du changement, car les juges de la 7ᵉ chambre, à leur tête le célèbre Delesvaux, se montraient inexorables. Comparution, condamnation s'équivalaient. Delescluze, résigné d'avance, se refusait à prendre un défenseur : « Je ne veux pas, disait-il plaisamment, qu'un avocat se serve de mon dos pour grimper à la députation! » Sur ces entrefaites, on lui présenta au café de Madrid, alors quartier-général de la démocratie militante, Gambetta, avocat obscur, ne gagnant pas cent écus par an au Palais, incapable de plaider à fond une question de mur mitoyen, et connu seulement dans les brasseries de la rive gauche, où il se posait en apôtre de la *Revendication* politique et sociale. Delescluze lui donna carte blanche. Il lui dit, non de défendre, mais d'attaquer. C'était une aubaine inespérée pour notre tribun d'estaminet. Il prit du large :

« Un pareil procès a-t-il jamais été agité à aucune époque parmi les hommes? Non! Jamais! Remontez jusqu'au temps d'Athènes, jusqu'au temps de Rome, cherchez s'il y a jamais eu un procès comparable à celui dont vous êtes saisis? Quant à moi, je le dis avec toute l'énergie des forces qui vibrent dans mon être, j'ai beau interroger mes souvenirs, consulter l'histoire, jamais, non jamais, je n'ai rencontré un pareil duel entre le droit et le despotisme, entre la loi et la force, jamais je ne les ai vues si ouvertement ni si injustement aux prises dans cet éternel drame dont se compose l'humanité.

« Rappelez-vous ce que c'est que le Deux-Décembre? Rappelez-vous ce qui s'est passé? Les actes viennent d'être repris, racontés par M. Ténot, dans leurs épisodes navrants : vous avez lu ce récit, qui se borne aux faits et d'une impartialité d'autant plus vengeresse; vous savez tout ce qu'il y a de sang et de douleurs, de larmes dans cette date; mais ce qu'il faut dire ici, ce qu'il faut toucher du doigt, c'est la machination, c'est la conséquence, c'est le mal causé à la France, c'est le trouble apporté dans les consciences par cet attentat; c'est là ce qui constitue la véritable responsabilité. C'est cela seulement qui pourra vous faire apprécier jusqu'à quel point vous nous devez aide et protection quand nous venons honorer la mémoire de ceux qui sont tombés pour avoir défendu la loi et la Constitution qu'on égorgeait.

« Oui! le 2 décembre, autour d'un prétendant, se sont groupés des hommes que la France ne connaissait pas jusque-là, qui n'avaient ni talent, ni honneur, ni rang, ni situation, de ces gens qui, à toutes les époques, sont les complices des coups de la force, de ces gens dont on peut répéter ce que Salluste a dit de la tourbe qui entourait Catilina, ce que César dit lui-même en traçant le portrait de ses complices, éternels rebuts des sociétés régulières :

Ære alieno obruti et vitiis onusti,
Un tas d'hommes perdus de dettes et de crimes,

comme traduisait Corneille. C'est avec ce personnel que l'on sabre depuis des siècles les institutions. »

Le Président : « Maître Gambetta, je dois vous avertir que ces violences de langage vont me forcer à vous retirer la parole. »

Gambetta reprend : « Où étaient M. Thiers, M. de Rémusat? Les représentants autorisés des partis orléaniste, légitimiste, républicain, où étaient-ils? A Mazas, à Vincennes, tous les hommes qui défendaient la loi! En route pour Cayenne, en partance pour Lambessa, ces victimes spoliées d'une frénésie ambitieuse! Voilà, messieurs, comment on sauve la France! Après cela, pensez-vous qu'on ait le droit de s'écrier qu'on a sauvé la société, uniquement parce qu'on a porté la main sur le pays?

« De quel côté étaient le génie, la morale, la vertu ? Tout s'était effondré sous l'attentat ! »

M. le Président : « Maître Gambetta, je vous rappelle que vous ne tenez pas la promesse que vous aviez faite en commençant de ne point vous laisser entraîner. J'aurais déjà dû vous arrêter lorsque vous avez dit que le dernier endroit où devait se plaider cette cause était un prétoire. Je vous invite à continuer, mais avec plus de modération. »

L'orateur poursuit imperturbablement : « Cet anniversaire du 2 Décembre, dont vous n'avez pas voulu, nous le revendiquons; nous le prenons pour nous; nous le fêterons toujours, incessamment; chaque année, ce sera l'anniversaire de nos morts, jusqu'au jour où le pays, redevenu le maître, vous imposera la grande expiation nationale, au nom de la liberté, de l'égalité, de la fraternité. (*S'adressant à M. l'avocat impérial*) : Ah! vous levez les épaules ! »

M. l'avocat impérial : « Mais ce n'est plus de la plaidoirie, cela ! »

Mᵉ Gambetta : « Sachez-le, je ne redoute pas plus vos dédains que vos menaces. En terminant, hier, votre réquisitoire, vous avez dit : *Nous aviserons!* Comment! avocat impérial, magistrat, homme de loi, vous osez dire : « Nous prendrons des mesures ! »

Je ne m'étonne que d'une chose, c'est que le ministère public n'ait pas, en effet, requis sur-le-champ contre l'orateur. Ce qui ne s'est jamais vu, ô Gambetta, ce n'est pas un pareil procès, ni un tel attentat contre la liberté; l'Histoire fourmille d'épisodes où la Force prime le Droit, et les Annales de l'humanité comptent de plus glorieux martyrs que Baudin... Non! Ce qui ne s'est jamais rencontré, c'est un Gouvernement tout-puissant se laissant ainsi, en plein prétoire, traîner sur la claie par un orateur d'estaminet, sans notoriété comme sans valeur. Croit-on que M. le procureur Bouchez ou le substitut Lombard permettraient aujourd'hui à Mᵉ Jolibois ou Oscar de Vallée d'attaquer en termes aussi peu mesurés le Gouvernement de la République?

A ces discours apprêtés, d'une éloquence douteuse, où l'orateur se met lui-même immédiatement en scène et fait parade de son *énergie :* « *Je le dis avec toute l'énergie des forces qui vibrent dans mon être!* » on devient facilement un personnage dans certaines républiques; et ce que n'ont pu donner aux vétérans des luttes sociales, à Blanqui, à Barbès et à Delescluze, trente ans de loyaux services à la Démocratie, un tribun de hasard, protégé d'ailleurs par sa robe, l'obtient en quelques minutes avec trois ou quatre phrases ronflantes.

Delescluze fut condamné à six mois de prison. Gambetta passa député cinq mois après.

VIII. — Lors du renouvellement du Corps législatif (mai 1869), les partis hostiles à l'Empire, Républicains bourgeois, Radicaux, *Irréconciliables* et Royalistes de toutes nuances, se coalisèrent contre les candidats officiels. M. Jules Ferry se fit remarquer par l'énergie de ses revendications. S'adressant aux électeurs de la 6ᵉ circonscription de la Seine, il leur disait :

« ..... L'expérience — une expérience chèrement acquise — a dû nous apprendre quelles sont, au sein de cette grande démocratie française, les conditions fondamentales du gouvernement libre. Pour fonder en France une libre démocratie, il ne suffit pas de proclamer :

« L'entière liberté de la presse; l'entière liberté de réunion; l'entière liberté d'enseignement et l'entière liberté d'association.

« Ce n'est pas assez de décréter toutes ces libertés, il faut les faire vivre. La France n'aura pas la liberté tant qu'elle vivra dans les liens de la centralisation administrative, ce legs fait par le Bas-Empire à l'ancien régime, qui le transmit au Consulat.

« La France n'aura pas la liberté tant qu'il existera un clergé d'État, une Église ou des Églises officielles.

« L'alliance de l'État et de l'Église n'est bonne ni à l'État ni à l'Église.

« Aussi faut-il vouloir par-dessus tout : la décentralisation administrative ; la séparation absolue de l'État et de l'Église; la réforme des institutions judiciaires par un large développement du jury ; la transformation des armées permanentes.

« Ce sont là les destructions nécessaires. »

Cette circulaire se terminait par la déclaration suivante :

« Électeurs,

« Vos élus vous doivent à toute heure compte de leurs actes, — je ne l'oublierais jamais, si vous m'honoriez de vos suffrages.

« Jules Ferry. »

Je me demande, sans me prononcer pour ou contre l'excellence de ces *desiderata*, par quel étrange renversement la question de la séparation de l'Église et de l'État, que M. Jules Ferry trouvait mûre en 1869, ne l'est plus en 1890? Il faut en conclure, ou que M. Jules Ferry et les politiciens de son École étaient des hommes d'État ignorants, puisqu'ils réclamaient comme urgentes des réformes qu'à cette heure ils repoussent de toutes leurs forces comme inopportunes; ou que ce magnifique programme était un leurre à l'adresse des naïfs électeurs.

Dans le discours prononcé au Havre, le 14 octobre 1883, M. Jules Ferry, désormais *pourvu*, s'écriait :

« Le principe de l'intransigeance consiste à déclarer qu'il n'en faut pas avoir. Elle procède de cette manière très simple : on écrit dans un programme tout ce qui peut passer par la tête d'un homme de notre temps, toutes les choses désirables ou non, détestables ou prématurées.

« On les promet toutes sans exception; et c'est ainsi qu'on se fait nommer député. » (*Hilarité et bravos.*)

Il est difficile de montrer plus de mépris pour les électeurs radicaux, présentés ainsi comme des niais.

En donnant la manière de se faire élire député radical, M. Jules Ferry parlait avec autorité. Cette méthode, s'il la connaît si bien, c'est qu'il l'a pratiquée lui-même.

IX. — Les élections générales (23 mai 1869) amenèrent à la Chambre un groupe nombreux de libéraux. Dès l'ouverture des travaux législatifs, cent seize députés, appartenant au Centre gauche et à ce qu'on appelait alors la *Gauche ouverte*, signèrent une demande d'interpellation pour obtenir du pouvoir « qu'un ministère responsable fût constitué et que la Chambre eût le droit de régler les conditions organiques de ses travaux et de ses communications avec le Gouvernement ».

Après de longues hésitations, le chef de l'État fit appeler Émile Ollivier et lui confia la mission de former un ministère. Les hommes les plus considérables du parti conservateur, Buffet, Daru, de Talhouët et Segris donnant quittance au Deux-Décembre, se rallièrent à l'Empire et entrèrent dans le Cabinet du 2 janvier 1870. M. Thiers se montra sympathique au nouvel ordre de choses : « Mes idées sont assises sur ces bancs, dit-il en montrant l'hémicycle où siégeaient les nouveaux ministres. Nous avons maintenant les *libertés nécessaires*. L'Empereur fait un pas considérable en choisissant un ministère dans le sein de l'Opposition. Il faut encourager et récompenser un pareil sacrifice. Si cette tentative réussit, nous aurons sauvé le pays; si elle échoue, on ne pourra pas nous reprocher d'être intraitables et de demander des choses dont au fond nous ne voulons pas. »

Et M. le duc de Broglie ajoutait avec beaucoup de finesse : « Nous pourrons peut-être faire l'économie d'une révolution ».

L'Opposition républicaine ne désarma pas. Elle n'avait qu'un but : organiser le désordre. L'Empire était insupportable aux Garnier-Pagès, aux Cochery, aux Glais-Bizoin et aux Jules Simon pour une foule de raisons, dont la première était qu'ils n'en étaient pas. La fureur des Jules Ferry, des Gambetta, des Brisson et des Floquet contre Émile Ollivier, provenait moins de ce qu'ils appelaient sa défection, que du dépit de le voir installé à la table impériale. Le Gouvernement cherchait-il à leur donner satisfaction en adoptant les réformes qu'ils réclamaient ? Ils se hâtaient de changer le thème de leurs récriminations.

Le républicanisme de ces bourgeois n'était pas une opinion ni un principe, c'était une carrière. Ferry, Simon et Gambetta s'étaient faits républicains, comme d'autres se font notaires ou dentistes. Il n'y avait rien à tenter comme rapprochement. Si l'Empereur faisait un pas en avant pour les rejoindre, ils en faisaient immédiatement deux en arrière pour qu'il ne les rejoignît pas, puisque c'est la distance qui les séparait de lui qui constituait leur raison d'être.

Ils ne demandaient à Napoléon III qu'une chose, c'était de s'en aller. Et franchement, c'est là une réforme qu'un souverain accordera difficilement...

Quant à Émile Ollivier, il rayonnait : « L'Empereur vient à moi, disait-il ; il est sauvé ! Je lui ferai une vieillesse délicieuse ! »

X. — La satisfaction à peu près universelle causée par l'avènement de la politique libérale ne tarda pas à être troublée. Le 10 janvier 1870, dans son appartement de la rue d'Auteuil, Pierre Bonaparte, cousin de l'Empereur, tuait d'un coup de pistolet Victor Noir, rédacteur de la *Marseillaise*, venu avec Ulric de Fonvielle pour demander, de la part de Paschal Grousset, une réparation par les armes pour un article injurieux paru dans l'*Avenir de la Corse*, sous la signature du Prince. L'agitation qui suivit, l'enterrement de Victor Noir, l'arrestation de Rochefort à la réunion de la rue de Flandres (7 février), les barricades ébauchées par Flourens à Belleville et la grève du Creusot, détournèrent les esprits des questions constitutionnelles.

Le parti ultra-bonapartiste qui avait vu avec un vif dépit le triomphe des libéraux, releva la tête, et, soutenu ouvertement par l'Impératrice, battit en brèche le ministère Ollivier, impuissant, disait-on, à maintenir l'ordre dans la rue. L'alarme commençait en effet à gagner sérieusement les esprits. Le commerce était inquiet. Les journaux révolutionnaires et les orateurs des clubs, Briosne, Flourens, Ducasse, Peyrouton, etc., entretenaient soigneusement cet état de malaise et à force de l'imputer au Gouvernement avaient fini par jeter sur lui un certain discrédit. Dans le procès fait à l'*Association Internationale des Travailleurs* (juin 1870), le Prolétariat épouvanta le monde officiel et la société bourgeoise par l'audace de ses revendications : « Oui, dit l'ouvrier Chalain, lisant une défense collective, oui, les prolétaires sont las de la résignation! Ils sont las de voir leurs tentatives d'émancipation toujours suivies de déceptions; ils sont las d'être les victimes du parasitisme, de se sentir condamnés à un travail sans espoir, de voir toute leur vie déflorée par la fatigue et les privations, et ils sont las de ne ramasser que les miettes d'un banquet dont ils font tous les frais... Quand c'est nous qui souffrons des crises, des chômages, des baisses de salaires, des aggravations de fatigue, on nous oppose le laissez-faire et le laissez-passer des économistes; et quand c'est nous qui demandons une amélioration, on nous oppose la force armée. Cela signifie que tout ce qui est contre nous est scrupuleusement observé, mais que sitôt que nous voulons être autre chose que des souffre-douleur, on nous traite en barbares; et, ici, le bourgeois suisse, le libéral belge et le monarchiste français se rencontrent toujours. Quand on n'emploie pas la force contre nous, c'est par l'injure qu'on nous répond; c'est en nous appelant pillards et partageux. Pillards et partageux! cette multitude courbée sous une tâche incessante, qui fait crédit à son patron de huit, quinze jours, un mois, deux mois de travail, qui paye d'avance, sans intérêt, son loyer au propriétaire, et ne trouve d'autre institution de crédit que le Mont-de-Piété. Pillards et partageux! ceux qui ne savent pas lire et qui payent l'impôt pour l'enseignement supérieur. Pillards et partageux! ceux qui sont sevrés de toutes les jouissances intellectuelles, et payent des subventions aux théâtres de luxe dont ils sont exclus. Pillards et partageux! ceux qui, par l'impôt, payent les expropriations publiques, et que l'agio et la coalition propriétaire rejettent aux extrémités de nos grandes villes, dans des taudis malsains, privés d'air, d'espace et de soleil. Pillards et partageux! ceux pour qui l'impôt est progressif dans le sens de la misère. Pillards et partageux! cette catégorie de citoyens qui fouille le sol, file, tisse, construit, fond, forge, lime, pétrit l'argile, la glaise et meurt d'inanition et de misère, tandis que l'autre intrigue, joue, spécule, boit, mange, cotillonne, gaspille le travail accumulé et jouit sans mesure de l'odieux privilège de vivre sans travailler!... Pillards et partageux! ces déshérités qui payent l'impôt du sang pour garantir et défendre contre eux-mêmes les propriétés des autres! C'est ainsi que l'on prétend écarter un problème dont la solution s'impose à tous. Ce que veut le peuple, — c'est d'abord le droit de se gouverner lui-même sans intermédiaires, et surtout sans *sauveur*. C'est la liberté complète. C'est l'abolition de l'usure, des monopoles, du salariat, des armées permanentes; c'est l'instruction intégrale; c'est l'application des réformes à l'aide desquelles il atteindra l'égalité des conditions. Vive la République sociale et universelle! »

Varlin, Benoît Malon, Murat, Johannard, Avrial, Assi, Allard, Theitz, Victor Duval et Léo Frankel furent condamnés à des peines variant de trois mois à deux ans de prison.

Déjà, le 11 février, un ouvrier mécanicien, Mégy, avait tué d'un coup de pistolet l'inspecteur de police Mourot, chargé de procéder à son arrestation. Gustave Flourens, qui ne reculait devant aucune mesure quand il la croyait utile aux intérêts du Parti, avait résolu de faire assassiner l'Empereur. Il avait gagné à ses idées un sergent déserteur, Beaury. Ce dernier dépensa les sommes reçues et, à bout de ressources, livra le complot à la police.

XI. — Au milieu de ces agitations, Emile Ollivier perdait tous les jours du terrain et n'avait plus l'autorité nécessaire pour imposer les réformes indispensables au bon fonctionnement du régime parlementaire. C'est à peine si le 1ᵉʳ février il avait osé remplacer huit préfets. L'opinion demandait des remaniements plus complets. Une mesure excellente eût été le renouvellement du Corps législatif. Mais M. Ollivier n'aurait pas obtenu du chef de l'État un décret de dissolution. L'Empereur en était déjà revenu à ses tendances primitives qui le portaient à confondre les Modérés et les Irréconciliables; il n'avait entendu accomplir qu'un simple changement de front. Quand il vit que Buffet et Daru, prenant la manœuvre au sérieux, saisissaient la sonde et allaient porter un vigoureux coup droit dans les institutions impériales; qu'ils répudiaient les candidatures officielles et prétendaient même enlever au Sénat son pouvoir constituant, il intervint : « Je crois opportun, dit-il dans une lettre adressée le 22 mars 1870, à Emile Ollivier, de mettre un terme au désir immodéré de changements qui s'est emparé de certains esprits et qui inquiète l'opinion en créant l'instabilité. »

Et Clément Duvernois, favori de l'Empereur et porte-parole des Tuileries, demanda au Cabinet « *de jeter l'ancre* » dans la voie des innovations.

Sur la fin de sa lettre, le chef de l'État invitait son ministre à lui soumettre un projet de sénatus-consulte qui divisât le pouvoir législatif entre les deux Chambres et restituât à la nation la part de pouvoir constituant qu'elle avait déléguée. Ce sénatus-consulte voté le 20 avril maintint entières les prérogatives de la dynastie. Les articles 5 et 13 portaient en effet « que la Constitution ne pouvait être modifiée que par le peuple sur la proposition de l'Empereur; en outre, que l'Empereur était responsable devant le peuple français auquel il avait toujours le droit de faire appel ». Ces principes consacraient l'omnipotence du chef de l'État. A lui en définitive restait toujours le dernier mot.

Emile Ollivier courba la tête devant la volonté de l'Empereur. Buffet et Daru, au contraire, s'opposèrent au régime des plébiscites, et plutôt que de le subir sortirent du Cabinet.

Aussitôt la nouvelle Constitution votée par le Sénat, le pouvoir invita la nation à répondre, le 8 mai, par *oui* ou par *non* à la formule suivante :

« Le peuple approuve les réformes libérales opérées dans la Constitution depuis 1860 par l'Empereur, avec le concours des grands Corps de l'État, et ratifie le sénatus-consulte du 20 avril 1870. »

La réponse à une question ainsi posée ne pouvait être douteuse. Même sans l'*activité dévorante* des fonctionnaires de tous ordres et de tous rangs, même sans le secours d'urnes et de soupières à double fond, sans le *spectre rouge* et les menaces de l'*Association internationale*, l'affirmative l'aurait emporté. Une nation ne se lancera jamais volontairement dans l'inconnu.

IX

HOHENZOLLERNS

I. — Quand Guillaume-le-*Mitrailleur* et son digne ministre, Bismarck, poussaient leurs innombrables cohortes dans les défilés de la Bohême, les républicains français, Jules Favre, Ollivier, Adolphe Guéroult, Jules Simon, Ernest Picard, Jules Ferry, Nefftzer, Henri Brisson et leurs journaux, le *Temps*, l'*Opinion Nationale*, etc., faisaient des vœux non équivoques pour le triomphe de la Prusse protestante sur la catholique Autriche. Les néo-Jacobins illuminèrent à la nouvelle de Sadowa et de l'écrasement de l'Autriche. Le *Siècle* s'écriera : « Les cléricaux promènent inutilement le fantôme de l'invasion prussienne, *comme s'il y avait un péril sérieux dans la réunion de vingt-huit millions d'Allemands* ». Le spirituel Ernest Picard proposera de remplacer l'armée par la garde nationale, pendant que M. Pelletan soutiendra que le militarisme est le malheur de la France. Gambetta, aussitôt député (juillet 1869), demandera le renvoi immédiat de nos soldats dans leurs foyers.

Quand on vit que l'Allemagne, sous le sceptre des Hohenzollerns, devenait tous les jours plus formidable, les mêmes républicains, changeant de tactique, jetèrent au visage de l'Empire les victoires de la Prusse. Sadowa fut une défaite pour la France. Aussi le parti bonapartiste, piqué au vif, cherchait-il avidement l'occasion de réparer son inaction de 1866 et de briser la menaçante Confédération du Nord. La guerre avait failli éclater en 1867, à propos des fortifications du Luxembourg. M. de Bismarck, qui n'était pas encore prêt, se montra de bonne composition ; la Prusse retira ses troupes du Grand-Duché et le conflit fut momentanément écarté.

Vers la fin de 1868, une révolution chassa d'Espagne la reine Isabelle. Le général Prim, un des chefs du mouvement, passa l'année 1869 à la recherche d'un roi constitutionnel. Il s'adressa d'abord à la famille d'Orléans, la plus naturellement située pour remplacer Isabelle. Le Gouvernement français s'opposa à l'intronisation du duc de Montpensier. Prim, pour se venger d'avoir été privé d'un choix qui lui aurait été si commode, se tourna vers l'Allemagne. Le 3 juillet 1870, Paris apprit que la couronne d'Espagne avait été offerte au prince Léopold de Hohenzollern-Sigmaringen, et acceptée par lui. Les républicains fulminèrent : « La monarchie de Charles-Quint est restaurée, dirent-ils. La politique du Gouvernement impérial met en péril la sécurité nationale. »

C'était un coup droit. Peut-être, malgré tout, le Pouvoir aurait-il négocié en toute prudence et sans hâte avec le Cabinet de Berlin, si l'Opposition, se rendant compte de la gravité de la situation, avait consenti, par sagesse et patriotisme, à mettre une sourdine à ses attaques, et à ne pas envenimer un débat d'où pouvait sortir une conflagration générale. Il n'y avait qu'à laisser les événements se dérouler et le Cabinet des Tuileries poursuivre les pourparlers diplomatiques. Les Espagnols, et le maréchal Prim lui-même, qui convoitait avidement le pouvoir suprême, se seraient chargés de rendre sa tâche impossible au prince prussien, lequel aurait fini comme Amédée de Savoie, et peut-être pis.

Malheureusement, MM. Cochery, Simon, Gambetta et Jules Ferry, tout heureux d'avoir une occasion de se produire et de faire pièce à l'Empire, s'étaient hâtés de déposer une interpellation sur l'affaire Hohenzollern.

Le Gouvernement, prévoyant un fâcheux débat au Corps législatif, se décida à brusquer les événements : « Finissons-en! dirent les ultra-bonapartistes; la Prusse est évidemment dans son tort aujourd'hui; et puisque tôt ou tard il faudra en venir aux mains, mieux vaut tout de suite... Une victoire sur le Rhin aura le double avantage de relever notre prestige militaire diminué par l'expédition du Mexique, et d'imposer silence aux revendications fatigantes de la démocratie. » Ces messieurs ne se demandaient point si l'on était prêt, ni si l'occasion de réparer Sadowa était aussi bonne qu'ils le supposaient.

II. — Le 6 juillet, M. de Gramont, ministre des Affaires étrangères, parut à la tribune du Corps législatif : « La couronne d'Espagne, dit-il, a été offerte à un prince allemand, et acceptée; mais le peuple espagnol n'a pas encore prononcé. Nous espérons que cette éventualité ne se réalisera pas. S'il en était autrement, nous saurions remplir notre devoir sans hésitation et sans faiblesse. »

« C'est ma guerre! » disait à ses familiers l'Impératrice Eugénie. Gagnée au parti clérical, elle voyait dans une lutte avec la Prusse une sorte de croisade contre le protestantisme. Déjà, les dames de la cour brodent des drapeaux neufs pour les vainqueurs; et des fourriers partent secrètement pour Berlin afin de tout préparer pour le jour, évidemment prochain, où l'armée française, ayant à sa tête Napoléon, Lebœuf et Bazaine, fera son entrée triomphale dans la capitale de la Prusse. Le *Pays*, le *Public* sonnent le boute-selle et montrent l'aigle napoléonienne prenant son vol et ne s'arrêtant que sur les Tilleuls. Le *Figaro* et le *Gaulois*, qui voient dans une guerre une source de revenus et de tirages exceptionnels, ne contiennent plus leur ardeur.

A ce moment et sur un mot d'ordre, les journaux de l'opposition se déclarent pour la paix : « La France a horreur de la guerre, disent les républicains. Une victoire de l'Empire sur le Rhin serait la ruine de la liberté à Paris! » Sous la pression de l'Europe, favorable à une solution pacifique, le prince Léopold renonce à sa candidature. Le Cabinet des Tuileries allait se tenir satisfait. En élevant de nouvelles prétentions, il comprenait qu'il ôtait à la Prusse tout moyen de retraite, l'humiliait dans sa dignité et l'acculait à la guerre, pour laquelle elle était d'ailleurs mieux préparée que nous. L'avantage d'avoir forcé M. de Bismarck à reculer était considérable : c'était une revanche diplomatique de Sadowa. Émile Ollivier, heureux que l'imprudence commise n'eût pas de suites graves, ne dissimulait pas sa satisfaction : « C'est la paix! » disait-il dans la salle des Pas-Perdus à M. Thiers et aux nombreux journalistes qui se pressaient autour de lui, avides de nouvelles.

Alors, nouvelle volte-face des républicains. Leurs organes couvrent de mépris le Gouvernement impérial :

Le *National* : « C'est une *paix sinistre que celle dont on nous parle*... Qui espère-t-on tromper avec ces joies officielles ? »

Le *Siècle* : « *La perspective d'une issue pacifique trouve peu d'enthousiasme dans la presse*, et les fanfares du *Constitutionnel* ne rencontrent pas d'échos. »

L'*Opinion Nationale* : « Si M. de Bismarck veut la paix, qu'il recule; que le Gouvernement parle ferme, *il a toute la France derrière lui*. »

Et Delescluze, dans le *Réveil*: « *Soyez tranquilles! Comme son intérêt pourrait en souffrir, l'Empereur n'engagera point la guerre. Peu importe une humiliation de plus.* »

L'exaspération fut au comble dans les régions officielles. Les ultra-bonapartistes, relégués au second plan depuis l'avènement du ministère Ollivier, attaquèrent avec une furie nouvelle cet homme d'État qui, disaient-ils, faisait le jeu des ennemis de l'Empire et compromettait l'avenir de la dynastie. Dans la salle des gardes du Corps législatif, les *mamelucks*, les Jérôme David, les marquis de Piré, les Granier et les Paul de Cassagnac se démenaient indignés : « Ce sont des lâches, des misérables ! disaient-ils en parlant des ministres. Ils ne peuvent se contenter de cette insignifiante concession ! La France serait déshonorée ! »

« Quand nous voyons, dit le député Dréolle, dans son journal *le Public*, que M. Prim s'agite en Espagnol et que M. de Bismarck se conduit en Prussien, il faut savoir si MM. Ollivier et Gramont se sont conduits en Français. » Le *Pays* alla même jusqu'à appeler le ministère Ollivier « le ministère de la honte ».

Le soir, des bandes d'individus, aux gages de la police, parcoururent les boulevards en criant : « A Berlin ! A Berlin ! »

III. — Napoléon III, au château de Saint-Cloud, voyait d'un œil inquiet les manifestations belliqueuses des servants de l'Impératrice. Mais en proie à une cruelle maladie, inerte, sans volonté, il ne pouvait qu'assister, incapable de la maîtriser, à la surexcitation de l'entourage. M. de Gramont, qui se savait soutenu par la camarilla du Château, déclara, contrairement à l'opinion du chef du Cabinet, Emile Ollivier, que le désistement pur et simple du prince Léopold était insuffisant. Le 12 juillet, Clément Duvernois, à l'instigation du ministre des Affaires étrangères, déposa une interpellation « sur les garanties que le Cabinet a stipulées pour éviter le retour de complications successives avec la Prusse ». De son côté, M. Jérôme David, un des fidèles de l'Impératrice, annonce « qu'il demandera compte au ministère de sa conduite à l'extérieur, qui non seulement jette la perturbation dans les diverses branches de la fortune publique, mais aussi risque de porter atteinte à la dignité nationale ».

Ollivier, se voyant à la veille d'être renversé, se met à la remorque des exaltés et, pour sauver son portefeuille, accepte « *le cœur léger* » une guerre que dans son for intérieur il désapprouvait absolument.

Et la France et l'Europe apprennent avec stupeur que le Gouvernement, mettant maintenant directement en cause le roi Guillaume, exige de ce dernier qu'il s'engage pour l'avenir à empêcher toute candidature du prince de Hohenzollern au trône d'Espagne. C'en était trop. Le vieux roi se refusa à subir de nouvelles exigences et fit savoir à notre ambassadeur, M. Benedetti, qui revenait à la charge avec insistance :

« Qu'il n'avait plus rien à lui dire ».

C'est ce refus du roi Guillaume que M. de Gramont, pour lever les dernières hésitations de la Chambre, présenta comme une insulte à notre mandataire.

M. de Bismarck profita habilement des maladresses de notre diplomatie. Le rusé chancelier en était arrivé à ses fins : se faire déclarer la guerre par un adversaire non préparé. Il n'eut qu'à exposer les pièces du procès pour ranger tout le monde de son côté. La *Gazette de l'Allemagne du Nord*, racontant les derniers incidents, disait dans un supplément : — « Céder encore serait amener de nouvelles prétentions de la part de la France ». Et l'*Observateur*, de Carlsruhe : « Une seconde édition de l'affaire du Luxembourg entraînerait la chute du comte de Bismarck et briserait la Confédération du Nord ».

A ce moment, nouvelle évolution des républicains. Après avoir, comme nous l'avons vu, poussé le Gouvernement à la guerre, alors qu'il voulait la paix, ils désavouent avec ensemble cette guerre une fois qu'elle est devenue irrévocable. Certes la responsabilité des bonapartistes, dans cette triste affaire, est considérable, mais celle des républicains ne l'est pas moins. Disons à la défense de ces derniers, qu'ils étaient tellement ignorants que l'historien ne saurait leur imputer à crime de n'avoir pas prévu les terribles conséquences d'aussi déloyales manœuvres.

Il y a un grave enseignement à tirer de ces événements : c'est qu'un parti qui se respecte ne doit pas se faire une arme, contre le Gouvernement de son pays, des complications de la politique extérieure.

IV. — Le 15 juillet, M. de Gramont au Sénat, M. Émile Ollivier au Corps législatif, annoncèrent la rupture de nos relations avec la Prusse. M. Thiers demanda la parole. Il protesta avec énergie contre la politique du Cabinet : « Certes, dit-il, on ne saurait exagérer la gravité des circonstances; sachez que de la décision que vous allez émettre peut résulter la mort de milliers d'hommes. (*Exclamations au centre et à droite. — Très bien à gauche. — Le bruit couvre la voix de l'orateur.*)

M. Granier de Cassagnac. Nous le savons bien ; nous avons nos enfants à l'armée.

M. Thiers. Sans aucun doute, la Prusse s'est mise gravement dans son tort. Depuis longtemps, en effet, elle nous disait qu'elle ne s'occupait que des affaires de l'Allemagne, de la patrie allemande, et nous l'avons trouvée tout à coup, sur les Pyrénées, préparant une candidature que la France devait ou pouvait regarder comme une offense à sa dignité et une entreprise contre ses intérêts. (*Très bien! très bien! au centre et à droite.*) Vous vous êtes adressés à l'Europe, et l'Europe, avec un empressement qui l'honore elle-même, a voulu qu'il nous fût fait droit sur le point essentiel; sur ce point en effet, vous avez eu satisfaction : la candidature du prince de Hohenzollern a été retirée.

Au centre et à droite. Mais non! non!

A gauche. Très bien! parlez!

M. Cosserat. Nous n'entendons pas! Que l'orateur veuille bien monter à la tribune! (*Oui! Oui!*)

M. Thiers (*à la tribune*). Eh bien, messieurs, est-il vrai, oui ou non, que sur le fond, c'est-à-dire sur la candidature du prince de Hohenzollern, votre réclamation a été écoutée, et qu'il y ait été fait droit? Est-il vrai que vous rompez sur une question de susceptibilité, très honorable, je le veux bien, mais vous rompez sur une question de susceptibilité? (*Mouvement.*) Eh bien, voulez-vous qu'on dise, voulez-vous que l'Europe tout entière dise que le fond était accordé, et que pour une question de forme, vous vous êtes décidés à verser des torrents de sang? (*Réclamations bruyantes à droite et au centre.*)

M. le marquis de Piré. C'est tout le contraire!

M. Thiers. Prenez-en la responsabilité!

M. le marquis de Piré. Oui! Oui!

M. Glais-Bizoin. Non!

M. le président Schneider. Monsieur de Piré, cessez, je vous prie : n'interrompez pas avec cette animation. (*Très bien!*)

M. Thiers. Ici, messieurs, chacun de nous doit prendre la responsabilité qu'il croit pouvoir porter.

A droite. Oui! Oui! tout entière!

M. Thiers. Quant à moi, soucieux de ma mémoire, je ne voudrais pas qu'on pût dire que j'ai pris la responsabilité d'une guerre fondée sur de tels motifs... Le fond était accordé, et c'est pour un détail de forme que vous rompez! (*Non! non! Si! si!*) Vous me répondrez. Je demande donc à la face du pays qu'on nous donne connaissance des dépêches d'après lesquelles on a pris la résolution qui vient de nous être annoncée; car, il ne faut pas nous le dissimuler, c'est une déclaration de guerre! (*Certainement! — Mouvement prolongé.*)

M. GRANIER DE CASSAGNAC. Je le crois bien!

M. THIERS. Oui, quant à moi, je suis tranquille pour ma mémoire; je suis sûr de ce qui lui est réservé pour l'acte auquel je me livre en ce moment; mais pour vous, je suis certain qu'il y aura des jours où vous regretterez votre précipitation. (*Allons donc! allons donc!*)

A gauche. Très bien! très bien!

M. THIERS. Eh bien! quant à moi...

M. LE MARQUIS DE PIRÉ, *avec violence*. Vous êtes la trompette antipatriotique du désastre. Allez à Coblentz!

A droite. Vous déshonorez vos cheveux blancs!

M. THIERS. Offensez-moi... Insultez-moi... Je suis prêt à vous subir pour défendre le sang de mes concitoyens, que vous êtes prêts à verser si imprudemment! Je souffre, croyez-le, d'avoir à parler ainsi.

M. LE MARQUIS DE PIRÉ. C'est nous qui souffrons à vous entendre! (*Exclamations diverses.*)

M. THIERS. Dans ma conviction, je vous le répète en deux mots, car, si je voulais vous le démontrer, vous ne m'écouteriez pas, vous choisissez mal l'occasion de la réparation que vous désirez, et que je désire comme vous.

M. GAMBETTA. Très bien!

M. THIERS. Plein de ce sentiment, lorsque je vois que, cédant à vos passions, vous ne voulez pas prendre un instant de réflexion, que vous ne voulez pas demander la connaissance des dépêches sur lesquelles votre jugement pourrait s'appuyer, je dis, messieurs, permettez-moi cette expression, que vous ne remplissez pas dans toute leur étendue les devoirs qui vous sont imposés.

M. LE BARON JÉRÔME DAVID. Gardez vos leçons; nous les récusons.

M. THIERS. Dites ce que vous voudrez, mais il est bien imprudent à vous de laisser soupçonner au pays que c'est une résolution de parti que vous prenez aujourd'hui. (*Vives et nombreuses réclamations.*)

Je suis prêt à voter au Gouvernement tous les moyens nécessaires quand la guerre sera définitivement déclarée; mais je désire connaître les dépêches sur lesquelles on fonde cette déclaration de guerre. La Chambre fera ce qu'elle voudra; je m'attends à ce qu'elle va faire, mais je décline, quant à moi, la responsabilité d'une guerre aussi peu justifiée. »

Le ministre de la Guerre, Lebœuf, répondit à M. Thiers que l'armée française, pour venger l'insulte faite à notre ambassadeur, avait hâte de marcher au Rhin; nous étions prêts, cinq fois prêts. La superbe assurance du Maréchal transporta d'enthousiasme la majorité, qui le couvrit d'applaudissements. M. Buffet insistait pour avoir des détails sur l'insulte du roi Guillaume au comte Benedetti. La majorité, par 164 voix contre 83, refusa de demander communication des dépêches officielles.

— « Avez-vous au moins des alliés? dit-on à M. de Gramont, dans les bureaux. — L'ambassadeur d'Autriche m'attend, répliqua le ministre... Vous comprenez?... » Et il sortit vivement.

L'ambassadeur d'Autriche attendait en effet M. de Gramont, mais c'était pour le prévenir qu'il ne fallait pas compter sur l'appui du Cabinet de Vienne.

M. de Bismarck portait le dernier coup aux sympathies que nous avions encore en Europe, par la publication, dans les colonnes du *Times*, d'un projet de traité soumis à l'acceptation du roi Guillaume par notre ambassadeur à Berlin. Il ne s'agissait pas moins que de l'annexion de la Belgique à la France. Le Cabinet des Tuileries nia d'abord l'authenticité du document. Le rusé chancelier fit tomber tous démentis en annonçant que le texte du traité, écrit de la main même du comte Benedetti, était visible, avenue des Tilleuls. L'Angleterre, la Belgique et la Hollande, ainsi menacées dans leurs intérêts, furent vivement froissées des agissements ténébreux de la politique impériale; et notre isolement fut absolu. M. de Bismarck n'était pas sans inquiétude du côté de l'Italie; connaissant les sentiments de reconnaissance de Victor-Emmanuel pour la France, il craignait que notre ancien allié, entraîné par une générosité chevaleresque, n'envoyât une armée combattre aux côtés des frères d'armes de Palestro et de Magenta. Mais, depuis juillet 1849, le Gouvernement français tenait garnison à Rome et en barrait la route. La réalisation du programme des patriotes de la péninsule : « L'Italie libre des Alpes à l'Adriatique », restait en suspens. Garibaldi, en 1867, ayant tenté, à la tête de partisans, un coup de main contre la Ville éternelle, avait été battu à Mentana, où les chassepots français *avaient fait merveille*, selon l'expression du général de Failly. M. de Bismarck comprit qu'il pouvait à cette heure tirer parti de la haine des radicaux italiens contre le Gouvernement impérial. Sur des instructions venues de Berlin, le ministre de Prusse à Florence, comte d'Arnim, entra en pourparlers avec la Gauche. Il offrit à la démocratie italienne les ressources matérielles pour marcher sur Rome, puisque la Monarchie ne voulait pas y aller. En retour, la gauche parlementaire devait créer un mouvement d'opinion contraire à l'alliance française et forcer le roi Victor-Emmanuel à refuser les secours demandés par l'Empereur Napoléon. MM. Crispi, Cairoli et Nicotera provoquèrent une agitation dans ce sens, et posèrent un ultimatum au roi, qui n'osa point conclure une alliance rendue impopulaire par la propagande radicale. Après Sedan, pour ne pas compromettre sa couronne, Victor-Emmanuel se laissa entraîner à Rome. Le 20 septembre 1870, lorsque le général Cardona ira s'installer, quelques instants après l'ouverture de la brèche de Porta-Pia, à la villa Patrizzi, le seul membre du corps diplomatique qui viendra immédiatement le féliciter de l'heureux succès de la campagne, sera le comte d'Arnim.

A la fin de la néfaste journée du 15 juillet, les journaux officieux, pour provoquer une exaltation patriotique, répandirent le bruit que notre frontière avait été, le matin même, violée par les Allemands, près de Niederbronn. Émotion générale. Vérification faite, la nouvelle fut reconnue fausse. L'effet n'en était pas moins obtenu. A minuit, quelques femmes légères, passant en voiture sur le boulevard Poissonnière, crurent devoir crier aussi : « A Berlin! » C'est ce que les journaux policiers traduisirent le lendemain par « une surexcitation belliqueuse de la population! »

Constatons-le pour l'honneur de l'humanité, il s'éleva de plusieurs côtés d'éloquentes protestations : « Nous sommes des hommes de combat, dirent les travailleurs allemands en réponse à une adresse des ouvriers français; mais nous voulons combattre pacifiquement pour le bien de l'humanité! » Paroles consolantes! C'est encore chez le peuple qu'il faut chercher les sentiments nobles et généreux. De tout temps, en effet, les guerres ont été pour les gouvernants un dérivatif à leurs embarras intérieurs. En présence du danger, on invoque l'union des cœurs et des volontés; il ne doit plus y avoir qu'une pensée, la défaite de l'ennemi : « Chassons l'étranger, et nous verrons après! »

Après?... Vaincus, les potentats écrasent le pays d'impôts pour payer les frais de la guerre; vainqueurs, ils confisquent le peu de libertés qu'ils avaient laissé au peuple et le garrottent plus étroitement qu'avant.

X

LE PLAN LEBŒUF

I. — En dépit des superbes affirmations du ministre de la Guerre Lebœuf, rien n'était prêt pour une action sérieuse. L'expédition du Mexique avait épuisé nos ressources. Les registres parlaient de dix mille canons de campagne; on n'en trouva pas deux mille. Un lieutenant-général écrit de Strasbourg : « Dans les magasins, pas de bidons, pas de gamelles, pas de marmites. Nos soldats ne vivent depuis quatre jours que des aumônes des habitants. On n'a pu faire sauter un pont, faute de poudre de mine ». Notre organisation militaire était des plus défectueuses. La garde mobile, institution qui, bien dirigée, eût pu donner d'excellents résultats, n'existait que sur le papier. La majorité de la Chambre, en refusant le service obligatoire, avait fait preuve de tendances antidémocratiques et indisposé les masses. Les bonapartistes ont essayé de se disculper en rejetant sur l'Opposition l'insuffisance de l'effectif. En admettant le bien-fondé de leurs allégations, pourquoi sont-ils partis en guerre? Pourquoi Lebœuf a-t-il dit : « Je suis prêt? » alors qu'il ne l'était pas?

On aura peine à croire que le 16 août, alors que la France était envahie de tous côtés, au camp de Châlons, à une journée de marche des Prussiens, les mobiles, faute de fusils, montaient la garde avec des manches à balai.

M. Rothan, accrédité auprès de sept États de la Confédération germanique, se trouvait à Hambourg au moment de la déclaration de guerre. Il prit aussitôt ses passeports et rentra en France.

« Je laissais, dit-il, l'Allemagne tout entière soulevée, courant aux armes, grave, solennelle, haineuse, comprenant qu'il s'agissait d'une lutte suprême, prête à tous les sacrifices. A Paris, je ne vis que des esprits agités, des scènes tumultueuses, des bandes avinées, se livrant à des saturnales patriotiques. Le contraste était navrant. Il me semblait que le Gouvernement devait être impatient de conférer avec ses agents accrédités en Allemagne, de connaître leurs dernières impressions. Je me trompais. Le ministre avait d'autres préoccupations, et l'Empereur, rongé par la maladie, accablé par les soucis, ne donnait pas d'audiences. Je ne vis dans les salons d'attente des Tuileries que quelques officiers d'ordonnance, insouciants, désœuvrés. Ils jouaient aux cartes, tandis que le souverain, opposé à la guerre, cédait aux sombres prévisions qui, peu de jours après, se reflétaient dans sa mélancolique proclamation.

« Le duc de Gramont ne me reçut que le surlendemain, 23 juillet. Je le trouvai superbe dans ses allures, hautain dans ses appréciations. Il croyait à la vertu des mitrailleuses; elles paraissaient être, à ce moment, le dernier mot de sa science diplomatique. Il voyait la Prusse écrasée, implorant la paix, et l'Europe, émerveillée, sollicitant nos bonnes grâces, si bien qu'il dédaignait les alliances. « Nous « aurons après nos victoires, me disait-il, plus d'alliés que nous n'en « voudrons. » Il entendait avoir ses coudées franches au moment de la paix. Il en était à se féliciter de l'évolution de la Bavière et du Wurtemberg. « Vous aviez tort de croire, disait-il à M. de Saint-« Vallier, que nous souhaitions la neutralité des royaumes du Sud; « nous n'en voulons pas; elle gênerait nos opérations militaires; il « nous faut les plaines du Palatinat pour développer nos armées. »

Rebuté du côté de notre diplomatie, M. Rothan porta ses impressions et ses renseignements au maréchal Lebœuf.

« — Que savez-vous, demanda le maréchal, de l'armée allemande et de sa mobilisation? — Il y a trois jours, répondis-je, lorsque je quittai Hambourg, il paraissait certain que, le 25 juillet, toutes les réserves d'infanterie, le 27 toutes les réserves de cavalerie auraient rejoint leurs corps, et que le 2 août au plus tard toute l'armée serait concentrée. J'ajouterai que le ministre de Prusse à Paris, le baron Werther, a annoncé à la foule, en traversant la gare de Hanovre, qu'il était à même d'affirmer que l'Allemagne avait une forte avance et qu'elle surprendrait l'armée française en pleine formation.

« Les traits du maréchal se contractèrent, il pâlit, s'agita anxieusement; les questions qu'il m'adressa étaient décousues, elles dénotaient un trouble profond. Il semblait réveillé en sursaut sous le coup d'une nouvelle imprévue, décisive pour sa fortune. Il ne pouvait croire à une mobilisation aussi rapide des forces ennemies. »

II. — Le pouvoir refusa d'armer les gardes nationales des Vosges et du Jura. Partout éclate sa défiance du peuple. Il résulta de là que les centres de population qui n'avaient pas de garnison et les villes non classées, se trouvèrent à la discrétion de l'ennemi. Le 27 juillet, un parlementaire prussien vint se plaindre au sous-préfet de Wissembourg que les habitants de cette ville se fussent opposés au passage des troupes allemandes : « Vos administrés, dit l'officier, ont violé les lois de la guerre qui interdisent aux populations de faire feu sur des troupes régulières. Ils s'exposent à être passés par les armes, comme assassins ».

Le Gouvernement français ne protesta pas contre ces prétentions de l'ennemi; il doutait des citoyens et ne voulait pas les appeler à coopérer à la lutte. A ce compte, — et le fait se produira à Nancy, — une ville de cent mille âmes est à la merci d'une bande de maraudeurs qui pourront l'insulter et la mettre au pillage en toute impunité. Nous n'admettons pas ces singulières théories. Le droit de défense doit être illimité. La guerre ne saurait être, comme le veulent les monarques, une sorte de tournoi dont les règles sont connues d'avance; le peuple entier attaqué doit prendre les armes. A cette condition seulement, ce peuple est invincible. Malheur à la nation qui s'en fie exclusivement à son armée du soin de son indépendance et de la défense du territoire!

Tout ce qui n'était pas soldat était fort mal vu de l'état-major. Les habitants de Wissembourg qui, dans les commencements, venaient apporter des renseignements à l'armée de Mac-Mahon, étaient invariablement éconduits, quelquefois même injuriés. Le résultat de ce dédain fut que, dans toute cette guerre, nos généraux connaissant peu le pays, furent constamment surpris. Failly fait la soupe à Sedan, Bazaine joue au billard à Mars-la-Tour pendant que l'ennemi, en forces énormes, écrase les avant-postes. Tel général, envoyé sur le Rhin, apprenait que sa brigade se trouvait encore en Afrique. On connaît la dépêche inénarrable de l'Empereur au maire d'Étain : « Savez-vous par hasard où se trouve l'armée française? »

Paris était sillonné de soldats auxquels on avait eu le tort grave de compter leur solde. Leur tenue était débraillée par suite de la chaleur et de l'ivresse, et ils présentaient un spectacle d'indiscipline qui était un faible présage de victoire.

Le parti de l'Impératrice, en se jetant follement dans cette aventure, avait compté sur quelques coups heureux, frappés rapidement et sur la conclusion de la paix avant que la partie fût sérieusement engagée. Il ne se frappa en effet que quelques coups; seulement c'est la France qui les reçut.

III. — Il y avait déjà vingt jours que la guerre était déclarée, et nous restions immobiles, sans plan, sans vues arrêtées, dispersés sur une ligne de cinquante lieues. Pourtant, avec les 250,000 soldats dont nous disposions, de grandes choses auraient pu être accomplies, si Lebœuf et Mac-Mahon avaient su agir avec vigueur et promptitude. Vingt mille hommes, jetés de l'autre côté du Rhin, eussent tenu en respect le grand-duché de Bade et les États du Sud; nous pouvions alors marcher immédiatement sur Trèves avec 220,000 soldats d'élite, rabattre les Prussiens, peut-être percer leur ligne et rejeter leur énorme masse sur Mayence. Les événements changeaient de face. C'est ce que l'on redoutait à Berlin; et M. Thiers acquit à Saint-Pétersbourg la preuve que le roi Guillaume lui-même et l'empereur de Russie, convaincus que tel serait le début des hostilités, s'étaient entendus dans cette hypothèse. Le prince Gortschakoff, qui se trouvait en ce moment à Baden-Baden, avait reçu avis de se hâter, car, autrement, disait-on, il serait pris par les Français, qui arrivaient au pas de course.

Le jour même où la rupture de nos relations était officiellement notifiée à Berlin, le 19 juillet 1870, l'explosion du pont de Kehl annonçait que la guerre, de prussienne, devenait allemande. Nous laissâmes à M. de Moltke tout le temps de concentrer ses armées et de grouper autour de lui les forces de la Confédération.

Au quartier-général à Metz régnait une véritable cohue. Les salons de l'état-major étaient encombrés de correspondants de journaux et de reporters, le carnet à la main, avides de nouvelles, courant de l'un à l'autre, interrogeant sans cesse, s'agitant, criant, gesticulant. Ils avaient accaparé le télégraphe. Les dépêches du *Figaro* et du *Gaulois* passaient avant celles du maréchal Lebœuf. On aurait vraiment dit qu'on n'avait fait la guerre que pour fournir de la copie aux journalistes, et que c'était Villemessant et Tarbé qui commandaient nos armées.

Le 2 août, il y eut un lever de rideau à Sarrebruck, *ad usum Delphini;* nous bombardâmes, deux heures durant, cette ville, qui d'ailleurs n'était pas défendue. Le jeune héritier se montra ferme et stoïque devant le carnage. Un familier écrivait là-dessus à l'Impératrice : « Il paraissait se promener en calèche au bois de Boulogne ». Un grand règne s'annonçait... Les magasins de modes, toujours à l'affût de l'actualité, le *Louvre*, le *Bon-Marché*, lancèrent le *chapeau Sarrebruck*.

Le premier résultat de cette barbarie aussi féroce qu'inutile fut de soulever d'indignation l'Allemagne entière. Sus à l'envahisseur! devint le cri général. Huit cent mille hommes répondirent à l'appel de M. de Bismarck. Les vallées de Spire et de Kaiserslautern retentirent, la nuit, du bruit des armes et du roulement des canons. La Germanie se ruait sur la France.

Le 4 août, Mac-Mahon était battu à Wissembourg. Pour donner le change à l'opinion, par une tactique qui va devenir habituelle, le Gouvernement fit répandre immédiatement le bruit d'une victoire compensatrice.

J'étais en Suisse au moment de la déclaration de guerre. Malgré des sympathies évidentes pour nous, les journaux de Lausanne et de Genève, en présence des mouvements formidables de la Prusse, ne pouvaient que s'abandonner aux prédictions les plus sinistres pour la France. Le désordre de notre mobilisation, l'effarement de nos généraux, l'insuffisance de notre effectif étaient montrés dans leur plein jour. Les dépêches arrivaient précises, implacables. Le 5 août au matin, à Lucerne, on connut la mort du général Abel Douai et la perte des lignes de Wissembourg. Je pris immédiatement le train de France. En arrivant à Paris, ô stupéfaction! les visages sont radieux; la rue de Lyon, la place de la Bastille, le boulevard des Italiens retentissent d'acclamations. Des drapeaux flottent à toutes les fenêtres. « Qu'y a-t-il donc? — Quoi! vous ne savez pas? Quarante canons enlevés, vingt-cinq mille hommes pris, parmi lesquels le Prince royal! Landau est à nous! »

Je me dis : « Tout ce monde est fou! »

Qu'est-ce encore? Voici Capoul de l'*Opéra-Comique*, qui, au milieu d'un groupe enthousiaste, entonne la *Marseillaise* :

> Allons, enfants de la patrie,
> Le jour de gloire est arrivé!...

Ainsi, au moment même où Mac-Mahon était écrasé à Wœrth, et Frossard à Forbach, Paris, ridicule sans nom, Paris se couvrait de drapeaux!

Le désastre connu, le *Figaro* ne voulut pas en démordre. Il ouvrit dans ses colonnes une souscription pour offrir une épée d'honneur au peu brillant vaincu de Wœrth, à Mac-Mahon. Il recueillit, par ma foi, quarante-deux mille francs! C'est le système de congratulation *quand même* qui commence à fonctionner. Tous les matins, il va s'abattre sur les kiosques et à la porte des mairies une nuée de récits fantastiques qui feront les délices des amateurs.

Un échec grave aura toujours un bon côté, dans les comptes rendus officiels. Ainsi après la déroute de Mac-Mahon à Reischoffen, le ministère fera afficher (8 août au soir) : « Le Maréchal *couvre* Nancy ! »

Frossard est battu à Forbach. On annoncera : « Les troupes autour de Metz sont dans d'excellentes dispositions. Les pertes de l'ennemi sont considérables et ralentissent sa marche. »

Pendant la lecture de ces dépêches, devant la mairie de la rue Drouot, j'observais les physionomies. Elles étaient rayonnantes. Je demandai à un monsieur, à côté de moi, ce qu'il pouvait bien trouver de si réjouissant dans ces télégrammes : « Comment ! me dit-il aux applaudissements de la foule, vous ne voyez donc pas que Mac-Mahon *couvre* Nancy ? — Eh ! mordieu, répliquai-je, si Mac-Mahon *couvre* Nancy, c'est qu'il a *découvert* l'Alsace ? »

Temps mémorable, où les désastres successifs trouvaient les figures de plus en plus épanouies et où chaque défaite était célébrée à l'égal de la plus éclatante victoire !

Au Corps législatif, on propose de déclarer que nos généraux ont bien mérité de la patrie. Dans cette triste guerre, tout le monde sera successivement admirable, Lebœuf, Napoléon III, Mac-Mahon, Bazaine, Trochu, Gambetta, Chanzy, Faidherbe. Jamais il ne se sera accompli de tels prodiges : tout le monde méritera de la patrie; mais personne ne la sauvera.

Après l'effroyable déroute de Wœrth, la destruction du tunnel de Saverne s'imposait. Huit jours auraient été nécessaires aux Prussiens pour rétablir leurs communications et amener leur artillerie en Lorraine. C'était un temps précieux de gagné, un répit que nous aurions pu mettre à profit pour réunir nos forces éparses et lever de nouvelles troupes. Comment, dans ces conditions, un pareil passage a-t-il pu être conservé ? C'est ce qui n'a jamais été éclairci. Le maréchal de Mac-Mahon, perdant la tête, a-t-il *oublié* de faire sauter le tunnel ? La Compagnie est-elle intervenue, disant que ce tunnel lui appartenait, qu'il avait coûté des millions, et qu'elle s'opposait à sa destruction ? On ne sait. Quoi qu'il en soit, les Prussiens ayant lancé, à tout hasard, une locomotive à l'entrée de la voûte, furent tout étonnés d'arriver sans encombre à l'autre extrémité. Le lendemain, l'armée du Prince royal avec ses canons, ses munitions et ses bagages était au cœur de la Lorraine.

IV. — Devant la gravité des événements, l'opinion publique

demanda la convocation immédiate du Corps législatif. La Régente dut céder ; seulement, redoutant un mouvement populaire, les ministres se hâtèrent de présenter toute manifestation.... comme prussienne. Les journaux bonapartistes lancèrent la fable de l'arrestation d'un espion allemand affilié au parti républicain ; et le 8 août, veille de la réunion des Chambres, parut la proclamation suivante :

« Parisiens !

« L'armée se concentre et prépare un nouvel effort. S'agiter à Paris, ce serait combattre contre elle et affaiblir, au moment décisif, la force morale qui lui est nécessaire pour vaincre...

« *Nos ennemis y comptent.*

« Voici ce qu'on a saisi sur un espion prussien amené au quartier-général :

« Courage ! Paris se soulève ; l'armée française sera prise entre
« deux feux. »

« Nous préparons l'armement de la nation et la défense de Paris.

« Demain, le Corps législatif joindra son action à la nôtre. Que tous les bons citoyens s'unissent pour empêcher les rassemblements et les manifestations ! »

Ne nous hâtons pas de flétrir la manœuvre perfide d'Ollivier et des hommes de l'Empire. Avant un mois, Gambetta, Favre, Simon et Ferry, installés au pouvoir, reprendront la même manœuvre pour leur compte. Alors, Blanqui, Flourens, Delescluze et les citoyens indépendants qui trouveront les opérations aussi mal conduites sous Trochu et Gambetta, que sous Ollivier et Leboeuf, se verront présentés par le *Siècle*, l'*Électeur Libre* et le *Temps*, journaux à la solde du nouveau Gouvernement, comme des alliés de M. de Bismarck.

« *Nos ennemis y comptent* », vient de dire Émile Ollivier.

« *Les Prussiens y comptaient* », dira bientôt, et dans les mêmes termes, M. Jules Simon. (*Défense Nationale*, page 12.)

Jusqu'à Sedan, ceux qui mirent en doute les hautes capacités de Leboeuf furent des républicains soudoyés par M. de Moltke ; l'Empire renversé, ceux qui ne comprendront pas la beauté du plan stratégique des Trochu et des Gambetta deviendront des bonapartistes payés par M. de Bismarck.

Quant aux Hébrard, aux Scherer, aux Renan et autres Arthur Picard que nous verrons tout à l'heure banqueter chez Brébant (tandis que les sentinelles tombent de froid et d'inanition aux avants-postes), et qui acclamaient successivement Lebœuf, Bazaine, Trochu et Gambetta, ceux-là étaient les seuls démocrates, les véritables patriotes.

V. — Le 9 août 1870, une foule nerveuse, irritée, se pressait autour de l'enceinte législative. Elle était contenue par un bataillon de zouaves et de forts piquets de sergents de ville. Les ordres les plus sévères étaient donnés aux chefs de corps. Dans le jardin des Tuileries brillaient les baïonnettes de voltigeurs de la garde impériale. A deux heures, le Président Schneider prend séance et donne la parole au premier ministre Ollivier. Celui-ci, qui sent le terrain s'effondrer, monte, livide, venimeux, à la tribune. L'œil chargé de haine, il se tourne vers la Gauche : « Aux ressources dont disposent les Prussiens, dit-il, ils espèrent ajouter celles qui naîtraient des troubles de Paris... »

La Gauche, debout sur ses bancs, proteste avec indignation.

— « C'est une lâche calomnie !

— « C'est l'invention de l'espion prussien ! A l'ordre, le ministre ! »

M. Ollivier poursuit : « Nous ne sommes pas vaincus... Si la Chambre se place derrière nous... » A ces mots, un immense cri de réprobation part de tous les bancs. M. de Gramont lui-même, qui est dans le secret et qui sait qu'il y a dans la coulisse un ministère tout prêt, ne peut se défendre d'un sourire ironique.

M. Jules Favre. Elle est passée, l'heure des ménagements qui perdent les assemblées et les empires. La vérité est que le sort de la patrie est compromis, et que c'est là le résultat des fautes de ceux qui dirigent les opérations militaires, et de l'insuffisance absolue du commandant en chef. Il faut que toutes nos forces militaires soient concentrées dans les mains d'un seul homme, mais que cet homme ne soit pas l'Empereur. (*Approbation à gauche.*) L'Empereur a été malheureux, il doit revenir. Si la Chambre veut sauver le pays, elle doit prendre en main le pouvoir. (*Rumeurs à droite.*)

« J'ai donc l'honneur de déposer une proposition aux termes de laquelle une commission de quinze membres sera organisée pour repousser l'invasion étrangère.

« Si vous persistez une minute de plus dans le déplorable système qui a compromis le salut de la France, la France est perdue ! »

A droite. A l'ordre, l'orateur ! (*Tumulte, interpellations.*)

M. Schneider, président. Je proteste contre une motion inconstitutionnelle. »

M. DE KÉRATRY. Je demande l'urgence pour la proposition de M. Jules Favre. »

M. GRANIER DE CASSAGNAC. L'acte de M. Jules Favre est un commencement de révolution, tendant la main à un commencement d'invasion. Les Prussiens vous attendaient. (*Clameurs à gauche.*) Lorsque Bourmont, d'odieuse mémoire, vendit son pays, il ne fit rien de pire. Il était au moins soldat, tandis que vous, abrités derrière vos privilèges, vous proposez de détruire le Gouvernement de l'Empereur alors qu'il est en face de l'ennemi. Nous sommes tous ici sous la condition du serment qui constitue notre caractère, notre inviolabilité. Celui qui déchire son serment cesse d'être inviolable, et si j'avais l'honneur de siéger sur les bancs du Gouvernement, vous seriez tous ce soir livrés aux conseils de guerre ! »

La menace du député du Gers amène un violent orage. La Gauche se dresse sur ses bancs : « Fusillez-nous donc, si vous l'osez ! » La séance est suspendue de fait. La plus vive animation règne dans la salle des Pas-Perdus; les députés radicaux sont entourés de délégués du dehors qui leur disent : « Qu'attendez-vous donc? Montrez-vous seulement aux colonnades ou aux grilles ! »

Les députés de Paris écoutent, inertes, épouvantés.

A ce moment, l'écho du tumulte intérieur parvient jusqu'à la foule massée autour du Palais. Les grilles sont ébranlées. Les murs vont être franchis : « Vive la République ! Déchéance ! » Les troupes, très émues, sont prêtes à fraterniser avec le peuple. On leur crie : « A la frontière! » Les officiers disent : « Vous avez raison ! Notre place n'est pas ici ! » L'Empire sombrait ce jour-là, sans Jules Ferry et Gambetta qui accoururent échevelés : « Que faites-vous, citoyens? Restez dans la légalité ! Ayez confiance en nous... Pas de révolution devant l'ennemi... Chassons les Prussiens et nous verrons après. »

Et le Peuple, qui déjà allongeait vers l'Empire ses formidables griffes... s'arrêta.

Il fallait cependant donner un semblant de satisfaction à la conscience nationale. Émile Ollivier fut sacrifié. Un ordre du jour, présenté par les bonapartistes purs et accepté par la Gauche républicaine, renversa le ministère comme « incapable d'organiser la défense nationale ». Le général de Palikao, Chevreau, Duvernois et Jérôme David se partagèrent les portefeuilles. L'opinion publique attribuait nos désastres à l'Empereur. Le nouveau Cabinet, sur les indications de la Gauche, remit à Bazaine le commandement en chef. Les députés de Paris connaissaient cependant le triste personnage aux mains duquel ils confiaient l'épée de la France. Les bruits qui chargeaient la réputation du chef de l'expédition du Mexique, sa duplicité envers l'infortuné Maximilien, les graves accusations portées contre lui par les généraux, ses collègues, n'étaient pas sans être parvenus jusqu'à eux. Mais la haine de l'Empire les aveuglait. L'important était de déposséder Napoléon III. Bazaine était là ; autant lui qu'un autre. Bazaine eut son moment de vogue, comme Trochu. Ce dernier avait attiré les regards par une brochure sur la mauvaise organisation de notre armée. Un général qui faisait ainsi de l'opposition à l'Empire ne pouvait être qu'un grand capitaine. De même, au Palais, un orateur d'estaminet clamant contre Bonaparte passait *ipso facto* émule de Démosthène et de Cicéron. La Gauche fit une *popularité* à Bazaine et à Trochu. Dans la salle des Pas-Perdus du Corps législatif, Gambetta, entouré de Cavalier, dit *Pipe-en-Bois*, de Spuller, de Floquet et d'autres illustrations de cet acabit, ne se contenait pas de joie : « Enfin ! s'écriait-il, nous avons Bazaine, l'Empereur est perdu ! »

L'Empereur était perdu, c'est possible, mais la France n'en était pas plus sauvée pour cela.

VI. — En admettant le droit à l'insurrection et la légitimité des soulèvements populaires en certains moments de crise, c'est le 9 août 1870 que Paris aurait dû se jeter sur l'Empire. Le 4 septembre, il sera trop tard, les désastres étant irrémédiables. D'ailleurs, même ce jour-là, l'Empire ne sera pas renversé ; il s'en ira. Ne faisons pas honneur de sa chute au courage des députés de la gauche, ni même à MM. les Parisiens. Il est certain que si Moltke n'avait brisé les Bonapartes, ils régneraient encore, probablement avec Jules Ferry à l'intérieur et Spuller à la police. Émile Ollivier, qui devait être le « spectre du Deux-Décembre », ne s'était-il pas rallié ? Ernest Picard ne préparait-il pas son évolution vers les Tuileries ?

Tous les ans, le vote du budget était l'occasion de discussions passionnées. Jules Favre, avec la régularité des équinoxes ou de la translation de la lune autour de notre planète, montait à époques fixes à la tribune. Son discours était signalé longtemps à l'avance par les astronomes du *Siècle*, comme fait le Bureau des longitudes pour les mouvements célestes et les éclipses. À l'heure marquée, l'orateur apparaissait à l'horizon parlementaire. Il déroulait un discours harmonieux et élégant, arrondi en périodes académiques et que, jeune rhétoricien à Nîmes, je savourais avec délices. Ollivier applaudissait, le marquis de Piré écumait, Glais-Bizoin interrompait, Granier de Cassagnac montrait le poing, Rouher s'agitait sur son banc, Ernest Picard lançait un mot toujours spirituel, et le Président, le duc de Morny, qui connaissait la situation irrégulière de l'orateur, le faux commis par lui sur les registres de l'état civil, et dès lors pouvait d'un mot faire rentrer sous terre le trop amer censeur, de Morny... souriait finement!... De temps à autre il tirait sa montre et semblait dire : « Nous entrons dans la dernière phase du phénomène astronomique. Favre n'en a guère que pour une demi-heure. »

Enfin on passait au scrutin; la Gauche votait contre, et les choses en restaient là. Si quelque naïf, prenant au sérieux les tirades furibondes des orateurs, avait proposé de courir aux armes pour le triomphe de leurs idées, mes tribuns se seraient détournés avec indignation.

Pour agir contre l'Empire, on attendit que Napoléon III fût prisonnier. De même pendant le siège, pour croire à l'incapacité et à la trahison des Ferry et des Trochu, on attendra qu'ils aient fait massacrer de sang-froid à Buzenval la fleur de la jeunesse française et que la ruine soit consommée.

Au lieu de passer outre, de saisir et d'écraser les traîtres, qu'ils s'appellent Palikao, Trochu ou Ferry, le Peuple qui fit le Dix-Août et le Trente-et-un Mai, devenu naïf et tombé presque en enfance, s'arrêtera devant les éternelles phrases que les divers Gouvernements lui serviront : « Pas de révolution devant l'ennemi! Chassons les Prussiens... et nous verrons après! »

C'est parfait de dire : « Chassons les Prussiens! » Mais c'est que précisément on ne les chassera pas du tout.

Certes, le moment précis où une révolution cesse d'être criminelle, pour devenir légitime et urgente, n'est pas toujours facile à saisir. Pourtant, lorsque l'incapacité éclate, quand il est de toute évidence que sous la conduite de chefs inconscients ou suspects, la patrie court aux abîmes, aucune manœuvre perfide, aucune considération ne doit arrêter les citoyens clairvoyants et énergiques. Au lieu de reculer devant les formules que de tout temps les fourbes mettent en avant : « Chassons l'ennemi... et nous verrons après! » les hommes d'action, se jetant sur leurs armes, s'écrient : « Chassons les traîtres... et nous verrons ensuite! »

Au 9 août, au 31 octobre 1870, il y avait raison de révolution. Les gouvernants d'alors, la Régente, Gambetta, Favre et Trochu auraient dû être ignominieusement chassés. Il y aurait eu d'abord (ce n'est pourtant pas certain) quelques protestations, comme lors d'une opération chirurgicale. C'était un mauvais moment à passer...

mais le soir même, la noble malade, la France, aurait éprouvé un immense soulagement.

Quand un peuple recule devant les remèdes héroïques, il piétine sur place, s'épuise en manifestations impuissantes, jusqu'au moment où l'ennemi arrive et passe le licol.

VII. — Disons-le, à l'honneur de la Nation d'où étaient sortis le Dix-Août et le Trente-et-un Mai, des hommes généreux se rencontrèrent qui voulurent tirer le pays de sa mortelle torpeur.

Le dimanche 14 août 1870, vers trois heures de l'après-midi, boulevard de la Villette, un rassemblement s'était formé, non loin de la caserne des pompiers, autour d'un bateleur dont les exercices étaient, paraît-il, fort divertissants. Quelques sergents de ville, de service autour du canal, attirés par les exclamations et les rires, vinrent se mêler à la foule des spectateurs. Au moment où l'intérêt était au plus haut point, quelques curieux se détachèrent et, au petit pas, sans se presser, se dirigèrent vers la caserne des pompiers.

Blanqui était au milieu d'eux.

Soudain le groupe, obliquant brusquement, arriva sur le corps de garde. Mais la sentinelle avait déjà poussé le cri d'alarme. Ce fut un cruel mécompte pour les insurgés, qui auraient voulu s'emparer des armes du poste sans collision, les pompiers étant aimés des Parisiens pour leurs idées démocratiques. Une lutte s'engagea. Le factionnaire reçut un coup de revolver en se débattant, et le corps de garde fut le théâtre d'une lutte très vive pour l'enlèvement des armes.

Un poste de sergents de ville, situé dans le voisinage, accourut au bruit, et se précipita, l'épée à la main, sur les insurgés. Au cri : « Les sergents de ville! » Blanqui, Eudes et Granger sortirent de la cour intérieure, et une courte et rude mêlée s'ensuivit aussitôt. Les hommes de police s'enfuirent, laissant sur la place un mort et deux blessés.

Restés maîtres du terrain, les insurgés parlementèrent de nouveau, mais en vain, pour avoir les armes des pompiers. Ne voulant à aucun prix employer la force, ils abandonnèrent la caserne, et se mirent en marche vers Belleville, par le boulevard extérieur. La population paraissait frappée de stupeur. Attirée tout à la fois par la curiosité et retenue par la crainte, elle se tenait immobile et muette, adossée des deux côtés aux maisons. Le boulevard parcouru par les insurgés restait complètement désert. En vain ils faisaient appel aux spectateurs par les cris : « Vive la République! Mort aux

Prussiens! Aux armes! » Pas un mot, pas un geste ne répondait à ces excitations.

Blanqui, Eudes et Granger, jugeant l'entreprise avortée, arrêtèrent la colonne et dirent à leurs compagnons :

« C'est une affaire manquée. Nous n'avons pas les fusils, et puis, vous voyez que personne ne se joint à nous. Nous ne pouvons rien sans le peuple. Avant dix minutes, notre petit noyau va rencontrer des chassepots contre lesquels nos revolvers ne signifient rien. Il faut nous séparer. Cachons nos armes et dispersons-nous dans les rues voisines. »

On se rangea à cette opinion. Trois fusils enlevés furent abandonnés ; les revolvers rentrèrent sous les vêtements ; et l'on se sépara.

Eudes et Brideau ne tombèrent aux mains de l'autorité bonapartiste que par l'effet du hasard. Un agent en bourgeois, du nom de Leleu, ayant entrevu le revolver d'Eudes sous son paletot, suivit les deux amis et les fit arrêter.

VIII. — L'échauffourée de la Villette causa une vive émotion dans Paris. Le *Journal Officiel* du 15 août se hâta de passer l'émeute au compte de la Prusse. Le *Siècle* et le *Temps* firent chorus avec les organes bonapartistes. Les Gambetta, les Ferry, les Hébrard et les Cochery, épouvantés à la seule idée d'un mouvement révolutionnaire (auquel ils seraient peut-être forcés de s'associer, exposant ainsi leurs précieuses existences), se confondaient en protestations indignées, dans les couloirs de la Chambre, devant M. de Palikao : « Croyez bien, monsieur le Ministre, que... — Comment donc ! messieurs, je ne vous fais pas l'injure de... »

Il faut lire, dans le *Journal Officiel* du 18 août 1870 (2ᵉ page, 3ᵉ colonne), le passage où, à la tribune, Gambetta, sans avoir pris d'information, ignare et présomptueux, parle à tort et à travers du coup de main de la Villette et traite les émeutiers de Prussiens. J'assistais à la séance et je vis Palikao (lequel savait fort bien à quoi s'en tenir sur l'affaire, et déjà préparait un peloton pour exécuter Blanqui), je vis Palikao, stupéfait de ce langage de courtisan, hausser les épaules d'un air de pitié.

Gambetta. Dans ce fait d'une mainmise sur la caserne de la Villette, le Gouvernement, *et je l'en remercie, ne s'est pas trompé* dans l'indication de la main criminelle ; il a rencontré *les agents de M. de Bismarck* et les a dénoncés à l'opinion publique : avant lui, d'ailleurs, la population avait déjà reconnu *la main de l'étranger* et se proposait d'en faire elle-même justice. »

Son Exc. M. le comte de Palikao, *ministre de la guerre*. Je remercie l'honorable M. Gambetta des paroles patriotiques qu'il vient de prononcer et qui sont en conformité parfaite avec les intentions du Gouvernement. Nous aurions voulu pouvoir, comme le demandait la population, faire bonne et prompte justice des individus qui ont été arrêtés, mais nous avons considéré comme un devoir absolu d'entourer ces gens-là, *quels qu'ils soient*, des garanties que leur assure la loi. »

Après la séance, Vermorel attira Gambetta dans un angle du salon de la Paix, près de la statue de Laocoon : « Voulez-vous, lui dit-il, que je vous nomme le premier auteur de l'attentat de la Villette ? — Sans doute un Allemand ? dit Gambetta. — C'est Blanqui ! dit Vermorel. Et Palikao s'est moqué de vous ! »

Gambetta pâlit. Il balbutia : « Je regrette les paroles que... Si j'avais su. — Eh ! pardieu, monsieur, dit Vermorel en lui tournant le dos, quand on ne sait pas, on se tait ! »

Eudes et Brideau furent condamnés à mort. La chute de l'Empire arrêta seule leur exécution.

IX. — Le 17 août, dans un conseil de guerre tenu au camp de Châlons, Trochu, regardé comme le seul homme capable à ce moment de contenir par sa popularité auprès des républicains, la Révolution menaçante, était nommé gouverneur de Paris. Il mettait à son acceptation cette condition que l'armée de Mac-Mahon quitterait Châlons, position intenable, véritable camp de plaisance, et se rabattrait sur la capitale avec l'Empereur. Le nouveau gouverneur arriva à Paris dans la nuit du 17. Il se rendit immédiatement aux Tuileries et présenta à l'Impératrice une proclamation dans laquelle il annonçait « qu'il ne précédait l'Empereur que de quelques heures ». L'Impératrice, poussée par ses conseillers, désapprouva le retour de l'Empereur « comme indigne du souverain et attentatoire à sa gloire ». (Déposition de l'amiral Jurien de la Gravière, *Gazette des Tribunaux*, 29 mars 1872. Lettre de l'Impératrice, *ibidem*, 1ᵉʳ avril 1872.)

Les bonapartistes comprenaient que ce retour, interprété par l'opinion comme l'indice d'un nouvel échec, pourrait amener un soulèvement général. Ils avaient plus peur des Parisiens que des Prussiens. Et alors, malgré les protestations des membres du Conseil de défense, de M. Thiers, du prince Napoléon, de Mac-Mahon et de l'Empereur lui-même, l'armée de Châlons s'en alla vers le Nord. Les journaux officieux présentèrent cette marche de flanc, si dangereuse, comme un prodige de stratégie. De son côté, Bazaine, à

Metz, manœuvrait selon le même mot d'ordre des Tuileries, transmis par le chef d'escadron Magnan. Le 16 août, à Mars-la-Tour, nous remportâmes un succès marqué sur les troupes allemandes. On s'est étonné qu'après cette victoire le commandant de l'armée du Rhin n'eût pas profité de ses avantages et se fût replié sous Metz. C'est qu'il avait pour instructions formelles de ne pas s'éloigner de cette place. Le maréchal n'avait qu'une préoccupation : savoir comment il se rabattrait vers la citadelle. Jamais il ne songea sérieusement à gagner Châlons.

En vain, au lendemain de Mars-la-Tour, l'armée demandait à grands cris à faire une trouée et à gagner la route de Verdun. On ne le lui permit pas. Pourquoi ? Parce que l'arrivée de Bazaine à Verdun, même après un combat heureux, aurait été considérée à Paris comme une retraite, presque comme une fuite. On n'aurait pas manqué de dire : « — Bazaine abandonne Metz ! » Et un mouvement révolutionnaire pouvait éclater. Voilà ce que les bonapartistes purs voulaient éviter à tout prix.

Au contraire, Bazaine restant sous Metz, Mac-Mahon allant vers le Nord, tout cela présentait un faux air d'offensive, avait quelque chose de mystérieux qui permettait de donner le change à l'opinion publique. Nous nous figurions, — et les officieux nous entretenaient soigneusement dans cette idée, — que Bazaine laissait ainsi s'avancer les Prussiens pour tomber au bon moment sur leurs derrières et les prendre entre deux feux.

Napoléon III, dans sa lettre du 29 octobre 1870, au feld-maréchal Burgoyne, a fait lui-même la lumière sur ces événements :

« Revenu à Châlons, a-t-il dit, j'ai voulu conduire à Paris la dernière armée qui nous restait ; mais là encore, des *considérations politiques* nous ont forcés à faire la marche la plus imprudente et la moins stratégique qui a fini par le désastre de Sedan. Voilà, en peu de mots, ce qu'a été la campagne de 1870. »

Toute nation divisée est condamnée.

Le 1er septembre 1870, malgré des prodiges de valeur, nos soldats accablés sous le nombre, cernés de tous côtés, furent refoulés dans Sedan.

Le lendemain, l'Empereur capitulait avec 85,000 hommes.

L'épopée napoléonienne avait terminé son second et sans doute dernier cycle.

XI

LE QUATRE-SEPTEMBRE

I. — Pendant que la ruine de la puissance française s'accomplissait dans les Ardennes et sur les rives de la Moselle, les grands boulevards parisiens n'avaient rien perdu de leur animation. Les cafés regorgeaient de consommateurs; les concerts des Champs-Élysées enregistraient de fructueuses recettes. A la vérité, depuis huit jours, on était sans nouvelles des armées; mais on était si certain du succès final qu'on n'en perdait pas un seul divertissement. Il était d'ailleurs inutile d'aller aux informations. Le ministre Palikao avait dit en pleine Chambre qu'il ne se dérangerait plus pour répondre à des interrogations indiscrètes. Il se devait tout entier à l'organisation de la victoire. Il daigna cependant sortir de son mutisme à la fin du mois d'août. Pressé de questions, il s'écria : « Si je parlais, Paris illuminerait ! »

Heureusement qu'il ne parla pas! Il nous aurait fait, comme il le disait, sortir nos lampions, au moment même de Sedan.

Nous sommes au 3 septembre. Nous avons vu que le 1er au soir nos soldats avaient été refoulés dans Sedan. Le 2 au matin, les hauteurs environnantes apparaissent couvertes de Prussiens et garnies de canons, mèches allumées, prêts à foudroyer la ville et l'armée. A dix heures le général de Wimpffen signe une capitulation impossible à éviter. Cette capitulation, télégraphiée immédiatement à l'Europe, livre aux Allemands l'Empereur, un maréchal de France, trente-neuf généraux, deux cent quarante officiers d'état-major, quatre-vingt-cinq mille soldats et trois cents bouches à feu. Ce même 2 septembre, vers une heure de l'après-midi, Napoléon III, à Donchery, rend son épée au roi Guillaume. Le 3 septembre, à sept heures du matin, l'Empereur prisonnier quitte le château de Bellevue, escorté de cuirassiers allemands et, par la Belgique, se rend à la résidence qui lui a été assignée, Willemsohé, près de Cassel.

Du temps de César et de la guerre des Arvernes, soit par des feux allumés sur les montagnes, soit par signaux conventionnels, soit par ces grands courants populaires qui transmettent, par une sorte de fluide spécial, les commotions sociales à des distances énormes et avec une inexplicable rapidité, l'épouvantable désastre de Sedan aurait été connu de toute la Gaule le 2 septembre au matin. Eh bien, à notre époque de chemins de fer et de télégraphe, le *trois septembre, à cinq heures du soir*, les journaux entretenaient encore le public de victoires fantastiques! Voici les dépêches transmises par le ministère et l'*Agence Havas*, les 2 et 3 septembre et affichées aux portes des mairies :

« Bouillon, 31 août. Un combat a commencé près de Bazeilles. Les Français auraient *pris trente pièces de canon*.

« Bouillon, 1er septembre. Bazaine pousserait les Prussiens vers le camp de Sedan. »

On s'écrasait pour lire ces réconfortantes nouvelles. Les acclamations retentissaient vigoureuses et nourries. On n'avait pas, il est vrai, sorti les drapeaux, car la trop célèbre et ridicule journée du 6 août avait rendu circonspect; on les préparait; on n'attendait, pour les déployer, que la relation officielle de nos victoires.

II. — Les députés de Paris, malgré toutes les précautions prises par le ministère (arrêt à la frontière des feuilles étrangères, confiscation des dépêches), connaissaient certainement, dès le 2 septembre au soir, soit par des correspondances privées, impossibles à supprimer, soit par voyageurs arrivant du dehors avec des journaux, le désastre de Sedan. En quelques heures, un express arrive de Bruxelles à Paris. Pourquoi donc gardèrent-ils par devers eux, jusqu'à la dernière minute, le secret de notre défaite dans les Ardennes?

Parce qu'ils redoutaient, autant que la Régente elle-même, un mouvement insurrectionnel dans Paris. N'oublions pas que Flourens, Delescluze, Blanqui et tous les hommes d'action du parti révolutionnaire étaient fort mal vus de l'opposition parlementaire, des Ferry, des Simon et des Gambetta.

Depuis nos premiers échecs, l'unique préoccupation de la Gauche était d'amener la Régence à lui faire une part dans le gouvernement. On s'explique maintenant la raison de son silence : les journées des 2 et 3 septembre et la matinée du 4 furent employées (nous verrons à ce sujet les aveux de M. Garnier-Pagès lui-même) en d'actives négociations entre la Gauche et la Régence. Si elles eussent abouti à temps, Paris apprenait à la fois la défaite de Sedan... et le triomphe de l'Opposition. L'Impératrice, habilement conseillée, pouvait sauver la couronne de son jeune fils en jetant quelques lambeaux de ministères aux aboyeurs de la minorité. Les organes républicains auraient crié victoire, et ces bons Parisiens illuminaient peut-être.

Le 3 septembre, vers sept heures du soir, la nouvelle de la capitulation de Sedan commença à se répandre dans la cité. L'émotion y fut grande ; elle se traduisit non par une marche immédiate sur les Tuileries, mais par des vociférations plus désagréables que dangereuses pour le pouvoir impérial. A neuf heures, le poste de sergents de ville du boulevard Poissonnière, fatigué des clameurs, osa opérer une charge à fond sur les manifestants dont plusieurs furent blessés. La foule, ainsi écondnite, au lieu de se précipiter sur les agents de Palikao, se contenta de les huer... à distance respectueuse.

Les ministres, après délibération avec l'Impératrice-Régente, avaient fait transmettre au Président Schneider l'ordre de convoquer les députés pour une séance de nuit. A dix heures du soir, les députés arrivent. Les chefs de la majorité circonviennent les membres de l'Opposition. Il leur est dit que l'Empereur, dont l'Impératrice-Régente et les ministres sont délégués, étant prisonnier des Prussiens, le pouvoir est vacant de fait et que l'Impératrice va déposer son abdication entre les mains des représentants de la France.

« En présence de cette démarche solennelle, dit M. Garnier-Pagès (discours prononcé le 4 septembre, à neuf heures du soir, dans la galerie des fêtes du Corps législatif, devant 150 députés), l'Opposition était résolue à prendre acte de ce fait, et ajournait la demande de déchéance. La séance ouverte à minuit, l'attente est vaine. Rien de ce qui a été annoncé ne se réalise. L'Impératrice et les ministres gardent le silence, ne pouvant se résoudre à déposer des pouvoirs qui, logiquement, ne sont plus. »

Il résulte de ces paroles que, le désastre de Sedan connu, les députés républicains, au lieu d'appeler le peuple aux armes, intriguaient dans les couloirs. On se demande par quel étrange aveuglement les bonapartistes repoussèrent la proposition de salut que la Gauche leur offrait? Cette commission de Gouvernement que demandaient les députés de Paris, n'en laissait-on pas la nomination au Corps législatif? Avec quelques sacrifices de personnes, le vaisseau impérial, qui penchait sur l'abîme, se relevait.

Il est probable que M. de Palikao avait déjà eu vent de l'échauffourée du boulevard Poissonnière; il pensait, avec raison, avoir peu à craindre d'une population qui s'était ainsi enfuie à tire-d'aile devant une poignée de policiers. Le président du Conseil, d'un ton méprisant, se plaignit même *d'avoir été dérangé de son sommeil!*...

Au lieu de châtier l'insolent et d'en appeler immédiatement au peuple, dont on entendait les grondements dans la nuit, autour de l'enceinte législative, les Simon, les Garnier-Pagès, les Ferry et les Gambetta, déçus dans leurs calculs, se contentent d'envoyer à la tribune M. Jules Favre. Celui-ci, vers une heure du matin, donne lecture de la proposition suivante :

« Article 1er. — Louis-Napoléon Bonaparte et sa dynastie sont déclarés déchus des pouvoirs que leur a conférés la Constitution.

« Art. 2. — Il sera nommé par le Corps législatif une commission de Gouvernement composée de... » — Vous fixerez, messieurs, le nombre de membres que vous jugerez convenable dans votre majorité — « ... qui sera investie de tous les pouvoirs du Gouvernement, et qui aura pour mission expresse de *résister à outrance à l'invasion* et de chasser l'ennemi du territoire. »

Personne ne prit la parole pour répondre ou protester, et l'Assemblée se sépara à deux heures du matin en s'ajournant à midi.

A la sortie du Corps législatif, sur la place de la Concorde, le coupé de M. Jules Favre fut arrêté par la foule : « Vive Jules Favre ! A bas Napoléon ! » Le député de Paris met la tête à la portière : « Du calme, citoyens. Je viens de demander la déchéance de l'Empereur ! — Bravos ! Très bien !... » Jules Favre nous serre la main. Et la voiture disparaît dans la nuit, accompagnée de mille cris de « Vive la République ! »

III. — Les promesses d'abdication et de démission circulèrent de nouveau dans la matinée. Les membres de la Gauche, accourus dès la première heure, préparent une déclaration de déchéance. Laissons encore la parole à Garnier-Pagès :

« Pendant leurs délibérations, M. Thiers intervient, et leur déclare qu'une proposition a été rédigée par quelques députés du Centre gauche et adoptée par un certain nombre de membres de la majorité. Cette proposition, suivant lui, doit donner satisfaction à l'Opposition, puisqu'elle prononce la vacance du trône. La Gauche s'était déterminée à accepter en dernier lieu, cette proposition, tout en se réservant de présenter d'abord son projet de déchéance.

« A cette heure encore le peuple accouru devant la Chambre des députés, apprenant l'abdication ou la déchéance, ou même la vacance du trône, se fût arrêté devant la représentation du pays. »

Vers dix heures, des dépêches successives annoncèrent que Lyon et Bordeaux, fatigués d'attendre Paris, avaient pris les devants et proclamé la République. Ces nouvelles contrarièrent vivement les membres de la Gauche. Gambetta se confondait en protestations, auprès de Palikao, et nul doute que, si les choses eussent tourné autrement dans la journée, on n'eût réprouvé énergiquement les émeutiers du Rhône et de la Gironde ; — « Croyez bien, monsieur le ministre, que... — Comment donc, messieurs ! Je ne vous fais pas l'injure de... »

L'histoire est toujours la même : Une révolution avorte-t-elle ? Les habiles en sont quittes pour répudier les fauteurs du mouvement. Quand elle réussit, ils s'emparent du pouvoir. L'armée qui les a portés à l'Hôtel de Ville demande alors qu'on accomplisse les réformes promises. Comme on a promis des chimères, on répond par des coups de canon, et l'on envoie sur les pontons ceux que la mitraille a épargnés.

C'est l'histoire de 1848 ; ce sera l'histoire de 1870.

IV. — Le dimanche 4 septembre, par un soleil splendide, dès le matin, la foule se portait vers la place de la Concorde. Un régiment de gardes municipaux et de fortes escouades de sergents de ville occupaient le pont. Les députés, comme nous savons, conféraient dans les bureaux longuement et doctoralement sur des formules : « Nommera-t-on une *Commission* ou un *Conseil* ? Un comité de *Régence* ou de *Gouvernement* ? » Tels les moines de Byzance discutant sur la lumière incréée, au moment même où Mahomet donnait le signal de l'assaut.

Le Corps législatif, incapable d'un acte de virilité, ne sut ni proclamer à temps la déchéance, ni se saisir lui-même du pouvoir.

Au début de la séance, l'abdication de l'Impératrice et la démission des ministres ne furent pas déposées, ainsi qu'on était autorisé à le penser. Loin de là, se retenant avec âpreté au pouvoir qui lui échappait, le président du Conseil eut l'audace de lire un projet de loi par lequel il réclamait pour lui la lieutenance-générale, en conservant le Gouvernement impérial.

Les Gambetta et les Ferry ne protestèrent pas ; et l'on ne sait trop ce qu'il serait advenu de toutes ces intrigues, si le peuple, intervenant soudain, n'eût dispersé les acteurs et brusqué le dénouement.

Il allait être deux heures. La foule qui se pressait à la tête du pont de la Concorde devenait de plus en plus houleuse et impatiente. Par la rue de Rivoli, les quais et la Madeleine, arrivaient des groupes affublés de shakos et de tuniques. Un mot d'ordre avait été donné, le matin, par les journaux de l'Opposition : « Les gardes nationaux sont invités à se trouver en uniforme, sans armes, à une heure, place de la Concorde ».

Et tout Parisien était devenu garde national. On avait sorti des armoires les gibernes et les uniformes de 1848. Les magasins d'assortiments militaires avaient été dévalisés. Il se vendit dans la matinée plus de cent mille képis. Les troupes massées devant le Corps législatif ne savaient plus si elles avaient devant elles la garde nationale de l'Empire, épurée, bien pensante et respectable, ou la garde nationale improvisée.

Les agents de police redoublaient d'efforts pour repousser le flot montant des arrivants : « En arrière! Voyons, messieurs, reculez! Nous avons une consigne! » Les officiers sentaient que leurs hommes leur échappaient. Des rangs mêmes de la troupe partaient des propos ironiques et de cruelles épithètes à l'adresse des généraux : « Ce sont des lâches! Des *capitulards!* » J'entends un cuirassier, le visage balafré : « J'ai été blessé à Reischoffen et dirigé sur Paris. Ce matin, à peine rétabli, on m'a fait sortir de l'hôpital pour me poster ici. S'ils se figurent que mes amis et moi nous allons tirer sur les Parisiens! » Applaudissements! Très bien! Vive l'armée!... Vivent les cuirassiers de Reischoffen!...

Les chefs de corps et les inspecteurs de police écoutaient stupéfaits, atterrés. A intervalles, un capitaine à figure rébarbative tirait son sabre : « Silence, là-bas, dans les rangs! » Des huées formidables couvraient la voix du prétorien.

V. — Voici qu'au loin, au milieu de roulements de tambours, s'élèvent d'immenses acclamations : « Vive la République! A bas l'Empire! » De la rue Royale débouche en uniforme, sans armes, une colonne compacte de gardes nationaux. Cette masse d'hommes, marchant sur soixante rangs de front, sévères, froids, les bras croisés, présente un spectacle imposant. Le commandant des troupes de la Concorde examine avec sa lorgnette. Sa figure se rembrunit. Il hoche la tête. Évidemment la colonne va vouloir passer outre. Les citoyens qui en font partie ont une attitude déterminée qui ne laisse aucun doute sur leur intention d'arriver quand même au

Corps législatif. Si la colonne n'est pas sur-le-champ brisée à coups de fusil ou dispersée par une charge à fond, tout est perdu. L'instant est des plus critiques. Un frémissement agite la foule. Chacun est sur le qui-vive... Va-t-on charger? Les officiers se consultent. Ils regardent leurs hommes. Ceux-ci, dressés sur leurs étriers, semblent examiner avec curiosité cette avalanche humaine, encore grossie des manifestants qu'elle a rencontrés. La colonne approche, elle arrive, elle est là. La pression à la tête du pont est formidable. Les agents de police la contiennent un instant : « N'avancez pas, citoyens! » Mais eux-mêmes déjà reculent. Bientôt la poussée d'arrière devient irrésistible; la colonne veut avancer... et avance. Enfin tout cède, les agents sont renversés, les chevaux se cabrent et entraînent leurs cavaliers. Le pont est conquis. La vague humaine vient s'abattre sur les grilles du Palais et les enfonce. En vain, comme au 9 août, Ferry, Gambetta, Crémieux et Giraud se précipitent au-devant des envahisseurs et les supplient de respecter l'enceinte législative. Ils sont emportés par le torrent.

En un clin d'œil, les tribunes, les Pas-Perdus, la salle des séances se remplissent d'une foule immobile.

Le Président Schneider, après avoir essayé un instant de dominer l'orage, se couvre et disparaît par un couloir latéral. Un inconnu monte alors au fauteuil et crie : « Vive la République! »

GAMBETTA. Citoyens, ne faisons pas de révolution... » Les cris : « Assez! A bas les endormeurs!... A bas les avocats! » lui coupent la parole. Un étudiant le saisit par les pans de son habit et veut le jeter en bas de la tribune. Des gardes nationaux du 6ᵉ et du 8ᵉ bataillon, aidés de Jules Ferry, de Steenackers et d'Edmond Adam, se portent au secours de Gambetta, le dégagent et s'installent solidement dans l'hémicycle. Les jeunes gens qui occupaient le fauteuil présidentiel sont repoussés. Un calme relatif se fait.

M. DE KÉRATRY. Je conjure les citoyens qui n'appartiennent pas à la garde nationale de s'écarter de la tribune...

UNE VOIX. La garde nationale est réactionnaire!

GAMBETTA. Citoyens, n'avez-vous pas confiance en vos représentants?

M. ALFRED BERTEZÈNE. Non! (*Protestations, tumulte.*)

VOIX NOMBREUSES, au centre. Oui! oui! nous avons confiance en vous! Vive Gambetta! Vivent les députés de la Seine!

UNE VOIX, dans l'hémicycle. Dehors, ceux qui ne veulent pas de Gambetta!

UN CITOYEN, s'adressant au groupe Ferry. Essayez donc de faire sortir quelqu'un!

7

Gerly, du passage Grisel, montrant les députés de la Seine. Ce sont eux que nous allons mettre à la porte! (*Bravos prolongés.*)

Voix, dans les tribunes. Ce sont des intrigants!... Ils voulaient traiter avec Palikao! (*C'est vrai!*)

M. le docteur B..., s'adressant à Gambetta et à Ferry. Le peuple est entré ici malgré vous et il y restera contre vous! (*Immenses acclamations sur le haut des gradins.*)

X..., près du fauteuil. Citoyens, puisque les députés de Paris se refusent à proclamer la déchéance, le peuple va...

Ferry, Gambetta. Vous n'avez pas qualité pour émettre une proposition...

X... À cette heure, nous avons autant qualité que vous. Vous n'êtes plus rien vous-mêmes. (*Applaudissements.*)

MM. Steenackers, Gambetta, Ferry et Edmond Adam se consultent.

Gambetta. Eh bien! citoyens... citoyens, écoutez-moi... Je vais vous donner satisfaction... citoyens. (*Silence!*)

Attendu que la patrie est en danger,

Attendu que le temps nécessaire a été donné à la représentation nationale pour prononcer la déchéance,

Attendu que nous sommes un pouvoir régulier,

Nous déclarons Louis Bonaparte et sa dynastie déchus... »

(*Acclamations*). Bientôt le tumulte recommence : — « C'est la République que nous voulons!... La République! »

Gambetta. Non, pas République; criez : Vive France! vous dis-je. »

Les vociférations redoublent. De nouveau la tribune est assaillie. Une lutte s'engage au pied de l'escalier. Un homme en blouse s'approche de Jules Favre et lui montrant le poing : « Tu es payé par Bonaparte! »

Voix sur les gradins. Ils émargent tous au budget... Ils défendent leur traitement.

Voix dans les tribunes. Ce sont des assermentés!...

Autres voix. Ils ont peur! Proclamons la République nous-mêmes!

Mais les députés et les républicains bourgeois sont en force. L'hémicycle reste en leur pouvoir. Le fauteuil présidentiel, objectif du parti démocratique, est inabordable. Un quadruple front de gardes nationaux le protège.

À ce moment, refoulé sur les gradins supérieurs, je fais remarquer à mes amis l'aspect et la composition de la salle. Je leur montre sur l'escalier de la tribune, dans l'hémicycle et sur les premiers

bancs de l'enceinte, les rangs pressés des hommes d'ordre, les
gardes nationaux réguliers protégeant les députés-avocats contre
les révolutionnaires; les rédactions des journaux légitimistes et
orléanistes au grand complet ; et, groupé aux deux entrées de la
salle, comme pour les défendre contre de nouveaux arrivants, l'état-
major conservateur des VII\ VIII\ et IX\ arrondissements.

Le mouvement est bien antibonapartiste; il n'est pas républicain.

La confusion était toujours inexprimable. Les cris de « Vive la
France! » se croisaient dans l'air avec ceux de « Vive la République! » Les têtes s'échauffaient. L'obstination de Gambetta et de
ses amis à repousser la République paraissait étrange et exaspé-
rait les hommes d'action. On allait en venir aux mains.

Voix, sur les gradins. Finissons-en! A bas les assermentés!... A
bas les vendus! Enlevons-les!...

Jules Favre. Citoyens, pas de journée sanglante!... Du calme!...

Voix nombreuses. La République! C'est la République que nous
voulons!

Jules Favre. La République, citoyens, ce n'est pas ici qu'il faut
la proclamer... C'est à l'Hôtel de Ville.

Ferry, Steenackers, Gambetta. A l'Hôtel de Ville! A l'Hôtel de
Ville!

Et la foule s'écoule précipitamment au dehors sur les pas des
députés.

En descendant de la tribune, Jules Favre et Gambetta ont bien
soin de faire remarquer aux sténographes « qu'ils n'ont nullement
proclamé la République ». Ce dernier incident est rapporté par
Taxile Delord, rédacteur du *Siècle* et ami de Jules Favre (*Histoire
du second Empire*, le 4 Septembre). Il est significatif et vient à
l'appui de notre récit. Gambetta et Favre, ignorants de ce qui se
passait au dehors, et ne sachant encore trop quelle serait l'issue
de la crise, prenaient leurs précautions en vue d'un retour offensif
de l'Empire, et mettaient d'avance à couvert leur responsabilité.

La République ne sera proclamée qu'à cinq heures à l'Hôtel de
Ville. A ce moment, tout danger aura disparu pour les députés de
Paris, les chefs du Gouvernement impérial ayant abandonné la
partie.

VI. — Pendant qu'on envahissait le Corps législatif, un groupe de
gardes nationaux et de citoyens assaillait le jardin des Tuileries. La
grille de la Concorde était fermée. Un fort piquet de zouaves sta-
tionnait dans le poste, et, derrière les barreaux, des factionnaires

se promenaient de long en large, le chassepot sur l'épaule. Cent bras puissants ébranlent les grilles qui cèdent. La sentinelle crie : « Aux armes ! » Aussitôt des gardes nationaux s'avancent, la crosse en l'air. La foule acclame les zouaves. Pendant qu'on parlemente, les soldats fraternisent avec le peuple. L'officier de service, comprenant que la résistance est impossible, fait serrer les rangs et s'éloigne avec son peloton. La garde nationale prend possession du poste et ouvre les grilles toutes grandes. La foule se répand dans les allées et arrive au jardin réservé. Ici, nouvel obstacle. La grille est fermée, et à deux cents pas, devant le palais même des Tuileries, apparait, rangé en ordre de bataille, un régiment de ligne, baïonnette au bout du fusil. Quelques timides ayant vu un certain mouvement dans les rangs des soldats, croient qu'ils vont faire feu et prennent la fuite. On les retient. On leur dit : « Restons tous ! L'armée ne tirera pas sur le peuple sans armes. »

Un garde national, M. Ravenez, attache un mouchoir au bout d'un fusil et fait signe qu'il veut parlementer. Le général Mellinet, sabre au poing, escorté de grenadiers de la garde, s'avance, et d'un air menaçant, montre aux troupes le parlementaire... Immense émotion... Soudain, les grenadiers lèvent la crosse en l'air !...

Alors, retentissent des acclamations formidables : « Vive l'armée ! A bas l'Empire ! » Le général Mellinet disparait furieux, dans l'intérieur du Palais. Au même instant, le drapeau qui flotte sur le dôme des Tuileries s'abaisse au milieu des cris de : « Vive la République ! »

Quand le peuple arriva dans le château, il le trouva vide. L'Impératrice, abandonnée de tous, avait fui par un escalier dérobé, au bras du dentiste Evans.

VII. — L'Empire n'était déjà plus, et les Gambetta et les Ferry, suant la peur, nous disaient encore dans la Chambre envahie : « Pas de révolution devant l'ennemi ! Restons dans la légalité ! »

Dans le trajet du Corps législatif à la place de Grève, nous rencontrâmes le général Trochu à cheval, ayant peine à avancer à cause de la foule. Lui-même, à l'Assemblée de Versailles (séance du 13 juin 1871), a fait l'historique de cette rencontre :

« Vers une heure de l'après-midi, le général Lebreton, questeur du Corps législatif, se présenta à moi inopinément — (je vois d'ici le digne général Lebreton dans la tribune des anciens députés ; il me contrôlera). — « Général, me dit-il, le péril est à son comble. Une foule immense se presse autour de l'Assemblée et va l'envahir; les troupes se sont laissé pénétrer par la multitude. Vous seul, par une intervention personnelle, pourriez peut-être dominer la tempête.

« Je répondis au général Lebreton : « Général, je suis ici la victime d'une situation sans précédents. En fait, je ne commande rien; en fait, les troupes que vous avez vues ont été postées par des ordres qui ne sont pas les miens.

« Vous voulez que seul je puisse arrêter un demi-million d'hommes qui se pressent, me dites-vous, vers l'Assemblée? Vous savez comme moi qu'il y a là une impossibilité absolue. Un seul homme n'arrête pas les foules en démence ; mais cet effort que vous venez me demander au nom du Corps législatif, convaincu qu'il ne peut pas aboutir, je le tenterai néanmoins. »

« Quelques minutes après, je montai à cheval, sous les yeux du général Lebreton, et me dirigeai vers le Corps législatif. J'avançais difficilement à cause de la foule.

« Près du Pont-Royal, un homme de grande taille parvient jusqu'à moi : « Général, me dit-il, où allez-vous? — Je vais tâcher de sauver l'Assemblée. — A l'heure qu'il est, l'Assemblée est envahie; j'y étais; je vous l'affirme; je suis M. Jules Favre. »

« M. Jules Favre ajouta : « Voilà le comble du désastre : une révolution au milieu de la défaite des armées! Et soyez sûr que la démagogie, qui voudra en bénéficier, jettera la France dans l'abîme, si nous n'intervenons. Quant à moi, je vais à l'Hôtel de Ville, et c'est là que doivent se rendre les hommes qui entendent contribuer à sauver le pays. »

« Je répondis : « Je ne puis prendre à présent une telle résolution. »

VIII. — Comme on le voit par les paroles de Favre, l'Empire n'a pas encore disparu et déjà il distille son venin sur les patriotes qui se sont levés pour chasser une majorité vendue. Il parle, au Pont-Royal, « d'une révolution au milieu de défaites ». Pouvions-nous donc la faire au milieu de victoires? Les révolutions ne se sont jamais produites que sous le coup de désastres et pour enlever le gouvernail à des mains incapables ou suspectes.

Quand tout va bien, personne ne songe à se révolter.

Le Dix-Août 1792, le Trente-et-Un-Mai 1793 qui arracha le pouvoir aux Girondins, les Favre et les Simon de l'époque, ne sont-ils pas des révolutions devant l'ennemi? Et cependant des écrivains du parti modéré, les Thiers et les Mignet, conviennent eux-mêmes que la France dut alors son salut à l'énergie sauvage des Montagnards.

« La Démagogie! » dit encore le rhéteur Favre à Trochu. Ainsi sont confondus, avec les agitateurs et les ambitieux, les esprits indépendants qui, comprenant la nécessité d'un drapeau pour rallier les masses et se rappelant les grands jours de Valmy et de Jemmapes, demandaient qu'on déployât sans délai le glorieux étendard de la République!

Vingt ans sont passés depuis ces terribles événements! Les quelques jeunes gens avec lesquels nous nous trouvions au Quatre-Septembre ont disparu pour la plupart. Ceux qui restent sont inconnus du public. Pas plus que nous-même, on ne les a vus dans les réunions; ils n'ont jamais brigué les suffrages des électeurs. Et cependant ils auraient pu, avec autant d'autorité qu'un Wilson, qu'un Cazot, qu'un Floquet ou qu'un Rouvier, faire la parade sur les estrades électorales et promettre aux masses... ce qu'ils savaient ne pouvoir leur donner. Ce n'était donc pas des démagogues, mais des patriotes qui, comme aux temps antiques, croyaient de leur devoir, les jours de tumulte et d'émotion populaires, de paraître au Forum ou à l'Agora, pour faire obstacle aux rhéteurs et veiller par eux-mêmes au salut de la Cité!

XII

TROISIÈME RÉPUBLIQUE

I. — « Il s'est retrouvé *bien tard*, mais il s'est retrouvé, le Paris des grandes journées! » s'écriait emphatiquement le *Siècle* du 5 septembre.

Si Paris s'est retrouvé *si tard*, s'il ne s'est pas jeté sur l'Empire après nos premières défaites, quand tout pouvait se réparer, à qui la faute? Précisément aux inspirateurs et aux amis du *Siècle*, aux Favre, aux Gambetta et aux Brisson qui répudiaient toute prise d'armes libératrice et allaient jusqu'à traiter d'agent de Bismarck le magnanime Blanqui. Si Trochu avait fait son devoir de gouverneur nommé par l'Impératrice; si les grenadiers de la garde avaient chargé la foule, place de la Concorde et dans le jardin des Tuileries; si, par impossible, force était restée au bonapartisme, Gambetta, Ferry et l'onctueux Simon auraient énergiquement répudié toute connivence avec les émeutiers, qu'ils auraient présentés comme soudoyés par Guillaume. Je les vois, comme au 14 août, après l'affaire de la Villette, se confondant en protestations devant M. de Palikao : « Croyez bien, monsieur le ministre, que... — Comment donc, messieurs, je ne vous fais pas l'injure de... »

Malheureusement, l'Empire ne se défendit pas. Je dis bien : *malheureusement*. Oui, à cette heure, à vingt ans de distance, méditant sur cette sombre période et considérant la longue série de capitulations qui vont suivre; songeant aux milliers de femmes et d'enfants dévorés par le froid et la famine; à six cent mille Parisiens livrés par Trochu et Ferry; à nos soldats chaussés de souliers de carton et armés de baïonnettes en zinc; quand je vois les insultes dont les caporaux prussiens abreuvent chaque jour, sans être châtiés, les petits-fils de ces héros qui entrèrent dans toutes les capitales de l'Europe; et qu'à la stupéfaction du monde entier, s'élève sur la place du Carrousel, un monument à l'organisateur de la déroute, à l'ami de l'escroc Ferrand, à l'incapable rhéteur Gambetta; à cette heure d'opprobres et d'humiliations, quand nous sombrons dans le ridicule, toujours tenus en laisse par les Hébrard, les Brisson, les Ferry et les Floquet du siège, aigrefins affublés du nom de « républicains », je regrette qu'une immense fusillade n'ait pas éclaté sur nous, le 4 septembre, près du Palais législatif. Certes, alors, devant des citoyens noirs de poudre et couverts de sang, le double jeu des Ferry, des Gambetta et autres intrigants aurait reçu un tout autre accueil. Un balayage général aurait eu lieu... Au pouvoir, au lieu d'avocats, on aurait vu apparaître des hommes. Les événements changeaient de face.

La noble terre de France renferme en son sein des vertus inconnues. L'histoire nous apprend qu'aux heures de crise suprême, il se produit comme une soudaine et merveilleuse floraison d'héroïques citoyens. Les femmes mêmes, revêtant la cuirasse, fondent, casque en tête et lance au poing, sur l'ennemi stupéfait et s'illustrent dans les grandes mêlées. La Patrie est sauvée au moment même où l'on désespérait d'elle.

II. — Mais l'Empire ne se défendit pas. Le fameux plan stratégique, auquel M. Haussmann avait donné tous ses soins, ne fut pas utilisé. Ces voies militaires, que la méfiance avait percées dans le vieux Paris, n'étaient plus que les avenues triomphales de la souveraineté populaire. Casernes, postes, forteresses, se rendaient à première sommation.

Le Sénat se sépara à cinq heures du soir, attendant toujours qu'on vînt l'envahir. On ne lui fit pas cet honneur. A l'Hôtel de Ville, les députés de Paris s'organisaient en Gouvernement. Ici encore ils se refusaient obstinément à proclamer la République. L'attitude du peuple devenait menaçante. Les ouvriers des faubourgs étaient descendus et parlaient de jeter Garnier-Pagès, Favre et Ferry par les fenêtres. Les avocats s'exécutèrent.

A cinq heures, Gambetta se montre au balcon du Palais. Le silence se fait. Il lit :

RÉPUBLIQUE FRANÇAISE

(Exclamations ironiques! Ah! Ah! Enfin!...)

Gambetta reprend :

RÉPUBLIQUE FRANÇAISE

« Il est constitué un *Gouvernement de la Défense nationale*.

« Ce Gouvernement est ainsi composé :

« Emmanuel Arago, Crémieux, Jules Favre, Jules Ferry, Gambetta, Garnier-Pagès, Glais-Bizoin, Eugène Pelletan, Ernest Picard, Rochefort, Jules Simon. »

Voix diverses. Louis Blanc!... Ledru-Rollin!... Blanqui!... Delescluze!...

Gambetta. Citoyens, le Gouvernement doit avoir un caractère purement national, non politique; nous avons simplement groupé les noms des députés de Paris, déjà investis d'un mandat populaire. (*Rumeurs, exclamations diverses.*)

Une voix, sur la place. Est-ce que Garnier-Pagès, le mitrailleur de Juin, fait vraiment partie du Gouvernement? (*Oui!*)

Même voix. Nous sommes donc encore une fois mystifiés!

Voix nombreuses. Non! non! C'est un Gouvernement d'union devant l'ennemi!

Voix. Vous avez la République; que demandez-vous de plus?

Gerly. Nous l'avions aussi en 1848!

Autre citoyen. La République, c'est bien; mais des chefs véritablement républicains, ce serait mieux.

Un garde national. C'est Félix Pyat et Blanqui que vous voulez? (*Oui! Non! non! Cris et protestations.*)... Eh bien! si vous les portez au pouvoir, ce soir il y aura des coups de fusil dans Paris. (*Bruit... Clameurs... Qu'en savez-vous?*)

Autre garde national. L'armée refusera de les reconnaître...

Une voix. L'armée ne fait pas de politique.

Même garde national. Elle en fera si Blanqui siège à l'Hôtel de Ville.

M. Ex. Aubillon. — Je constate avec tristesse que, l'Empire à peine renversé, les dissensions éclatent entre nous. (*C'est juste! Vive l'union!*)

M. Alfred Bertezène. Je constate, moi, que la Bourgeoisie, la Presse, le Barreau et l'Armée auront voix au Gouvernement. Il n'y a que le peuple qui n'aura pas de représentant. (*Bravo! il a raison!*) Est-ce qu'on n'aura pas besoin de lui pour la défense du sol? Blanqui et Delescluze, que le peuple connaît depuis trente ans et qu'il aime, auraient pris ses intérêts au Conseil. On les en exclut sous prétexte de guerre civile. C'est vouloir la provoquer. Puisque soi-disant on veut un Gouvernement d'union, et qu'on fait appel à toutes les bonnes volontés, pourquoi ne fait-on pas aussi appel à la leur? (*C'est vrai! Mouvements divers.*)

III. — Des fenêtres de l'Hôtel de Ville, les membres et les amis du nouveau Gouvernement assistaient, inquiets, à ces manifestations peu sympathiques. Sans mandat régulier, s'étant portés eux-mêmes au pouvoir, déjà suspects au parti d'action, envisageant tout ce qu'avait de fragile leur autorité, ils se mirent aussitôt à la recherche d'un Protecteur.

Deux heures après le retour au Louvre du général Trochu, un groupe de personnes se présenta à lui. L'une d'elles lui dit : « Je suis M. Steenackers, député. Nous sommes envoyés vers vous pour vous annoncer qu'il se passe à l'Hôtel de Ville un véritable drame; la foule l'entoure; des députés dont voici les noms s'y sont réunis pour former un Gouvernement provisoire. Mais l'Hôtel de Ville n'est pas gardé, et les résolutions auxquelles on s'arrêtera n'auront pas de sanction, quelles qu'elles soient. On a pensé que votre nom serait une sanction et qu'il servirait de ralliement aux troupes restées dans Paris. »

« Je demandai, dit Trochu, cinq minutes pour voir ma famille. Je lui dis : « L'heure de ma croix est venue; j'y vais, car je pense que c'est mon devoir. Me suivrez-vous dans la voie douloureuse? — Oui, puisque c'est votre devoir. » Et je partis pour l'Hôtel de Ville. »

Étrange langage pour un homme de guerre ! Il parle de *sa croix*, de la *voie douloureuse*. Il ne manque plus que la *couronne d'épines* et le *Jardin des Oliviers*.

Trochu arrive à l'Hôtel de Ville. Au lieu de s'écrier : « Les Prussiens avancent, il faut vaincre ou mourir. Vous avez besoin de moi, me voilà ! » il demande aux Favre, aux Gambetta et aux Ferry : « Promettez-vous de défendre la religion, la famille et la propriété? »

Et les Ferry et les Gambetta, au lieu de jeter à la porte par les épaules ce génovéfain botté, l'acclament en chœur Président du Gouvernement... Pauvre France!...

Le premier personnage devant lequel alla s'incliner le nouvel Autocrate fut... le comte de Palikao... C'est à l'auteur responsable de nos désastres que Trochu demanda d'abord l'investiture : « Général, lui répondit M. de Palikao, la révolution est un fait accompli. Si vous ne prenez pas la direction des affaires, tout sera perdu. »

On le voit, à part une insignifiante substitution de personne, Trochu remplaçant Palikao (avec la haute approbation de ce dernier), rien n'était changé en France.

IV. — Les chefs du parti bonapartiste purent tranquillement gagner la Belgique et l'Angleterre. Blanqui aurait voulu qu'on les arrêtât. Le Gouvernement l'aurait plutôt fait arrêter lui-même. Il y eut cependant un mandat lancé par M. de Kératry contre un des fidèles de l'Empire, Piétri, mais c'était justement pour protéger sa personne contre les sévices dont il aurait pu être l'objet de la part de la population. Le secrétaire général de la Préfecture de police, M. Duvergier, alla lui-même, le lendemain, rassurer Mme Piétri et lui expliquer la nature du mandat. On n'est pas plus aimable ! Le Prince-Président l'avait été beaucoup moins au Deux-Décembre 1851.

V. — Eudes allait être fusillé. Il a raconté lui-même comment il avait été délivré :

QUATRE-SEPTEMBRE. — *Un dimanche.* — Journée semblable aux autres depuis le 28 août. Le cachot des condamnés à mort est sombre et froid. Le silence n'est interrompu que par le bruit des pas cadencés du gendarme qui monte la garde à notre porte, le fusil chargé. De temps en temps, Brideau, *mon complice*, se rappelle à moi par quelque bruit, mais une menace de la sentinelle nous avertit de ne pas même tousser.

La nuit vient ; j'aperçois encore une faible lueur de jour, lorsque m'arrive aux oreilles une rumeur sourde, profonde, puissante ; elle se rapproche, et je crois distinguer les cris d'une foule.

J'écoute plus attentivement, et j'en suis sûr, cette fois, c'est une manifestation sous les murs de la prison.

Cela dura une demi-heure. Tout à coup, des cris plus aigus retentissent, puis un silence de mauvais augure. La sentinelle s'est repliée, non sans faire ostensiblement jouer la batterie de son arme.

J'avais constaté facilement que, pendant le tumulte du dehors, cet homme était haletant ; enfermé dans l'étroit espace où sont les six cellules, ne sachant quelle sorte de criminels il garde, il tremblait de tous ses membres.

Il est huit heures du soir ; j'entends la marche d'une troupe en armes, elle s'arrête et, sur l'ordre de l'officier, pénètre dans les corridors de la prison. On semble s'amasser et chuchoter à quelques pas de nos cellules. J'écoute, mais ne puis rien comprendre. J'entends cependant les mots : « fusiller », « préfet de police », « Vincennes », puis le nom de Brideau, le mien.

Plus rien!

5 SEPTEMBRE. — *Neuf heures*. — Nous entendons de nouveau le bruit d'une manifestation; mais celle-ci s'approche davantage, et nous pouvons, de nos cellules, distinguer nos noms : « Brideau, Eudes ». De formidables coups retentissent contre la grande porte d'entrée. Au bout de vingt minutes environ, un geôlier ouvre brusquement nos cellules et nous crie : « Sortez, vous êtes libres ».

On nous mène au greffe, où nous trouvons M. Eugène Pelletan, membre du Gouvernement provisoire, qui signe la levée d'écrou.

. . . .

Nous atteignîmes enfin la rue; il était dix heures du matin, le 5 septembre. Nos amis étaient là : Blanqui, Granger, Flotte, Rigault, Breuillé, Balsenq, etc., une foule nombreuse attendait avec une grande impatience, avec un commencement de colère déjà.

Nous apprîmes alors que depuis la veille le Gouvernement retardait notre délivrance. On avait dû même envahir le domicile de M. Eugène Pelletan, situé juste en face de la prison, entraîner ce citoyen et exiger qu'il prît sur lui de nous faire ouvrir les portes du Cherche-Midi.

VI. — Le célèbre juge Delesvaux, en apprenant l'arrivée au pouvoir de Gambetta et de Rochefort, se brûla la cervelle. S'il s'était moins hâté, le Gouvernement lui aurait demandé son concours; il aurait condamné Blanqui et Flourens après le 31 octobre, envoyé au poteau de Satory les vaincus de la Commune; plus tard il aurait acquitté Wilson, aurait frappé sévèrement les détracteurs de ce gendre aussi intègre... que son beau-père, et désormais rassasié d'honneurs, nommé, sans bourse délier, officier ou commandeur de la Légion d'Honneur, ce magistrat modèle serait devenu, sous Carnot, conseiller à la Cour de cassation, poste qu'il n'aurait jamais obtenu de l'Empire.

A huit heures du soir, cent cinquante députés tinrent séance dans la galerie des fêtes du Corps législatif. Quelques membres de la droite parlaient de rédiger une protestation contre les événements de la journée. M. Thiers se leva : — « N'entrons pas, dit-il, dans la voie des récriminations. Moi qui vous parle, ne m'a-t-on pas mis à Mazas au Deux-Décembre? »

Les bonapartistes baissèrent la tête.

VII. — La journée du 4 septembre, si belle, si grande aux yeux du vulgaire, est au contraire, pour le philosophe, sans aucune signification. Elle effaça, il est vrai, le mot *Empire*, au frontispice des institutions françaises; elle laissa intactes les institutions elles-mêmes. Nous avons vu comment Gambetta, lorsque la foule criait : « Vive la République! » répondait d'un air d'autorité : « Non pas République; criez : Vive France! *vous dis-je.* » La foule ne l'écouta pas; inconsciente, elle ramassa les politiques de profession qui jadis, sous les empereurs romains, auraient rempli le rôle de l'esclave chargé de siffler derrière le char du triomphateur. Et le fait est qu'ils sifflaient de si bon cœur, qu'on avait oublié qu'ils étaient payés par Bonaparte lui-même et lui avaient prêté serment. Favre, Gambetta et Picard eussent volontiers refusé l'élévation; aussi imploraient-ils de la Chambre un vote qui leur permît de s'asseoir légalement sur le char triomphal que le Maître venait de quitter. Mais le peuple était impatient d'en finir. Les timides esclaves délibéraient encore, que déjà mille mains les avaient hissés sur le pavois.

Le soulagement fut inénarrable. On a ainsi, à chaque révolution, la naïveté de se croire sauvé. On embrasse dans une immense effusion l'idéal qui semble se rapprocher; on entend les craquements de la vieille société; la Justice et le Droit brisent leurs chaînes; chacun dit : « Nous entrons dans une ère nouvelle! »

On n'entre que dans un gouvernement nouveau!

VIII. — L'un des premiers soins du cénacle d'avocats qui prit la direction des affaires, fut de maintenir *les situations acquises.* Vainement on demandait à Gambetta et à Ferry pourquoi ils n'avaient pas maintenu la situation de l'Empereur et celle de ses ministres. Ils auraient pu répondre que, pour être ministres eux-mêmes, force avait bien été de renvoyer ces derniers. Les intimes seuls, les piliers d'estaminet, les écrivains de cinquième ordre, supérieurs au piquet et à l'écarté, furent pourvus. Le plus grand nombre parmi ceux-là n'avaient jamais su s'il faisait froid à Mazas, et n'avaient connu qu'en photographie l'horrible figure de Delesvaux. Quant aux vieux tribuns blanchis dans les batailles sociales et meurtris au service de la Vérité, ils restaient en arrière. Ces gens qui se bousculent aux portes des ministères et s'écrasent les pieds dans les antichambres, leur inspirent un profond dégoût. Eux qui ont entendu le grondement des vagues sous les murs de Belle-Isle, et qui ont été brûlés par le soleil torride de Cayenne et de Lambessa, regardent avec une souveraine pitié ces timides siffleurs, ces pâles opposants de la veille qui, le danger passé, paradent en héros et aspirent à être valets parce qu'ils n'ont jamais su être autre chose.

On cherchait en vain dans les colonnes du *Journal officiel* des 5 et 6 septembre, un énergique appel aux armes, un décret de levée en masse. Au lieu de se précipiter sur l'ennemi, on se précipitait sur les places. Le café du *Rat-Mort*, la *Cave* de Frontin et la brasserie *Serpente* arrivèrent aux affaires avec un contingent de démocrates remarquables surtout par le nombre surprenant de bocks qu'ils pouvaient dépêcher en un quart d'heure. La France subissait deux invasions à la fois, la Prusse... et la Bohème...

IX. — Brisson, né austère, s'installa avec un revenant de 1848, Étienne Arago, à la Mairie de Paris.

En 1867, lors d'une visite de l'empereur Alexandre II au palais de Justice, un avocat, jusqu'alors beaucoup plus connu par les proportions démesurées de ses chapeaux que par l'ampleur de son éloquence, Floquet, s'était posté sur le passage du Czar et lui avait lancé le cri : « Vive la Pologne, monsieur ! »

Il y avait dans cette apostrophe à la fois un manque de savoir-vivre, Alexandre II étant l'hôte de la France, et une ignorance absolue des véritables causes du soulèvement polonais. Le mouvement n'était rien moins que démocratique : l'insurrection était fomentée là-bas par les évêques catholiques; de telle sorte que crier : « Vive la Pologne! » revenait en réalité à crier : « Vivent les papistes! » toutes choses que M. Floquet et les politiciens de son école ne soupçonnaient même pas.

Mais la nouvelle République était peu difficile en fait de capacités, et l'homme qui avait poussé un pareil cri était indiqué pour les plus hautes situations. Son incartade constituait un titre des plus sérieux à l'administration du pays. M. Floquet entra avec l'austère Brisson à la Mairie centrale.

Le madré Grévy, entrevoyant la débâcle prochaine, resta à l'écart et se tint prêt, l'orage éloigné, à recueillir les épaves du naufrage national.

X. — Et tandis qu'au milieu de transports d'allégresse chacun emménage, Ferry à la Préfecture, Arago, Brisson, Floquet à la Mairie, Picard aux Finances, Gambetta, Spuller, Ranc et Cavalier à l'Intérieur, les Prussiens avancent; et en ce moment, où les minutes sont des siècles, rien n'est fait pour les entraver dans leur marche.

Pourtant jamais dans notre histoire on n'avait vu une ardeur aussi générale, une entente aussi unanime. Durant la longue guerre de Cent Ans sous Jean le Bon et Charles VI; plus tard, sous la Ligue; plus près de nous, pendant la Révolution, le pays était en proie à des divisions intestines. Tandis que le Nord luttait contre l'étranger, le Sud l'appelait. Jeanne d'Arc délivre Orléans, mais Paris acclame Bedford. En 1794, l'armée de Sambre-et-Meuse se couvre de gloire et nos hussards, étonnant l'Océan, font prisonnière la flotte hollandaise ; mais Toulon a ouvert ses portes aux Anglais et le Bocage se hérisse de Chouans.

Au 4 septembre 1870, au contraire, quelle admirable communauté de sentiments! Du Nord au Midi, un souffle puissant de patriotisme fait battre les cœurs. Toutes les divisions, toutes les haines s'évanouissent et se résolvent dans une même pensée, la délivrance du sol national.

Quel élan, que de généreuse abnégation chez les principaux organes de l'opinion publique :

M. Léonce Détroyat, le 5 septembre, écrivait dans la *Liberté* : « Ne perdons pas notre temps à discuter le Gouvernement. Acceptons-le. Songeons que l'ennemi s'avance, et n'ayons qu'un même vœu, celui de sauver la patrie ou de mourir pour son salut ».

Dans le *Français*, M. Beslay : « Ce n'est pas le moment de s'applaudir ni de récriminer. Il n'y a pas une heure, pas une minute à perdre. Aux armes! »

La *Patrie en danger* elle-même, que Blanqui venait de fonder avec Eudes et Granger, faisait adhésion au nouveau Gouvernement et lui promettait son appui, « pourvu, toutefois, que ce Gouvernement jurât de défendre le sol national. En présence de l'ennemi, plus de partis ni de menaces... Plus de rodomontades! Plus d'illusions! Que le canon d'alarme proclame le danger de la patrie... Qu'on sache bien que c'est l'agonie qui commence, si ce n'est pas la résurrection ».

Les journaux bonapartistes eux-mêmes, le *Public* et la *Patrie*, « conjurent instamment la nation de suivre sans hésitation les conseils qui lui sont donnés : que l'union et la concorde soient générales entre tous les citoyens, afin de tenir tête à l'ennemi et de résister énergiquement à l'invasion ».

Le *Journal de Paris*, par la plume de M. Edouard Hervé, est d'avis « qu'on ne doit plus avoir d'autres pensées que de sauver la patrie. La France entière se lèvera autour de nous et chassera l'ennemi du territoire ». Et comme pour ratifier ces paroles, le prince de Joinville (colonel Lutherott) et le duc de Chartres, sous le nom d'un de ses plus illustres ancêtres, Robert le Fort, quittaient en hâte l'Angleterre et venaient combattre sous le drapeau tricolore.

Enfin, Louis Veuillot, de l'*Univers*, s'écriait, dans un magnifique langage : « Si Paris ne résiste pas, la France sera honteusement précipitée dans une nuit longue, peut-être éternelle! Que Paris doive donc aux hommes au pouvoir de se montrer digne de la Patrie; la postérité les absoudra. Mais s'ils ne sont sortis de leurs tavernes de conspiration que pour donner à la Prusse l'Alsace et la Lorraine, qui pardonnera jamais à leur mémoire? O Dieu juste! Votre France écrasée sous une botte de uhlan et ensuite dévorée par ces vers pullulants du cadavre de l'Empire! Ne permettez pas cela, Seigneur! »

XI. — La bourgeoisie était prête aux derniers sacrifices. Les grandes maisons de Banque, les Compagnies d'assurances, les Magasins de nouveautés, le *Louvre* et le *Bon Marché*, maintenaient leurs traitements à leurs employés appelés sous les drapeaux. Les magistrats, les hauts barons de la finance, les juges consulaires, les membres de la Cour de cassation faisaient prendre les armes à leurs fils et se faisaient inscrire eux-mêmes sur les cadres de la garde nationale active.

Il faut le dire, à la gloire des conservateurs de 1870 : ils montrèrent, par leur brillante conduite à Buzenval, dans le Maine et à Patay, que, l'honneur national engagé, ils ne regardaient ni à la forme du Gouvernement, ni à la qualité des gouvernants. Pendant que les fils des parents et amis des ministres se réfugiaient à l'envi dans les ambulances et les bureaux, eux, le fusil sur l'épaule, équipés à leurs frais, par le froid et la neige, ils s'en allèrent noblement et autrement qu'à coups de proclamations, disputer la terre de France aux descendants d'Arminius !

XIII

LE SIÈGE DE PARIS

I. — Au 5 septembre, il y avait donc un moment psychologique qu'il fallait saisir, un enthousiasme qu'on devait se hâter de mettre à profit, si l'on ne voulait le voir s'éteindre. Le Gouvernement n'avait qu'à faire un signe : la terre se couvrait d'hommes et de canons.

Ce signe, le Gouvernement ne le fit pas. On frémit en songeant à l'effroyable responsabilité encourue par les rhéteurs qui se refusèrent à utiliser d'aussi sublimes dévouements!

Trochu disait : « La défense de Paris est une folie! » Et il gardait le pouvoir! Et les Favre et les Gambetta l'y laissaient!... Évidemment, la réalisation de leurs idées politiques, survenant au milieu de désastres inouïs, avait complètement dérouté les républicains. Ces hommes qui avaient battu en brèche avec fureur le régime impérial; qui de tout temps avaient réclamé la subordination du pouvoir militaire au pouvoir civil, subirent jusqu'au bout le joug d'un soldat indécis et dévot; ils furent d'une insuffisance désespérante, et leur prestige s'évanouit dès qu'ils eurent à se mesurer corps à corps avec les événements. Tous apparurent alors au-dessous de leur tâche et montrèrent, dans les heures les plus terribles, l'impuissance et la vanité de la parole quand le moment est à l'action et qu'il faut payer de sa personne.

Il y avait deux partis à prendre : radicaux, énergiques, comme dans les grandes crises.

Ou bien agir... Je ne dirai pas agir révolutionnairement, c'est-à-dire des barricades à Londres, à Berlin et à Pétersbourg; les clubs en permanence, la proclamation de la République universelle. Non! Par agir révolutionnairement, j'entends surtout agir sérieusement. Il fallait décréter la levée en masse, envoyer dans les départements, au lieu de vieillards, comme Crémieux et Glais-Bizoin, des agents énergiques, résolus, dont le patriotisme fût le seul mot d'ordre; il fallait hâter, à Paris, l'armement des gardes nationaux, mobiliser les plus jeunes hors de la ville, les habituer par le campement à la vie du soldat, par des combats successifs à la guerre; rationner les vivres de façon à prolonger le siège; prouver à la population la raison du sacrifice par l'égalité des charges; enfin, se jurer à soi-même de ne pas survivre à la défaite dont on acceptait la responsabilité.

Ou bien croire la paix indispensable, et alors, au risque d'être mis en pièces par la foule des patriotes irrités, reconnaître son impuissance en face des événements, convoquer une Assemblée nationale en dépit de tous les obstacles, et lui remettre le sort de la patrie.

II. — Les hommes de l'Hôtel de Ville ne s'arrêtèrent à aucun de ces partis. Ils se défiaient du peuple. En appelant les travailleurs à la défense du pays, ils craignirent de donner une armée à la Révolution. Méfiance indigne! Le peuple, étranger à toute vue intéressée, ne demandait qu'à verser son sang pour la délivrance commune.

Les Trochu et les Gambetta vont perdre ainsi tout le mois de septembre en bavardages inutiles et en promenades aux remparts. Ils ne se décideront à agir que lorsque les journées du 5 et du 31 octobre leur en auront fait une loi. Une telle inaction est inqualifiable. Bazaine, qu'on condamnera à mort, ne fera pas autre chose que rester inactif. En voyant les hommes de l'Hôtel de Ville s'aboucher avec Bismarck, il s'aboucha avec Frédéric-Charles; en apprenant que 600,000 hommes avaient laissé arriver les Prussiens sans leur tirer un coup de fusil, il put se croire autorisé à rester l'arme au bras. Il se mit, lui aussi, à faire de la politique. Trochu et Gambetta se réservant, Bazaine se dit : « Réservons-nous aussi ».

Comme au temps du Bas-Empire romain, avocats, généraux, députés, tout le monde aspirait à mettre la main sur le pays. Tous étant également incapables, chacun se disait, avec assez de raison, qu'il avait autant de droit d'arriver que le voisin.

« Le gouverneur de Paris, disait-on, croyait la situation désespérée. » Eh bien! il n'avait qu'à ne pas s'en charger. Un autre aurait peut-être trouvé qu'il y avait des chances de salut. Nos affaires ne paraissaient-elles pas désespérées en 1792, après la prise de Verdun? La France était déchirée par les factions; la Vendée, le Maine et la Bretagne s'insurgeaient contre le pouvoir central; et cependant, à l'appel du canon d'alarme qui résonnait sur le Pont-Neuf, les volontaires affluèrent; la France se hérissa de piques et de baïonnettes. Le 20 septembre, les Prussiens étaient refoulés à Valmy; deux mois après, au chant de la *Marseillaise*, nous remportions la brillante victoire de Jemmapes, qui nous donnait la Belgique.

Dira-t-on qu'il y avait loin des hommes de la grande Révolution aux Parisiens de 1870? Il y avait surtout loin de Danton à Gambetta et de Hoche à Trochu. Oui, l'Empire avait tout corrompu; et les chefs du parti républicain n'avaient pas échappé à la corruption générale. Quant aux simples citoyens, qui saura de quels prodiges d'héroïsme ils eussent été capables, s'ils avaient eu à leur tête, non des avocats ignorants et un général de sacristie, mais de véritables patriotes et un chef résolu?

III. — Jamais historien n'eut à enregistrer un aussi subit effondrement d'un parti. En général, après une révolution, la faction triomphante, *à l'état naissant*, et dans l'élan de la vitesse acquise, déploie une initiative féconde, fait preuve d'énergie, montre qu'elle avait un objectif. Il semble qu'un sang nouveau circule dans les veines de la nation. Au Quatre-Septembre, rien de pareil. Dès le premier jour, le néant! Simon, Favre, Ferry, Floquet, Trochu et Gambetta sont au-dessous de Palikao et de Duvernois. La République arrive... et nous tombons au-dessous de l'Empire.

Les avocats de l'Hôtel de Ville ne se sentaient pas de taille pour leur mission glorieuse; mais ils avaient le pouvoir et ils voulurent le garder à tout prix. Et ils se laissèrent aller, inconscients de leur triste rôle, au courant des événements, tantôt essayant de traiter, tantôt faisant semblant de combattre; toujours prenant pour guide leur intérêt, et confondant de plus en plus avec cet intérêt, l'intérêt supérieur de la patrie.

Hommes de Septembre, quand on fait une révolution devant l'ennemi, quand on renverse un Gouvernement, on est tenu de faire mieux que lui. S'il ne s'était agi que de traiter, l'Empire aurait probablement obtenu des conditions plus avantageuses que les vôtres. Lorsque, au Dix-Août, les faubourgs et les Marseillais se jetèrent sur les Tuileries; lorsque, au 31 Mai, les sections conduites par Marat cernèrent la Convention, qui soi-disant s'occupait « *du bonheur du Peuple* » et en réalité ne songeait qu'à l'asservir; lorsque Henriot répliqua au Président de l'Assemblée : « Hérault, nous ne nous sommes pas levés pour entendre des phrases; il nous faut les coupables! Canonniers, à vos pièces! »; quand la Commune fit mettre la Terreur à l'ordre du jour, c'était parce qu'on trouvait la France trop mollement défendue; et l'Histoire impartiale, faisant la part de violences inévitables en de pareilles crises, est saisie d'étonnement devant tant d'énergie et de désintéressement; elle n'aura que de l'indignation pour des rhéteurs qui, n'ayant jamais osé attaquer l'Empire en face, profitèrent de nos désastres pour s'introduire au pouvoir et de mensonge en mensonge, de capitulation en capitulation, en arrivèrent à mitrailler des citoyens, dont le seul crime était de n'avoir pas voulu désespérer du salut de la France et d'avoir cru à leur patriotisme.

XIV

M. DE BISMARCK

I. — On croirait difficilement, si nous n'en apportions ici les preuves, qu'à peine installé à l'Hôtel de Ville, le Gouvernement de Septembre ne songea qu'aux mesures à prendre contre les Parisiens. M. Jules Simon ose en faire l'aveu dans son livre la *Défense nationale* :

« L'émeute fut notre préoccupation constante, dit-il (page 12). *Les Prussiens y comptaient ;* M. de Bismarck le disait tout haut. Il nous paraissait impossible d'y échapper. Nous en avions eu les chefs à côté de nous à l'Hôtel de Ville, jusqu'au moment où la nuit les avait dispersés. Nous étions sûrs de les y retrouver le lendemain. *Nous donnions ces renseignements à Trochu* en même temps qu'il nous éclairait sur la situation militaire. » Et plus loin, page 21 : « Que feraient, en cas de collision, les autres partis? Les bonapartistes iraient-ils à eux? Les légitimistes, les orléanistes viendraient-ils à nous?... » Enfin, page 24 : « Quelles étaient nos ressources matérielles pour le maintien de l'ordre? M. de Kératry, le nouveau préfet de police, ne nous rassurait pas sur le compte des sergents de ville. Quelle que soit la docilité de la police, on ne peut pas attendre d'elle qu'elle poursuive un homme le matin et qu'elle lui obéisse fidèlement le soir. *C'était une bonne meute,* mais absolument déroutée. Il est vrai *qu'en la lançant contre M. Blanqui* et ses adhérents, on *ne la changeait pas de gibier.* »

Voilà donc quelles préoccupations hantaient l'esprit des hommes de la Défense! On comprend maintenant qu'absorbés par les soins de la lutte à organiser contre Blanqui et les faubourgs, ils n'aient plus eu le temps de fortifier Châtillon, encore moins d'armer la garde nationale. Comment livrer des fusils à des hommes qu'on soupçonne de vouloir s'en servir contre vous?

« *Les Prussiens y comptaient* », dit M. Jules Simon.

M. Émile Ollivier ne parlait pas autrement sous l'Empire :

« Parisiens! l'armée se concentre et prépare un nouvel effort. S'agiter à Paris, ce serait combattre contre elle et affaiblir, au moment décisif, la force morale qui lui est nécessaire pour vaincre...

« *Nos ennemis y comptent.* »

(Proclamation du 8 août 1870.)

On le voit, c'est la même idée, et dans les mêmes termes. Ainsi que les ministres de Bonaparte, les avocats de l'Hôtel de Ville ont peur du Peuple, et, à leur exemple, ils se hâtent de présenter toute manifestation... comme prussienne.

« M. de Bismarck le *disait tout haut* », ajoute M. Simon.

Il est inouï qu'on aille ramasser les propos perfides d'un ennemi pour s'en faire une arme envers des concitoyens! M. de Bismarck disait ce qu'il voulait, et je ne pense pas qu'en parlant il eût en vue le bien de la France. Il était dans son rôle en cherchant à jeter la division parmi nous, et, par l'effet de rhéteurs ignares et inintelligents, il n'y réussissait que trop.

Si le rusé Chancelier pouvait parler ainsi *tout haut* d'émeutes prochaines dans Paris, c'est qu'il avait déjà pris la mesure du nouveau personnel dirigeant. Il savait que Trochu, Favre, Simon et Gambetta qualifiaient de *folie* la résistance à l'envahisseur; et sans être grand prophète, il pouvait annoncer de prochains conflits entre les rhéteurs de l'Hôtel de Ville, impatients de capitulations, et les patriotes des faubourgs, partisans d'une lutte à outrance.

Si, comme aux grands jours de la Convention, le Peuple avait vu, sur le plateau de Châtillon, Gambetta, Simon et Floquet ceints des trois couleurs, charger, à la tête des bataillons parisiens, les grenadiers de Poméranie et les uhlans de la Sprée, jamais il n'y aurait eu de manifestation place de Grève..... et M. de Bismarck n'aurait pu tabler sur nos divisions.

Les membres du Gouvernement venaient aux avant-postes... en coupés capitonnés. Le 19 janvier, lors de l'affaire de Montretout, Trochu dirigeait les opérations..... à l'abri des casemates du Mont-Valérien!...

Lorsque, dans une cité en péril, les chefs manquent à leur devoir, l'anarchie est fatale, la guerre civile est proche.

II. — Les rhéteurs de l'Hôtel de Ville s'étaient un moment figuré que, Bonaparte renversé, le roi Guillaume allait arrêter la marche victorieuse de ses armées et s'écrier : « Soldats, votre œuvre se trouve terminée de la façon la plus brillante : la République est proclamée en France, Gambetta est ministre et Jules Ferry préfet. C'est assez! Vous pouvez rentrer dans vos foyers, fiers du résultat obtenu, rassasiés de gloire et suivis des bénédictions des Français. »

Les hommes de Septembre ne tardèrent pas à être désabusés. En vain, ils prodiguaient leurs sourires aux Allemands; en vain, ils inondaient les chancelleries européennes des plus attendrissantes circulaires.

En vain, Hugo, l'ancien courtisan de Charles X, passé poëte officiel de la nouvelle République, donnait de sa personne et adressait aux Prussiens, des *Frères*, les plus éloquentes adjurations, essayant sur les Teutons ses effets irrésistibles pour les Français, d'*ombre et de lumière*.

Rien n'y fit.

« Nous voulons poursuivre la lutte jusqu'au bout, dit la *Correspondance de Berlin*, organe de M. de Bismarck. La France nous a d'abord attaqués comme bonapartiste; elle est maintenant en face de nous comme républicaine. Nous considérons cette transformation de notre adversaire comme un fait providentiel.

« Si, en effet, la France avait été forcée de faire la paix sous Napoléon, on n'aurait pas manqué de dire bientôt : « Oui, la France a été battue sous Bonaparte; avec la République, elle aurait été invincible. »

« Eh bien! la France est aujourd'hui en République, et nos braves troupes lui montreront qu'avec cette métamorphose elle n'est devenue ni plus forte ni plus vaillante.

« Le Gouvernement provisoire est composé d'hommes qui sont moralement les auteurs de la guerre, car ils ont toujours flatté et excité le chauvinisme. A la vérité, ils ont, dès l'abord, et par convenance démocratique, élevé quelques objections timides, mais pour faire chorus, au moment décisif, avec la troupe bonapartiste.

« On n'a pas oublié que naguère Jules Favre, Crémieux et les autres reprochaient au régime impérial, comme une faute impardonnable, de n'avoir pas encore pris la revanche de Sadowa.

« Jules Favre et Trochu, comme Ollivier et Palikao, vont à leur pour entretenir le peuple dans l'ignorance de la situation réelle. Jamais ils ne pourront se résigner aux conditions de paix qu'exige la sûreté de l'Allemagne.

« Quelles que soient les personnes qui tiennent le gouvernail, nous ne devons pas attendre que nos adversaires *se dégrisent*, avant que Paris soit en notre pouvoir. »

III. — Malgré d'aussi catégoriques déclarations de l'organe autorisé de la chancellerie prussienne, les hommes de Septembre ne voulurent pas se le tenir pour dit. Ils avaient pris au sérieux le roi Guillaume proclamant, au début des hostilités, « qu'il marchait contre la dynastie bonapartiste, non contre la France ».

Le 17 septembre, Jules Favre faisait demander une entrevue à M. de Bismarck. Elle eut lieu le lendemain, au château de la Haute-Maison.

« Il me semble inadmissible, dit tout d'abord notre ministre au chancelier, que deux nations continuent, sans s'expliquer préalablement, une guerre terrible qui, malgré ses avantages, inflige aux vainqueurs des souffrances profondes. Née du pouvoir d'un seul, cette guerre n'avait plus de raison d'être quand la France redevenait maîtresse d'elle-même. »

Le rusé chancelier répondit « que, s'il croyait une pareille paix possible, il la signerait de suite. Malheureusement, non seulement le Gouvernement de la Défense n'avait pas qualité, mais même possibilité de traiter. Son existence était des plus précaires; si dans quelques jours Paris n'est pas pris, le Gouvernement sera renversé par la populace... »

« J'ai interrompu vivement M. de Bismarck, dit Jules Favre dans son rapport officiel, pour lui déclarer que nous n'avions pas de populace à Paris, mais une population intelligente, dévouée, qui connaissait nos intentions et ne se ferait pas complice de l'ennemi en entravant notre mission de défense.

« La conversation prenait une tournure de plus en plus pénible. Le soir venait. Je demandai à M. de Bismarck un second entretien à Ferrières où il allait coucher, et nous partîmes chacun de notre côté.

« Cette deuxième entrevue eut lieu à onze heures. Le comte exigeait pour gage l'occupation de Strasbourg, de Toul et de Phalsbourg, et comme sur sa demande j'avais dit que l'Assemblée devait être réunie à Paris, il voulait, dans ce cas, avoir un fort dominant la ville... celui du Mont-Valérien, par exemple...

« Je l'ai interrompu pour lui dire : « Il est bien plus simple de nous demander Paris. Comment voulez-vous admettre qu'une Assemblée française délibère sous votre canon? J'ai eu l'honneur de vous dire que je transmettrais fidèlement notre entretien au Gouvernement ; je ne sais vraiment si j'oserais lui dire que vous m'avez fait une telle proposition. »

IV. — Ici, Favre se figurait que M. de Bismarck, épouvanté, allait tomber éperdu à ses pieds en s'écriant : « De grâce, maître Favre, ne dites pas à Trochu, Gambetta et Ferry, que je vous ai tenu pareil langage! Ils seraient capables de marcher immédiatement sur Meaux et d'exterminer l'armée prussienne! » Lors le généreux Favre relevant le Chancelier : « Eh bien, soit! Je consens à ne rien dire à Gambetta et à Ferry. »

Au lieu de cette humble posture, M. de Bismarck, dédaigneux comme un vainqueur a le droit de l'être, souligna ses déclarations premières : « Il nous faut Strasbourg ; la ville va tomber entre nos mains ; ce n'est plus qu'une question d'ingénieurs. J'exige que la garnison se rende prisonnière de guerre. »

« A ces mots j'ai bondi de douleur, dit Favre, et, me levant, je me suis écrié : « Vous oubliez que vous parlez à un Français, monsieur le comte : sacrifier une garnison héroïque qui fait notre admiration et celle du monde serait une lâcheté, et je ne vous promets pas de dire que vous m'avez posé une telle condition. »

Le comte répéta pour la seconde fois à Favre qu'il n'avait pas l'intention de le blesser, qu'il se conformait aux lois de la guerre; qu'au surplus, si le roi y consentait, cet article pourrait être modifié.....

« M. de Bismarck rentra au bout d'un quart d'heure. Le roi acceptait la réunion d'une Assemblée à Tours, mais insistait pour que la garnison de Strasbourg fût prisonnière.

« J'étais à bout de forces et craignis un instant de défaillir. Je me retournais pour dévorer les larmes qui m'étouffaient, et, m'excusant de cette faiblesse involontaire, je prenais congé par ces simples paroles :

« *Je me suis trompé*, monsieur le comte, en venant ici ; je ne m'en repens pas, j'ai assez souffert pour m'excuser à mes propres yeux; d'ailleurs, je n'ai cédé qu'au sentiment de mon devoir. Je reporterai à mon Gouvernement tout ce que vous m'avez dit, et s'il juge à propos de me renvoyer près de vous, quelque cruelle que soit cette démarche, *j'aurai l'honneur de revenir*. »

Eh! oui, il *faudra revenir*, maître Favre, et revenir toute honte bue!

Oui, *vous vous êtes trompé*, en vous figurant qu'avec des phrases sentimentales vous pourriez adoucir des ennemis implacables. Et l'on ne se trompe pas à ce point.

V. — Le 21 septembre, la lettre suivante, adressée au Chancelier prussien, mettait fin aux négociations :

« Monsieur le comte de Bismarck,

« J'ai exposé fidèlement à mes collègues du Gouvernement de la Défense nationale la déclaration que Votre Excellence a bien voulu me faire. J'ai le regret de vous faire connaître que le Gouvernement n'a pu admettre vos propositions. Il accepterait un armistice ayant pour objet l'élection et la réunion d'une Assemblée nationale. Mais il ne peut souscrire aux conditions auxquelles Votre Excellence le subordonne. Quant à moi, j'ai la conscience d'avoir tout fait pour que l'effusion du sang cessât, et que la paix fût rendue à nos deux nations pour lesquelles elle serait un grand bienfait. Je ne m'arrête qu'en face d'un devoir impérieux, m'ordonnant de ne pas sacrifier l'honneur de mon pays, déterminé à résister énergiquement. Je m'associe sans réserve à son vœu ainsi qu'à celui de mes collègues. Dieu, qui nous juge, décidera de nos destinées. J'ai foi dans sa justice.

« Jules Favre.

« 21 septembre 1870. »

VI. — Ainsi, Favre avait foi dans la justice de Dieu ! Mais Guillaume aussi avait foi en cette même justice.

Quand deux peuples entrent en lutte, tous deux commencent par affirmer leur confiance inébranlable dans « la *Justice éternelle* ». Comme il y a nécessairement un vaincu, la confiance de ce dernier était donc mal placée.

Il est vrai que les ministres du ciel, qu'on ne prend jamais à court, ont la ressource de dire aux ouailles vaincues que leur défaite est un châtiment mérité du Seigneur. On est bien forcé de les en croire, puisque nul ne peut directement leur prouver le contraire.

Sous la glorieuse Révolution, l'aïeul de Guillaume affirmait aussi une foi inébranlable dans le Christ.

Nos vaillants Sans-Culottes, qui en pourchassaient les ministres, et dansaient la *Carmagnole* à Notre-Dame, enfoncèrent les bataillons prussiens et entrèrent, tambours battants, dans toutes les capitales de l'Europe !

Si Favre, au lieu d'avoir foi dans la Justice de Dieu, avait eu foi en de solides canons et en une levée en masse, la Justice éternelle, abandonnant Guillaume, se serait ravisée en notre faveur !

VII. — Le rapport de Jules Favre était suivi de la phrase célèbre :

« Nous ne céderons ni un pouce de notre territoire ni une pierre de nos forteresses. »

Quelques-uns même auraient voulu que le Gouvernement ajoutât : « Ni un écu de nos coffres ».

Il faudra en rabattre !

On ne faisait rien pour mettre les actes à la hauteur d'aussi superbes paroles; tous préparatifs d'une résistance énergique manquaient absolument. La cité n'avait rien perdu de son aspect ordinaire; les visages étaient souriants: les boutiques étincelaient de lumières; les cafés regorgeaient de consommateurs.

On allait en pèlerinage, place de la Concorde; on discourait devant la statue de Strasbourg; on se rendait en procession chez l'ambassadeur des États-Unis, un ami des Prussiens, l'oblique Washburne, qui riait sous cape de notre naïveté.

La faconde des rhéteurs de la Défense avait déteint sur la population.

Les choses sérieuses se font avec moins de bruit. On nommait une commission des barricades; chacun jurait de mourir pour les défendre. Si l'on ne meurt que sur les barricades, on a chance de vivre longtemps, et le serment sera facile à tenir. Les Parisiens prenaient les Prussiens pour des niais disposés à se faire tuer bénévolement pour leur être agréables et leur fournir des thèmes d'amplifications.

Est-ce donc ainsi qu'on fait la guerre? Comment! Les Allemands approchent! Déjà leurs coureurs sont signalés à Chennevières, à Chantilly, dans les bois de Mortefontaine et sur les hauteurs de Montmélian. Ils arrivent sous nos murs sans qu'un coup de fusil leur ait disputé le moindre passage. Les fortes positions de Chelles, de Livry et de Montfermeil, couvertes de bois, pouvaient cependant leur coûter cher. Des colonnes de patriotes auraient pu aller au-devant des Prussiens jusqu'à Château-Thierry, Dammartin, Plailly, Survilliers, et se retirer lentement en livrant vingt combats meurtriers.

En quinze jours, cent mille terrassiers, jetés sur le plateau de Châtillon, auraient pu rendre inexpugnable la redoute déjà commencée. Ce répit que nous laissèrent les Prussiens après Sedan ne fut pas mis à profit. Quelques ouvriers flânaient autour de brouettes et de pioches inoccupées.

L'avènement de la République, qui aurait dû imprimer une activité nouvelle aux travaux de défense, les avait arrêtés net.

VIII. — Le 19 septembre, les Allemands, après avoir passé la Seine à Villeneuve-Saint-Georges, se dirigeaient de Choisy-le-Roi sur Versailles, en contournant Châtillon et Clamart. Trochu, au lieu de faire appel aux milliers de citoyens qui n'attendaient qu'un signe pour se jeter sur l'ennemi, se contenta d'envoyer contre les Prussiens des soldats retour de Sedan, déjà éprouvés par une fatigante retraite et démoralisés par nos désastres sur la Moselle.

Les troupes de Moltke, embusquées dans les bois de Verrières, nous firent éprouver des pertes sensibles. La panique s'empara d'une partie de nos régiments qui se débandèrent et refluèrent sur l'enceinte, laissant l'importante position de Châtillon aux mains des Allemands. Avec un peu d'audace, l'ennemi ce jour-là, à la suite de nos soldats, aurait pu entrer dans Paris par l'avenue d'Orléans.

Un bataillon de mobiles tira sur le 116ᵉ de ligne. Nos troupes rentrèrent dans la ville, répandant l'alarme et jetant leurs cartouches dans la Seine. Pendant l'après-midi, le boulevard Saint-Michel, les quais, les rues de Vaugirard et de Vanves furent sillonnés de fuyards, porteurs de mauvaises nouvelles. Un zouave, qui avait lâché pied à Châtillon, déchargea son chassepot sur un capitaine de la garde nationale qui voulait l'arrêter.

Paris était sinistre le soir de cette néfaste journée. Les ponts de Sèvres et de Saint-Cloud venaient de sauter. La ligne du chemin de fer du Havre, la dernière qui fonctionnât encore, avait été coupée à Conflans, et le service télégraphique de l'Ouest arrêté vers deux heures de l'après-midi. La réalité se dressait dans toute son horreur aux yeux des citoyens; plus de communications. Le siège commençait.

XV

BLANQUI

I. — La déclamation se donne carrière. Le jour de l'anniversaire de la première République, Gambetta nous gratifia d'une *énergique* proclamation : « Il y a soixante-dix-huit ans, dit-il, nos pères se juraient à eux-mêmes, en face de l'étranger qui souillait le sol sacré de la patrie, de vivre libres ou de mourir en combattant. Ils ont tenu leur serment. »

Ils n'ont donc rien de commun avec les hommes de l'Hôtel de Ville. Aucun d'eux n'a vaincu; aucun d'eux n'est mort.

« Dieu aidant, dit à son tour Jules Favre dans une nouvelle proclamation, la France sera sauvée. » Encore Dieu! Si Favre compte sur lui, il compte sans son hôte. Dieu n'est pas démocrate. D'ailleurs, comme je l'ai dit dans ma *Récolution* :

>Dans ce rude combat ne comptez que sur vous;
>Si vous comptez sur Dieu, certaine est la défaite.
>Ne dites pas non plus : « Sa volonté soit faite ! »
>La volonté du ciel, on ne la connaît pas !
>Croyez-moi, le mieux est de faire agir vos bras.
>Tel marin qui se vit englouti par la lame,
>S'il n'eût perdu son temps à prier Notre-Dame,
>Mais d'une main nerveuse eût saisi l'aviron,
>Eût échappé peut-être... en lâchant un juron...
>Les rois, ligués jadis contre le ÇA IRA,
>Priaient Dieu : les Français fondaient croix et ciboires;
>Ils ne priaient jamais... et gagnaient les victoires.

La défaite de Châtillon remplit Trochu d'étonnement. Il avait pourtant communié le matin, et était resté toute la journée en prière au pied des saints autels!

Jamais on n'aperçut aux avant-postes Favre, Gambetta, Pelletan, Simon ou Trochu. Ces messieurs ne se répandaient qu'en serments, et ne bataillaient que sur les balcons. Nul d'entre eux ne recevra la moindre égratignure. Quelquefois ils franchissaient les portes... en coupé. Les ouvriers haussaient les épaules et se moquaient d'eux : « N'allez pas par là, cria-t-on un jour à Pelletan et Simon, c'est dangereux ! »

Ces messieurs se hâtèrent de faire tourner bride au cocher. Ils courent encore.

II. — Le 21 septembre, à neuf heures du matin, soixante-douze chefs de bataillons de la garde nationale, irrités de l'échec de Châtillon et alarmés des bruits d'armistice et de paix, se présentèrent à l'Hôtel de Ville. Ils y furent reçus par Ferry, Garnier-Pagès et Picard. A leurs pressantes questions, ces messieurs ne firent que des réponses évasives. Tout ce que l'on obtint, ce fut de magnifiques protestations de patriotisme, des éloges bien sentis sur le courage et l'ardeur des citoyens : « Nous faisons l'admiration de l'Europe, s'écria M. Jules Ferry ; jamais nous n'avons songé à capituler ! »

Or la veille, Jules Favre était en conférence avec M. de Bismarck à Ferrières !...

III. — Les patriotes, indignés du mauvais vouloir des rhéteurs de l'Hôtel de Ville et comprenant qu'ils ne peuvent compter que sur eux-mêmes, s'organisent en garde nationale, en dehors du Gouvernement et malgré lui. Trochu affichait le plus profond mépris pour une armée civique. Nous admettons volontiers que, s'il avait fallu tenir campagne sur le Rhin ou la Vistule, un entraînement préalable eût été nécessaire. Mais faut-il donc des mois d'exercice pour aller faire le coup de feu à cinq kilomètres, sur les hauteurs de Châtillon ou de Montretout, alors que le soir ou le lendemain on peut rentrer au foyer, coucher dans son lit et se refaire de ses fatigues?

Le général Le Flô, ministre de la Guerre, non suspect de sympathie pour les Parisiens, s'est formellement prononcé dans ce sens. « Je crois, a-t-il dit devant la Commission d'enquête, que la garde nationale aurait pu être employée plus fructueusement ; qu'elle aurait été un élément militaire excellent, et que par conséquent on a eu grand tort de ne pas s'en servir... Elle se serait très bien battue. J'ai dit vingt fois au général Trochu qu'il avait tort de ne pas l'utiliser...

M. le Président. — Mon général, ce qui semblerait prouver que vous avez raison, c'est la conduite tenue par la garde nationale pendant l'insurrection; elle s'est assez bien battue, ce me semble, contre nos troupes.

M. le général Le Flô. — Je crois bien! Elle nous a tué ou blessé 7 ou 8000 hommes. Quant à la question de savoir si on aurait pu forcer les lignes ennemies, elle a été discutée si souvent qu'il me paraît inutile d'y revenir... *Aucune tentative sérieuse n'a été faite dans ce sens.*

IV. — Quel aveu! Et c'est un ministre du Quatre-Septembre qui le fait! On n'a jamais dit rien de plus fort contre Bazaine. En définitive, que reproche-t-on à ce dernier? De ne s'être pas battu sous Metz. Eh bien! Trochu, Gambetta, Favre et Simon ne se sont pas battus sous Paris.

Bazaine a négocié avec Frédéric-Charles; eux ont négocié avec Bismarck. Bazaine est même à mes yeux moins coupable que Favre, Simon, Ferry, Trochu et Gambetta, car Bazaine, devant sa fortune à l'Empereur détrôné, pouvait ne pas se soucier *de travailler* pour les républicains, qu'il tenait pour des factieux. Pareille excuse ne peut être invoquée par les hommes du Quatre-Septembre. Ils trahissaient effrontément Paris, qui avait mis en eux sa confiance.

Toute l'Europe — et par suite, Bazaine — sont, à cette heure, parfaitement au courant des actes de nos gouvernants sous Paris. En dépit de leurs rodomontades et de leurs ronflantes proclamations, il est évident qu'ils ne font rien. Frédéric-Charles a dû faire remarquer à Bazaine « que Favre était constamment à la recherche de Bismarck. Qu'il ne se tirait pas un coup de canon sérieux sous Paris. Qu'il y avait là-bas six cent mille hommes dont la principale occupation était de jouer au bouchon ou de se promener de la place de la Concorde à l'Hôtel de Ville.

Du 4 septembre au milieu d'octobre, il y aura en tout deux escarmouches, que Trochu décorera du nom sonore de *sorties*. Trochu et Gambetta se réservant, Bazaine s'est réservé aussi.

Qui nous dit que si, du 4 septembre au 28 octobre 1870, Paris s'était levé en masse; s'il avait harcelé jour et nuit les Prussiens par des reconnaissances; si de terribles combats, défaites ou victoires, avaient été, à chaque instant, livrés sur les hauteurs de Châtillon, de Montretout, de Sannois ou d'Avron; qui nous dit que le bruit formidable des coups de canon tirés sur les rives de la Seine n'aurait pas trouvé de l'écho sur les bords de la Moselle? Croyez-vous que les braves d'Afrique et de Crimée, que les héros de Gravelotte et de Saint-Privat, à l'ouïe de ces lointaines batailles, auraient pu rester impassibles et l'arme au bras dans les forts de Queleu et de

Saint-Quentin? Aucune force humaine ne les aurait empêchés de se jeter sur les Prussiens pour être à la hauteur des grandes mêlées sous Paris. Bazaine lui-même aurait-il pu résister à l'entraînement général? Et s'il l'avait tenté, n'aurait-il pas été déposé par ses compagnons d'armes et peut-être massacré dans les rues de Metz, par des patriotes exaspérés?

Du 4 septembre au 31 octobre, il ne sera question à Paris que d'armistice et de ravitaillement. Bazaine, en nous voyant continuer à conférer avec Bismarck, a continué à conférer avec Frédéric-Charles! Pourquoi demander à un bonapartiste de se battre pour la République, alors que les républicains la trahissaient?

V. — Je sais bien que, selon la belle parole du duc d'Aumale à Trianon, « il restait la France », que Bazaine oubliait. Mais Jules Ferry, Simon, Trochu et Gambetta l'oubliaient aussi. Comme au temps du Bas-Empire romain, ministres, généraux, gouvernants, se sentant tous également incapables, s'observaient réciproquement d'un œil jaloux, ne voulant pas aider au succès du voisin.

Et dire que ces mêmes hommes, qui ont livré la patrie, sont devenus députés, ministres, sénateurs et présidents de Conseils! On a dit que les peuples n'ont que les gouvernements qu'ils méritent. Non, nous méritions mieux... Tomber en moins de quatre-vingts ans de Danton en Jules Ferry et de Hoche en Bazaine!...

Pour vaincre, pour expulser les Prussiens, après la chute de l'Empire, il aurait fallu faire appel à toutes les forces vives de la Révolution. Mais la Révolution victorieuse eût réclamé sa part; il eût fallu la lui faire, octroyer de nouveaux droits, de nouvelles libertés au peuple triomphant. C'est ce que ne voulaient pas les rhéteurs de Septembre. Ils se disaient, et avec raison d'ailleurs, que des droits une fois concédés ne se rattrapent plus; mais qu'on peut toujours s'arranger pour faire payer aux masses, par la voie de l'impôt, l'argent d'une rançon...

VI. — La Révolution, qui avait fait jusqu'ici crédit aux hommes de Septembre, irritée maintenant de leur indécision et de leur mollesse, comprenant, par la mauvaise tournure des affaires, que la patrie court aux abîmes, rompt avec le prétendu Gouvernement de la Défense. Vainement le *Siècle* et le *Temps* font appel à l'union, et fulminent contre ceux qui ont le mauvais goût de ne pas trouver Simon et Gambetta admirables. Certes, les patriotes étaient résolus, après le Quatre-Septembre, à maintenir cette union, à la condition toutefois qu'elle serait féconde en heureux résultats et aurait pour but le salut, non la ruine de la République.

Blanqui jeta le premier le cri d'alarme et osa déchirer les voiles :
« Le cœur se serre, dit le vieux révolutionnaire, au soupçon d'un immense mensonge. La résistance n'est qu'à la surface. L'opprobre se dissimule derrière l'héroïsme. Qui sait si la comédie de la guerre ne va pas aboutir à une paix ignominieuse! »

Paroles prophétiques et trop complètement vérifiées. Oui, il y avait à Paris des partisans de la paix à tout prix. Ils ne formaient, il est vrai, qu'une minorité au sein de la population, mais cette minorité était puissante par la fortune et l'influence, et le Gouvernement était son très humble serviteur.

Le Paris du luxe et des plaisirs brûlait de retrouver, même au prix de l'honneur, ses saturnales éclipsées. C'est ce Paris-là qui envoyait Jules Favre, une première fois, à la Haute-Maison, une deuxième fois, à Ferrières, pleurer devant Bismarck. La Réaction qui, au lendemain de la chute de l'Empire, s'était terrée, n'avait pas tardé à comprendre, en voyant les révolutionnaires mis ainsi en interdit par les gens de la Défense, et en remarquant l'absence de préparatifs sérieux de lutte, qu'elle avait été dupe d'une fausse alerte, et qu'il y avait encore de beaux jours pour elle. Envisageant tout le parti qu'elle pouvait tirer des divisions qui s'élevaient déjà entre les républicains bourgeois et les Démocrates, elle sortit peu à peu de ses retraites, et se serra autour de Trochu, fervent catholique et Breton. Bientôt, sans que les hommes de Septembre s'en doutassent, elle fut maîtresse de la situation. Le Gouvernement de la Défense fut une apparence, Trochu une réalité.

VII. — Les rédacteurs du *Siècle*, du *Temps* et de l'*Électeur libre* (journal du ministre Picard), irrités des articles de la *Patrie en danger* et du *Combat*, accusent ces journaux de souffler la discorde et le découragement. Ainsi donc c'est Blanqui, c'est Flourens et Pyat, partisans de la guerre à outrance, qui poussent à la capitulation; par contre, les républicains-bourgeois qui négocient la paix sont des foudres d'héroïsme! En réalité, ce qui motivait la haine des organes gouvernementaux contre les chefs du parti révolutionnaire, c'est qu'ils avaient fait tomber les masques et discrédité les partisans de la paix. Ce que soufflait Blanqui, ce n'était pas le découragement, c'était l'enthousiasme, et cet enthousiasme rendait la paix impossible. M. de Bismarck se rendait parfaitement compte de l'état des esprits de la capitale. Aussi, lors de son entrevue avec Jules Favre à Ferrières, le rusé Chancelier avait-il fait remarquer à son interlocuteur qu'il n'avait non seulement pas *la qualité*, mais même *la possibilité* de traiter. Il savait que la grande Cité, toute frémissante de patriotisme, balayerait sur l'heure les hommes de l'Hôtel de Ville, s'ils osaient parler de capitulation.

Tout ce qui se fait en septembre n'est qu'une comédie dont les moindres scènes sont arrêtées d'avance entre les compères. Le difficile, ce qui est à l'étude, c'est de faire prendre au peuple la pilule de la paix à tout prix. Les pharmaciens du *Siècle* et du *Temps* sont à l'œuvre. Sitôt que la formule sera trouvée, on administrera la potion. Pauvre France!

VIII. — Dans la soirée du 21 septembre, Paris apprit l'insuccès de Jules Favre à Ferrières. En même temps le Gouvernement portait à la connaissance de la population les conditions que M. de Bismarck mettait à un armistice, « cession de l'Alsace et de la Lorraine, paiement d'une indemnité de cinq milliards; entrée des Prussiens au Mont-Valérien ». Il était impossible de faire accepter à Paris, sans un semblant de lutte, d'aussi honteuses propositions. Il va donc falloir se battre quoi qu'on en ait. Malheureusement il est déjà tard. L'enthousiasme de la première heure est tombé. Les allées et venues de Jules Favre au camp prussien ont été un dissolvant de toute résistance. On n'est plus aussi bien disposé à combattre quand l'espoir de la paix a lui dans les cœurs.

On ne tarda pas à remarquer que les fils, neveux, cousins, alliés et amis des gouvernants se réfugiaient prudemment dans les ministères et dans les ambulances. Une course au clocher s'organisa. Chacun se dit qu'il serait bien sot d'aller se faire tuer quand tant d'autres tiraient leur épingle du jeu.

On compta bientôt plus d'ambulanciers que de soldats.

IX. — En août 1883, un opportuniste se présente aux élections municipales à Paris. On lui reproche d'avoir déserté en 1870. Il donne alors lecture de son livret et soulève l'hilarité de l'assemblée en déclarant qu'il s'est engagé dans la section des infirmiers.

Amédée Le Faure qui fut en son temps une des lumières du parti républicain, se présente à la députation en Touraine. Son concurrent le fait interroger en réunion publique sur sa conduite pendant la guerre : « Moi! répond fièrement Le Faure, j'étais aux côtés du général Billot, au milieu d'une grêle de balles et d'obus! »

Informations prises, mon Le Faure avait suivi l'armée et Billot... en qualité de correspondant d'un journal.

X. — Et le canon du *Rappel*? La rédaction de ce journal, organe des Hugo, emportée par son ardeur patriotique, avait offert, aux applaudissements de la Cité, un *Canon* à la Défense nationale. Il était splendide, ce canon! Son cou s'allongeait comme un boa; ses flancs étaient pleins de menaces. J'allai le voir dans la cour du journal; sa croupe resplendissait au soleil! Grâce à de puissantes recommandations, je fus admis près du monstre d'airain, et pus même introduire mon bras dans sa gueule luisante. Sa portée était énorme. Il devait enlever des files entières de Prussiens.

Un mois après, passant rue de Valois, mon attention fut attirée par un cliquetis de fer et un commandement de : « Feu!... » J'entre... Le canon était toujours là. La rédaction du *Rappel* faisait l'exercice devant la pièce! Rochefort et le poète Hugo, nouveau Tyrtée, assistaient à la manœuvre et réchauffaient les courages :

« Que ce canon nous venge! s'écria Hugo, nouveau Jupiter Tonnant, dont les yeux lançaient des éclairs qui éblouissaient Meurice et Vacquerie. Qu'il venge les mères, les orphelins, les veuves!... les fils qui n'ont plus de père, les pères qui n'ont plus de fils! Qu'il venge la civilisation, qu'il venge l'honneur universel, la conscience humaine insultée par cette guerre abominable! Que ce canon soit implacable, fulgurant et terrible, et, quand les Prussiens l'entendront gronder, s'ils lui demandent : Qui es-tu ? qu'il réponde : Je suis le coup de foudre et je m'appelle : LE CANON DU *Rappel* ! »

L'enthousiasme était au comble. Meurice et Vacquerie, le front dans la poussière, adoraient dans une muette admiration. D'autres criaient : « Vive Hugo! Vive Rochefort! Mort aux Prussiens! » Mais le canon restait dans la cour... et la rédaction aussi. Elle avait trouvé là un moyen aussi neuf qu'ingénieux de ne pas aller aux avant-postes.

Le peuple des faubourgs appelait les gaillards de cet acabit : « Des patriotes en chambre! » Pour moi, je connaissais le discours que Hugo venait de prononcer : Je l'avais entendu lire la veille à la Porte-Saint-Martin par M. Jules Claretie; le canon du *Rappel* était alors le canon de *Châteaudun*.

Que devint le canon du *Rappel*? Un rédacteur du journal *Paris* l'a demandé à M. Vacquerie (numéro du 4 novembre 1870) :

Nous avions ouvert, a répondu ce dernier, une souscription avec le montant de laquelle nous avions acheté un canon que nous avions baptisé du nom de notre journal. Ce canon, très gentil et très perfectionné comme mécanisme, autant qu'il m'en souvient, se trouvait, au moment de la Commune, dans nos bureaux. Avait-il été utilisé pendant le siège? *Je n'en sais plus rien.* Toujours est-il qu'un matin Schœlcher arrive :

— Je sais que vous avez ici un canon, nous dit-il, il faut nous le donner...

Nous refusâmes, alléguant que nous avions acheté cette arme pour aider la patrie à se défendre et non pas pour servir dans une guerre civile.

Je comprends que M. Vacquerie se cramponnât à son canon! C'était une sauvegarde! Et cet aveu charmant : « Je ne sais pas s'il a été utilisé pendant le siège! » Mais si, il a été utilisé dans la cour du *Rappel*. Jamais canon ne rendit pareil service... à une rédaction.

Le peuple demandait à grands cris l'incorporation des Séminaristes et des Frères dans les bataillons de marche.

Rochefort, Favre et Trochu, dévoués à l'Eglise, qui les soutenait contre les faubourgs, trouvèrent un moyen fort adroit de soustraire les soutanes à l'embrigadement qui les menaçait. Ils conseillèrent sous cape aux Frères de s'enrôler comme infirmiers, pour éviter que le peuple ne les enrôlât de force comme soldats.

XI. — Est-il nécessaire maintenant de dire que les bois des environs de Paris étaient intacts? Qu'on n'avait songé ni à les brûler ni à les abattre? A quoi bon les détruire puisqu'on comptait obtenir la paix? Pourquoi organiser une défense jugée d'avance inutile? On s'explique ainsi ce fait prodigieux, inouï dans l'histoire, d'une ville de deux millions d'âmes et d'un périmètre immense, flanquée de forts et de redoutes, se laissant complètement investir par moins de 150,000 hommes. Favre, Trochu et Gambetta auraient sans doute craint d'indisposer M. de Bismarck s'ils lui avaient au préalable démoli quelques uhlans. Pendant que le rusé Chancelier, gagnant du temps, nous amusait à la Haute-Maison et à Ferrières, le généralissime Moltke développait tout à son aise son cordon d'investissement et s'emparait des positions environnantes. Les Prussiens occupèrent, sans qu'il leur en coûtât un homme, les hauteurs qui dominent la Seine, de Meudon à Buzenval. Le journal des Picard en prenait très allègrement son parti et ajoutait même : « Quatre de nos forts vont être enlevés dès la première tentative de l'ennemi; *il faut s'y attendre* et ne point s'en effrayer! » Peut-être fallait-il s'en féliciter.

Une impardonnable lenteur avait encore empêché l'achèvement de la redoute de Montretout. Le travail fait *ne servit qu'à l'ennemi*.

Entre-temps, Trochu et Rochefort envoyèrent par ballon un astronome observer en Amérique, une éclipse de soleil. Ils s'imaginaient se grandir en imitant les Conventionnels, qui, jadis, tout en luttant contre les envahisseurs, veillaient aux progrès de la Science. Ils croyaient être sublimes; ils n'étaient que grotesques. Tel acte en effet, admirable chez des héros, devient ridicule chez des pygmées.

XII. — Le 30 septembre, au matin, nos troupes s'ébranlèrent vers Chevilly et s'emparèrent d'abord de ce village. Bientôt faute de réserves, et devant les renforts reçus par l'ennemi, il fallut battre en retraite. Le rapport officiel constate même « que le général Blaise s'empara, à Thiais, d'une batterie de position qui ne put être enlevée *faute d'attelage* ».

Le 2 octobre, Paris apprit la chute de Strasbourg et de Toul. En tombant, ces héroïques cités avaient jeté un dernier regard vers la France pour affirmer, une fois de plus, l'unité et l'intégrité de la patrie et lui léguer le devoir de les délivrer et l'honneur de les venger.

XV

FLOURENS

I. — Depuis le 4 septembre, un mois s'est écoulé. La situation est allée en empirant. Les Prussiens ont cerné Paris, nous ont battus dans deux rencontres sans qu'on ait jamais pu savoir au juste si ces deux rencontres étaient de simples reconnaissances ou des batailles, et finalement ont réduit Toul et Strasbourg.

Trochu, Favre et Gambetta (car Gambetta est toujours là!) après avoir en maugréant armé — avec de mauvais fusils à tabatière — quelque cent mille hommes, refusent d'aller plus loin. Il n'y a plus de fusils, jusqu'à nouvel ordre. Le mystère le plus absolu règne sur la province. A travers les hiéroglyphes des journaux officieux, on devine cependant que Crémieux et Glais-Bizoin ont à leur tour compromis par leur inaction les destinées de la patrie. Entre-temps, Jules Favre est allé mendier la paix au camp prussien. Il en a rapporté un soufflet que la France sent encore aujourd'hui sur sa joue, et une harangue piteuse qui a obtenu chez les femmes un succès de larmes. L'affront reçu, Favre et Gambetta ont poussé de bruyantes clameurs, attestant ciel et terre qu'il serait tiré une vengeance éclatante de l'offense. Mais, tandis qu'on parlait aux naïfs de lutte à mort et de guerre au couteau, Thiers commençait ses pérégrinations, quémandait la commisération de la Russie, et Favre essayait de nouvelles courbettes dans la coulisse.

II. — La seule fonction que Trochu permit à la garde nationale était de veiller sur les remparts. C'était là une véritable sinécure, car les Prussiens n'en approchèrent jamais. Dans les mois de septembre et d'octobre, par un beau soleil d'automne, cette faction constituait même un délicieux passe-temps. Ecoutons M. Francisque Sarcey : « Je me vois encore sur le terre-plein du rempart où l'on m'avait mis en sentinelle. Du haut de cette espèce d'observatoire, la vue erre sur un paysage admirable, et derrière ce poudroiement lumineux, qui flamboie sur les extrêmes limites de l'horizon, dans un lointain obscur, on cherche, par la pensée, le noir fourmillement des casques ennemis. On n'est point troublé dans sa rêverie par l'ombre d'une crainte. Le danger n'existe pas encore. Cette image de la vie militaire, sans les effrois qui l'accompagnent ordinairement, la nouveauté de la situation, la beauté sévère du paysage, ou les réflexions mélancoliques qui naissent invinciblement de toute promenade solitaire, cette sensation de bien-être que donne un petit vent frais par un brillant jour de septembre, ce regard vague dont on enveloppe l'horizon, les deux mains appuyées sur le canon du fusil; le qui-vive des sentinelles, qui vous rappelle de temps à autre à la réalité, tout cela émeut et charme. »

III. — Les révolutionnaires n'envisageaient pas le siège sous ce côté poétique. Ils ne cessaient de réclamer la marche en avant et de protester contre l'inertie de la défense.

Les choses vont se gâter; l'ère des manifestations s'ouvre. On commence à demander la nomination d'une Commune souveraine chargée de prendre en main la défense de la Cité. Les avocats de l'Hôtel de Ville ne purent supporter l'idée qu'à peine installés au pouvoir il leur fallût céder la place à d'autres. Les journaux à leur dévotion, le *Siècle*, le *Temps* et l'*Electeur libre*, couvrent d'injures les partisans d'une municipalité élue. Ainsi, des rhéteurs qui n'avaient jamais risqué un cheveu de leur tête ni une heure de leur liberté pour la cause démocratique; des serviteurs assermentés de Bonaparte, payés par lui douze mille francs par an, apparaissent dictateurs plus arrogants et plus autoritaires que les héritiers d'une monarchie de dix siècles! Sans autre mandat que leur bon plaisir, s'étant improvisés eux-mêmes Gouvernement, ils prétendent planer, indiscutables, dans des sphères inaccessibles! Nul n'a le droit de leur demander des comptes! Malheur à ceux qui ne s'inclinent pas devant leur omnipotence!

« Pas de Commune! disent les officieux, pas de désunion devant l'ennemi! Chassons les Prussiens, et nous verrons après! »

C'est parfait de dire « chassons les Prussiens! » mais c'est que précisément on ne les chasse pas du tout.

La Bourgeoisie considère déjà nos gouvernants comme sacro-saints. Renverser Trochu serait l'abomination de la désolation! Trochu, général de l'Empire, jeté, par le hasard, à la tête des choses, est entouré, malgré les défaites de Châtillon et de Chevilly, d'une auréole de gloire.

Il a un mois de pouvoir. Un mois! Dans notre belle France, c'est un siècle, c'est presque la constitution d'une dynastie! Peut-on détrôner une dynastie du jour au lendemain? Et cependant, quelle figure a faite cet autocrate devant l'ennemi? Pourquoi, ayant sous la main une garnison de 600,000 hommes, hasarde-t-il une attaque avec seize mille soldats? Il était si simple de faire appel à la garde nationale! On a peur!... Les 450,000 gardes nationaux des faubourgs seraient une armée révolutionnaire; voilà pourquoi on ne veut pas qu'ils soient une armée.

IV. — Dans la soirée du 7 février 1870, après l'arrestation de Rochefort à la salle de la *Marseillaise*, un des chefs du parti avancé, Gustave Flourens, avait appelé le peuple aux armes contre l'Empire. Cet appel était resté sans écho. Aidé de quelques amis, Flourens éleva une barricade dans la rue de Puebla, à la hauteur du canal Saint-Martin. Personne ne se présenta pour la défendre. Vers deux heures du matin, un escadron de gardes municipaux à cheval chargea les insurgés. Tandis qu'une dizaine de jeunes gens se sauvaient, vivement attaqués par les agents de police, et laissaient deux des leurs, grièvement blessés sur le terrain, Flourens, appuyé contre une porte, repoussa une épée d'agent qui allait le percer, et se retira en hâte chez un ami. Quelque temps après, sous un déguisement, il gagnait Boulogne et l'Angleterre.

Esprit ardent et chevaleresque, mais manquant de méthode, Flourens songeait à insurger Athènes, quand il apprit les désastres de Forbach et de Wœrth. Il s'embarqua, arriva à Trieste, puis à Genève. Il s'imaginait, il l'a dit lui-même, trouver la France déjà républicaine, pleine de comités de salut public, de levées en masse et d'élan révolutionnaire. Avisant la voiture de Ferney sur une place, il y monte, vient à Gex où sa figure, inconnue dans la localité, est prise pour celle d'un espion prussien. On l'arrête. Il attend des jours en prison. Le 4 septembre arrive; il télégraphie à Rochefort qui le fait mettre en liberté. Le commissaire de police qui avait arrêté Flourens se recommande à lui pour obtenir de l'avancement, et le prend à témoin de son zèle et de sa sagacité; les geôliers, et les gardes champêtres des pays voisins emplissent sa cellule avant son départ, le suppliant de demander pour leurs cousins des bureaux de tabac au Gouvernement nouveau.

V. — Aussitôt à Paris, Flourens fut acclamé chef de bataillon par huit mille ouvriers de Belleville. Il devenait une force, et était à ménager. Les feuilles gouvernementales firent tous leurs efforts pour le gagner à la cause des avocats de l'Hôtel de Ville. On ne tarissait pas sur son zèle et son patriotisme. Écoutons un des stipendiés de la presse officieuse, le soi-disant historien Claretie, à cette heure directeur de la Comédie-Française :

« Tout d'abord, l'abnégation patriotique de Flourens avait été digne d'éloge. A la tête de ses bataillons, on l'avait vu, dans les premiers jours du siège, étouffant sous le sable l'incendie de pétrole allumé par accident aux Buttes-Chaumont. Il avait, un des premiers, recommandé la concorde, l'oubli de toute rivalité politique en face de l'étranger. Tout à l'armement de son bataillon, il avait établi dans Belleville des ateliers de couture où les femmes confectionnaient les vareuses de leurs époux et de leurs fils. On pouvait croire que Flourens ne mettrait plus son énergie qu'à une seule cause, celle de la défense. » (*Révolution de 1870-1871*, page 294.)

On le voit, les officieux eux-mêmes rendent hommage à Flourens. Du propre aveu des plumitifs de l'Opportunisme, il recommanda d'abord « la concorde et l'oubli de toute rivalité ».

Il ne se départira de cette ligne de conduite que lorsqu'il verra les hommes de la Défense s'aboucher avec Bismarck.

VI. — Le 4 octobre 1870, au soir, Flourens réunit ses officiers. Après avoir longuement examiné la situation et s'être convaincu à la fois de l'incapacité et du mauvais vouloir de Trochu, Gambetta, Ferry, Favre et Simon, l'état-major des légions faubouriennes se décida pour une manifestation imposante qui serait comme une mise en demeure, aux membres de la Défense nationale, d'avoir à agir avec énergie, ou de céder la place à une Commune libératrice : « Nous comprenions, dit Flourens dans son *Paris livré*, page 106, que chaque journée perdue emportait irrévocablement nos meilleures chances de succès; que là où il serait encore aisé de percer les lignes prussiennes, il faudrait, un peu plus tard, sacrifier des centaines d'hommes pour s'ouvrir une voie. Le sang nous bouillait dans les veines, la terre nous brûlait sous les pieds. Que faire ? Les réclamations les plus ardentes des journaux républicains étaient nulles et non avenues. Si nous n'agissions pas, nous devenions complices de la trahison. »

VII. — Le lendemain, à dix heures du matin, Flourens, entouré des bataillons révolutionnaires, montait à cheval devant le café de l'Indépendance à Belleville, et descendait le faubourg, fanfare en tête, aux éclats de la *Marseillaise*. Partout, sur le passage des patriotes, retentissaient d'immenses acclamations de : « Vive Flourens! Vive Belleville! A bas les avocats! Mort aux Prussiens! »

Place de Grève, Flourens mit pied à terre et avec son état-major entra dans le palais. Dans sa loyauté, il avait cru devoir prévenir le Gouvernement de sa démarche. Il fut reçu dans le salon bleu par Trochu, Jules Ferry, Gambetta, Dorian, Garnier-Pagès, Pelletan et Etienne Arago, maire de Paris. Flourens présenta ses réclamations avec modération et fermeté à la fois : « Finissons-en, dit-il, avec ce système de fausses reconnaissances et de promenades aux avant-postes! Chaque journée perdue nous enlève une chance de succès. Pourquoi nous refuse-t-on des armes? Il y a dans les magasins de l'État dix mille chassepots qui dorment inutiles : qu'on nous les délivre! Nous demandons la levée en masse, la sortie immédiate contre les Prussiens, non par petites colonnes, mais en nombre suffisant pour vaincre. Nous voulons le réquisitionnement et le rationnement des subsistances. Nous demandons enfin que les électeurs, convoqués dans leurs comices, procèdent sans retard à la nomination d'une Commune qui prendra les mesures nécessaires à la sûreté et au salut de la France. »

Trochu, visiblement embarrassé, chercha à se disculper, en blessant Flourens, dont il se dit d'âge à être le père; en blessant tous les officiers, auxquels il reprocha d'avoir abandonné le rempart, que les Prussiens attaquaient peut-être en ce moment, pour venir manifester à l'Hôtel de Ville; en prétendant qu'on l'attendait aux avant-postes pour livrer une bataille, et que, si cette bataille était perdue, la faute en serait à Belleville.

« Je l'arrêtai alors, dit Flourens, en lui donnant ma démission. — Vous n'avez pas le droit de la donner! s'écria Trochu; nous nous devons tous au salut de la patrie, et aucun de nous n'a droit de donner sa démission avant de l'avoir sauvée. » Comme je persistais : « Eh bien, alors, moi aussi, je donne ma démission. — Nous la donnons tous! exclamèrent en chœur les autres gouvernants, *non moins comédiens que leur chef.* »

Pendant le mouvement général produit par ce coup de théâtre, Trochu, grâce à sa petite taille, parvint à s'esquiver. Sans doute il craignait que l'aventure ne finît mal, et était inquiet de se voir entouré de tant de bataillons républicains. Gambetta, l'avocat, fit du pathos; Arago, le vaudevilliste, fit du drame. Mais, en somme, ils essayèrent, en vrais *saltimbanques*, de jouer d'honnêtes gens par de vaines paroles, et ne voulurent rien changer à leur système de *trahison.* « Je sortis de l'Hôtel de Ville, écœuré, persuadé qu'il faudrait, pour sauver Paris, en venir aux mains avec ces gens-là. On m'a reproché de n'en avoir pas fini de suite avec ces *traîtres*, de n'avoir pas arrêté Trochu s'enfuyant, investi l'Hôtel de Ville et fait immédiatement appel au peuple. Mais on n'a jamais sauvé un peuple malgré lui. » (*Paris livré*, p. 107 et 108.)

Je suis d'un avis absolument différent. Flourens manqua de décision et d'énergie. A sa place, Marat aurait fait balayer par les sections les fourbes qui nous menaient aux abîmes. La noble Cité, toute frémissante de patriotisme, aurait applaudi à cette mesure de salut public.

La Révolution veut des hommes audacieux et qui aient foi en son triomphe. Douter d'elle, c'est être indigne de la servir. Et par *Révolution*, je n'entends pas la Révolution française, qui alla verser dans l'*Être suprême*, cette néfaste élucubration de Robespierre. Non ! la Révolution ici, c'est la Révolution éternelle, telle que je l'ai formulée dans mon poème, telle que je la vois dans l'avenir, brillante de Justice et d'Égalité !

VIII. — Le *Siècle* et le *Temps*, les maires, Henri Martin, Carnot, et tout ce qui constituera plus tard la tourbe opportuniste, fulminèrent contre le jeune major et ses officiers. Flourens fut accusé par Hébrard « de faire le jeu de l'ennemi ! » Je le répète : si le peuple avait vu Trochu, Gambetta, Ferry et Simon, sur les hauteurs de Châtillon, charger, ceints des trois couleurs, les grenadiers poméraniens, jamais il n'y aurait eu de manifestation place de Grève. Lorsque, dans une cité en péril, les chefs manquent à leur devoir, l'anarchie est fatale ; la guerre civile est proche.

L'imposante manifestation du 5 octobre ébranla le crédit des hommes de l'Hôtel de Ville. Ils voulurent réagir contre le sentiment de défiance qui s'emparait de la population parisienne. Le 6 octobre, le ministre Gambetta fit placarder sur les murs la dépêche suivante, qu'il disait avoir reçue de Tours :

« La province se lève et se met en mouvement.

« Les départements s'organisent.

« Tous les hommes valides accourent au cri de : *Ni un pouce de terrain ni une pierre de nos forteresses. Sus à l'ennemi, guerre à outrance!*

GLAIS-BIZOIN.

« Pour copie conforme,
Le Ministre de l'Intérieur,
« LÉON GAMBETTA.

« Paris, midi et demi, 6 octobre 1870. »

IX. — Cette dépêche était fausse de tous points et imaginée, pour les besoins de la circonstance, par les Ferry et les Simon.

Tous les actes des hommes du Quatre-Septembre sont ainsi marqués au coin de la plus insigne félonie. Ils trompent Paris avec la province; ils trompent la province avec de fausses dépêches de Paris.

Claretie lui-même confesse « que cette dépêche montrait à Paris la province sous un jour favorable éloigné de la réalité ».

L'effet n'en fut pas moins immédiat à Paris. Comment douter d'un Gouvernement qui obtenait en province d'aussi importants résultats? Justement le *Journal officiel* contenait une note sur ces manifestations, qui avaient le tort grave « *de donner à la cité parisienne des apparences de sédition aussi contraires à la réalité que favorables aux desseins de l'ennemi* ».

Flourens fut chargé de malédictions. Il entravait la défense.

Les calomnies de la presse policière ont fait leur chemin par les écrits des Simon, des Claretie et autres Henri Martin. Flourens, Blanqui, Delescluze, Félix Pyat furent de mauvais citoyens. Seuls, les Trochu, les Simon, les Favre et les Ferry se montrèrent patriotes incomparables. Qu'ils sont peu nombreux aujourd'hui ceux qui connaissent Simon, Ferry et Gambetta sous leur véritable jour!

X. — Le rapport militaire du 6 octobre au matin annonçait aux Bourgeois saisis d'admiration « qu'une reconnaissance faite la veille à Clamart, par quatre compagnies du 5ᵉ bataillon de la mobile de la Seine, vers une heure de l'après-midi, avait très heureusement réussi. Nos soldats avaient rapporté deux fusils, un sabre et un fourniment. »

C'était la revanche de Strasbourg et de Toul. Une garnison de 600,000 hommes réussissant à s'emparer d'un fourniment, voilà un de ces faits d'armes comme on en voit rarement dans l'histoire, et que le *Journal officiel* ne pouvait trop soigneusement enregistrer.

Sur ce, Gambetta disparut en ballon. Le fin Génois, comme l'appelle Delescluze à cette occasion, voyait que les choses prenaient une fort mauvaise tournure à Paris; et il ne fut pas fâché de prendre le large. Il s'envola le 7 octobre. Nous le retrouverons en province, où, sous couleur d'organiser la Défense, il entrave l'élan révolutionnaire et préside au plus horrible gaspillage que l'Histoire ait à enregistrer, chaussant nos soldats de souliers de carton, les armant de fusils en zinc et entre-temps fumant les fameux *cigares exquis* avec Spuller et Ranc. Gambetta prit pour le seconder dans sa tâche, M. de Freycinet, protestant orthodoxe. Je savais que cet ingénieur croyait aux miracles et je me disais : « Peut-être en fera-t-il! »

XVII

LE COMITÉ CENTRAL

I. — Et Trochu priait toujours au pied des saints autels. Quand vous hasardiez une observation sur ses capacités, les gens bien pensants vous regardaient de travers : « Rochefort, disaient-ils, répond de Trochu ! » C'est parfait ! Mais qui nous répond de Rochefort ?

Le lanternier s'était fait nommer président de la célèbre Commission des Barricades. Il jurait, comme les autres, de mourir pour les défendre. Le serment était facile à tenir, car jamais l'ennemi ne songea à les attaquer. Ce vaudevilliste, érigé par un peuple de badauds membre du Gouvernement, prenait les Prussiens pour des niais disposés à lui être agréables et à se faire tuer pour lui fournir matière à calembours.

II. — Après la journée du 5 octobre, Gustave Flourens le mit en demeure de quitter l'Hôtel de Ville. Il l'adjurait « au nom de sa popularité, au nom du salut commun, de donner immédiatement sa démission de membre du Gouvernement : « Ne restez pas plus longtemps « avec des traîtres, lui disait-il, ne devenez pas davantage complice de Trochu, le plus inepte et le plus funeste des temporisateurs. » (*Paris livré*, p. 115.)

Le *Rappel* du 11 octobre 1870 publia en tête de ses colonnes la réponse de Rochefort : « Mon cher Flourens, vous me pressez de donner ma démission de membre du Gouvernement. Je suis descendu presque dans les sous-sol les plus impénétrables de ma conscience et je suis remonté en me disant que mon départ pourrait provoquer un conflit, et que provoquer un conflit, c'était ouvrir une brèche aux Prussiens. Voilà pourquoi j'ai souscrit à l'ajournement des élections. Depuis vingt ans, l'Empire nous ajourne. Ayons la patience d'allonger la courroie jusqu'après la levée du siège.

« Vous m'objecterez que *je capitule avec mes convictions* ; si cela est, vous m'excuserez, car c'est pour ne pas être obligé de capituler avec l'ennemi.
                « HENRI ROCHEFORT. »

Les sous-sol de sa conscience! Une conscience droite n'a pas de sous-sol! Rochefort dit « qu'il capitule avec ses convictions pour ne pas capituler avec l'ennemi ». Or, comme il ne se fit pas tuer et que Paris se rendit, je constate que Rochefort capitula et avec ses convictions et avec l'ennemi.

En fait, c'est Rochefort qui perdit tout. Sans sa funeste popularité qu'il n'employa jusqu'au 31 octobre, qu'à couvrir Trochu, les révolutionnaires et même les bourgeois auraient balayé ce général de sacristie, et mis un soldat résolu à la tête de la Défense.

III. — Dès les premiers jours du Siège, il s'était formé un Comité révolutionnaire des vingt arrondissements de Paris. Le 8 octobre au matin, il invita les citoyens, partisans d'une Commune, à se rendre le jour même, à deux heures du soir, sur la place de Grève. A l'heure dite, le peuple arriva, sans armes. Le Gouvernement avait pris ses précautions : un détachement de mobiles, sabre au bout du fusil, se tenait près des grilles de l'Hôtel de Ville, et en défendait l'approche. A trois heures, les membres du Gouvernement paraissent aux fenêtres. Parmi eux, on se montre avec indignation Rochefort, qui fraternise avec Trochu. Le cri de : « Vive la Commune! » sort de vingt mille poitrines.

Voici que des clameurs s'élèvent du côté du quai du Louvre : un bataillon du faubourg Saint-Germain, le 84e, commandant Maurice Bixio en tête, débouche sur la place de Grève, au pas gymnastique et baïonnette en avant. Il est accueilli par une immense explosion de « Vive la Commune! » Étonné, le bataillon s'arrête, hésite... puis lève la crosse en l'air. Les hommes de la Défense qui, du haut du balcon de l'Hôtel de Ville, ont assisté à cette scène, laissent éclater leur dépit. La *Marseillaise* que le peuple entonne les glace de terreur. Des estafettes partent du palais dans toutes les directions. Des clairons à cheval parcourent au triple galop les Champs-Élysées, les boulevards Haussmann et Malesherbes, les rues de Londres et d'Amsterdam : « A l'Hôtel de Ville! Les faubourgs descendent! » La bourgeoisie, la finance, les gros boutiquiers sont sur pied. Jamais on ne verra pareil élan contre les Prussiens. C'est que chacun croyait la caisse menacée.

Jules Ferry, qui, pour gagner du temps, s'était décidé à recevoir trois délégués du Comité central, voulait les faire entrer par une porte dérobée, un couloir de service. Ils s'y refusèrent énergiquement. Admis enfin, par le grand escalier, dans la salle du Conseil, ils exposèrent que le peuple les avait chargés de demander sans retard les élections municipales, et qu'il était étrange que ceux-là mêmes qui, sous l'Empire, avaient si énergiquement réclamé l'autonomie communale, n'en voulussent plus, aujourd'hui au pouvoir.

Les délégués furent congédiés sans pouvoir rien obtenir. A la sortie du palais, le Préfet de police, M. de Kératry, voulut les faire arrêter. L'attitude menaçante de la foule l'empêcha d'exécuter son dessein.

Quand les mandataires du Comité avaient demandé à Ferry : « Pourquoi ces troupes en armes près des grilles? Voudrait-on recourir à la force? » Ferry avait répondu affirmativement, et de manière à bien convaincre qu'il ne reculerait pas devant l'effusion du sang. Le commandant militaire du palais, Chevriaux, avait même l'ordre écrit de faire feu à la première tentative d'invasion. (J. Simon, *Df. nat.*, p. 120.)

Ainsi, le Gouvernement offrait la bataille au peuple.

IV. — Voici que, par les rues de Rivoli, les quais et l'avenue Victoria, arrivent à flots pressés, en armes, les bataillons des quartiers riches. Ils repoussent et refoulent, avec d'horribles menaces, les masses pacifiques : — « Pillards! Traîtres! Prussiens! »

Donc, ceux-là sont des pillards qui, prévoyant la honte finale, demandent le rationnement des subsistances et les élections municipales; traîtres, ceux qui s'opposent à une trahison; Prussien, qui ne veut pas ouvrir la porte aux Prussiens.

Le peuple répondit aux injures par le plus admirable sang-froid. Des actes de brutalité incroyables furent cependant commis par les républicains bourgeois et les réactionnaires. Un mobile qui criait : « Vive la Commune! » faillit être écharpé par les furieux. Dombeau jeune fut mené au poste et aurait été massacré sans l'intervention de courageux citoyens.

A quatre heures, les partisans du Comité central se rallient au coin de la rue de Rivoli; les tambours se placent au milieu du groupe; un roulement retentit..... et triste, désespérée, la manifestation remonte vers les hauteurs de Belleville.

V. — Les patriotes disparus, les membres du Gouvernement descendirent sur la place et passèrent en revue les bataillons dévoués. Le ciel était sombre; des rafales de vent, venant de l'Ouest, roulaient d'épais nuages. Les officiers s'étant formés en cercle autour du Gouvernement, Jules Favre prononça ces paroles qu'interrompait à intervalles le bruit lointain de la canonnade.

« Messieurs, cette journée est bonne pour la défense, car elle affirme une fois de plus et d'une manière éclatante notre ferme résolution de demeurer unis pour sauver la patrie. Cette union intrépide, dévouée, dans une seule et même pensée, elle est la raison d'être du Gouvernement *que vous avez fondé le 4 septembre*. Aujourd'hui, vous *consacrez* de nouveau *sa légitimité*. Vous entendez le maintenir pour qu'avec vous il délivre le sol national de la souillure de l'étranger; de son côté, il s'engage envers vous *à poursuivre ce noble but jusqu'à la mort*, et pour l'atteindre, il est décidé à agir avec fermeté contre ceux qui tenteraient de l'en détourner.

« Certes, nous aurions tous été heureux de donner aux pouvoirs municipaux le fondement régulier d'une libre élection. Mais, lorsque les Prussiens menacent la Cité, ses habitants ne peuvent être qu'aux remparts, et même au dehors où ils brûlent d'aller chercher l'ennemi. Quand ils auront vaincu, ils reviendront aux urnes électorales... Et, au moment où je vous parle, entendez-vous la voix du canon qui tonne et qui nous dit à tous où est le devoir.

« Messieurs, un mot encore. Aux remerciements du Gouvernement qui est votre œuvre, votre cœur, votre âme, qui n'est quelque chose que par vous et pour vous, laissez-moi mêler un avis fraternel : que cette journée ne fasse naître en nous aucune pensée de colère ou même d'animosité. Dans cette grande et généreuse population, nous n'avons pas d'ennemis. Je ne crois pas même que nous puissions appeler adversaires ceux qui me valent l'honneur d'être maintenant au milieu de vous. Ils ont été entraînés; ramenons-les par notre patriotisme. »

VI. — C'est toujours la déclamation qui se donne carrière : « Vous entendez, dit Jules Favre, maintenir le Gouvernement pour qu'avec vous il délivre le sol national de la souillure de l'étranger. De son côté, il s'engage à poursuivre ce but *jusqu'à la mort*. »

Ce serait parfait si en effet Trochu et Favre avaient délivré ce sol; si même ne l'ayant pas délivré, ils étaient *morts*; si même n'étant pas morts, quelques-uns des douze membres de la Défense eussent été blessés en chargeant l'ennemi. Alors, leurs adversaires, les Blanqui, les Flourens et les Félix Pyat auraient mérité d'être flétris pour avoir suspecté de grands citoyens.

Malheureusement, on est obligé de constater que le sol national n'a pas été délivré ; et que ni Favre, ni Trochu, ni Gambetta n'ont reçu une égratignure.

La conclusion s'impose : l'historien a en face de lui des sophistes se jouant d'une généreuse population.

La fin du discours me rappelle la fameuse scène où Damis surprend Tartufe faisant la cour à Elmire. Le mari, survenant, Tartufe le supplie de pardonner... à Damis !

Tel Favre-Tartufe suppliait sa garde nationale de ne pas conserver d'animosité... contre des *frères égarés*.

Le soir, au quartier d'Amsterdam, j'entendais les hommes d'ordre s'exclamer : « Ces Favre, ces Simon, ces Trochu ! Quelle grandeur d'âme ! Quelle générosité ! Ils veulent qu'on pardonne à Flourens et à Blanqui ! »

Oh ! les Tartufes laïques, avec quelle supériorité n'ont-ils pas marché et ne marchent-ils pas encore sur les traces du modèle qu'ils affectent de répudier !

Et cette perle du commencement :

« Messieurs, cette journée est bonne pour *la défense !* » Ne dirait-on pas que Trochu et Favre ont reconquis les hauteurs de Buzenval ? Et cette habileté de Favre de profiter de cette échauffourée, et de dire qu'elle *consacre la légitimité* de ses pouvoirs ?

VII. — Le lendemain, le préfet de police, M. de Kératry, demanda la fermeture des clubs et l'arrestation de Flourens. Celui-ci, prévenu à temps par Rochefort, put se mettre en sûreté. Ne pouvant obtenir l'interdiction des réunions publiques, M. de Kératry donna sa démission, et partit en ballon. Il fut remplacé par Edmond Adam.

La réaction tient le haut du pavé. Rien n'est changé en France, depuis la chute de l'Empire. Bonaparte est remplacé par Trochu. Sauf cette substitution insignifiante de personnes, la situation est la même. Ce sont toujours les éternelles phrases : « Soyons unis ! Pas de révolution devant l'ennemi ! Chassons les Prussiens et nous verrons après ! »

C'est très bien de dire : « Chassons les Prussiens ! » Mais c'est que précisément on ne les chasse pas du tout.

La capitulation de Paris monte à l'horizon. Elle ne coûtera pas cher aux Prussiens ; quelques catarrhes, quelques rhumatismes, tout au plus une fluxion de poitrine, de ci, de là, parmi les vieux. Joignez-y de temps à autre une balle, un éclat d'obus, pour constater qu'on est en guerre. A ce prix, les bons Allemands attendront avec flegme la fin de nos bœufs et de nos farines. Le Gouvernement déclarera alors que tout le monde a été admirable, et qu'après s'être couvert de gloire on a le droit de s'asseoir devant une table bien garnie.

Et pourtant c'était un imposant spectacle, et digne de faire palpiter d'une émotion généreuse les cœurs les plus insensibles, que celui de ces vingt mille citoyens chantant la *Marseillaise* et demandant la lutte à outrance! D'autres hommes que les Ferry et les Simon se seraient sentis entraînés par ces puissantes acclamations de « Vive la guerre! » et de « Mort aux Prussiens! » Il y avait du souffle dans toutes ces poitrines et de l'ardeur dans toutes ces âmes; il y avait, dans ce mot de « Commune », non des menaces de guerre civile, mais l'évocation sublime d'un passé glorieux!

VIII. — Le 9 octobre au soir, pendant que le club des Batignolles était en séance, des mobiles excités par des séides de l'Hôtel de Ville firent tout à coup irruption dans la salle, brandissant leurs armes et vociférant des menaces de mort. Mégy, qui présidait ce jour-là, recommanda le calme à ses amis, et ceignant son écharpe de conseiller municipal, intima aux arrivants l'ordre de se retirer. Déconcertés par le sang-froid du président, les mobiles allaient obéir, quand une nouvelle irruption eut lieu et toute une compagnie se précipita sur l'estrade. Mégy, frappant sur le bureau, demanda énergiquement le silence, et invita un des plus exaltés à exposer ses griefs.

Un sous-officier de mobiles déclara alors que, le matin même, au rapport du général, deux hommes avaient affirmé que dans la réunion des Batignolles, on traitait les soldats de lâches; que les orateurs de ce club étaient payés par les Prussiens; et qu'enfin on y avait crié : « A bas la garde mobile! Brûlons ses baraquements! »

La réunion protesta avec énergie contre ces calomnies; et le citoyen Clément, se faisant l'interprète de l'assemblée, n'eut pas de peine à prouver aux exaltés qu'ils avaient été indignement trompés et que l'armée et le peuple avaient des intérêts communs.

La séance fut levée aux cris répétés de « Vive la République! Vive la garde mobile! »

A la porte du club, le docteur Villeneuve avait été saisi au collet par des soldats et conduit au poste de la mairie. L'officier de garde lui dit : « Monsieur, on émet dans votre club des motions incendiaires. Attaquer le Gouvernement, c'est faire œuvre de mauvais citoyen. — Capitaine, répliqua Villeneuve, tant que nous serons en République, je maintiendrai contre vous et contre la réaction tout entière, mon droit de critiquer les hommes au pouvoir. J'ai la faiblesse de croire qu'il ne serait pas impossible de trouver un général qui, sans perdre un temps précieux, saurait avec 400,000 Français culbuter 200,000 Prussiens ».

Au même moment, arrivait au poste un citoyen qu'on avait poursuivi jusque dans un café où il s'était réfugié. « A la lanterne! » criaient les mobiles.

Vézinier vit sa porte enfoncée à coups de crosse de fusil par des gardes nationaux sous la conduite d'un agent en bourgeois; sa femme fut traînée au poste de la mairie du VI° arrondissement, au milieu des plus grossières injures.

Eugène Châtelain fut arrêté rue du Louvre. On l'accusait, comme membre du Comité central, d'avoir poussé à la guerre civile. Un de ses crimes était, paraît-il, d'avoir écrit dans un journal socialiste. Il aurait dû se dire rédacteur de la *Gazette de France* ou du *Figaro*; on l'aurait reconduit avec des salutations.

IX. — Une phrase commence à poindre dans les journaux révolutionnaires : « *Les hommes du Quatre-Septembre font regretter l'Empire* ». Retenons cette phrase : elle reviendra souvent sous ma plume. Nous verrons successivement en moins de vingt ans, Ferry faire regretter Bonaparte, Thiers faire regretter Ferry, M. de Broglie faire regretter M. Thiers, Dufaure faire regretter M. de Broglie, Waldeck-Rousseau faire regretter Émile Ollivier, Gambetta faire regretter Fourtou et Floquet faire regretter Waldeck-Rousseau. Pourra-t-il jamais se rencontrer un ministre qui fasse regretter Floquet? N'en doutez pas! Avec l'organisation sociale actuelle, Paul Brousse, Henri Rochefort, Granger ou Guesde arriveraient au pouvoir, qu'ils trouveraient moyen de faire regretter leurs prédécesseurs.

A rapprocher aussi de cette dernière phrase, celle-ci : « Prenez garde! messieurs les ministres. *Il ne vous reste plus de fautes à commettre* ». M. Thiers l'a prononcée le premier. Le *Corsaire* et M. Édouard Portalis la lui ont renvoyée en 1872. On l'a lancée à M. de Broglie; celui-ci à Jules Simon; Jules Simon à M. de Fourtou; Gambetta à Dufaure; Dufaure à Ferry; Ferry à Goblet. Que demain Jules Guesde soit ministre. Avant un mois, j'entends Brousse et Joffrin lui crier : « Prends garde, citoyen Guesde! Il ne te reste plus une faute à commettre. »

M™° de Staël a dit : « Il n'y a dans la vie d'irrévocable que la mort ». Dans la vie sociale d'un peuple, il reste toujours des fautes à commettre. Et la preuve, c'est qu'on en commet tous les jours de nouvelles.

Que conclure de ces clameurs furieuses qui poursuivent successivement les différents régimes? Le principe IV de ma *Politique Scientifique*, je l'ai déjà dit, nous dévoile, comme par un coup de synthèse, la raison d'être et le mécanisme intime des polémiques des partis :

« Tous les gouvernements sont composés d'hommes ».

Par suite, tous sont imparfaits, tous prêtent le flanc aux critiques.

XVIII

LE PLAN TROCHU

I. — Quand on jette les yeux sur une carte des environs de Paris, on reste confondu de l'audace des Prussiens osant, ayant à dos une ville de deux millions d'âmes, s'établir en toute tranquillité à l'ouest de cette ville, à Versailles, en plein pays ennemi, au risque, au cas d'une attaque un peu vigoureuse de la part des assiégés, de se voir couper les communications. Il y a là quelque chose d'étrange et d'inexplicable.

L'entourage du roi de Prusse et les princes allemands n'étaient pas sans avoir conscience du danger que courrait le quartier général, par le fait d'une sortie sérieuse des Français. M. de Wickède rapporte qu'un soir, comme on causait de cette redoutable éventualité à la préfecture de Versailles, le roi se tourna tout à coup vers M. de Moltke : « Eh bien, général, dit Guillaume inquiet, que pensez-vous? Si les Parisiens sortaient?

— Si les Parisiens sortaient, sire, répondit M. de Moltke, nous serions dans une situation terrible, mais — et il regarda M. de Bismarck, — MAIS ILS NE SORTIRONT PAS ».

Cette parole du chef de l'état-major général de l'armée allemande constitue, pour les hommes de l'Hôtel de Ville, le plus terrible des actes d'accusation. *Les Parisiens ne sortiront pas!* M. de Moltke en était donc bien sûr? Et c'est qu'en effet ils ne sont pas sortis!

Moltke et Bismarck étaient absolument certains que leur adversaire ne les inquiéterait pas. Cette certitude, qui avait pu la leur donner, sinon Jules Favre?

II. — Nous ne savons de l'entrevue de Ferrières que ce que ce dernier a bien voulu nous communiquer. Pourtant, en suivant les faits à la trace, et lisant entre les lignes du rapport du 21 septembre, il m'est facile de la reconstituer sous son véritable jour.

M. de Bismarck dit à Jules Favre : — « Vous n'avez plus d'armée; toute lutte contre nous est impossible. Trochu lui-même a taxé la défense de folie. Si Paris veut résister, s'il nous attaque sérieusement, nous le livrons à une subversion totale. Faites-vous appel à la Révolution? L'Allemagne fera appel à la Russie. J'ai là, sur cette table, un traité d'alliance avec cette puissance. Au premier signe, les Cosaques entreront en ligne et marcheront sur Paris pour y écraser le socialisme... Prenez-y garde! Mais non; je connais vos intentions et celles de Trochu; vous n'avez rien, vous ne voudriez avoir rien de commun avec les éternels ennemis de l'ordre. Je conviens que vous n'avez pas la possibilité de traiter et que, si vous parliez de capitulation en ce moment, les faubourgs se soulèveraient contre vous. Gagnez donc du temps; laissez l'enthousiasme se calmer et les vivres s'épuiser. Nous vous permettons quelques sorties de fantaisie pour masquer votre inaction et maintenir votre autorité et votre crédit. Insensiblement arrivera le moment psychologique. Venez alors me trouver; nous pourrons conférer avec fruit... Pour reconnaître votre bonne volonté, nous fermerons l'oreille aux propositions des prétendants; je m'opposerai dans les conseils de mes maîtres à une restauration impériale, laquelle serait grosse de menaces pour vous et Trochu ; et nous laisserons la France maîtresse de ses destinées, libre de conserver cette République que quelques aillards seuls, vous le savez, ont acclamée dans la journée du Quatre-Septembre. »

Au lieu de se redresser de toute la hauteur du patriotisme indigné, Favre fondit en larmes et répondit : « J'en référerai au Gouvernement ». Ses proclamations fanfaronnes ne furent que pour donner le change aux patriotes. En réalité, les négociations ne furent jamais interrompues.

III. — M. de Moltke avança, s'installa, s'organisa en toute tranquillité. Trochu, homme bien élevé, ne l'inquiéta que pour la forme. L'affaire de Châtillon, engagée avec des troupes démoralisées, devait amener les Parisiens à composition. Rappellerai-je le combat de Chevilly (30 septembre 1870), livré sous la pression de l'opinion publique? Pourquoi, lorsque nos troupes étaient maîtresses des positions assignées, Trochu ne leur envoya-t-il pas des renforts? Et s' n'en avait pas, pourquoi attaquait-il? Son devoir était de résister à l'opinion ou de se démettre plutôt que de sacrifier inutilement des centaines de braves gens.

Et le peuple, avec son jugement droit et son instinct admirable, ne se trompa point sur les hommes de Septembre. Il applaudit, le 5 octobre, Flourens traitant les Gambetta, les Simon, les Trochu, les Favre et les Ferry de *saltimbanques* et de *traîtres*. Moi-même, tout d'abord, et plus tard, dans la 1re Édition de la *Troisième République* (1880), je trouvai le mot dur. Aujourd'hui, à vingt ans de distance, tout étudié, tout pesé, la trahison m'apparaît avec une évidence irrésistible.

Écoutons Jules Claretie lui-même, cet écrivain à la solde des Ferry, des Simon et des Trochu :

« Trochu avait le tort, *l'immense tort*, de combiner, après de longues réflexions, des actions trop importantes, pour être des reconnaissances, trop peu menaçantes pour être de grandes batailles, au lieu de faire chaque jour, chaque nuit, quelque attaque, tantôt sur un point, tantôt sur un autre, et de lasser, s'il était possible, d'inquiéter en tout cas, d'alarmer l'ennemi. A ce moment du siège, les forces des Allemands, massées sous Paris, étaient assez faibles. Le général de Moltke n'avait à sa disposition que 160,000 hommes, 180,000 au plus, et le général Trochu pouvait facilement jeter sur un seul point de la périphérie un nombre au moins égal de combattants. Mais il fallait de l'énergie, de la décision, une volonté, une confiance que le général n'avait pas.

« En ce sens, l'exaltation de Flourens *eût été légitime* s'il eût simplement voulu stimuler la direction militaire et non s'y substituer.

« Le général Trochu ergotait et n'agissait pas. Dans les conseils du Gouvernement, à l'Hôtel de Ville, dans ce salon où, jusqu'à une heure fort avancée de la nuit, s'élaboraient les projets de la défense, M. Trochu parlait sans cesse. Éloquent, disert, d'une parole claire, correcte et abondante, il semblait vouloir prouver à la majorité d'avocats qui l'écoutait, qu'il pouvait être orateur et grammairien. C'était Vaugelas général. »

Encore un peu et Claretie va réhabiliter Flourens. Il convient, on le voit, que l'exaltation de ce dernier « *eût été légitime*... si au lieu de renverser Trochu il l'eût seulement *stimulé* ».

Mais c'est précisément ce que firent d'abord Flourens, Blanqui et les révolutionnaires! On ne parla de renverser Trochu et ses acolytes que lorsqu'on vit qu'on perdait son temps à les *stimuler*, et que toutes adjurations étaient inutiles.

IV. — Depuis le 8 octobre, les Parisiens comptent sur Gambetta parti en ballon pour la province. La province compte sur Trochu; et Trochu compte sur sainte Geneviève, la soi-disant patronne de Paris.

Nous voilà bien lotis!

Pour occuper les esprits, les forts lançaient de temps à autre quelques obus dans les bois de Saint-Cloud, de Ville-d'Avray et de Clamart. Ces obus faisaient l'admiration des nombreux badauds sans cesse en observation sur les hauteurs de Montmartre et du Trocadéro : « Quel gaillard, ce Trochu! Quelle vigueur dans la défense! Regardez! Le Mont-Valérien a encore tiré! » J'ai toujours eu l'idée que le commandant du fort, pour récompenser les curieux de leur attente, leur octroyait sur le tard quelques coups de canon. Et l'on rentrait dîner en disant : « Tout va bien! »

Bismarck, homme pratique, ne voyait, il l'a dit lui-même, dans ces volées intermittentes, qu'un *gaspillage inutile* de munitions. Les Prussiens, installés dans les splendides villas des environs de Paris, déjeunaient bien, dînaient mieux, buvaient sec. Versailles et Saint-Germain, que nous croyions en proie à une horrible famine, regorgeaient de provisions de toutes sortes. Le beurre le plus fin y valait cinquante centimes la livre; un chou-fleur s'y vendait un sou. Les produits de la Beauce et de la Normandie affluaient au quartier général. Jamais les mangeurs de choucroute ne s'étaient vus à pareille fête.

Pour tenir en respect les Parisiens, et faciliter la tâche des Trochu et des Ferry, Moltke avait jugé utile de faire un simulacre de siège. Il avait disposé sur les hauteurs, non sa grosse artillerie retenue sous les murs de Metz, mais des batteries de campagne absolument inoffensives. Quelques auteurs affirment même que, les canons manquant, Moltke ordonna de braquer des tuyaux de poêle!

Si Trochu, au lieu d'effleurer simplement l'épiderme de l'armée d'occupation, avait poussé un vigoureux coup de sonde, il aurait tout démoli. Je ferai observer, en effet, dès maintenant, que le Bourget, position importante, n'était pas gardé par les Prussiens, et qu'il suffit, à la fin d'octobre, d'une poignée de francs-tireurs pour s'en emparer. Si le Bourget n'était pas gardé, c'est que les Prussiens savaient n'avoir rien à craindre de Trochu. Il n'y a pas d'autre explication possible. Remarquons aussi que, lorsque le Bourget aura été enlevé par les francs-tireurs, Trochu montrera un vif dépit. Rien ne m'étonnerait qu'il eût fait présenter des excuses à M. de Moltke.

Frédéric-Charles était sûr de l'inaction de Bazaine à Metz.

Moltke était sûr de l'inaction de Trochu sous Paris.

V. — L'outre, le programme des sorties est toujours le même. La veille, des affiches apposées sur les murs annoncent pour le lendemain la fermeture des portes. Les commissionnaires, les porteurs d'eau, les frotteurs et les cochers de fiacre vous glissent à l'oreille, sous le sceau du plus grand secret, que *ça chauffera* à tel endroit. Ils savent combien d'hommes seront engagés et de quels régiments. Ils indiquent l'heure, la minute à laquelle on surprendra les Prussiens. Généralement, le soir, une proclamation du Gouvernement apprend aux citoyens « *que l'effort suprême est engagé!* »

Il est bien rare aussi que le général commandant la sortie ne lance pas un boniment et n'affirme qu'il ne rentrera que « *mort ou victorieux* ». Les naïfs seuls prennent ces phrases au sérieux.

Le grand jour est enfin arrivé. C'est d'abord, au matin, une grasse canonnade, en manière d'exorde, comme si l'on voulait avertir les Prussiens de se mettre en garde... ce à quoi ils ne manquent pas. Pendant que les forts tonnent avec beaucoup plus de fracas que d'efficacité, nos généraux procèdent à leur toilette et se lestent d'un premier déjeuner. Ils arrivent ensuite en retard de deux heures sur le lieu du combat; mais comme il s'est produit aux fortifications un horrible encombrement occasionné par le passage des équipages et du matériel de guerre, ils se trouvent encore en avance.

S'il y a une rivière à passer, comme à Champigny, on s'apercevra que les ponts préparés sont trop courts. L'affaire sera renvoyée. Ce sera même la seule fois où les Prussiens seront surpris... agréablement.

Il n'y aura alors d'envahis et de pris d'assaut que les restaurants des environs, où l'État-Major procède à un deuxième déjeuner.

VI. — Bon jeu, mauvais jeu, il arrivera parfois que, sur les dix heures du matin, nos troupes réussiront à entrer en ligne. Nos braves soldats renversent d'abord les obstacles. A onze heures, tout marche à merveille. Les mairies annoncent aux Bourgeois transportés d'enthousiasme que nos soldats attaquent avec entrain les positions assignées. A trois heures, ces positions sont conquises. A cinq heures, l'ennemi revient en force.

Dernière heure : « Confiance! Nos troupes tiennent bon ». Paris s'endort là-dessus.

Notez que depuis midi les positions ont été abandonnées devant des forces supérieures. Seulement les portes de Paris étant fermées, on ne sait que ce que le Gouvernement veut bien qu'on sache.

Bien souvent c'est par des journaux anglais ou allemands trouvés sur des morts ennemis que nous apprendrons la vérité sur un combat livré sous nos murs huit jours auparavant.

Le rapport du chef d'état-major général Schmitz est conçu dans le même style : « Attaque vigoureuse; entrain remarquable; positions enlevées; excellente attitude. Devant renforts reçus par l'ennemi, repliés en bon ordre. *But atteint.* P. O. Schmitz. »

Ainsi, nous nous replions constamment en bon ordre! Il vaudrait bien mieux qu'on avançât en désordre. Que dire aussi de ce « *But atteint?!* » Du moment que le but est atteint, il n'y a qu'à se prosterner devant Trochu. Malheureusement, à force d'atteindre le but, nous atteindrons aussi la capitulation, but final.

Quelquefois, les journaux annoncent pompeusement la prise de canons prussiens. Ainsi lors de la sortie du 21 octobre. C'était un succès d'*extra*. Vérification faite, c'est nous qui avions laissé deux pièces aux mains de l'ennemi.

Le lendemain, comme Paris est inquiet de voir rentrer nos troupes; comme ces misérables faubouriens seraient capables de venir hurler sur la place de Grève, interrompant ainsi le majestueux sommeil de Ferry, un pigeon arrive à point de la province et vient se poser sur la façade du Boccador. Il a sous l'aile une dépêche de Gambetta, que publient en dernière heure les journaux bien pensants : « La résistance de Paris remplit la France et le monde entier d'admiration ».

En vérité, peut-on songer à renverser un Gouvernement qui vous rend l'admiration de l'univers? Ce serait de la plus noire ingratitude. Le système du Gouvernement de Paris était de cacher à la province ses défaillances, et celui de la province de communiquer à Paris ses illusions.

L'*Électeur libre*, des frères Picard, imprima un jour : « Les Prussiens eux-mêmes reconnaissent que Trochu s'est bien conduit ». Je les en crois!

Je réfléchis cependant que Kléber et Jourdan, que les héros de Valmy et de Jemmapes ne reçurent jamais de compliments des Prussiens. Ils étaient traités par eux (et ils s'en faisaient gloire) de brigands et d'assassins; mais, en attendant, ils leur administraient les plus rudes défaites et les obligeaient de vider le territoire.

VII. — Le 13 octobre, sous les clameurs des patriotes de plus en plus irrités de l'inaction de Trochu, les hommes de l'Hôtel de Ville se résolurent à un simulacre de sortie.

Le général Blanchard, disposant quelques troupes en trois cobonnes, marcha sur Clamart, Châtillon et Bagneux. Ce dernier village, dont les maisons étaient crénelées, fut emporté par les mobiles de la Côte-d'Or, après une lutte acharnée. Le 1ᵉʳ bataillon de l'Aube, formé de recrues qui n'avaient jamais vu le feu, se montra aussi solide que de vieilles troupes. Pendant qu'on fouillait les rues de Bagneux, une balle, partie d'une fenêtre, atteignit le commandant du bataillon, M. de Dampierre, au-dessus de la boucle de son ceinturon. Le jeune héros tomba mortellement blessé. Au centre de l'action, nos soldats, cheminant de maison en maison, enlevèrent deux barricades et parvinrent jusqu'à l'église de Châtillon. Pour assurer le succès de la journée, il eût fallu des renforts. Trochu s'était donné garde d'en avoir.

Deux batteries ennemies se démasquent tout à coup, l'une près de la Tour-à-l'Anglais, l'autre au-dessus du village. Les masses prussiennes apparaissent sur les crêtes du plateau. La fusillade crépite dans les environs de Fontenay; l'artillerie allemande, arrivant au galop, soulève des flots de poussière sur les routes de Sceaux et de Versailles.

Châtillon devenait intenable. De toutes parts, à travers les vignes et les bois, les casques pointus se ruaient vers le village. En ce moment, quelques mitrailleuses nous eussent rendu de grands services. Elles ne purent gravir la pente qui mène au plateau. Il était impossible de résister plus longtemps. Nos soldats, la rage au cœur, abandonnent une à une les positions conquises.

Pendant la nuit, une immense lueur se montra à l'horizon du côté de l'Ouest : le château de Saint-Cloud était en flammes. Des obus, venant du Mont-Valérien, avaient mis le feu à ce palais dont l'ennemi avait fait un observatoire. Ainsi disparaissait à jamais un des repaires du pouvoir absolu ; ainsi s'écroulait l'édifice d'où était partie la déclaration de guerre à la Prusse.

VIII. — Le 27 août 1870, à six heures du matin, dans une des cours de l'École Militaire, un jeune homme était debout, calme, fier, à dix pas d'un peloton d'exécution : « Tirez, dit-il, pour la patrie !... » Il tomba. C'était Karl Harth, espion prussien, surpris dans les environs de Gien, au moment où il levait des plans pour l'état-major allemand. Quand j'avais appris son arrestation, une réflexion avait traversé mon esprit : « Est-ce que par hasard les Prussiens compteraient venir jusque-là ? » Ils y sont.

Le 11 octobre, le général bavarois Von der Thann était entré à Orléans. M. de La Motterouge, qui commandait l'armée de la Loire, a déclaré plus tard que la défense de cette ville lui avait paru impossible. Comme Trochu, il douta de ses soldats. Pourtant les 5700 hommes laissés à l'arrière-garde pour couvrir la retraite, montrèrent qu'on pouvait compter sur leur bravoure. Pendant quinze heures, ils soutinrent le choc de 40,000 Allemands et leur infligèrent des pertes énormes. Le chef du 6ᵉ bataillon de la légion étrangère, Arago, au milieu des rues, sous une grêle de balles, encourageait les siens, et comme Wellington à Waterloo disait : « Tenons ferme, mes enfants! » Une décharge plus furieuse des Bavarois l'abattit.

Maîtres d'Orléans, les Allemands, au nombre de 12,000, avec 24 pièces de canon, se portèrent vers l'Ouest. Châteaudun, ville ouverte, n'avait pour défenseurs que 300 francs-tireurs parisiens, 150 francs-tireurs de Nantes et de Cannes, et 600 gardes nationaux ou pompiers; à peine 1100 hommes. Mais Chabrillat, Lipowski et La Cécilia étaient à leur tête, et tous avaient fait d'avance le sacrifice de leur vie. Les Allemands, avant d'assaillir la ville, commencèrent par la bombarder. La lutte fut terrible. On se battit jusqu'à la nuit sur les barricades. Les obus avaient allumé de tous côtés des incendies. Refoulés par des forces supérieures, les derniers défenseurs se massent sur la place de l'église, et, environnés de flammes et de fumée, entonnent la *Marseillaise;* puis, fondant sur l'ennemi, un moment interdit par ce spectacle grandiose, ils s'ouvrent un passage à coups de baïonnette et s'éloignent par le faubourg Saint-Jean.

Efforts inutiles! Sacrifices sans espoir! L'inaction de Bazaine à Metz, celle de Trochu à Paris frappaient de stérilité ces généreux dévouements.

IX. — Ces graves événements étaient soigneusement tenus cachés aux Parisiens. Les hommes de Septembre ne nous servaient que des bribes d'informations. Ainsi Gambetta, à la date du 18 octobre, annonçait une « entreprise des Prussiens sur Orléans et une dysenterie du prince Frédéric-Charles, à Metz ». Or ce dernier n'avait jamais été malade, et Orléans était pris.

M. Édouard Portalis, ayant voulu briser la barrière de silence qui nous étreignait, fut décrété d'arrestation et enfermé à la Conciergerie, dans la cellule de Troppmann, l'assassin de Pantin. Son journal avait osé publier, d'après le *Standard*, des renseignements trop exacts sur l'état de la province. En outre, la *Vérité* s'était permis des questions indiscrètes. On ne questionne pas des Sauveurs; on se laisse sauver. Parlant de cette arrestation, le journal de Delescluze, le *Réveil*, s'écriait : « Nous voilà revenus aux beaux jours des procès politiques! M. Emile Ollivier doit se frotter les mains. Ces mêmes hommes qui lui reprochaient si amèrement ses sévérités contre la presse, se montrent plus sévères que lui. Même sous Bonaparte, il n'y avait pas de prison préventive pour les écrivains. Le Gouvernement de la Défense nationale a d'un seul coup dépassé les Rouher, les Pinard et les Ollivier. »

Ce ne fut qu'après quelques jours de détention qu'une ordonnance de non-lieu rendit M. Portalis à la liberté.

X. — L'échec de Bagneux et les révélations de la *Vérité* avaient rendu la Bourgeoisie elle-même inquiète. Pour la rassurer, Trochu adressa, le 16 octobre, au maire de Paris, une lettre dans laquelle il annonçait qu'il avait déposé son testament entre les mains de Mᵉ Ducloux, notaire; que, pénétré de la foi la plus entière dans un retour de fortune, il ne cédera pas à l'impatience publique.

« M'inspirant des devoirs qui nous sont communs à tous, et des responsabilités que personne ne partage avec moi, *je suivrai jusqu'au bout le plan que je me suis tracé, sans le révéler*, et je ne demande à la population de Paris, en échange de mes efforts, que la continuation de la confiance dont elle m'a jusqu'à ce jour honoré.

« Recevez, monsieur le maire, l'assurance de ma haute considération.

« *Le président du Gouvernement, gouverneur de Paris,*

« Général Trochu.

« 16 octobre 1870. »

Ainsi, ce soi-disant Sauveur a un plan qu'il ne communiquera à personne? Et si par hasard ce plan-là ne valait rien? Si ce prétendu Sauveur nous conduisait aux abîmes? Quel recours aurait-on contre lui? Bonaparte lui-même n'avait jamais osé le prendre de si haut avec nous. Trochu parle de sa responsabilité. Il nous la baille belle! Eh bien, il nous a perdus! En quoi a-t-elle consisté, sa responsabilité? Quel a été son châtiment? L'a-t-on fusillé? A-t-il passé en conseil de guerre comme Bazaine! A-t-il fait seulement semblant de se brûler la cervelle? Tandis que tant de braves gens, qui n'étaient certainement pas responsables, sont tombés sous les balles allemandes, et sont morts de froid, de faim ou de maladie, Trochu s'est tranquillement retiré à la campagne. A cette heure, le dos au feu, le ventre à table, dans sa rue Traversière, à Tours, il se dit, dans le calme d'une conscience satisfaite : « J'ai livré Paris aux Prussiens, c'est vrai ; mais je l'ai sauvé de la Révolution ».

Les officieux, le *Temps*, l'*Électeur libre* et le *Siècle*, trouvèrent naturellement la lettre de Trochu admirable de tous points. Ces feuilles dont les rédacteurs se ruaient en cuisine chez Brébant, n'admettaient pas qu'on pût critiquer le Gouvernement sans avoir de l'or prussien dans ses poches. Il fut *à peu près* prouvé que Deleseluze, Blanqui, Flourens et Félix Pyat, détracteurs de Trochu, recevaient tous les quinze jours, par l'intermédiaire des maraudeurs, leurs appointements de M. de Bismarck.

XI. — Du 13 au 20 octobre, l'historien n'enregistre que des engagements d'avant-postes, à Créteil, et des reconnaissances des éclaireurs de la Seine, du côté d'Epinay et de Gennevilliers. Parmi les tirailleurs qui s'illustrèrent dans ces circonstances, on distinguait le sergent Hoff. Encore un qui indisposait Bismarck et compromettait les négociations!

Le 21 octobre, une action plus importante en apparence, eut lieu sous le commandement du général Ducrot. Le général Berthaut, avec vingt bouches à feu, avait pour objectif le village de Rueil et le chemin de fer de Saint-Germain. Le général Noël, avec dix pièces de canon, devait opérer au sud du parc de la Malmaison; le colonel Cholleton, prenant position en avant de l'ancien moulin de Rueil, soutenait les deux colonnes de droite et de gauche.

Deux groupes de réserve étaient disposés, l'un à gauche sous les ordres du général Martenot, l'autre à droite, sous le commandement du général Paturel. Les éclaireurs Franchetti et les Francs-Tireurs de la Seine se tenaient à la disposition du général Ducrot.

A midi, les forts de Paris envoient des obus dans toutes les directions. Sur la ligne du Sud, les portes sont fermées et nos troupes se déploient entre Bicêtre et Vanves, sur la route stratégique. Le général Carrey de Bellemare fait une démonstration sur Gennevilliers et Colombes.

Les Prussiens, dans les bois, demeurent invisibles.

A une heure, l'artillerie Ducrot ouvre le feu sur toute la ligne, de Rueil à la ferme de la Fouilleuse. Le Mont-Valérien tonne dans toutes les directions de Montretout et de la Malmaison, criblant de projectiles les points supposés occupés par l'ennemi. Protégés par cette violente canonnade, nos tirailleurs et les têtes de colonne dépassent Rueil, et s'engagent au pas de gymnastique sur la route de Marly. Les troupes se mettent en mouvement et s'élancent vers la Malmaison, la Jonchère et Buzenval. Alors, des bois et des maisons, où les Prussiens sont restés embusqués, malgré les obus qui pleuvaient sur eux, partent de terribles décharges de mousqueterie. Elles n'arrêtent pas notre élan. Le village de la Malmaison est enlevé. Quatre mitrailleuses, sous les ordres du capitaine Granchamp, se portent en avant, pour soutenir l'action de nos troupes, et font un mal considérable à l'ennemi.

À l'aile gauche, les francs-tireurs de la compagnie Faure-Biguet, se jettent sur Buzenval, s'emparent du château et parviennent, sous bois, jusqu'au ravin de Saint-Cucufa. Un bataillon s'installe à la ferme de la Fouilleuse, et ses tirailleurs occupent même un moment la redoute de Montretout et les hauteurs de Garches.

Notre attaque avait été si impétueuse, que des fuyards s'étaient répandus jusque dans Versailles, semant la panique au quartier général allemand. Les aides de camp couraient effarés dans les avenues. Les officiers supérieurs en station devant le château, secouaient la tête, disant : « Ça va mal! » Le rappel bat, les soldats courent aux armes. Ordre aux cafés de fermer immédiatement ; défense aux habitants de sortir, sous peine de mort. Les bataillons allemands se massent sur la place d'Armes ; trois régiments de cavalerie, avec des trains de munition, s'ébranlent sur la route de Marly. Le roi Guillaume part en landau, accompagné des princes et de M. de Blumenthal. M. de Moltke lui-même monte à cheval et, suivi de dragons bleus, se dirige au galop vers le théâtre de la lutte.

Le canon de Ducrot et la fusillade se rapprochaient toujours. Les habitants, pleins d'espoir et tressaillant de joie, s'attendaient à tous moments à voir déboucher sur la grande avenue les Parisiens victorieux. À la tombée de la nuit, le bruit s'éloigna peu à peu pour s'éteindre tout à fait. L'arrivée de puissants renforts, la présence de M. de Moltke avaient changé la face des choses. Que pouvaient 12,000 Français contre le flot toujours croissant des ennemis ?

Nos soldats durent encore une fois reculer devant des forces supérieures. À la porte du Longboyau, la batterie du capitaine Nismes, surprise par une vive fusillade, perdit neuf canonniers et quinze chevaux. Un désordre s'ensuivit et deux pièces tombèrent aux mains de l'ennemi. Les Allemands, le soir à Versailles, avaient repris leur jactance habituelle. Les cafés regorgeaient d'officiers buvant du punch et sablant le champagne. L'alarme avait été chaude. La panique de l'état-major prussien, le départ précipité du roi et des princes, l'effarement de M. de Moltke qui, dit-on, avait déjà jeté, dans la rue, par les fenêtres de son appartement, ses papiers et ses dépêches, tout prouve qu'on ne s'était jamais attendu à une attaque aussi sérieuse de Trochu. M. de Moltke se figurait l'affaire plus grave qu'elle ne l'était en réalité. Peut-être croyait-il que la garde nationale tout entière donnait...

L'émotion avait été vive dans Paris pendant le cours de la journée. En entendant la canonnade, on se faisait illusion sur le nombre des soldats engagés et sur les intentions de Trochu. L'espérance rayonnait sur les fronts. A quatre heures de l'après-midi, le bruit courait que Ducrot bivouaquait sur la place d'Armes de Versailles. Une tristesse profonde envahit les cœurs à la vue de nos troupes rentrant par la porte Maillot. Les plus confiants se prirent à douter de Trochu et du Gouvernement. Nos soldats eux-mêmes, malgré leur désintéressement, sentaient un immense découragement se glisser dans leur âme. A travers l'encens que la presse républicaine leur brûlait sous le nez, ils voyaient clairement où l'on voulait en venir, et commençaient à se lasser d'une représentation dont ils étaient seuls à faire les frais.

XIX

LE PLAN BAZAINE

I. — Après la bataille de Mars-la-Tour, qui fut un succès pour les armes françaises (16 août 1870), le commandant en chef de l'armée du Rhin aurait pu facilement percer les lignes prussiennes et gagner la route de Verdun. Mais, comme je l'ai dit, il avait l'ordre formel du ministère de rester sous Metz. Une retraite aurait été mal interprétée par l'opinion, et aurait pu amener une révolution à Paris.

Les batailles que Bazaine livra n'avaient nullement pour but d'ouvrir un passage à ses soldats, mais seulement de retenir sur la Moselle les forces allemandes, de manière à permettre à Mac-Mahon de reformer son armée anéantie à Wœrth et de marcher ensuite vers le Nord. Si les avis qu'il adresse, le 17 au soir, à l'Empereur, par le commandant Magnan ; si la mission qu'il donne en même temps à l'intendant de Préval, d'aller préparer des vivres à Longuyon et sur la ligne des Ardennes, semblent témoigner du dessein de s'éloigner de Metz, le reste de sa conduite ne correspond pas à cette détermination. Ses ordres pendant les journées des 17 et 18 indiquent quelles étaient ses véritables intentions. S'il eût été réellement dans la pensée du maréchal de reprendre sa marche vers l'intérieur, tout l'intérêt de la position eût été pour lui à la droite de son armée. Or, attaqué le 18 août par le roi Guillaume et le général de Moltke, il laisse écraser sa droite à Saint-Privat. Vainement le 6ᵉ corps opère des prodiges de bravoure. Vainement Canrobert, descendu de cheval, met l'épée à la main et charge à la tête de ses soldats. Les bataillons ennemis, en rangs serrés, enlèvent le plateau et en chassent les Français. La garde impériale, dont la présence aurait pu décider le succès en notre faveur, était retenue à Plappeville, où Bazaine déjeunait tranquillement en compagnie du curé. Nos réserves n'arrivèrent que pour assister à la déroute du 6ᵉ corps.

Jusqu'au 31 août, Bazaine resta inactif, se laissant investir. Ce jour-là, à quatre heures du soir, l'armée s'ébranla. Le maréchal avait eu bruit de la marche de Mac-Mahon et il faisait une démonstration pour occuper les Prussiens sous Metz. La division Montaudon emporta le village de Franville ; le 4ᵉ corps s'empara de Serquigny.

Le 1ᵉʳ septembre, à la pointe du jour, le prince Frédéric-Charles attaqua. Nos soldats, sans commandement, sans direction, se replièrent en bon ordre. Ce fut la dernière des opérations de Bazaine.

II. — Le 6 septembre, il connut le désastre de Sedan et la chute de l'Empire. Maître de la dernière armée de la France, il conçut le projet de se créer une situation indépendante et de faire servir cette armée à l'édification de sa fortune. Alors il engagea avec la diplomatie prussienne un duel de machinations et d'intrigues où il fut complètement battu. Il s'était bénévolement figuré qu'on lui laisserait quitter Metz pour aller rétablir l'ordre en France. Dans une note qu'il remit le 12 octobre au prince Frédéric-Charles, il faisait remarquer « que l'action d'une armée française encore toute constituée pèserait d'un poids immense dans les circonstances actuelles, et *donnerait des garanties à la Prusse* ». Ainsi Bazaine à Metz, Trochu à Paris n'avaient d'attentions que pour l'ordre.

Aveugles, qui ne voyaient pas que le plus sûr moyen de sauver l'ordre était de marcher sur les Prussiens ! Insensés, qui se jouaient du patriotisme des soldats et des citoyens et ne comprenaient pas que la meilleure manière d'édifier leur fortune était de lutter jusqu'au bout. Vaincus, ils étaient encore grands.

III. — M. de Bismarck était un trop fin politique pour laisser sortir ainsi l'armée de Metz. En admettant, — ce que je n'admets pas, — que Canrobert et Lebœuf eussent prêté la main à Bazaine, leurs soldats ne les auraient pas suivis. Une fois au courant des événements, quand ils auraient appris la résistance de Paris et la formation d'une armée sur la Loire, ils se seraient débandés de tous côtés et seraient allés se ranger sous la bannière de Chanzy. Voilà ce que le rusé Chancelier prussien envisageait parfaitement. Et d'ailleurs, quel fondement faire sur un homme qui trahit déjà son pays ? En relation constante avec l'état-major du prince Frédéric-

Charles, Bazaine en acceptait les services les plus compromettants. Les Prussiens lui faisaient passer ses journaux et se chargeaient de sa correspondance privée. On rivalisait de part et d'autre de bons procédés. Les Allemands ne pouvaient être trop aimables pour un général qui, s'il l'avait voulu, aurait pu retenir sous Metz un demi-million d'hommes. S'il n'avait été sûr de Bazaine, Moltke n'aurait pu s'aventurer sous Paris, laissant sur ses derrières une des premières armées du monde, appuyée sur une des plus fortes places de l'Europe.

Le 18 septembre, à Ferrières, M. de Bismarck demandait ironiquement à Favre : « Etes-vous sûr de Bazaine ? Pensez-vous qu'il se battra vaillamment pour la République ? » Et comme Favre protestait niaisement, M. de Bismarck ajouta : « Je puis vous affirmer que Bazaine ne vous appartient pas ». Bismarck avait raison : Bazaine lui appartenait.

On le voit, le succès définitif de nos ennemis, à Metz comme à Paris, est moins le fait des habiles manœuvres de leur état-major, que des savantes intrigues et des mystérieuses machinations de M. de Bismarck. Voilà qui rapetisse singulièrement la gloire des légions allemandes, et rend à nos braves soldats tout leur prestige, toute leur valeur morale, car il n'y a jamais eu de honte à succomber à la trahison.

IV. — Bazaine, cédant à l'impatience de ses troupes et aux excitations patriotiques de la population, fit, au commencement d'octobre, un simulacre de sortie sur Peltre et livra les combats stériles de Ladonchamp. Il occupait l'armée à élever des retranchements que jamais les Prussiens ne songèrent à attaquer. Quand les Messins se plaignaient de son inaction, Bazaine leur répondait : « Ayez confiance dans ma loyauté ! » Ainsi Trochu disait aux Parisiens, sur le même ton : « Ayez confiance dans mon plan ! »

A un notable de Metz, qui lui parlait de se défendre un peu plus énergiquement et de faire son devoir, sinon pour la République, du moins pour la France, Bazaine répondit : « Ah çà ! vous avez donc du patriotisme, vous ? » Quelle outrecuidance, en effet. Bazaine aurait dû faire fusiller l'insolent.

Jusqu'à la fin du siège, les conseils de guerre jugèrent au nom de l'Empereur.

Parlerai-je maintenant de Régnier, cet agent mâtiné de germanisme et de bonapartisme, qui amusa Bazaine avec des photographies ? De la venue à Versailles, dans la voiture même du roi Guillaume, du général Boyer ? L'historien doit-il aller patauger dans cette boue ? Quels enseignements pourrait-il y recueillir ? La magnifique armée de Mars-la-Tour et de Gravelotte était dans le plus affreux dénûment. Nos soldats, déguenillés, sans vivres, en étaient réduits à aller mendier leur pain aux Prussiens, qui leur en donnaient. Une nuit, ces derniers étant mal disposés envoyèrent aux maraudeurs une volée de balles qui en tua une vingtaine : triste fin pour les braves d'Inkermann et de Solférino!

Le 27 octobre 1870, au château de Frescaty, fut signé le protocole de la capitulation : 180,000 hommes étaient faits prisonniers de guerre; les munitions, les armes, les canons, les drapeaux même étaient livrés par Bazaine à l'ennemi.

« Grâces soient rendues à la Providence! » s'écria le roi de Prusse à la nouvelle de la chute de Metz. L'ingrat! Il oubliait de rendre grâce à Bazaine, à Trochu et à Jules Ferry.

V. — Le 28 octobre au matin, le bruit de la capitulation se répandit dans Metz. La vieille cité se remplit de clameurs. De tous côtés des rassemblements tumultueux se formaient où l'on qualifiait avec indignation la conduite du chef de l'armée et où l'on discutait les mesures à prendre pour empêcher la consommation du crime. De longues files de citoyens parcouraient la ville, en criant : « Aux armes ! » et tirant de distance en distance des coups de revolver. Une partie de la population, conduite par plusieurs officiers, se dirige vers l'hôtel de la division, dans le but de faire entendre au général Coffinières, gouverneur de la place, certaines vérités qu'on voulait qu'il redit au commandant en chef, dont il avait été le complice. En arrivant près de la division on s'aperçut que M. Coffinières avait fait prudemment occuper par la troupe les rues avoisinantes.

A la cathédrale, quelques hommes brisent, à coups de hache, la porte qui conduit au clocher et font entendre la voix grave de la Mutte, à laquelle donne la réplique la cloche des incendies, sonnant le tocsin. Il semblait que ce duo lugubre vint apporter à la cité l'annonce de ses funérailles.

Averti de ce qui se passait, Bazaine, qui avait passé toute la matinée à faire ses préparatifs de départ et à distribuer croix et galons, eut peur que la population affolée n'essayât de se venger sur lui et sur son entourage de la trahison qui la livrait à l'ennemi. Il resta enfermé au quartier général. Vers la fin de la journée, le calme se rétablit dans la ville; la population se retira; aux agitations de la rue succéda un silence de mort.

Le lendemain, dès l'aube, sur un terrain détrempé, nos soldats, grelottant sous la pluie battante, pâles d'angoisse, attendent le signal du départ. Les officiers sont là qui font leurs derniers adieux à leurs hommes... Et les mains échangent une suprême étreinte, avant la séparation. Bazaine a fui en calèche au milieu des malédictions. Près d'Ars-sur-Moselle, des femmes le poursuivent à coups de pierre.

A midi, le drapeau blanc et noir est hissé sur les forts. Une demi-heure plus tard, l'avant-garde prussienne se présente à la porte Mazelle et pénètre dans la ville.

C'est à travers des rues désertes et silencieuses que passe le vainqueur. La cité n'est plus qu'une immense nécropole; les magasins sont fermés, les volets clos; à quelques fenêtres flottent des drapeaux tricolores surmontés d'un crêpe, et sur la place d'Armes où l'avant-garde allemande vient camper, la statue de Fabert se dresse, couverte d'un long voile noir.

XX

LE BOURGET

I. — Metz pris, Orléans au pouvoir des Allemands, Belfort assiégé et Paris investi, la partie était perdue, à moins d'un de ces gigantesques efforts comme on en rencontre quelquefois dans l'histoire. La Grèce dans l'antiquité, l'Espagne au commencement de ce siècle, ont montré de quels prodiges était capable l'exaltation patriotique. Le pays est ruiné pour cinquante ans peut-être, mais le sol national est intact, et l'envahisseur, harcelé de tous côtés, est forcé de l'évacuer.

Au moment où nous sommes parvenus, l'immense majorité des Français, ne voyant à leur tête que des rhéteurs sans mandat, doublés d'hommes d'État de cabaret, ne se souciaient nullement de poursuivre jusqu'au bout une lutte aussi formidable.

Le mieux aurait donc été de traiter, et même de traiter à tout prix... ce à quoi d'ailleurs il faudra en arriver quelques mois plus tard. Mais pour traiter, il était nécessaire que Paris, centre de la résistance, consentît à mettre bas les armes. Or, justement, le peuple de Paris était prêt à tenter le suprême effort dont nous parlions tout à l'heure : il voulait pousser la résistance jusqu'aux extrêmes limites; il entendait tenir jusqu'au dernier morceau de pain.

Quand Jules Favre et consorts s'étaient saisis du pouvoir au Quatre-Septembre, ils avaient compris qu'il fallait de toute nécessité légitimer et racheter leur usurpation, accomplie en face de l'ennemi, sinon par la victoire, du moins par une résistance héroïque; et ils s'étaient parés du titre pompeux de « Gouvernement de la

Défense nationale! » Ils avaient tout d'abord déclaré, aux applaudissements des patriotes, « qu'ils ne céderaient ni un pouce du territoire ni une pierre des forteresses ». Le Peuple avait pris au sérieux ces hautaines affirmations. Pouvait-on lui en faire un crime?

II. — Le 26 octobre, Henri Rochefort, accompagné de Flourens et du capitaine Croëz, montait à Belleville pour se mettre en communication avec ses électeurs et fraterniser avec eux. Dans le trajet, on parla de Bazaine : « Nous ne comptons guère sur lui, dit le député de Paris; il n'a pas répondu à une seule de nos dépêches. Il a même envoyé un aide de camp à Versailles pour traiter de la reddition de Metz au nom de l'Impératrice. »

Averti le soir par Flourens, Félix Pyat fit insérer en tête du *Combat*, les lignes suivantes encadrées de noir :

« Fait vrai, que nous dénonçons à l'indignation de la France comme une haute trahison : le maréchal Bazaine a envoyé un colonel au roi de Prusse, pour traiter de la reddition de Metz et de la paix, au nom de Napoléon III ».

La colère des Parisiens, à la lecture de ces lignes, fut au comble non contre Bazaine ou Trochu, mais contre Félix Pyat, qui troublait leur quiétude. Des gardes nationaux se portèrent à son imprimerie. Averti à temps, le directeur du *Combat* put sortir par une porte dérobée. Le *Siècle*, qui s'était fait remarquer sous l'Empire par son ardeur à revendiquer toutes les libertés, même celle de la presse, demandait la tête de Félix Pyat. Voilà donc l'idéal de ces républicains qui ont passé leur vie à attaquer le pouvoir absolu! A la première escarmouche, ils réclament la cour martiale.

Faute de pouvoir exécuter le directeur, on exécuta le journal. Boulevard Montmartre, on fit des autodafés avec des numéros du *Combat*. Si Félix Pyat, au lieu d'annoncer la trahison de Bazaine, avait imprimé qu'il accourait sur Paris à marches forcées pour nous délivrer, on lui aurait fait une magnifique ovation. Même la nouvelle reconnue fausse, il n'en aurait pas moins conservé un reflet de bon citoyen et d'homme d'ordre bien intentionné.

III. — Le *Journal officiel* du 28 octobre 1870 reproduisit l'article du *Combat* et le fit suivre de ce commentaire :

« L'auteur de ces tristes calomnies n'a pas fait connaître son nom. Il affirme que le Gouvernement trompe le public en lui cachant d'importantes nouvelles et que LE GLORIEUX soldat de Metz déshonore son épée par une trahison.

« Nous donnons à ces deux *inventions* le démenti le plus net. L'opinion flétrira, comme ils le méritent, ces prétendus patriotes dont le métier est de semer les défiances en face de l'ennemi.

« Nous savons que loin de songer à la félonie qu'on ne rougit pas de lui prêter, le maréchal Bazaine n'a cessé de harceler l'ennemi par de *brillantes sorties.* »

Nos gouvernants sont pris, cette fois, en flagrant délit de mensonge. Au moment même où Bazaine capitule, le *Journal officiel* de la République française (rédigé par les Favre, les Simon et les Ferry, parfaitement au courant de la trahison du maréchal) l'appelle « GLORIEUX SOLDAT ! »

Que dire aussi de M. Rochefort qui, au courant, comme on l'a vu, de la trahison de Bazaine, laisse passer, sans protester, d'aussi odieuses calomnies ? Quand on avait conduit violemment, la veille, à l'Hôtel de Ville, Odilon Delimal, le secrétaire de la rédaction du *Combat*, Rochefort était entré dans une colère terrible. Il nia qu'il eût rien dévoilé à Flourens. Il tonna contre Félix Pyat : « Il faut faire un exemple de tous ces Prussiens de Paris ! » dit-il. Ferry et Trochu furent obligés de le calmer. On rapporte que M. Jules Simon, stupéfait du cynisme de M. Rochefort, sourit, et se tournant vers son collègue Garnier-Pagès : « Quel comédien ! » dit-il. Lors Garnier-Pagès : « Ce matin même, Rochefort, furieux que Flourens eût dévoilé sa conversation sur la capitulation de Metz, conseillait à Trochu de le faire arrêter et passer par les armes. »

On lit dans le *Paris livré*, de Flourens, page 122 : « A l'Hôtel de Ville, on trouva Rochefort. *Celui-ci s'emporta contre Félix Pyat, bien innocent* pourtant de la trahison de Bazaine. » Et M. Rochefort qui, en 1890, ose se réclamer de Flourens qu'il a joué indignement !

Deux jours après, il fallut bien s'exécuter. Voici en quels termes le *Journal officiel* annoncera la chute de Bazaine :

« Paris, le 30 octobre 1870.

« Le Gouvernement vient d'apprendre la douloureuse nouvelle de la reddition de Metz. Le maréchal Bazaine et son armée ont dû se rendre après d'HÉROÏQUES EFFORTS, que le manque de vivres et de munitions ne leur permettait plus de continuer. Ils sont prisonniers de guerre. »

De pareilles manœuvres de la part d'un Gouvernement échappent à toute qualification. Ainsi, pour faire pièce à Félix Pyat, on fait de Bazaine un héros !... Et cela, jusqu'au dernier moment ; après le crime consommé !...

La manœuvre des gouvernants est claire. S'ils avaient aussi soigneusement dissimulé la prise d'Orléans par les Allemands et l'inaction de Bazaine, c'est qu'ils accumulaient ces mauvaises nouvelles pour les lancer toutes à la fois, au moment opportun, et abattre le courage des Parisiens. La révélation du *Combat* faisait avorter ce beau plan ; le courant patriotique reprenait avec plus de force. Dans une réunion tenue ce soir-là rue Aumaire, l'ancien tribun de 1848, le Père du Suffrage universel, Ledru-Rollin, dans un langage enflammé, se prononça pour la Commune : — « C'est la grande Commune, s'écria-t-il, d'une voix dont l'âge n'avait pas affaibli la puissance, c'est elle qui a sauvé de l'étranger le sol sacré de la patrie ! »

IV. — Autre incident :

...Tandis qu'au procès on travaille,

ce même jour, 28 octobre, au matin, les francs-tireurs de la Presse, conduits par le commandant Rolland, enlèvent, par un hardi coup de main, le village du Bourget. A la tombée de la nuit, les Prussiens revinrent en force et attaquèrent à la baïonnette. Reçus par les mobiles des Batignolles, ils s'enfuirent en laissant sur le terrain leurs morts et un officier blessé.

La population parisienne tressaillit à ce succès inespéré. Ainsi, au moment où le Gouvernement avait tout disposé pour submerger Paris sous un flot de mauvaises nouvelles ; à l'heure où, dans la coulisse, le bourgeois Thiers, l'armistice avec ravitaillement à la main, se préparait à faire son entrée par Auteuil à la tête de trente mille bœufs et de quatre cent mille moutons, un succès apparaissait à l'horizon. C'était jouer de malheur.

Trochu ne put dissimuler son dépit qu'on eût ainsi vaincu sans son ordre. Il fit cependant contre mauvaise fortune bon cœur et convint « que la prise du Bourget élargissait le cercle de notre occupation au delà des forts, donnait de la confiance à nos soldats et augmentait les ressources en légumes de la population ». Les francs-tireurs et les mobiles, cantonnés au Bourget, demandaient à grands cris des renforts pour se maintenir contre un retour offensif inévitable des Prussiens. Trochu se refusa à leur en envoyer. Bien plus, l'intendance les laissa deux jours sans munitions et *même sans vivres*, sous prétexte que le Bourget n'était pas *porté sur les livres !*

De deux choses l'une, pourtant : ou le Bourget, bon à prendre, était également bon à garder, et alors il fallait y concentrer des troupes et de l'artillerie, ou bien cette position était inutile à la défense, et dans ce cas, après le brillant coup de main des francs-tireurs, il fallait la faire évacuer.

V. — Moltke et Bismarck comprirent qu'il était de la dernière importance de ne pas laisser les Parisiens sur un succès déjà considéré par eux comme le commencement de la revanche et la première étape d'une vigoureuse marche offensive. Et dans la nuit du 29 au 30, l'état-major allemand fit masser autour du Bourget des forces considérables, avec ordre de s'emparer à tout prix de cette position. Les forts de l'Est et d'Aubervilliers, apercevant vers trois heures du matin, les fusées que s'envoyaient en guise de signaux les différents corps prussiens, lancèrent des obus dans les directions indiquées, sans pouvoir arrêter les mouvements de l'ennemi. A sept heures, les Allemands, qui avaient travaillé toute la nuit, démasquent à 600 mètres du village une batterie de vingt pièces de canon et ouvrent sur la barricade de la grand'rue un feu roulant d'obus et de mitraille. En même temps, à droite et à gauche du Bourget, s'avancent de fortes colonnes d'infanterie, avec l'intention évidente de cerner nos défenseurs et de couper leur ligne de retraite sur Saint-Denis et Aubervilliers.

Qu'avions-nous à opposer à cette attaque de 20,000 hommes et de 50 canons, attaque, notons-le, prévue depuis trente-six heures? Une mitrailleuse, dont les cartouches noyées par la pluie ne purent servir; quatre pièces de campagne qui, au bout de dix minutes, durent se retirer précipitamment devant la puissante artillerie allemande. Comme effectif, deux bataillons de mobiles, le 12ᵉ et le 14ᵉ, une partie du 28ᵉ de marche et un détachement des francs-tireurs de la presse. A peine 3500 hommes, d'ailleurs brisés de fatigue, ayant passé deux nuits sous la pluie et dans la boue, et laissés *sans vivres* depuis quarante-huit heures.

Malgré tout, sitôt les premières décharges de l'ennemi, chacun fut à son poste. On comptait recevoir des secours du général Carrey de Bellemare, commandant la place de Saint-Denis. Il resta immobile dans ses positions. Bien plus, des combattants du Bourget m'ont affirmé que vers neuf heures du matin des obus venant du fort d'Aubervilliers éclatèrent au milieu d'eux. Une certaine panique se produisit, et nombre des nôtres, se voyant pris entre deux feux, se jetèrent sur la route de Paris. Les francs-tireurs et les vaillants mobiles des Batignolles, en dignes descendants des volontaires de 92, restèrent quand même dans leurs lignes, et sous la conduite des commandants Brasseur et Baroche se tinrent prêts à repousser l'attaque corps à corps des Allemands. Elle ne se fit pas attendre.

A neuf heures, l'artillerie ennemie cesse son feu, et la garde royale, régiment Reine-Élisabeth, musique en tête, enseignes déployées, s'élance à l'assaut de la grande barricade de la rue de Lille.

Reçus par une vive fusillade, les Prussiens se retirent derrière leurs canons. Bientôt, plus furieux, ils reviennent à la charge et, après deux heures d'une lutte acharnée, restent maîtres de la position. A droite du village, le commandant Baroche résistait avec une poignée d'hommes et, malgré des sommations réitérées, refusait de se rendre. Une volée de mitraille le renversa au milieu des siens.

Les derniers défenseurs du Bourget s'étaient réfugiés dans l'église et de là faisaient feu sur l'ennemi. Il fallut amener du canon et enfoncer les portes de l'édifice à coups de boulets pour avoir raison de ces héroïques lutteurs. Quand le commandant Brasseur, prisonnier, parut sur le seuil de l'église, les officiers prussiens se découvrirent devant ce brave.

VI. — Nous perdions dans cette journée plus de 1300 hommes tués, hors de combat ou faits prisonniers. Le quartier des Batignolles fut en deuil. Les Allemands n'avaient pas été moins éprouvés.

Et pendant que, dans son ordre du jour daté de Gonesse, le prince Auguste de Wurtemberg rendait un hommage, sérieux cette fois, au courage de nos soldats, Trochu osait flétrir « une troupe qui, après avoir surpris l'ennemi, avait manqué de vigilance et s'était laissé surprendre à son tour ».

Ainsi il ne suffisait pas au Gouverneur d'avoir laissé écraser les Parisiens, il leur jetait l'insulte!

M. Jules Claretie lui-même, l'historiographe patenté des gens de Septembre, ne peut s'empêcher de protester : « Il faut bien avouer, dit-il (*Hist. de la Révolution de* 1870, p. 323) que certains gardes mobiles, et parmi eux des officiers mêmes, furieux de se voir sans pain, brisés de fatigue, épuisés, quittèrent le Bourget sans ordre et retournèrent à Aubervilliers. C'est, sans doute, en pensant à ceux-là que le général Trochu a cru devoir flétrir les mobiles du Bourget ; mais s'il y avait parmi eux quelques déserteurs coupables, il y eut de courageux, d'intrépides soldats, et le général Trochu n'eût pas dû l'oublier. »

Ah! maître Claretie, vous convenez que « *Trochu n'aurait pas dû l'oublier!* » Il l'oublia pourtant; et l'ayant oublié, il aurait dû être châtié pour une telle insulte. Cependant, lorsque, le lendemain, le peuple indigné voudra renverser Trochu, Rochefort et leurs complices, c'est contre le peuple, c'est contre Blanqui que vous fulminerez.

VII. — M. Jules Simon en prend à son aise avec le combat du 30 octobre. « L'affaire du Bourget, dit-il avec désinvolture, dans sa *Défense Nationale*, p. 111, *une grande affaire!* Une bicoque sans importance que *la marine* avait prise sans trop d'utilité quelques jours auparavant et que nous venions de perdre. *Cet incident insignifiant* prenait une grande portée dans les imaginations. Nous avions avancé, *nous reculions* ».

Nous reculions! La chose paraît toute naturelle à ce rhéteur. Simon appelle en outre « incident insignifiant » un combat dans lequel les Français perdaient plus de 1300 hommes et les Prussiens, de l'aveu même du roi Guillaume, deux colonels, 34 officiers et 449 de leurs meilleurs soldats. Voilà qui donne la mesure de la bonne foi et du patriotisme des gouvernants de la Défense!

Et voilà l'homme qui trône aujourd'hui à l'Académie Française; devant qui s'incline le monde officiel! Voilà le traître auquel l'arrière-petit-fils du glorieux héros de Brissarthe, le duc d'Aumale, est allé d'abord serrer la main en revenant de l'exil! O politique! de quelles compromissions n'es-tu pas cause?

VIII. — Un an après ces terribles événements, le 30 octobre 1871, une imposante cérémonie commémorative avait lieu au Bourget. Le peuple de Paris accourait. L'émotion était dans toutes les poitrines. On foulait un sol sacré, arrosé du sang des combattants. Ici, la rue de Lille et la grande barricade défendue par les mobiles. A cette place, tomba le commandant Baroche. Voici l'église démantelée, sanctuaire d'un grand souvenir! Là-bas, sous l'herbe de la prairie, dorment ces vaillants Parisiens qui tinrent deux jours en échec, eux, une poignée de recrues, les troupes aguerries de Guillaume...

L'exécuteur des basses vengeances de Trochu, l'homme qui avait laissé massacrer froidement, sans les secourir, les soldats du commandant Brasseur et les mobiles de Baroche, le général Carrey de Bellemare, osa se présenter devant la fosse où reposaient les cadavres de ses victimes. La foule le couvrit de huées. Pâle, le front ruisselant de sueur, les yeux hagards, il balbutia, au milieu des poings menaçants, une explication embarrassée :

« Messieurs!... (*A bas le capitulard!*) Messieurs! (*A bas le complice de Trochu!*)... Écoutez-moi... Messieurs... Un concours inouï de circonstances fatales... a paralysé mes efforts, et mis à néant mes dispositions... Cette malheureuse affaire a été l'objet d'appréciations erronées... Mon rapport officiel n'a jamais été publié; *esclave de la discipline, je me suis abstenu de faire connaître la vérité sur laquelle mes chefs se taisaient; mais un jour viendra où je pourrai, en dehors de toutes les passions du moment, la divulguer tout entière* »......

Il y a vingt ans que ces paroles ont été prononcées. On attend encore la justification promise. Elle ne viendra jamais... Il n'y en a pas de possible. M. Carrey de Bellemare, au 30 octobre 1870, a vu parfaitement clair dans le jeu de Trochu. En ne dénonçant pas ce misérable à l'indignation générale, en prêtant les mains à ses louches manœuvres, il a manqué sinon à son devoir de soldat, du moins à son devoir de patriote.

XXI

LE TRENTE ET UN OCTOBRE

I. — La soirée du 30 octobre fut très agitée. La reprise du Bourget par les Prussiens, l'écrasement des mobiles des Batignolles, la mort du commandant Baroche, et la nouvelle, certaine cette fois, de la capitulation de Metz avaient provoqué dans la Cité une émotion comparable à celle du 4 septembre 1870, le désastre de Sedan connu. Les hommes de l'Hôtel de Ville, réunis dans le salon bleu, se regardaient consternés, s'attendant d'un moment à l'autre à voir paraître devant eux le peuple irrité. Ils passèrent ainsi la nuit dans les plus terribles angoisses.

Avant le jour, le Gouvernement fit apposer à la hâte deux affiches. La première annonçait l'arrivée de M. Thiers, muni d'un sauf-conduit de l'état-major allemand :

« L'Angleterre, l'Autriche, la Russie et l'Italie se sont ralliées à une idée commune. Elles proposent un armistice qui aurait pour objet la convocation d'une Assemblée nationale. »

La deuxième avait trait à la capitulation de Metz :

« Le Gouvernement vient d'apprendre la douloureuse nouvelle de la reddition de Metz. Le maréchal Bazaine et son armée ont dû se rendre, *après d'héroïques efforts*. Cette cruelle issue d'une lutte de trois mois n'abattra pas notre courage. »

Et la note du *Combat* du 27 octobre? Elle était donc exacte? Que signifiaient alors ces exclamations d'indignation de la part des Trochu, des Ferry, des Hébrard contre Félix Pyat? Il ressort de toute cette affaire que les hommes de l'Hôtel de Ville se jouaient indignement de la population parisienne... Et quelque chose de l'infamie de Bazaine rejaillit sur leurs personnes. D'ailleurs, ne faisant pas leur devoir à Paris, ils sentaient qu'ils n'avaient pas qualité pour flétrir l'homme de Metz.

Dans toute cette guerre, les républicains du Gouvernement prodigueront l'éloge à jet continu. Uhrich, Denfert, Bazaine, Ducrot, Vinoy, Trochu, dans les proclamations officielles, passeront successivement preux des temps antiques. La moindre échauffourée sera grandie à l'égal d'une victoire éclatante. Piteux avocats! Après avoir, sous l'Empire, jeté l'injure aux traîneurs de sabre, ils en étaient réduits, par peur du Peuple et de la Révolution, à s'abriter derrière eux. Et pour les gagner à leur cause, ils proclament héros incomparables une troupe de généraux avides de capitulations.

La première et glorieuse République frappait non seulement les généraux suspects, elle frappait même les incapables. La troisième décerne des couronnes aux traîtres.

II. — Le 31 octobre, au petit jour, des groupes se forment devant les affiches. C'est la stupéfaction chez les uns, l'indignation chez les autres: « Ils se démasquent donc enfin ces hommes que Paris nomma avec enthousiasme en 1869 et qu'il porta au pouvoir au Quatre-Septembre? Qu'avaient-ils besoin de renverser l'Empire? Qu'ont-ils fait que Bonaparte n'eût fait comme eux? Eût-il choisi d'autres généraux que Trochu, Vinoy et leurs états-majors? N'aurait-il pas essayé d'avoir la paix en envoyant un ambassadeur à Bismarck? Ne se serait-il pas refusé aux monstrueuses exigences de la Prusse? N'aurait-il point, tout comme un autre, perdu les batailles autour de Paris? N'aurait-il pas supprimé des réunions et arrêté des journalistes?... Gouvernants de hasard, ils ont refusé des armes aux patriotes, se sont opposés à la levée en masse, ont marché de mensonge en mensonge et de calomnie en calomnie, ont persécuté les bons citoyens et fait inutilement massacrer des soldats. Et pourquoi? Pour jouir, à la faveur de la paix, des bénéfices du pouvoir. Metz, dupé et affamé par Bazaine, vient de se rendre; nous-mêmes, bernés par Favre et Trochu, capitulerons bientôt. Qu'est-ce en effet que l'armistice dont on parle, sinon la préface d'une honteuse capitulation? Croit-on Bismarck assez sot pour nous accorder le ravitaillement? La Commune seule peut désormais nous sauver! A bas les avocats! A l'Hôtel de Ville!... »

MM. Robinet, maire, et André Rousselle, adjoint au VI° arrondissement, firent dans la matinée placarder sur les murs de leur quartier une protestation qui, venant d'hommes modérés, n'en était que plus significative :

PEUPLE FRANÇAIS!

Pendant que Châteaudun se fait écraser, Bazaine capitule!
Cette dernière honte doit ouvrir nos yeux.
Nous sommons le Gouvernement de la Défense nationale :
1° De déclarer hors la loi Bonaparte;
2° De destituer et d'emprisonner les généraux qui, par incapacité ou trahison, ont causé nos derniers désastres, et de prendre les mêmes mesures dans toutes les administrations;
3° De repousser absolument toute proposition d'armistice et de lever en deux bans toute la population mâle de Paris.

Que, si le Gouvernement refuse de prendre les mesures révolutionnaires que réclame la situation, il donne en masse sa démission pour jeudi 3 novembre prochain.

Dans cet intervalle, le peuple de Paris avisera à le remplacer.
La victoire ou la mort! Vive la République!

Le comité révolutionnaire du VI° arrondissement.

Approuvé :
ROBINET, *maire*.   ANDRÉ ROUSSELLE, *adjoint*.

III. — Il tombait une pluie fine et froide; et cependant, en dépit du mot de Pétion, chacun se disait : « qu'il y aurait quelque chose, et qu'on allait assister à une *journée* ». De Belleville, de Montmartre, du Trône et des Gobelins, les bataillons démocratiques en armes s'ébranlaient vers l'Hôtel de Ville. Dès onze heures du matin, la vieille place de Grève, centre ordinaire des *tumultus* populaires, se hérissait de baïonnettes.

Au Louvre, à la porte de l'hôtel du Gouverneur de Paris, se pressait une foule menaçante : « A bas Trochu! A bas les complices de Bazaine! Pas d'armistice! Vive la Commune! »

Vers onze heures, Étienne Arago, Brisson et Floquet arrivent place de Grève et essaient d'apaiser la foule. Ils sont couverts de huées. « A bas les traîtres! monsieur », crie à Floquet, en pleine figure, un officier de la garde nationale.

Des jeunes gens des Batignolles se jettent sur Arago et allaient lui faire un mauvais parti si des mobiles bretons n'étaient sortis en hâte de l'Hôtel de Ville et ne l'avaient dégagé. On se hâta de fermer les grilles et de verrouiller les portes. Une d'elles s'ouvrit cependant pour laisser entrer Trochu. La foule qui, en reconnaissant le

Gouverneur de Paris, s'était portée furieuse sur ses pas, ne put que le voir disparaître dans l'intérieur du Palais.

A midi, des membres des comités révolutionnaires des vingt arrondissements se présentèrent, demandant à porter une déclaration au Gouvernement : « Ouvrez-leur, criait le Peuple, ou nous enfonçons les portes! »

Le commandant du Palais, après en avoir référé en hâte aux membres de la Défense, donna ordre d'introduire les délégués. Ce fut Jules Favre qui les reçut. Il essaya de les éconduire avec la phraséologie ordinaire : « Le Gouvernement connaît son devoir; il veille au salut commun avec intelligence et dévouement; il ne faillira pas à sa mission ». Étienne Arago, vaudevilliste et par suite un peu comédien, eut même un mouvement magnifique : « Moi vivant, s'écria-t-il, les Prussiens n'entreront pas dans Paris! » Ils y sont entrés tout de même et sans avoir eu à passer sur son corps. Sans doute il a voulu conserver sa précieuse personne à la République.

D'ordinaire, ces pompeuses déclamations suffisaient à apaiser les manifestants. Cette fois elles retombèrent sans effet. Les délégués réclamèrent des actes immédiats, la levée en masse, la destitution de Trochu et les élections municipales : « Nous ne sortirons de l'Hôtel de Ville, dirent-ils en terminant, qu'après avoir reçu une réponse catégorique... »

De la place, montaient déjà les grondements menaçants de la multitude. « Le Gouvernement va délibérer, » dit Jules Favre.

IV. — Et pendant que de plus en plus furieuse, la Révolution étreignait dans un cercle de fer le palais gouvernemental, que faisaient les principaux chefs du parti démocratique? Rien, ou peu de chose. Aucune entente entre Félix Pyat, Blanqui, Millière et Delescluze en vue d'une action commune. Non seulement les chefs de la démocratie ne s'étaient pas entendus, ils ne s'étaient même pas vus. Blanqui, ce maître expert en révolutions, n'apprendra qu'à cinq heures l'envahissement de l'Hôtel de Ville. Vingt ans auparavant, lui-même, dès dix heures du matin, à la tête de ses partisans, aurait monté à l'assaut du pouvoir.

Flourens seul montra quelque décision. A neuf heures du matin, il fit appeler les commandants des bataillons du XIXe arrondissement. On tint conseil sous sa présidence. Il proposa de marcher immédiatement sur l'Hôtel de Ville : « Il importe, dit-il, de ne pas laisser aux traîtres le temps de se reconnaître. Montons tous à cheval et à la tête de nos tirailleurs appelons le peuple aux armes. Avant une heure, vingt mille baïonnettes nous escorteront. »

Trois des membres de la réunion reculèrent devant ce parti énergique : — « Voyons d'abord, dirent-ils, la tournure des événements. Il ne faut pas que Belleville ait l'air d'imposer ses volontés à Paris. » Et l'on s'ajourna à quatre heures du soir, en se donnant rendez-vous au café de la Garde-Nationale, près de la Grève.

Cet ajournement, — en raisonnant au point de vue révolutionnaire, fut une lourde faute. Dans les crises politiques, tout renvoi est mortel. A certains moments de leur histoire, il y a chez les peuples comme dans les corps qu'étudie la chimie, un *état naissant* qu'un tribun intelligent et hardi doit se hâter de mettre à profit. Alors s'opèrent les combinaisons sociales les plus rebelles. Avant ces moments-là, il est trop tôt; après, il est trop tard.

V. — Le tumulte et les cris allaient croissant sous les fenêtres du Gouvernement : — « A bas les traîtres! A bas Trochu! A bas les *capitulards!* A la Seine, les avocats! »

Voici qu'au-dessus de la foule houleuse s'élève une tête grave et sereine :

Virum quem
Conspexère...

Debout sur une chaise, Simon entamait un discours qui aurait peut-être produit un excellent effet dans une Académie, mais qui était absolument déplacé au milieu des rugissements de la Révolution. Les premières paroles de l'orateur furent accueillies par une formidable bordée de : « A bas l'endormeur! » Le philosophe, perdant contenance, se replia vivement sur le palais, en emportant sous le bras sa tribune improvisée. Rochefort, dont Favre se servait comme d'un paratonnerre, ne fut pas plus heureux.

Les membres du Gouvernement, en observation aux fenêtres de l'Hôtel de Ville, eurent un moment d'espoir en voyant apparaître sur le quai le général Tamisier à la tête d'une colonne de gardes nationaux : « Leur vue, dit M. Jules Simon, ranimait déjà nos esprits quand, à notre profond étonnement et à notre plus grand désespoir, les bataillons tournèrent la crosse en l'air. M. Tamisier entra quelques instants après dans la salle du conseil : « Beaucoup de bataillons sont contre vous, dit-il aux membres du Gouvernement. Les autres refusent de marcher. » Ainsi, le Gouvernement, de l'aveu même de M. Simon, était abandonné de ses propres partisans.

Les maires des vingt arrondissements tenaient conseil dans le cabinet d'Étienne Arago. Vers deux heures, le bureau de la réunion porta au Gouvernement, en permanence dans une salle voisine, le résultat de la délibération. Les maires demandaient les élections municipales à bref délai, la formation de bataillons de marche, l'enrôlement de tous les jeunes gens de vingt-cinq à trente-cinq ans; et, pour donner satisfaction à la conscience publique indignée, une enquête sévère sur le désastre du Bourget.

Jules Favre et ses collègues s'inclinèrent. Ils accordèrent les élections municipales et déléguèrent Dorian et Schœlcher pour présider aux opérations du scrutin. A ce moment, un tumulte effroyable retentit... Les cours, les escaliers, les galeries s'emplissent de clameurs... L'Hôtel de Ville était forcé...

VI. — D'une des fenêtres du rez-de-chaussée du Palais, un officier de mobiles avait déchargé son revolver sur la foule. Cinq de ses hommes font feu à leur tour. Un garde national a le cou traversé par une balle et tombe près de la grille. Le Peuple est exaspéré. Une clameur d'indignation s'élève : « On assassine les citoyens! » Le clairon sonne sur la place et dans la rue de Rivoli; les tambours battent la charge : « En avant! Mort aux traîtres! »

Deux coups de feu retentissent, tirés cette fois contre l'Hôtel de Ville par les gardes nationaux... « Il faut enfoncer les portes! » crient les bataillons qui débouchent des rues avoisinantes.

Des jeunes gens de la légion Tibaldi se hissent jusqu'au rebord d'une fenêtre, l'ouvrent à coups de crosse, sautent dans l'intérieur du Palais et font tomber les verrous d'une porte. La foule se précipite. Le vestibule, les galeries, les pièces adjacentes, les couloirs sont envahis. Tables, banquettes, chaises, sont renversées; les carreaux des fenêtres volent en éclats. Les maires et les adjoints, Arago, Brisson, Chaudey, Floquet, Tirard, Carnot, Henri Martin accoururent éperdus et essayèrent, avec l'aide de Cernuschi, d'arrêter le courant. Mal leur en prit. Le Peuple les couvrit d'insultes : « Valets de Trochu! Complices de Bazaine! » Briosne a saisi Carnot à la gorge : « Misérable! lui dit-il, ton père sauva la République! Toi et tes complices voulez la livrer aux Prussiens! » Tirard est projeté contre une colonne; Floquet a sa redingote en lambeaux; Chaudey est renversé et foulé aux pieds...

La foule s'élance dans le grand escalier. Les pas se rapprochaient de plus en plus du Salon jaune où siégeait le Gouvernement. Le cliquetis des armes se mêlait aux vociférations des envahisseurs. Les hommes de Septembre se virent perdus. La porte s'ouvre avec fracas, et un groupe farouche de gardes nationaux, Lefrançais en tête, fait irruption dans la salle du Conseil. C'est un des étonnements de l'Historien, que sous le premier coup de la colère, alors que toutes les âmes étincelaient d'indignation, Trochu et ses collègues n'aient pas été écharpés, tout au moins lancés sur la place, où le Peuple les aurait reçus avec acclamations sur la pointe de ses baïonnettes. Il y avait là, en effet, en présence, non seulement des ennemis d'un mois, mais les vainqueurs et les vaincus de 1848, les mitrailleurs et les mitraillés de Juin. Le moment semblait venu de satisfaire de vieilles haines... On pouvait jeter à Garnier-Pagès son mot sinistre : « Il faut en finir ! »

Il n'en fut rien. On hésite ; on se regarde. Il n'y a présents que des hommes de seconde main. Les chefs autorisés du parti révolutionnaire n'ont pas encore paru. Comme toujours, le Peuple est le premier au poste. Personne n'ose assumer la responsabilité d'une exécution sommaire ou d'une *Défénestration*, comme celle de Prague au commencement de la guerre de Trente Ans. Les membres du Gouvernement sont bousculés, insultés. Et précisément ces insultes forment détente et les préservent d'un plus terrible châtiment. On crache à la face de Jules Favre. Un garde national du passage Griset a saisi Jules Ferry par ses favoris et le secoue avec force. Trochu, renfoncé dans un angle de la salle, a vu ses croix arrachées ; lui-même enlève maintenant ses épaulettes. Il offre ses douleurs en sacrifice à sainte Geneviève, patronne de Paris. La tête dans ses mains, de temps à autre on l'entend murmurer : « Et dire que je n'avais besoin que de quinze jours pour tout sauver ! »

M. Jules Simon, comme le *Saint Symphorien* d'Ingres, levait béatement les yeux au ciel, tout prêt à y monter. L'auréole du martyre environnait son front et l'on eût dit qu'il entrevoyait déjà les clartés paradisiaques. Quant à Garnier-Pagès, avec sa tête émergeant d'un immense faux-col, il semblait avoir devancé la justice du Peuple, et offrir lui-même son chef dans un plat à barbe.

Le marquis de Rochefort, souteneur de Trochu, était recherché de tous côtés par les amis de Félix Pyat, indignés de son attitude, trois jours auparavant, lors de l'incident Bazaine. Si le lanternier était tombé entre les mains des rédacteurs du *Combat*, il aurait passé un fort mauvais quart d'heure. Mais sitôt l'Hôtel de Ville forcé, M. de Rochefort, laissant sa démission sur une table, avait abandonné ses collègues à leur malheureux sort et était sorti sans bruit du Palais par une porte de derrière.

« *Spectacle attristant !* dit M. Jules Claretie : les personnalités les plus *honorées* du parti républicain étaient insultées. Étienne Arago arrachait son écharpe qu'on voulait lui enlever. »

Spectacle consolant ! dirai-je, au contraire. Le Peuple, dans les transports d'une loyale indignation, faisait enfin justice, sans plus s'arrêter à l'étiquette républicaine dont ils se couvraient, de sophistes qui, déjà du temps de l'Empire, se jouaient de sa bonne foi. Arago, Brisson, Carnot, Floquet, Favre et Ferry étaient, dit Claretie, des personnalités HONORÉES? Il resterait à prouver qu'elles méritaient de l'être. Non; le mouvement d'indignation qui saisit le Peuple à leur vue est d'essence généreuse, et ces transports sont un commencement de satisfaction à la Conscience éternelle!

VII. — Cependant on s'engouffre, on s'entasse dans la salle du Gouvernement. Et précisément cette cohue, cet entassement général font le salut des hommes de Septembre. Aucune initiative ne peut être prise ni se faire jour en cet affreux désordre.

Des groupes apparaissent aux balcons; des gamins s'accrochent aux chapiteaux ou se blottissent dans les niches, à côté des statues; d'autres grimpent dans le clocheton du Boccador, et pendent en grappes le long des cariatides et des colonnes de la façade. La couleur bleue de leurs blouses se mariant aux draperies de pierre des statues, produit du dehors l'effet le plus pittoresque et indique suffisamment aux arrivants la prise de possession du Palais par le Peuple.

Au premier bruit de l'envahissement de l'Hôtel de Ville, les mairies des quartiers riches devinrent le centre de colloques animés. Rue d'Anjou, l'état-major du 3ᵉ bataillon, composé en majorité d'orléanistes, proposa de marcher au secours de Trochu. Avec quelques jeunes gens de la rue d'Amsterdam et du pont de l'Europe, nous répondîmes à cette invitation par un formidable cri de « Vive la Commune! »...

« Vive la France! messieurs », répliquèrent M. de Saint-Geniès et les officiers. Je m'avançai : « Eh oui! vive la France! mon commandant. Nous voulons tous que la France vive et soit sauvée. Mais ce n'est pas tout de crier platoniquement « Vive la France! » Il s'agit de prendre les mesures qui pourront effectivement assurer son salut. La plus urgente, c'est de chasser de l'Hôtel de Ville les hommes qui conduisent le pays aux abîmes, et d'installer à leur place une municipalité à laquelle nous serons heureux nous-mêmes, commandant, de porter un loyal patriote comme vous. Voilà pourquoi, au lieu de pousser le cri de « Vive la France! » qui a en ce moment une signification réactionnaire et qui est le mot de ralliement des séides de Trochu, nous poussons, mes amis et moi, le cri sauveur de « Vive la Commune! » (*Mouvements divers.*) On se sépara sans prendre de décision.

A la place Saint-Sulpice, la foule est de même amassée devant la mairie. Grande est l'incertitude des esprits. On discute sans parvenir à s'entendre : quelques-uns parlent en faveur du Gouvernement, d'autres le combattent. Les tambours sont là, attendant des ordres. On n'en donne pas, une partie des assistants prétendant marcher pour soutenir la Commune, l'autre pour la renverser.

En quittant la mairie de la rue d'Anjou, je me dirigeai vers l'Hôtel de Ville par la place de la Concorde et la rue de Rivoli. La population tout entière était dehors, les hommes en uniforme et en armes. Des bandes nombreuses marchaient rapidement, le fusil sous le bras, des cartouches dans les gibernes. A la hauteur de l'Auxerrois, deux bataillons se heurtèrent, l'un débouchant de la rue du Louvre, l'autre des quais. Le commandant du bataillon de la rue du Louvre tire son sabre et crie : « Vive la France! » Le commandant de l'Auxerrois tire le sien et crie : « Vive la Commune! » Une collision est imminente. Les femmes poussent des cris de terreur ; les boutiques se ferment. Des deux côtés on apprête les armes. Les clairons sonnent : on va charger. Soudain les gardes nationaux de la rue du Louvre mettent la crosse en l'air en criant : « Vive la Commune! » Alors les Faubouriens crient : « Vive la France! » Et l'on fraternise.

VIII — A trois heures et demie, par la rue de Rivoli, débouche enfin Flourens, à la tête de ses tirailleurs. D'immenses acclamations accueillent le jeune tribun. La foule s'écarte devant lui, et il entre dans le Palais après avoir disposé ses troupes sur le quai. Delescluze et Pyat l'avaient précédé de quelques instants. Un des Vengeurs de Flourens, Nicolas, en pénétrant dans la salle du Conseil, met en joue Trochu, disant : « Misérable complice de Bazaine, tu vas mourir! » Flourens, toujours chevaleresque, relève l'arme avec son épée ; et la balle qui devait frapper le Gouverneur de Paris s'enfonce dans un des angles de la salle.

Debout botté sur la table du Conseil, Flourens proclama la déchéance des hommes de Septembre, puis lut les noms des membres du nouveau Gouvernement : « Dorian, Victor Hugo, Louis Blanc, Rochefort, Blanqui, Flourens, Mottu, Félix Pyat, Ranvier, Ledru-Rollin et Millière. » Le nom de Rochefort souleva d'énergiques protestations. Delescluze, Blanqui, Félix Pyat avaient trouvé son attitude indigne lors de l'incident Bazaine et ils le rayèrent de leurs listes : « A bas Rochefort! criaient leurs partisans. C'est un souteneur de Trochu! Il nous a empêchés de balayer ce traître! » La confusion est au comble. On mêlait tout, on ne décidait rien ; aucune mesure n'était prise.

Au lieu de balayer la place de l'Hôtel-de-Ville, d'en faire garder les abords par de forts piquets de patriotes, et d'envoyer incontinent à Mazas, entre deux haies de gardes nationaux, au milieu des malédictions, la troupe d'histrions et de traîtres qui s'étaient intitulés « Gouvernement de la Défense », Flourens, Delescluze, Félix Pyat et Millière s'agitaient, se démenaient, gesticulaient, débitant des harangues que personne n'entendait.

La plus vulgaire prudence, comme le salut public, commandaient d'agir à l'égard de Favre et de Trochu avec autant de rigueur que de promptitude. On ne sut ou on ne voulut le faire. Jamais, dans l'histoire, on n'avait vu deux Gouvernements assis à la même table. Qu'on se figure Marat et Louis XVI délibérant côte à côte. Blanqui lui-même n'eut pas l'aperception du dénouement logique de la journée. Lorsque vers cinq heures il arriva dans le salon Rouge, il demanda : « Où donc est le nouveau Gouvernement ? — Mais, lui répondit-on, le nouveau Gouvernement, c'est vous. »

Il ne lui vint pas à l'idée de demander : « Et l'ancien, où est-il ? Qu'en a-t-on fait ? » Non ! Il se contente de savoir qu'il est passé lui-même Gouvernement, s'installe à une table et griffonne des ordres.

« Ordre de fermer les barrières et d'empêcher toutes communications qui pourraient informer l'ennemi des dissensions soulevées dans Paris.

« Ordre aux commandants des forts de surveiller et de repousser avec énergie toutes les tentatives que feraient les Prussiens.

« Ordre à divers chefs de bataillon de rassembler leurs soldats et de les conduire sur-le-champ à l'Hôtel de Ville.

« Ordre à des bataillons déjà réunis sur la place, d'entrer immédiatement dans le Palais, pour en garder les portes et en protéger l'intérieur. »

Tout le monde donnait des ordres ; personne n'en exécutait. Les nouveaux élus étaient noyés dans une foule bruyante qui rendait impossible un concert sérieux et efficace. Dans chaque salle fonctionnait un gouvernement. La Révolution, au lieu d'enfoncer les carrés ennemis, tourbillonnait sur elle-même.

IX. — Pendant que les démocrates défilaient, le front rayonnant de joie, sur la place de Grève, leurs adversaires formaient insensiblement un cordon de séparation entre les manifestants du dehors et ceux du dedans ; et Picard, qui avait glissé des mains des envahisseurs, s'installait place Vendôme et lançait sur les grands boulevards douze tambours battant la *générale* et sonnant le rappel des hommes d'ordre.

Dès cinq heures du soir, l'Hôtel de Ville était complètement isolé. On voulut avertir Flourens de la présence sur la place de bataillons dévoués : jamais l'avis ne lui parvint.

A cinq heures et demie, deux compagnies du 106e bataillon, ayant à leur tête le commandant Ibos et les réactionnaires du faubourg Saint-Germain, prennent position — en criant plus fort que tout le monde : « Vive la Commune ! » — à la porte du Palais. Ibos pénètre dans la salle du conseil. Il fait signe à Trochu ; celui-ci se lève vivement et, protégé par les chefs d'escadron Faivre et Bibesco et trois gardes nationaux du 106e qui l'entourent en demi-cercle, il réussit à gagner le grand escalier et le descend au milieu d'un horrible tumulte. Le groupe franchit rapidement la grille de l'Hôtel de Ville et s'éloigne dans la direction du Louvre.

Flourens, qui surveillait Favre et Simon, s'aperçoit trop tard du mouvement d'Ibos et de la fuite de Trochu. Il saisit son revolver ; une compagnie de faubouriens se précipite et expulse les réactionnaires. Au milieu du désordre, Ferry a disparu.

Un instant après, Blanqui, voulant rejoindre Flourens dans une salle voisine, rencontre un piquet de réactionnaires du 17e bataillon. Il est saisi, criblé de coups, entraîné dans les escaliers et laissé à moitié mort dans une cour. C'est une journée à tiroirs. La salle du Conseil et les pièces attenantes sont de véritables boîtes à surprises, machinées comme un décor de féerie.

En voici bien d'une autre ! A six heures, surgit par une trappe, fusils chargés et baïonnette en avant, un bataillon de mobiles bretons. L'Hôtel de Ville, Flourens l'ignorait, communique avec la caserne Lobau par un souterrain. — La journée est perdue pour les révolutionnaires. La plus grande partie des faubouriens, trempés par la pluie, harassés de fatigue et pressés de réparer leurs forces, croyant d'ailleurs la victoire définitivement acquise, ont regagné leurs quartiers. A huit heures du soir, il n'y avait que les 400 tirailleurs de Flourens pour occuper l'immense Hôtel de Ville.

X. — L'agitation était grande dans Paris. Les gardes nationaux des quartiers riches, comme nous l'avons vu, ne se pressaient nullement de répondre à l'appel de Picard. Ils étaient fatigués de marcher sans cesse au secours d'un Gouvernement méprisé de tout le monde : « Qu'ils se débrouillent ! » était le cri général.

Il fallait cependant en finir. A son tour, Trochu, devenu libre de ses mouvements, reculait devant une attaque violente, laquelle, d'ailleurs, aurait coûté la vie aux membres du Gouvernement prisonniers. L'intervention de la garde civique était absolument nécessaire pour sortir de cette situation difficile.

Alors, pour la mettre en mouvement, des voix apostées par la police annoncèrent, dans les VIII⁰ et IX⁰ arrondissements, que le pillage commençait : « Blanqui vient de présenter un bon de quinze millions à la Banque; et cette nuit, les Faubouriens ouvriront les portes à Guillaume ! »

L'effet fut immédiat : en un clin d'œil, la Bourgeoisie fut debout. Au club des Folies-Bergère, à neuf heures du soir, M. Hendlé, secrétaire de Jules Favre, vint prêcher la levée des hommes d'ordre; et la réunion se sépara aussitôt pour courir sus à ce qu'on appelait « les Prussiens de l'intérieur ». A onze heures du soir, les bataillons gouvernementaux enveloppaient complètement l'Hôtel de Ville. Flourens et Blanqui en avaient fait barricader les portes avec les voitures de gala de la préfecture. Après de longs débats, ils avaient conclu avec Dorian une convention sur les bases suivantes : « Élection de la Commune, le mardi 1ᵉʳ novembre; séparation à l'amiable des deux autorités siégeant à l'Hôtel de Ville; nulles représailles à l'occasion des faits accomplis. » On était d'accord sur tous ces points, quand, vers une heure et demie du matin, des coups retentissent à la grand'porte. C'est Jules Ferry qui arrive à la tête de gardes nationaux dévoués : « Ouvrez ! crie-t-il aux insurgés; toute résistance est inutile. Vous êtes cernés ! Ouvrez ! »

Au loin, du côté de la rue de Rivoli, on entendait les roulements précipités de l'artillerie.

— « Acceptez-vous la convention que nous avons conclue avec vos collègues? demande-t-on à Ferry. » Et l'on dépêche vers lui le général Tamisier.

— « J'accepte, » dit Ferry, pour en finir.

Par la suite, Blanqui et ses amis, traduits devant les conseils de guerre, argueront de cette acceptation. Pour moi, une convention conclue de la sorte et imposée, le couteau sur la gorge, à des prisonniers, était d'avance nulle et non avenue. Il est absolument inadmissible, il est contraire au droit des gens, qu'une poignée de vaincus, sous prétexte qu'ils ont par devers eux une capture importante, dictent des conditions à toute une armée.

Jules Ferry délivre Favre et ses collègues; et les Gouvernements, momentanément d'accord, quittent les salons. Au pied du grand escalier, on se heurte à des mobiles massés sous une large voûte et présentant un triple front de baïonnettes. Ils refusent de laisser passer Blanqui et Flourens. Les chefs, plus habiles, s'approchent de Boriar, lui prennent les mains et cherchent à l'entraîner dans leurs rangs. Celui-ci, dans sa loyauté, ne veut pas se séparer des révolutionnaires auxquels il a donné sa parole.

Tout est remis en question. Les *deux Gouvernements* remontent dans la salle du Conseil, et les pourparlers recommencent. Flourens ressaisit ses prisonniers!

Enfin, l'entente s'établit de nouveau; les mobiles ouvrent leurs rangs; Flourens s'éloigne avec ses tirailleurs, et Blanqui, escorté par le général Tamisier, traverse, au milieu de sourds grondements de colère, les rangs pressés des hommes d'ordre.

XI. — On l'a dit, et c'est vrai, il y a des moments où l'insurrection est non seulement un droit, mais encore le plus saint des devoirs.

Au 31 octobre 1870, il y avait raison de révolution.

Je sais bien que les hommes de Septembre ont fait condamner leurs ennemis vaincus. Cette condamnation, toute politique, est sans valeur devant l'historien. J'affirme hautement que Flourens et ses amis étaient plus fondés à renverser Jules Favre au 31 octobre, que Jules Favre n'avait été fondé à renverser l'Empire, au 4 septembre 1870.

En définitive, le seul tort de l'Empire était d'avoir été battu. Favre, Trochu, Ferry avaient ce tort-là, et considérablement aggravé. J'ajoute que les hommes de Septembre avaient renversé un Gouvernement régulier, acclamé quelques mois auparavant par près de huit millions de voix, tandis que Flourens n'avait devant lui, au 31 octobre, que des rhéteurs sans mandat. Ils ne représentaient pas la France; ils ne représentaient pas davantage Paris, puisque Paris voulait se battre et qu'eux voulaient traiter. Ce n'étaient donc plus que des hommes qui avaient pris par escalade le pouvoir, sans même examiner si, en un pareil moment, le pouvoir valait la peine qu'on le prît. Chacun était dès lors autorisé à courir sus à des gouvernants qui ne représentaient qu'eux-mêmes. Le jour où la République opportuniste deviendra autoritaire et oppressive, ce sera un droit pour le peuple et même un devoir de la renverser. Il serait vraiment plaisant que l'insurrection ne fût un droit que contre la monarchie!

Les républicains ne sont-ils pas des hommes, et, comme tels, en proie, tout comme des monarchistes, aux passions humaines, à l'ambition et à l'avarice? Va-t-on désarmer devant des incapables, des ambitieux, des prévaricateurs ou des traîtres sous prétexte que ce sont des républicains? (*Politique Scientifique*, ch. III.)

Pour moi, ce que je reproche à Blanqui, Pyat, Deleseluze, Flourens et Millière, c'est de n'avoir pas été à la hauteur de la situation, et de s'être laissé ravir un pouvoir que le peuple, plus diligent et plus audacieux qu'eux-mêmes, avait déjà conquis.

Desinit in piscem...

Ni Deleseluze, ni Vermorel n'auraient pris la Bastille. Millière parlementerait encore avec de Launay, quitte à se faire fusiller plus tard par lui. Le Peuple ne se lèvera que lorsqu'il ne sera plus temps. Quand Trochu aura capitulé; lorsque nos armées auront été refoulées derrière la Loire; quand tout sera perdu, alors par une belle journée de Mars, sous l'œil ironique des Prussiens installés dans nos forts, on essaiera de tout sauver.

Une Révolution n'est légitime et ne peut être féconde que si elle est faite à son heure.

Le Trente et un Octobre pouvait être, pour l'avancement social, la plus grande journée du siècle. Par le manque d'entente, ce ne fut qu'une échauffourée sans valeur.

XII. — Désormais, les révolutionnaires n'ont qu'à se bien tenir. Le Gouvernement prendra ses précautions. L'Hôtel de Ville sera gardé et bien gardé. Le lendemain même du 31 octobre, les chefs du parti avancé, irrités de la mauvaise foi du Gouvernement qui refusait maintenant les élections municipales accordées par lui-même à Arago avant l'envahissement de l'Hôtel de Ville, parlèrent d'un nouveau coup de main. Des poursuites furent aussitôt ordonnées contre les principaux meneurs, dont une quinzaine furent arrêtés. Flourens, Millière et Blanqui échappèrent aux recherches.

Edmond Adam avait refusé de s'associer à ces mesures de rigueur. Un nouvel avocat, Cresson, l'avait remplacé à la préfecture de police.

On trouva que le général Tamisier avait montré peu d'énergie au 31 octobre; Clément Thomas, représentant du peuple en 1848, fut nommé commandant de la garde nationale.

Les hommes de Septembre, en face de toutes ces émeutes, comprirent qu'il était de toute nécessité pour eux de faire donner une sorte de sanction aux pouvoirs qu'ils s'étaient arrogés après Sedan. Le 3 novembre, Paris fut appelé à voter sur le maintien du Gouvernement de la Défense.

Ainsi, après avoir protesté, cinq mois auparavant, contre le procédé de Bonaparte, Jules Favre et ses amis recouraient au plébiscite à leur tour. Ils récoltèrent une forte majorité de *Oui*.

De l'étude du scrutin du 3 novembre, il ressort qu'il y eut plus de six cent mille votants à Paris. Sur ce nombre, deux cent quarante-cinq mille voix appartenaient à l'armée active et à la garde mobile. Comment, avec de pareils éléments sous la main, 250,000 mobiles et 300,000 gardes nationaux valides, Trochu ne tentait-il rien de sérieux et se laissait-il tenir en échec depuis deux mois par moins de deux cent mille Prussiens?

XXII

INACTION

I. — Et l'armistice? M. de Bismarck n'en veut plus. La partie est gagnée pour lui. Ce n'est qu'une question de temps. Trochu l'a délivré de son seul ennemi, la Révolution. Moltke avait peur des masses populaires. Il n'a pas peur de l'éloquence de Jules Favre, du verbiage de Trochu et du faux-col de Garnier-Pagès. Ses conférences avec Thiers n'avaient qu'un but : endormir la défense et permettre aux troupes de Frédéric-Charles d'arriver de Metz. Un armistice, en effet, ne pouvait être que la préface de la paix. Or, le rusé Chancelier savait parfaitement que, dans l'état d'esprit de la population parisienne, la paix était impossible. Par suite, il n'avait garde de consentir à une suspension d'armes qui arrêterait dans leur marche les 250,000 Allemands rendus disponibles par la chute de Metz, et permettrait d'organiser les armées de province.

L'explosion du 31 octobre, la protestation de Gambetta contre la trahison de Bazaine, confirmèrent M. de Bismarck dans l'idée qu'il n'y avait qu'à poursuivre la lutte jusqu'au bout. L'Hôtel de Ville dut se résigner : « La Prusse a refusé l'armistice avec ravitaillement, dit, tout en larmes, l'*Officiel* du 6 novembre. Elle n'a d'ailleurs admis qu'avec des réserves le vote de l'Alsace et de la Lorraine. Le Gouvernement a décidé à l'unanimité que l'armistice ainsi compris devait être repoussé. » Le *Figaro*, qui avait le cynisme de la situation, proposa d'en finir par un moyen très simple, le vote par *oui* ou par *non* sur l'ultimatum de M. de Bismarck : « Les partisans de « la lutte à outrance, ajoutait M. de Villemessant, emboîteront le

« pas derrière leur vote, et on aura la consolation de pouvoir comp-
« ter les combattants ».

II. — On aurait peut-être capitulé tout de même sur le mode recommandé par le journal de la rue Rossini, quand arriva à Paris la nouvelle de la victoire de Coulmiers. Nos troupes, sous le commandement d'Aurelle de Paladines, avaient battu, le 9 novembre, l'armée bavaroise du général de Tann, lui avaient fait 2000 prisonniers et l'avaient rejetée sur Artenay. Le soir même, nos têtes de colonne étaient entrées dans Orléans.

C'était jouer de malheur, pour Trochu. Alors que la province lutte avec avantage sur la Loire, il lui est impossible de songer à faire mettre bas les armes aux Parisiens. C'est bien le moins qu'il tienne. Le 11 novembre, le Gouvernement, faisant mauvaise mine à bon jeu, coupe court, par une proclamation, à tous les bruits d'armistice. En même temps un décret appelle sous les drapeaux les jeunes gens de 25 à 35 ans. Des compagnies de marche sont formées. Ici encore apparaissent l'ignorance et l'incapacité de la Défense : un bataillon de 2500 hommes eut à fournir le même nombre de combattants qu'un bataillon de 800. Dans le premier bataillon, il y a des jeunes gens de vingt-cinq ans qui ne marchent pas; dans le second, on voit des pères de famille et des vieillards à cheveux blancs obligés d'aller aux avant-postes. Si l'on avait voulu jeter la division dans la garde nationale s'y serait-on pris autrement?

III. — Jusqu'alors, la seule fonction de cette garde avait été de veiller sur les remparts. Les choses changent de face, en novembre. Tant qu'il ne s'était agi que de recevoir des félicitations du Gouvernement, d'aller se promener à la Concorde ou à l'ambassade des États-Unis, de se faire passer en revue, avec de brillants uniformes, par Trochu, les bataillons des quartiers riches s'étaient peu souciés d'avoir au milieu d'eux les démocrates du voisinage. On les rechercha soigneusement quand il fallut organiser les compagnies de marche, à nombre d'hommes limité. Un démocrate de plus allant au feu, c'était un bourgeois de moins ne marchant pas. Henri Verlet avait été toujours repoussé par les bourgeois de son bataillon. En novembre, on vint le relancer chez lui pour l'enrôler. Il faisait nombre. Verlet ne vaut rien pour aller à la parade ; il devient excellent quand il s'agit de recevoir des coups de fusil.

IV. — Le premier sentiment des soldats-citoyens au retour de leur huitaine aux avancées, fut celui de leur inutilité. Eh quoi ! tant de fatigues, tant de terribles nuits passées en rase campagne pour si peu de résultat ! Les journées se perdaient à accomplir une foule de prescriptions oiseuses, telles que corvées, revues, astiquage, appel, etc. Il y avait sans doute des tranchées à creuser, des épaulements à construire, des fascines à porter, des canons à traîner en bonne place... Que ne les employait-on à ces travaux? que n'y occupait-on même la garde nationale sédentaire, et ces milliers d'hommes à qui l'on n'avait pu fournir des armes? Pourquoi tant de bras inoccupés?

Tout le monde sait vaguement et en général qu'un siège exige d'énormes mouvements de terre, un continuel emploi de la pioche et de la sape; comment souffrait-on que tant de braves gens pourrissent dans l'oisiveté d'une vie inactive, sans autre objet que le déjeuner et le dîner, le jeu de bouchon dans les intervalles, et les stations aux cantines? Est-ce ainsi que les Prussiens se conduisaient? On n'était pas très au courant de leurs travaux, et c'était là un tort grave. Mais ce qu'on savait fort bien, c'est qu'ils s'agitaient sans relâche; de leur côté, les tranchées se creusaient, les fortifications en terre poussaient du sol comme par enchantement; ils n'étaient guère plus de trois cent mille autour de nous; et nous, qui étions, de compte fait, 600,000 hommes valides, nous n'opposions pas fossé à fossé, retranchement à retranchement, redoute à redoute!...

V. — Simon confesse *(Déf. Nat.)* que, dès le mois de novembre, il y avait eu au sujet de Trochu trois opinions dans le Gouvernement : « Les uns, trouvant le général trop circonspect, songeaient à lui ôter le commandement en chef, tout en le gardant à la tête du Conseil; les autres persévéraient dans leur confiance en lui; d'autres, sentant leur incompétence, voulaient au moins, avant de se décider, entendre l'opinion des principaux chefs de l'armée ».

La conclusion de tout ceci aurait dû être une conférence immédiate pour la solution de cette grave question. Il n'y avait pas une minute à perdre. Écoutez M. Simon : « De ces dispositions sortit la conférence militaire du 31 *décembre* ».

Ainsi voilà une ville assiégée qui a à sa tête une incapacité reconnue. Les moments sont précieux... Eh bien, il s'écoulera soixante jours, non pas seulement avant qu'on prenne un parti, mais même avant qu'on délibère sur le parti à prendre.

Le mois de novembre ne fut guère signalé que par l'enlèvement d'une patrouille de six Prussiens par le capitaine de Neverlée. C'était le pendant du glorieux coup de main du mois dernier. Nos lecteurs n'ont pas oublié ce célèbre rapport militaire du 6 octobre annonçant aux Parisiens saisis d'admiration « qu'une reconnaissance faite la veille à Clamart, par quatre compagnies du 5ᵉ bataillon de la mobile de la Seine, vers une heure de l'après-midi, avait très heureusement réussi. Nos soldats avaient rapporté deux fusils, un sabre et un fourniment. »

Une garnison de 600,000 hommes réussissant à s'emparer d'un fourniment, voilà un de ces faits d'armes comme on en voit rarement dans l'histoire, et que le *Journal officiel* ne pouvait trop soigneusement enregistrer. Si le mois prochain, nous parvenions à enlever un uhlan avec son cheval, le triomphe serait complet. Le siège de Paris pourrait se présenter avec quelque figure devant l'Histoire.

Aviez-vous l'air de trouver que les résultats n'étaient pas si brillants; que l'enthousiasme semblait exagéré? Émettiez-vous des doutes sur les capacités de Trochu? On vous regardait de travers.
— « Hein? Vous recommencez déjà? Attaquer Trochu, c'est faire le jeu de l'envahisseur. Pas de division devant l'ennemi. Chassons les Prussiens, et nous verrons après. »

C'est parfait de dire : « Chassons les Prussiens »; mais c'est que précisément on ne les chasse pas du tout.

VI. — Les journaux à la solde de l'Hôtel de Ville, le *Siècle*, le *Temps*, l'*Électeur libre*, parlent à tous propos, avec une voix retentissante, de l'*héroïsme de la population*. Il faut dire la vérité : Paris n'a pas encore mérité ce magnifique éloge; il est cerné depuis deux mois, mais il n'a réellement pas éprouvé les *horreurs* d'un siège : la viande est rationnée, mais elle ne manque pas; on distribue largement des *bons* de viande, de pain et de légumes; les gardes nationaux peu aisés sont habillés aux frais de l'État et reçoivent 1 fr. 50 par jour; leurs femmes trouvent du travail aux ateliers municipaux.

Pas une bombe n'est encore tombée sur la ville; pas un garde national n'a été à l'ennemi. Les Prussiens sont si éloignés que la préoccupation n'est pas de les éviter, mais de les voir : chaque jour, les hauteurs de Passy, de Montmartre, les Buttes-Chaumont, sont couvertes de curieux cherchant, avec des lunettes, à discerner au loin les casques pointus.

VII. — L'Opéra, la Comédie-Française et le Vaudeville ont rouvert leurs portes. Hugo, toujours à l'affût de la réclame, y fait lire ses *Châtiments*, œuvre de haine, ramassis d'injures grossières que les Vacquerie et les Meurice proclament chef-d'œuvre incomparable. Un rimeur qui n'a jamais pu aligner deux vers sans parler de son Dieu, donne maintenant le ton à la démocratie qu'il infecte de rêveries mystiques. La maison Hugo bat monnaie avec nos désastres. Il n'y aurait rien à dire aux représentations théâtrales, et ce serait même très beau si derrière ces réjouissances l'Historien apercevait une défense héroïque. Mais comme la résistance n'est qu'à la surface, que le Siège est tout de parade, et que la plus honteuse capitulation est au bout, ces représentations, en dépit des quêtes et des aumônes qu'on jette aux blessés, sont absolument grotesques.

VIII. — Entre-temps, le peuple fait la chasse aux espions. Il en sentait partout. Et son instinct ne le trompait pas! L'espionnage s'exerçait sur la plus large échelle. Tous les matins, à Versailles, les journaux de Paris étaient, non seulement sur la table M. de Moltke, mais au Casino des officiers. Il existait donc un service d'informations organisé par les Allemands. Pour les tenir ainsi au courant, il a fallu des centaines d'hommes... Quelque prodigieuse qu'ait été l'habileté de ces agents, il est évident que la Préfecture de police de la Seine aurait pu en prendre sur le fait au moins une dizaine. La loi en ce cas est formelle. En temps de guerre, tout homme convaincu d'intelligences avec l'ennemi est condamné à mort et fusillé. Combien a-t-on fusillé d'espions à Paris, pendant le siège? Pas un seul.

Le Gouvernement avait la main bien malheureuse!

M. Édouard Drumont, dans la *Dernière bataille*, raconte les allées et venues plus qu'étranges d'un Poméranien de son quartier : « Notre homme avait en dehors de son domicile une espèce de pension de famille qu'il allait visiter chaque matin pour retrouver ses sous-ordres. On recula toujours devant l'idée d'envahir le domicile de ce singulier personnage, de le signaler à l'autorité. Voyant qu'on n'arrivait à rien, j'en parlai à un agent de la Sûreté avec lequel je m'étais trouvé en relations au moment d'un crime à sensation et qui m'avait donné alors de très intéressants renseignements. Il savait ce qu'était cet homme et il me répondit : « Croyez-moi, ne vous mêlez jamais d'une question de ce genre; nous sommes témoins là-bas de beaucoup de choses que nous ne pouvons pas dire; occupez-vous seulement de vous ravitailler; on vend à ce moment à Levallois des pommes de terre à cinq francs le boisseau; profitez de mon indication! »

IX. — Si l'on ne trouvait pas d'espions, c'est aussi qu'on ne les cherchait pas où ils étaient. Le drapeau étoilé en abritait nombre sous ses plis.

A toutes les réceptions du Louvre et de l'Hôtel de Ville, dans les fêtes officielles, on remarquait un individu à physionomie louche et cauteleuse, se faufilant dans les groupes, en quête d'informations. Ce personnage, entouré, choyé, fêté par les gouvernants, c'était M. Washburne, ambassadeur des États-Unis d'Amérique. Washburne était un espion gagné par M. de Bismarck.

Il servait d'autant plus efficacement les intérêts de Guillaume (avec l'entière approbation du président Grant et des Yankees, enchantés de nos désastres) que, représentant d'un gouvernement républicain, on pouvait le croire spectateur désintéressé des luttes entre le royaume d'Allemagne et la France démocratique.

En communication continuelle avec les Prussiens pendant le siège, depuis les premiers jours, il les tenait au courant de nos projets et de nos divisions. On lit, à ce sujet, dans l'ouvrage de M. d'Hérisson, officier d'ordonnance du général Trochu (*Nouveau Journal*, p. 182), ces lignes significatives :

« Étant le correspondant, l'agent officiel et secret des Prussiens à Paris, il recevait, indépendamment des communications que des espions pouvaient lui porter, une valise contenant des papiers et des lettres que, presque chaque fois qu'on allait parlementer, l'officier chargé de ces fonctions était prié de lui remettre.

« Je puis témoigner de cette dernière particularité.

« Quand j'allai parlementer, le 20 janvier, je fus chargé pour M. Washburne d'une valise, qui était censée contenir les dépêches de la légation. Valise suivie de bien d'autres.

« J'avais reçu l'ordre, avant mon départ, de l'état-major général, de rapporter la valise des États-Unis; mais de ne me charger, sous aucun prétexte, des lettres particulières, pour qui que ce fût; pas plus pour M. Washburne que pour d'autres.

« Ma mission terminée, j'acceptai de l'officier parlementaire allemand la valise de dépêches que je fis jeter au fond de la petite barque qui me servait à traverser la Seine; et au moment où nous nous saluions pour prendre congé l'un de l'autre, l'officier, semblant avoir oublié quelque chose, tira un paquet de la poche de côté de son dolman, me priant de bien vouloir également le remettre à M. Washburne :

— Sont-ce des lettres? demandai-je; car, dans ce cas, j'ai l'ordre de ne pas m'en charger.

— Non, non; c'est un petit paquet que l'état-major allemand envoie au ministre des États-Unis. »

M. d'Hérisson prit ce dernier paquet, et, pour mettre à couvert sa responsabilité, ne le remit à l'ambassade que contre reçu. Il ajoute :

« Les Prussiens trouvaient plus commode, cette fois-là, de donner leurs instructions sans exposer les porteurs aux coups de fusil des grand'gardes françaises. »

A la fin de la guerre, Guillaume, peu délicat, envoya à Washburne son portrait en pied. Le *Moniteur prussien* de Versailles, du 2 février 1871, disait : « M. le Ministre des États-Unis n'a pas cessé de s'occuper du sort collectif et individuel des Allemands restés à Paris. Il leur a fait parvenir des secours en argent et en vivres, et il a fait chauffer, à la légation des États-Unis même, un appartement où les personnes nécessiteuses ont pu s'abriter contre les rigueurs d'un hiver exceptionnel. »

Au lieu d'expulser les Allemands et de les remettre aux avant-postes à M. de Bismarck en lui disant que nous avions mieux à faire que de gaspiller nos ressources pour nourrir et réchauffer ses compatriotes, les hommes de l'Hôtel de Ville laissèrent Washburne nourrir et chauffer des Prussiens, alors que les leurs affamaient et bombardaient Paris...

Pendant la guerre de l'Indépendance, en 1778, la France envoya aux Américains La Fayette et Rochambeau. En 1870, les Américains nous dépêchèrent un espion, Washburne.

X. — Au mois de novembre, fut réglée l'organisation de la poste par un service de ballons. Des pigeons messagers devaient rapporter les réponses aux dépêches du Gouvernement et aux lettres des particuliers. C'était dans les gares du Nord ou d'Orléans qu'étaient d'ordinaire gonflés les aérostats : « Il est onze heures du soir. Au milieu d'une vaste cour, dit M. Francisque Sarcey (*Siège de Paris*), le ballon, à demi gonflé, se démène furieusement sous l'action de la rafale. Tout autour s'agitent, dans l'ombre, des hommes que l'on prendrait pour des démons, s'acharnant à quelque œuvre infernale. Dans un coin, le directeur des Postes, M. Rampont, tire sa montre, d'un air soucieux, interroge le vent, et semble demander conseil à l'aéronaute, M. Godard, avec qui il cause à voix basse.

Un voyageur, dont le nom est un mystère. Il est enveloppé de fourrures ; il se promène inquiet et pâle. Un marin ; il fume insoucieusement sa pipe ; on sent qu'il montera dans la nacelle, du même cœur indifférent et résolu dont il saute à l'abordage. C'est affaire de service. Un employé des Postes, il est très occupé ; le fourgon des imprimés vient d'entrer ; c'est lui qui transporte les précieux sacs et les dispose autour de la nacelle.

Cinq petites cages arrivent, contenant trente-six pigeons; des pigeons adorables, des noirs, des blancs, des dorés, des pigeons qui ont des noms de victoire : *Gladiateur, Vermouth, Fille-de-l'Air.* C'est le propriétaire lui-même qui les apporte et veille à leur installation.

Au moment de partir, on s'aperçoit qu'aucun des voyageurs n'a songé aux provisions ; on court ; on se fouille, on finit par réunir trois petits pains, deux tablettes de chocolat et une bouteille de vin. Ce retard a eu son bon côté. Un aide de camp entre tout essoufflé : « *Une dépêche du gouverneur!* » L'aéronaute la prend ; la nacelle est fixée ; on entend le sacramentel : « Lâchez tout ! » Le ballon s'élance d'un bond, il penche sous l'effort du vent, qui le courbe avec violence. C'est une seconde d'émotion inexprimable ; nous sommes tous, là, retenant notre souffle, les yeux fixés sur cette masse noire, qui se rabat dans une convulsion effroyable. Sera-t-elle brisée? Non, elle s'élève, et à peine le ballon a-t-il dépassé le toit vitré de la gare, que déjà la nuit s'est refermée sur lui ; il se fond en quelque sorte dans l'obscur brouillard. « Adieu! Adieu! » crient les voyageurs. Et nous leur répondons, en agitant nos chapeaux : « Vive la France ! »

Les pigeons qu'on emporte nous reviendront bientôt, à moins que le froid, la brume, l'épervier ou la balle d'un Prussien ne les arrête en route. Chacun d'eux apportera, lié par trois fils à une des plumes de sa queue, un léger tube, où se trouvera roulé un petit carré de papier de quarante millimètres sur trente. C'est la réduction microscopique, par la photographie, d'une composition typographique ordinaire. Cette petite planche à peine lisible, avec un verre de loupe très puissant, ressemble assez à un journal sur quatre colonnes. Celle de gauche contient uniquement cette mention :

SERVICE DES DÉPÊCHES PAR PIGEONS VOYAGEURS

Steenackers à Mercadier, 103, rue de Grenelle.

Les trois autres colonnes contiennent, au verso comme au recto, la transcription de dépêches, les unes à la suite des autres, sans blancs ni interlignes. Quelques-unes de ces dépêches sont officielles. D'autres viennent de source privée. Ah! qu'elles nous ont apporté de consolation et de joie! Que de pièces de cent sous et de louis d'or sont tombés dans la main des facteurs qui nous remettaient la dépêche si attendue! Et ces pigeons, de quel tendre respect on les entourait! Quand, par hasard, un d'eux, à bout de forces, ruisselant de pluie, s'abattait au bord de quelque corniche, de quel œil avide la foule bientôt amassée suivait ses mouvements! Comme toutes les mains se tendaient vers lui pour lui offrir le pain ou le millet qui devait l'attirer! et quels cris de joie quand il reprenait son vol vers le colombier!

XI. — Le 24 novembre 1870, partait de la gare du Nord à minuit le ballon la *Ville d'Orléans*, porteur d'instructions importantes du général Trochu. Il était monté par l'aéronaute Paul Rolier et un franc-tireur de la Seine, Deschamps. A peine libre, il s'éleva à 1400 mètres de hauteur, dominant tout le camp prussien, dont les feux brillaient, pareils aux lueurs phosphorescentes de quantités de vers-luisants répandus sur le sol. La nuit étant d'une sérénité admirable, le ballon est vu des sentinelles prussiennes, qui donnent l'alarme. Quelques coups de feu sont tirés contre la nacelle, sans résultat.

Le vent soufflait en tempête. Vers trois heures du matin, se forme au-dessous des aéronautes une brume compacte qui leur dérobe la vue de la terre. Un bruit qu'ils comparent à celui d'un train de chemin de fer en marche, leur fait croire qu'ils se trouvent à proximité d'une ligne ferrée. Ce bruit persiste et les préoccupe.

Vers six heures et demie, le jour commence à poindre. Le ballon redescend à une hauteur de mille mètres. Les aéronautes interrogent l'espace... Nulle terre à l'horizon. Au-dessous d'eux s'étend... la mer! La mer, à l'infini! Ce bruit continu, qui leur avait fait croire à des trains de chemin de fer, était celui des lames rendues furieuses par la tempête. Égarés dans l'immensité, se voyant dans l'impossibilité de faire le point et de reconnaître sur quelle mer ils volent ainsi avec une effroyable rapidité, les aéronautes préparent une dépêche :

« Six heures et demie du matin; en pleine mer; ne voyant aucune côte. Perdus; mais vive la France! »

Ils confient cet adieu suprême à un pigeon. A ce moment une corvette passe au-dessous d'eux. Ils font des signaux de détresse... Ils appellent. Le bruit d'un coup de canon arrive à leur oreille, en même temps qu'un sifflement strident. Ce navire était un vaisseau de guerre allemand qui a pointé un obus vers l'aérostat.

A onze heures du matin, une goëlette apparaît. O joie! Elle arbore le drapeau tricolore! Les aéronautes, remplis d'une émotion inexprimable, poussent de toutes leurs forces un cri : « A nous! Vive la France! » On les entend, on les voit. Les marins sont sur le pont, faisant des signaux, manœuvrant pour porter secours. Rolier pèse sur la drisse qui correspond à la soupape; le ballon descend rapidement à quelques mètres à peine au-dessus du niveau de la mer. Là seulement les aéronautes s'aperçoivent de la vitesse vertigineuse de leur marche; les trois minutes de descente ont suffi pour les porter à huit kilomètres de la goëlette.

À une heure, un brouillard épais enveloppe de nouveau le ballon. Le froid est très vif. Vers deux heures, toujours dans la brume, Rolier aperçoit la cime d'un sapin qui émergeait d'une épaisse couche de neige. La nacelle se heurta aussitôt contre l'arbre. Rolier sauta vivement sur le sol. Deschamps s'étant embarrassé dans les cordes de l'ancre, se trouva suspendu la tête en bas. Rolier le dégagea avec peine. Pendant cette manœuvre, qui fut périlleuse, le ballon, délesté, s'enleva et disparut.

Il était deux heures vingt-cinq minutes du soir :

« Nous nous trouvions jetés, dit l'aéronaute, sur une terre inconnue, exposés à toutes les brutalités d'un climat glacial, sans vivres, sans provisions, presque sans vêtements. Nous nous mîmes en marche à la recherche d'êtres humains. Nous descendîmes de la montagne, trébuchant à chaque pas, disparaissant parfois jusqu'à la poitrine dans des trous de neige. Au débouché d'un sentier, trois loups de forte taille défilèrent à une centaine de mètres de nous. Nous gardions un morne silence, et nous commencions à perdre courage, quand vers onze heures, levant la tête, nous poussâmes un cri de joie; nous venions d'apercevoir une chaumière, un palais! Elle était vide, mais à l'intérieur tout annonçait que des êtres vivants l'avaient animée de leur présence, et qu'ils ne l'avaient quittée que depuis peu de temps. Nous nous chauffâmes à un grand feu. Une demi-heure à peu près s'écoula, et tout à coup nous vîmes déboucher en haut de la colline deux paysans couverts de fourrures et conduisant chacun un cheval. Ils s'arrêtèrent à notre vue, frappés de saisissement. Nous nous étions levés, fortement émus de notre côté; nous fîmes le salut russe, en levant les bras vers le ciel; les paysans répondirent par le même signe et s'avancèrent vers nous. Notre première parole, quand nous arrivâmes auprès d'eux, fut : « *Partis de Paris en ballon* ». Les deux braves gens se regardèrent silencieusement, ne comprenant pas, et nous répondirent par quelques syllabes d'une langue inconnue de nous. »

Comme un des bûcherons tirait de sa poche une boîte d'allumettes, M. Rolier la prit et lut « *Christiania* ».

La Norvège! En quatorze heures, de Paris ils étaient tombés sur le mont Lid, par 62 degrés de latitude nord, à sept cents lieues de la France! La goëlette aperçue vers onze heures était une goëlette norvégienne.

A force de gestes expressifs et après qu'on les eut réconfortés et couverts d'épaisses fourrures, les paysans conduisirent les aéronautes à l'habitation du pasteur Bije. Des voisins arrivèrent qui parlaient français. Jamais naufragés ne reçurent pareil accueil.

« Il fallut tout leur dire, raconte M. Rolier, et le stoïcisme héroïque des Parisiens, et les miracles accomplis par le Gouvernement de la Défense nationale; mais surtout il fallut leur parler de Trochu, le rude Breton, dont le nom était déjà arrivé jusqu'à ces populations hyperboréennes, et dont la gloire était en train de devenir légendaire au pôle nord. »

« Trochu, le rude Breton, déjà légendaire! » Était-il possible, en effet, à ces loyales natures norvégiennes de supposer qu'un Gaulois, un descendant de ces hommes que jadis Jules César lui-même n'osa forcer dans les forêts de l'Armorique, pût être autre chose qu'un vaillant soldat, un implacable adversaire de l'envahisseur?

On apprit alors que le ballon disparu lors de l'atterrissement avait été retrouvé par delà le mont Lid avec les dépêches. On donna aux voyageurs un guide pour Christiania, encore à cent lieues de distance; et ils prirent congé de ces braves gens avec une émotion partagée par leurs hôtes, déjà devenus des amis.

XXIII

LE PLAN GAMBETTA

I. — « Il n'aurait pas été très difficile, en octobre, aux Français, dit l'historien allemand, M. de Wickède, s'ils avaient eu un *commandement central énergique*, de détruire avec une troupe de quatre ou cinq mille hommes résolus, les tunnels mal gardés de Saverne et de Toul, ainsi que les ponts de Fontenay et de quelques autres localités bien choisies, de jeter le feu dans les parcs du train de Nancy, Châlons, Reims et Nogent, puis d'exercer de toutes parts, sur les derrières de l'armée d'invasion, des ravages d'une grande étendue. Moltke se serait vu contraint d'abandonner aussitôt son audacieuse entreprise et n'aurait osé investir, au cœur de la France, une place comme Paris, contenant plus de 450,000 hommes de garnison; alors que Metz et ses 180,000 hommes d'élite n'étaient pas tombés en son pouvoir, et que le drapeau tricolore flottait encore sur Toul, Verdun, Langres, Phalsbourg, Montmédy, Longwy, Thionville et Belfort. »

Ce commandement central énergique ne s'est pas rencontré. Il y eut bien, dans les défilés des Vosges et dans les gorges du Jura, de généreux et patriotiques efforts. Ces efforts, isolés, étaient sans espoir. Le Gouvernement de Tours, loin de les seconder, les voyait de mauvais œil. Le rhéteur Gambetta ne voulait aucune action en dehors de l'action officielle. Gambetta *fara da se!*

II. — Au Quatre-Septembre, nous l'avons vu, un réel enthousiasme guerrier s'était emparé du pays. Mais, lorsque Trochu à Paris, Gambetta en province prétendirent enrégimenter cet enthousiasme, faire rentrer cette jeune République dans les vieux cadres du militarisme bonapartiste, tout fut perdu.

Le plan Gambetta se combina merveilleusement avec le plan Trochu. Tandis que celui-ci se moquait des naïfs Parisiens en leur parlant de sa stratégie libératrice, et ne bougeait pas du Louvre, l'avocat-dictateur Gambetta nous étourdissait de ses pompeuses énumérations d'armées, d'armées du Nord et d'armées de l'Ouest, d'armées de l'Est et d'armées de la Loire, de ses découvertes de généraux miraculeux et de leurs prodigieuses manœuvres, de ses grands et de ses petits « mouvements tournants », de ses camps retranchés de Conlie et de Marans.

Au-dessous de cette phraséologie, il n'y avait en réalité en province qu'une détestable direction de la guerre, capricieuse, tyrannique, ignorante; des armées, ou plutôt des masses d'hommes incohérentes qu'on laissait mourir de faim, éparpillées à droite et à gauche, qu'on n'exerçait pas, qu'on n'aguerrissait point par une petite guerre si aisée à faire, si utile à l'enseignement du soldat et à nos intérêts, si préférable pour nous aux grandes batailles où nous devions toujours avoir le dessous; à la tête des armées, des généraux absolument pareils à ceux qui venaient de se faire battre avec Bonaparte, des camarades de ces vaincus, recrutés par Gambetta dans le cadre des retraités et des inactifs.

III. — Paris s'est pourtant épris de passion successivement pour chacun de ces beaux héros. Un pigeon arrivait. Il nous apportait un grand homme, entièrement inconnu la veille, qui devenait le Dieu du jour. Tous les journaux entonnaient l'hosanna, la foule brûlait l'encens.

Le lendemain, on découvrait que le grand homme était un traître et un imbécile, qu'il nous avait fait battre encore une fois. L'enthousiasme ne se décourageait pas, il changeait seulement d'objet; dans chaque nouveau général vanté par Gambetta, on voyait le messie guerrier attendu par la France.

Reproduisons une conversation entre deux Parisiens, rapportée par Flourens (*Paris livré*, p. 187):

« — Kératry est un grand homme, il opère dans l'Ouest.

— Pardon, monsieur, vous êtes en retard de quatre heures. Un nouveau pigeon vient d'arriver; Kératry n'est qu'un vil conspirateur orléaniste. C'est Aurelle de Paladines qui est en train, à l'heure qu'il est, de nous sauver. Il a repris Orléans aux Prussiens.

— Les Prussiens viennent de reprendre Orléans à Aurelle de Paladines. Il ne vaut plus rien. C'est Chanzy qui est l'homme de la situation aujourd'hui. Mac-Mahon le recommande, l'Américain Washburne l'estime, les Anglais en font grand cas.

— Eh non! Chanzy s'est fait battre. Voici le vrai sauveur, Bourbaki, confident de l'Impératrice.

Et ainsi de suite. Aimez-vous mieux Faidherbe, ex-gouverneur bonapartiste au Sénégal? Ou bien l'amiral Moulac, ou le capitaine Cremer, promu général? Dans ce panthéon choisissez, selon votre goût, une idole. »

J'ai montré au *Plan Trochu*, l'excellent parti que tiraient des pigeons les avocats de l'Hôtel de Ville. Un pigeon suffisait à occuper la crédulité publique pendant huit jours. Le temps pour les journaux de commenter ses dépêches, de les expliquer. A un pigeon usé, succédait un autre pigeon. Gambetta avait arrangé ses volatiles de manière à nous les rendre agréables, à nous prouver qu'il ne perdait pas le temps en province. Là où il avait dix mille hommes, il en marquait cent mille; là où s'était livré un engagement obscur et insignifiant, il écrivait grande et décisive bataille; là où commandait un piètre général, il s'écriait avec enthousiasme : « Le sauveur est trouvé! »

Gustave Flourens s'est toujours repenti de n'avoir pas, le 5 octobre 1870, fait conduire à Mazas, par les gardes nationaux de Belleville, Trochu, Gambetta, Ferry et Simon, qu'il qualifie de « saltimbanques et de traîtres ». (*Paris livré*, p. 108.)

IV. — Du moment que le Gouvernement de province, à l'instar de celui de Paris, repoussait le concours des masses profondes de la Révolution, la partie était impossible à gagner. L'historien ne voit dans les efforts de Gambetta que la vanité à la fois ridicule et désastreuse d'un avocat jouant au grand capitaine et se refusant à s'incliner devant la fatalité des événements pour garder le pouvoir et les bénéfices qu'il procure.

Et ils étaient gros ces bénéfices! L'agiotage se pratiquait sur la plus large échelle. Les fournisseurs et les délégués de la Préfecture avaient élevé le vol à la hauteur d'un principe et d'une institution organisée. Ainsi les commissaires du Gouvernement repoussent des tailleurs qui offrent des uniformes à 30 francs, pour les payer 40 à des intermédiaires agréables. Le même individu était souvent chargé de fournir les souliers, le vin, les vêtements et la viande. Il s'adressait aux maisons spéciales et empochait des commissions énormes.

A Lille, des négociants offraient à deux francs de grandes quantités de ceintures de flanelle. Un certain Baron, chargé de cette fourniture, en fait acheter 30,000 en Belgique à 2 fr. 70. Son intermédiaire touche un bénéfice de 45,000 francs en un seul marché. On renvoie des cordonniers offrant des souliers à 7 et 8 francs, et on demande 16,000 paires à un ami qui livre à la Préfecture, moyennant 11 et 12 francs la paire, les souliers refusés de l'armée anglaise. Les marchands d'armes, qui viennent offrir des fusils à 100 francs, sont éconduits, et la Préfecture paie les mêmes chassepots 120 et 135 francs à ses délégués favoris. Et ainsi des autres fournitures.

Ces désordres ne se sont pas traduits seulement par une augmentation de dépense ; leur influence sur l'issue de la lutte en province a été désastreuse. Nos soldats, par un hiver rigoureux, mal nourris, mal vêtus, chaussés de souliers en carton et armés de fusils en zinc, ne pouvaient résister à des troupes aguerries, bien équipées et pourvues d'un armement perfectionné. La démoralisation était générale en décembre.

Ferrand, un des fondateurs du journal de Gambetta, la *République française*, n'ayant pas su se tenir dans les limites légales (Dieu sait pourtant s'il y avait de l'espace pour évoluer à l'aise!) se fera condamner à deux ans de prison et à 300,000 francs d'indemnité pour vol sur les marchés.

A la Châtre, les habitants avaient confectionné eux-mêmes des gilets de laine pour les mobilisés... La confiance dans les administrations militaires était telle qu'on donna ces vêtements aux mobilisés de la main à la main. Tant d'autres malheureux n'avaient jamais reçu les secours qui leur étaient destinés !

V. — Le *Temps*, la *République française* et autres feuilles de même police, que dis-je ? nombre de braves gens, abusés par de roués politiciens, regardent le Génois comme le type du patriote. Gambetta un grand patriote ! *Risum teneatis, amici!* Voici comment Gambetta incarnait le patriotisme à la date du 19 décembre 1870. M. Steenackers, qui était alors directeur des télégraphes, adressa la dépêche suivante à Gambetta :

« ..... Ranc est en train de s'installer à Bordeaux. Il va fonctionner. J'ai été voir vos appartements ce matin. ON Y NAGE DANS LA POURPRE ET L'OR.

« TOUT VA BIEN. »

Tout va bien ! La France râle sous le talon prussien. Nos soldats tombent de froid et d'inanition sur les routes. N'importe ! Du moment que Gambetta allait nager dans la pourpre et l'or, tout allait bien pour Steenackers.

Voici maintenant la fin d'une dépêche du rhéteur adressée au même Steenackers :

« CIGARES EXQUIS. SOYEZ TOUJOURS GAI ET DE BONNE COMPOSITION. Salut et fraternité à vous et à tout notre monde.

« GAMBETTA. »

« Soyez toujours gai! » Il y avait, en effet, sujet de l'être.

Certains m'objecteront le courageux départ de Gambetta en ballon. La vérité, c'est que le *fin Génois* avait trouvé adroit et prudent à la fois d'abandonner ses collègues Jules Favre, Ernest Picard et les autres, pour n'avoir pas à subir les horreurs de l'investissement de Paris que Ferry allait bientôt affamer.

Il fallait entendre alors ceux qui restaient enfermés parler de la fuite de leurs collègues de la Défense nationale!

Après sa descente de ballon, Gambetta allait à Rouen, où, prêchant la résistance à outrance aux infortunés qu'il gratifiait de semelles de carton, il s'écriait : « Si nous ne pouvons faire un pacte avec la victoire, faisons un pacte avec la mort. » Et puis, Gambetta s'en allait tranquillement à Tours et, en fait de pactes, n'en contractait guère qu'avec Ranc et Spuller, avec la défaite, la jouissance et la ruine.

On sait tout le bruit qui s'est fait autour de la fameuse cigarette que Napoléon III a été représenté fumant après Sedan. Les peintres et les poètes (j'ai été un moment du nombre) se sont emparés de cette cigarette apocryphe et en ont tiré des effets plus ou moins réussis. Quelle clameur d'indignation dans le camp des gambettistes s'ils avaient trouvé une dépêche de ce genre dans les *Papiers des Tuileries :* Napoléon III à Duvernois : « Cigares exquis. Soyez toujours gai. »

Spuller aurait demandé l'affichage dans toutes les communes de France.

Le misérable histrion qui, dans des circonstances aussi terribles, a eu l'impudence de libeller une pareille dépêche, aurait dû, lors de sa réapparition sur la scène politique, être couvert de huées......
Il a un monument sur la place du Carrousel.

XXIV

GARIBALDI

I. — La Révolution avait cependant fait son apparition en province. Un de ses plus purs représentants, le héros de Marsala, Garibaldi, était sorti de Caprera et avec ses amis venait lutter sous le drapeau de la République. Le rhéteur Gambetta le reçut fort mal, après lui avoir fait faire antichambre plusieurs jours de suite à la préfecture de Tours. Des clameurs s'élevèrent de tous côtés contre l'avocat-dictateur. A l'annonce de l'entrée de Garibaldi en France, étaient accourus en masse francs-tireurs et volontaires. Force fut à Gambetta de confier un commandement au héros de l'indépendance italienne. Garibaldi eut bientôt autour de lui une armée compacte et des dévouements énergiques. Il se proposa d'opérer en Bourgogne et de couper les communications des armées allemandes dans les Vosges.

II. — Le 13 octobre 1870, Garibaldi lançait la proclamation suivante :

APPEL AUX NATIONS

« Volontaires de l'armée des Vosges,

« Le noyau des forces cosmopolites que la Révolution française réunit en ce moment, formé d'hommes choisis dans l'élite des nations, représente l'avenir de l'humanité, et sur la bannière de ce noble groupe vous pouvez lire la devise d'un peuple libre, qui sera bientôt le mot d'ordre de la famille humaine : « Tous pour un, un « pour tous! » L'égoïsme gouverne le monde, et l'autocratie combat certainement dans la République française le germe des droits de l'homme qu'elle abhorre : génie du mal, elle fait tous ses efforts pour se maintenir.

« Et le peuple? Les républiques modernes, comme l'ancienne Carthage, nagent dans l'or et le sybaritisme, tandis que les despotes se donnent la main dans les ténèbres qui sont leur vie, et profitent des malheurs d'un peuple frère.

« La Suisse, se croyant faible, baisse la tête et couvre du saint drapeau de Guillaume Tell ses caisses et ses banques.

« Grant qui, d'un signe de sa main, aurait pu renvoyer à Madrid les soldats de Prim, laisse tranquillement massacrer et détruire une population entière qui appartient à la grande famille de Washington...

« Et toi, noble et classique terre, refuge des exilés, qui la première as proclamé l'émancipation des races, et qui maintenant jouis du triomphe de ta courageuse initiative, laisseras-tu seule, dans sa lutte gigantesque, cette nation sœur, qui comme toi marche et marchera en tête du progrès de l'humanité?

« Dans la lutte héroïque que soutient la France, on ne retrouve plus que les débris d'une armée d'hommes vaillants que le plus stupide des tyrans a conduits à un désastre.

« Mais la nation est là. Levée comme un seul homme, elle forcera bientôt le vieil autocrate à se repentir de sa détermination de continuer cette boucherie humaine.

« Quelle noble mission est donc la nôtre, fils de la liberté, élite de tous les peuples! Non, je ne voudrais pas changer pour une couronne mon titre de volontaire de la République!

« Apôtres de la paix et de la fraternité des peuples, nous sommes forcés de combattre, et nous combattrons avec la conscience fière de notre droit, consacrant les paroles de l'illustre Chénier :

> Les républicains sont des hommes,
> Les esclaves sont des enfants.

« De votre courage je ne doute pas. Tout ce que je vous demande, c'est du sang-froid et de la discipline, indispensables dans la guerre.

« G. GARIBALDI. »

III. — Dans une instruction à ses Francs-Tireurs, Garibaldi rappelait que la Défense de Montevidéo avait duré neuf ans. Cette ville n'avait alors que 30.000 habitants parmi lesquels des commerçants anglais, français ou italiens, qui tous prirent part à la défense et eurent le bonheur de voir enfin le triomphe de leur patrie adoptive. Seulement Montevidéo vendit ses palais, ses temples, ses droits de douane présents et à venir et déterra les vieux canons qui servaient de bornes dans les rues.

Le héros de l'Indépendance italienne crut de même à la France et à la renaissance du patriotisme. Il avait compté sans le mauvais vouloir des rhéteurs de la Défense, sans la pusillanimité des paysans accueillant avec joie les Prussiens et leur donnant des vivres qu'ils refusaient aux soldats français. Il revoyait déjà les grands jours de la glorieuse Révolution, les Volontaires de 1792, les Grenadiers de l'an II et les légendaires Hussards de Sambre-et-Meuse. Et plein de foi dans la victoire finale, éternel adversaire de la féodalité militaire et sacerdotale que représentait la Prusse, à cheval sur sa selle mexicaine, il allait dans les gorges de la Bourgogne, chantant au milieu des balles et des obus la vieille chanson gauloise :

 À nous, Français, à nous des fers !... Aux armes !

IV. — Ainsi, ce fut un étranger qui fit entendre les paroles sacrées qui pouvaient soulever l'enthousiasme de la vieille Gaule et ramener la victoire sous le drapeau tricolore. Cet appel déplut à Gambetta qui ne voulait pas d'action en dehors de l'action officielle. Le général Cambriels refusa de seconder Garibaldi dans les Vosges. Les autres généraux prenant exemple sur Gambetta, se montrèrent tout aussi rétifs. C'était prudence de leur part : en effet, sous les ordres de Garibaldi, ils n'auraient pu fuir, ni se rendre. Bordone, chef d'état-major de l'armée des Vosges, tonne contre la mauvaise volonté de l'administration. Il ne peut obtenir ni vivres, ni vêtements, ni armes. Il n'y a rien pour les soldats de Garibaldi. De même, à Paris, il n'y avait rien pour les bataillons des faubourgs et les hommes de Blanqui.

Les troupes de Garibaldi étaient des troupes mal pensantes. Le pieux Trochu, qui tous les matins allait faire ses dévotions à Sainte-Geneviève, était scandalisé de l'irréligion des volontaires des Vosges. Il n'avait pas appris qu'ils se réclamassent d'aucun saint en renom. Au lieu de compter sur Dieu, ils ne comptaient que sur eux-mêmes... et Garibaldi, leur chef, négligeait de communier tous les matins.

V. — Bordone passait ses journées à réclamer des munitions que Gambetta refusait. Et cependant cette armée avait montré qu'elle pouvait rendre d'importants services. A Mont-Rolland, à peine formée, elle tint l'ennemi en respect. Le 11 novembre 1870, elle repoussa les Prussiens devant Autun, et sauva le Creusot. Le 19, Ricciotti, fils et lieutenant de Garibaldi, surprenait à Châtillon-sur-Seine un corps de troupes du général de Werder, et le chassait de la ville en lui infligeant des pertes énormes. Si ces braves avaient été secondés par le pouvoir central, ils arrivaient aux Vosges et coupaient les communications de l'ennemi. Les Prussiens auraient levé le siège de Paris.

Je ne veux pour preuve de l'importance des services rendus par Garibaldi, que l'exaspération de M. de Moltke contre lui. Le 23 janvier 1871, pendant la bataille de Dijon, qui fut un succès éclatant pour nos armes, un officier garibaldien étant tombé entre les mains des Prussiens, fut enduit de pétrole et brûlé vif. Au moment de la signature de l'armistice, M. de Bismarck demandera au Gouvernement de l'Hôtel de Ville que Garibaldi lui soit livré. Favre, Ferry, Simon et Trochu, auxquels on faisait l'affront sanglant d'une pareille requête, auraient obtempéré sans peine à cette demande... Mais pour livrer Garibaldi aux Allemands, il eût fallu l'avoir entre les mains. On ne l'avait pas.

XXV

CHAMPIGNY

I. — Le général d'Aurelle de Paladines aurait pu, après la brillante victoire de Coulmiers, mettre à profit le désarroi de l'armée allemande pour pousser une vigoureuse pointe en avant sur Fontainebleau. Il ne le voulut pas. Lui non plus ne se souciait pas de vaincre pour la République. Paris était trop révolutionnaire aux yeux de ce pratiquant, et il était inutile de se presser pour le dégager. Malgré les supplications des officiers de son état-major, il resta quinze jours immobile dans ses positions, prétextant du peu de cohésion de ses troupes, du mauvais état de son matériel de guerre, de l'équipement de ses hommes. Il venait cependant, avec ces mêmes bataillons, de culbuter une armée compacte, l'armée de Bazeilles. Contraignant ses soldats à demeurer de longues et mortelles journées dans des campements boueux, il usa dans une stérile attente leur énergie qui ne demandait qu'à se dépenser dans l'action. Pendant ce temps, le prince Frédéric Charles arrivait des bords de la Moselle. Il envoyait des renforts à Werder qui combattait dans l'Est; puis à marches forcées gagnait Pithiviers par Troyes, Sens, Nemours et Puiseaux. Il établissait son quartier à Pithiviers le 21 novembre. Depuis onze jours, le général d'Aurelle n'avait pas bougé.

Au lieu de 40.000 hommes que l'armée française avait devant elle quinze jours auparavant, c'étaient maintenant 150.000 hommes et 500 bouches à feu.

II. — Vers le 25 novembre, Gambetta avisa par pigeons Jules

Favre de son intention, de se porter avec toutes ses forces au secours de la capitale par Montargis. Trochu fut aussitôt mis en demeure de seconder les mouvements de la province par une action énergique sous Paris. Il décida de passer la Marne, le 26 novembre. L'effort principal du mouvement était confié au général Ducrot, dont l'attaque devait être soutenue par différentes diversions destinées à tromper l'ennemi. A minuit, au moment de franchir la rivière, un temps d'arrêt se produit... Le pont jeté sur la Marne n'atteint pas la rive opposée ; *il est trop court!* L'ingénieur Krantz alla à deux heures du matin prévenir Trochu, au fort de Nogent, de l'impossibilité de continuer les opérations.

« Conçoit-on ce manque de précautions, dit M. Jules Claretie (*Révol.* 1870, p. 411), et était-il donc écrit que, jusqu'à la fin, nos chefs supérieurs commettraient les mêmes erreurs, retomberaient dans les mêmes fautes? »

Ainsi parle Claretie, ainsi parlaient les Bourgeois. Ce n'était qu'un cri sur l'insuffisance de Trochu et de ses lieutenants. Cependant, quand vous parliez de jeter bas les incapables et les traîtres, chacun de se voiler la face : « Soyons unis ! Pas de divisions devant l'ennemi. Chassons les Prussiens, et nous verrons après. »

C'est parfait de dire : « Chassons les Prussiens ! »... Mais c'est que précisément on ne les chasse pas du tout !

Sous la première République, ingénieurs et généraux auraient été immédiatement passés par les armes.

III. — Il fallut ajourner l'attaque au lendemain ; si bien que l'ennemi eut vingt-quatre heures pour préparer sa défense, avec la certitude d'être attaqué dans la presqu'île de Joinville-le-Pont, puisqu'il voyait les troupes se masser dans le champ de manœuvres de Vincennes et qu'il avait pu entendre toute la nuit les trains de chemins de fer de ceinture et le bruit de l'artillerie défilant sur les routes.

Le général Vinoy, qui avait reçu l'ordre de s'avancer du côté de Choisy-le-Roi, ne fut informé de la suspension du mouvement de Ducrot qu'à huit heures du matin. Il y avait alors deux heures que ses troupes étaient engagées contre l'Hay ; elles furent obligées de rétrograder et éprouvèrent des pertes sensibles. Du côté de la Gare aux Bœufs, on avait été plus heureux ; néanmoins Vinoy ne crut pas pouvoir garder une position aussi avancée et la fit évacuer. Cette diversion avait coûté beaucoup de sang et demeurait sans profit.

Les opérations purent commencer dans la matinée du 30 novembre. Une action générale s'engagea des hauteurs de Montmély au plateau d'Avron. Le froid était vif, le temps clair, Champigny, Bry-sur-Marne furent enlevés par nos troupes. Vers 4 heures, à l'entrée de Chennevières, nos soldats accueillis par une effroyable fusillade durent s'arrêter. On n'eut pas l'idée de faire battre par le canon les murs du parc de Villiers, où s'était retranché l'ennemi. L'élan de nos hommes vint se briser à plusieurs reprises contre ces murs crénelés par les Prussiens, à l'abri desquels ils écrasaient nos troupes de mitraille. La nuit venait, la nuit rapide des jours de novembre. Le soleil se couchait derrière Châtillon, rougissant de ses derniers reflets les coteaux dévastés, incendiant de ses rayons les vitres brisées des logis et enveloppant comme d'une caresse mélancolique la Marne dont les flots rouges de sang roulaient les armes et les corps des héros.

IV. — Le lendemain, les deux armées restèrent en présence sans combattre, réparant leurs pertes de la veille et s'apprêtant à de nouveaux assauts. Dans la nuit du 1ᵉʳ au 2 décembre, de puissants renforts arrivèrent au commandant allemand Fransecky. Le généralissime de Moltke donna l'ordre à ce dernier de rejeter à tout prix l'armée de Ducrot sur la rive droite de la Marne.

Au petit jour, les Wurtembergeois attaquent Champigny; les Saxons, en poussant des hourrahs formidables, se portent sur le village de Bry et manœuvrent pour jeter nos troupes dans le fleuve. La situation était des plus critiques. Grâce à des prodiges de valeur, les positions menacées nous restèrent. Mais il devenait désormais évident que nous n'arriverions pas à forcer les lignes prussiennes. Nous nous trouvions au même point que la veille et nous avions perdu 8,000 hommes dans les deux rencontres de Villiers et de Champigny. Pour comble d'infortune, le froid était devenu intense; nos soldats enduraient d'horribles souffrances. Le général Ducrot, voyant que l'ennemi s'était massé en nombre considérable dans les bois de Villiers, ne se crut pas de taille à soutenir un nouvel assaut. Craignant cette fois d'être précipité dans la Marne, il donna l'ordre de repasser la rivière et rentra dans le bois de Vincennes.

V. — Pendant ces trois journées, les nouvellistes s'en allaient à travers les rues, racontant mystérieusement que le plan de jonction avec les armées de province était exécuté; que Ducrot avait forcé les lignes prussiennes. Les proclamations succédaient aux proclamations. Trochu à P. O. Schmitz. Trochu à Gouvernement. Gouvernement à Trochu.

Le monde officiel se jetait des victoires à la tête. Croira-t-on que le 2 décembre au soir, alors qu'il savait la partie perdue, Trochu eut l'audace de passer devant le front des troupes et de se faire acclamer?

« 2 décembre 1870, 2 h. soir.

« GOUVERNEUR A GÉNÉRAL SCHMITZ,

« Au moment où je vous écris, l'ennemi, placé sur toute la ligne, nous cède encore une fois les hauteurs. Parcourant nos lignes de tirailleurs, j'ai recueilli l'honneur et l'indicible joie des acclamations des troupes.

« Général TROCHU. »

VI. — Et la lettre des membres de la Défense à Trochu? On ne saurait en priver la postérité.

« 2 décembre 1870).

« GÉNÉRAL ET BIEN CHER PRÉSIDENT,

« Depuis trois jours nous sommes avec vous *par la pensée* sur ce champ de bataille glorieux où se décident les destinées de la patrie. Nous voudrions partager vos dangers en vous laissant cette gloire qui vous appartient bien d'avoir préparé et d'assurer maintenant par votre noble dévouement le succès de notre vaillante armée.

« Nul mieux que vous n'a le droit d'en être fier, nul ne peut plus dignement en faire l'éloge; vous n'oubliez que vous-même, mais vous ne pouvez vous dérober à l'acclamation de vos compagnons d'armes, électrisés par votre exemple.

« Il *nous eût été doux d'y joindre les nôtres;* permettez-nous au moins de vous exprimer tout ce que notre cœur contient pour vous de gratitude et d'affection. Dites au brave général Ducrot, à vos officiers si dévoués, à vos vaillants soldats, *que nous les admirons.*

« Nous saluons avec joie ces belles et grandes journées, où vous *vous êtes révélé tout entier,* et qui, nous en avons la conviction profonde, sont le commencement de notre délivrance.

« JULES FAVRE, GARNIER-PAGÈS, JULES SIMON, EUGÈNE PELLETAN, EMMANUEL ARAGO, JULES FERRY, ERNEST PICARD. »

« Nous sommes avec vous *par la pensée!* » Et qui donc empêchait Ferry, Simon, Arago, Brisson, Magnin, Floquet, Dréo, jeunes alors, d'être effectivement au milieu de nos soldats? On se rappelle le vers célèbre de Boileau. Louis XIV, au passage du Rhin

Se plaint de sa grandeur qui l'attache au rivage.

La raillerie s'est donné cours sur le monarque. Et cependant il était là, ce monarque, sur l'autre rive. Les boulets y arrivaient.

il pouvait en recevoir. Que dire au contraire de cette troupe d'avocats qui ont l'air de se lamenter de ne pouvoir être que *par la pensée* sur le champ de bataille où se décident les destinées de la patrie ? Apparemment que leur grandeur républicaine les retenait dans les tièdes salons de l'Hôtel de Ville où n'arrivèrent jamais les projectiles ennemis.

« *Nous voudrions partager vos dangers !* » disent encore les avocats gouvernants. Rien ne s'y opposait.

« *Nous admirons* vos vaillants soldats. » Oui, ils les admirent... de loin ; et cette admiration-là, les braves combattants de Champigny n'en ont que faire, venant d'aussi piètres personnages.

La vérité, c'est que les rhéteurs de l'Hôtel de Ville ne couvraient ainsi de fleurs les Ducrot, les Trochu et les Vinoy que pour se faire pardonner leur lâcheté et leur abjection. Protégés par les traîneurs de sabre contre les révolutionnaires, en retour ils acclamaient grands généraux Bazaine, Uhrich, Ducrot et *tutti quanti*. De peur d'être chassés par eux, ils les traitaient de foudres de guerre et d'invincibles paladins.

Des rhéteurs qui ne se battaient qu'à coups de proclamations n'avaient pas qualité pour flétrir le mauvais vouloir ou l'incapacité.

VII. — On avait beau ergoter, expliquer, mentir, une chose était patente : nos troupes rentraient ; la trouée n'était pas faite. L'inquiétude, la surprise, la colère éclatent dans Paris. On se demande avec un douloureux étonnement comment une armée que l'on affirmait deux fois victorieuse renonce à poursuivre ses avantages ? Un mouvement révolutionnaire est à craindre.

L'*Électeur libre*, le *Temps*, le *Siècle* et autres journaux de police, pour conjurer l'orage qui de nouveau s'amoncelle autour de l'Hôtel de Ville, redoublent d'efforts : l'ennemi, disent-ils, a été si cruellement atteint dans la journée du 2 décembre, qu'il nous a laissés repasser la Marne sans nous inquiéter.

Ainsi, après avoir chanté victoire, Trochu en est réduit à se féliciter d'avoir pu échapper à l'ennemi.

Un pigeon arrive en outre à la rescousse. Il a sous l'aile une dépêche de Gambetta que publient en dernière heure les journaux bien pensants : « La résistance de Paris remplit le monde entier d'admiration. Les Prussiens sont démoralisés. Les victoires de Trochu ont soulevé l'enthousiasme général en province. Près d'Amiens, nos soldats, sous les ordres de Bourbaki, attaquent vigoureusement les Prussiens. »

Et des gens bien informés affirment avoir entendu au loin, du côté de Chantilly et de Mortefontaine, le canon de l'armée du Nord. Certains insinuent même que le général Ducrot, par un prodige de stratégie, n'a repassé la Marne que pour se porter à sa rencontre.

— « Ainsi donc, demandez-vous alors ingénument, cette formidable bataille de trois jours, à Champigny, n'était qu'une feinte?

— Vous l'avez dit. C'est par le Nord que doit se faire la trouée. »

L'*Électeur libre*, parlant de la retraite de Ducrot, s'écriait : « La population de Paris est intelligente. Elle a compris la sagesse de la détermination du général Ducrot. » On n'avait rien compris du tout. Non, jamais gouvernants ne se moquèrent aussi complètement d'un peuple que les hommes de Septembre.

VIII. — Gambetta présenta à la province les journées du 30 novembre et du 2 décembre comme d'éclatants succès. La fabrique de bulletins de victoires qu'il avait installée à Tours envoya l'ordre du jour suivant au général d'Aurelle de Paladines :

OFFICIERS, SOUS OFFICIERS ET SOLDATS DE L'ARMÉE DE LA LOIRE,

« Paris, par un sublime effort de courage et de patriotisme, *a rompu les lignes prussiennes.* Le général Ducrot, à la tête de son armée, *marche vers nous.* Marchons vers lui avec l'élan dont l'armée de Paris nous donne l'exemple.

« Vous avez devant vous cette armée prussienne que vous venez de vaincre sous Orléans; vous la vaincrez encore.

« Marchons donc avec résolution et confiance en avant, sans calculer le danger. Dieu protégera la France.

« Quartier général de Saint-Jean.

« 1ᵉʳ décembre 1870. »

On a vu comment Ducrot avait rompu les lignes prussiennes sous Paris. Sur la Loire, d'Aurelle ne fut pas plus heureux. Malgré l'éclatante bravoure déployée, les 2 et 3 décembre 1870, à Marchenoir, Loigny, Villepion, Patay et Artenay, par les troupes de ligne, les francs-tireurs de Blidah et les zouaves de Charette, l'armée française, écrasée par des forces supérieures, fut refoulée jusqu'au Mans où elle arriva, le 20 décembre, dans la plus complète décomposition.

Le 5 décembre 1870, Frédéric-Charles portait son quartier-général à la préfecture d'Orléans.

XXVI

LE PLAN FERRY

I. — Le Gouvernement ne se montra réellement habile que dans la guerre... aux bons citoyens. Partout ailleurs éclatent son imprévoyance et son incapacité. L'armement des gardes nationaux s'était fait en septembre au milieu du plus effroyable désordre. Dans les magasins d'équipement s'entassaient, pêle-mêle, des montagnes de draps avariés, de vareuses à jour, de pantalons plus légers que des toiles d'araignée, de souliers en carton, le tout habilement entremêlé çà et là de produits sérieux. Les agioteurs font de l'or.

Un chef de bataillon déplaît-il aux gouvernants? Ceux-ci ont un moyen bien simple de le discréditer : ils laissent ses hommes sans souliers et sans vêtements. Il n'y a rien pour eux. Si des plaintes s'élèvent, des voix apostées par la police dénoncent en secret le commandant comme la cause du dénûment du bataillon : « Il fait trop de politique, et ne s'occupe pas assez de ses hommes ».

L'accusation est mortelle.

II. — Un jour, c'est une compagnie de Montmartre que l'état-major de la place Vendôme *oublie* de faire relever à la tranchée. Une autre fois, c'est un bataillon de Belleville qui ne recevra pas de ration. Les vivres auraient dû arriver au campement à huit heures du matin. Il est dix heures, rien n'a encore paru. Les gardes, exténués par une faction de nuit, en rase campagne, les pieds dans la boue, interrogent anxieusement l'horizon. Pas la moindre voiture d'intendance en vue. Onze heures, midi, rien. On est à jeun depuis la veille : les hommes murmurent. Que signifie ce retard? Justement, à quelques centaines de mètres plus loin, un bataillon de l'Ordre vient d'être largement ravitaillé. Des fourgons chargés de magnifiques quartiers de bœuf, frais, roses, appétissants, ont passé, par le chemin de communication, sous le nez des faubouriens. Les feux brillent, les marmites sont installées; d'homériques morceaux de viande, caressés par la flamme, envoient de succulentes bouffées vers le camp des affamés. Les fourchettes fonctionnent, le chambertin circule... On mange là-bas!...

Le malheureux chef des Bellevillois, au milieu d'un concert de clameurs, lève les bras au ciel : « Que voulez-vous que j'y fasse? Est-ce ma faute, si les vivres n'arrivent pas?

— Eh! oui, c'est sa faute, dit en grommelant un gros bourgeois du quartier, englobé pour son malheur dans les rangs des démocrates. Hier il présidait un club. Pendant qu'il pérore, d'autres attrapent les bons morceaux. »

À la fin, une estafette part au galop pour la place. Sur les quatre heures du soir, elle en ramène une charrette chargée d'une carcasse de cheval et de trois ou quatre mâchoires d'animaux inconnus. Sont-ce des rhinocéros, des éléphants ou des mastodontes? Quelques-uns soutiennent que ces gigantesques ossements ont été dérobés au musée de paléontologie. Cuvier lui-même serait embarrassé pour placer avec quelque autorité un nom sur ces derniers représentants d'une faune qu'on croyait disparue depuis des siècles.

III. — La popularité d'un commandant ne pouvait résister à des attaques aussi perfides. Flourens, Varlin, Sapia, Eudes, Lacambre, Razoua, furent ainsi battus en brèche. Blanqui raconte qu'un jour des hommes de son bataillon lui apportèrent des fragments de fourreaux de baïonnettes, formés d'une pellicule en zinc, recouverte de papier noir. Les fourreaux s'étaient tordus au premier attouchement. Ils lui en montraient les débris d'un air de reproche, comme s'il était l'auteur responsable du méfait.

Dorian, ministre des travaux publics, dut lutter plus d'un mois avant d'obtenir de Trochu l'autorisation de fabriquer des canons se chargeant par la culasse. Les membres du comité d'artillerie ne voulaient pas entendre parler du nouveau système. Peut-être aussi se disaient-ils avec beaucoup de bon sens qu'il était inutile de se mettre en frais pour forger des canons qu'un jour ou l'autre il faudrait livrer aux Prussiens. Il valait mieux garder l'argent pour payer notre rançon. Le général Le Flô avait eu l'ingénieuse idée de former un bataillon avec les commis de ses bureaux. Il y a de quoi rire aux larmes en songeant que ce bataillon, dont la principale fonction était de monter la garde autour du ministère, était le seul qui fût muni de fusils Remington, à longue portée !...

IV. — Quand un navire est en détresse, le capitaine rationne l'équipage et les passagers, afin de tenir le plus longtemps possible. Paris, isolé du monde entier, portait en lui l'avenir de la patrie. Tous eussent accepté au commencement avec résignation, je dirai plus, avec joie, la mise sur le pied d'égalité. Les ouvriers n'auraient plus parlé ni de socialisme ni de prolétariat. Toutes les questions étaient ajournées, hors la question de la guerre; toutes les lois suspendues, hors la loi de salut public.

Les hommes de l'Hôtel de Ville se refusèrent à ce parti radical. Leurs mesures, marquées au coin de l'imprévoyance et de l'indécision, provoquèrent un mécontentement universel. Le commerce étant nul et le travail arrêté, nos gouvernants, pour parer au chômage qui allait fatalement éclater sur la population ouvrière, avaient décidé, en septembre, aussitôt Paris cerné, que chaque garde national recevrait une indemnité de 1 fr. 50 par jour. Après avoir rendu ce décret, ils crurent que tout était dit et qu'ils n'avaient qu'à se reposer. Ils ne tardèrent pas à être violemment secoués de leur torpeur.

En effet, la loi « de l'offre et de la demande » n'étant pas suspendue, il arrivait, — et la chose était facile à prévoir, — que les objets de première nécessité montaient peu à peu à des prix exorbitants. Les détenteurs de bétail et de farines étant laissés libres dans leur industrie, la livre de pain allait bientôt, à elle seule, absorber les trente sous alloués. Il fallut donc que le Gouvernement se rendît acquéreur de la farine, puis de la viande : qu'il réquisitionnât lard, veau, pommes de terre, etc.

Qu'arriva-t-il? C'est ici qu'éclate le patriotisme des commerçants! A peine le décret de réquisitionnement était-il rendu, que farines, jambons, veau, pommes de terre, conserves, haricots, lentilles, disparurent en un clin d'œil. Les Prussiens ne manœuvrèrent jamais avec autant d'ensemble que les commerçants parisiens en cette occasion. Vous vous présentiez à une boutique, la veille encore bondée de provisions. La devanture était vide : « Il ne me reste rien, disait le marchand d'un air candide. — Quoi rien ? — Il ne me reste qu'un jambon, un seul que je comptais garder pour ma famille. Comme vous êtes un vieux client de la maison, je consens à vous en céder une tranche. C'est 10 francs. »

Vous vous empressiez de profiter de cette aubaine inespérée. A peine aviez-vous tourné le dos, que la même comédie recommençait avec un autre.

Quelquefois, avisant une boite de fer-blanc à un étalage : « Qu'y a-t-il là-dedans? demandiez-vous. Du veau, du jambon, de la volaille ? — Je n'en sais rien, répondait le marchand d'un ton rogue. Je sais seulement que c'est 20 francs. Si vous ne voulez pas de ma boite, laissez-la. D'autres la prendront. » Vous ouvriez à la hâte votre porte-monnaie, car derrière vous était survenu un affamé qui disait : « Je la prends, moi ».

Inutile de parler du vin, toujours sophistiqué. Le bourgeois n'en avait cure, ayant de bonnes barriques en cave. Mais le peuple et la foule des petits employés devaient passer par d'horribles mixtions, payées fort cher. Je pourrais citer tel négociant du Gard, sur le point de faire la culbute, qui, grâce à la guerre, se refit une fortune et par suite une réputation honorable en lessivant ses fonds de tonneaux.

V. — Le pain n'étant pas rationné était, en certains endroits, indignement gaspillé. Pendant que dans les faubourgs, les familles indigentes, obligées de se suffire avec les trente sous de solde du mari, s'imposaient les plus dures privations, dans les quartiers d'Europe et des Champs-Élysées, à défaut de fourrage, on nourrissait les chevaux avec du blé et de la farine. A la fin, le Gouvernement, ému des réclamations qui lui arrivaient, *rendit un nouveau décret* par lequel était instituée une Commission des subsistances. On n'entendra plus parler de cette Commission jusqu'au jour où l'on apprendra qu'elle a laissé manger ses farines par les rats et pourrir ses réserves de pommes de terre dans les caves des Halles centrales. Vers le 30 octobre, au moment des négociations pour un armistice, les devantures, comme par enchantement, se garnirent de victuailles : les boutiquiers, croyant que Paris allait être débloqué, se hâtaient d'écouler leurs marchandises, lesquelles rentrèrent de nouveau sous terre après la rupture des négociations.

VI. — En octobre, le Gouvernement avait affecté par jour 23 têtes de gros bétail à chaque arrondissement. Il n'avait pas réfléchi que l'arrondissement de Passy, par exemple, n'a que 50,000 habitants, tandis que ceux de Popincourt et de la Villette en comptent chacun 150,000, de telle sorte que la ration variait de 50 et même de 100 grammes par personne, d'un arrondissement à un autre.

Les mairies avaient délivré des cartes de boucherie, et sur le vu de ces cartes, l'étal désigné donnait à chacun sa ration. Il semble que ce service dût aisément fonctionner. Erreur complète. Il ne se passait pas de semaine qu'on ne lût dans les journaux : « Hier, il n'a pas été fait de distribution de viande dans tel arrondissement ». Ainsi tout un quartier de Paris avait été laissé sans vivres.

Depuis le rationnement, j'avais remarqué que les morceaux de choix, les côtelettes, les gigots et les filets, étaient devenus absolument introuvables. Quoi donc? Le Gouvernement ne faisait-il abattre que des bœufs sans entrecôtes et des moutons sans jambes? Avec quelques gardes nationaux de mon bataillon, rue de Londres, nous voulûmes tirer la chose au clair. Après huit jours de recherches, nous demeurâmes convaincus que nous ne saurions rien, et qu'en toute cette affaire, il n'y avait réellement de bien organisé que le pillage. Au quartier de la Bourse, on eut l'idée de multiplier les surveillants. Chose étrange, plus leur nombre augmentait, et plus le nombre des rations absentes augmentait aussi. Beaucoup firent alors comme *le Chien qui porte au cou le dîner de son maître* : « Du moment que nous ne pouvons empêcher la curée, prenons-y part! »

Ce n'est que bien plus tard qu'on eut l'explication du mystère : nombre d'*honorables* bouchers, au lieu de mettre en vente, au prix modéré de la taxe, la viande que leur envoyait l'Administration, trouvaient plus lucratif de la céder aux pâtissiers et aux charcutiers, lesquels en faisaient des pâtés et des conserves, qu'on écoulait à des prix fabuleux, dans les quartiers riches.

Quand des plaintes arrivaient au Gouvernement, il était tout étonné : « Il avait pourtant rendu un décret!! » Il aurait fallu que derrière ce décret se dressât une cour martiale. Malheureusement, des gouvernants qui ne faisaient pas eux-mêmes leur devoir n'avaient pas qualité pour prendre des mesures énergiques et sévir. Quand la lâcheté et la trahison sont dans les hautes sphères, le pillage et le vol s'étalent en bas sans pudeur. Il eût fait beau voir Ferry et Trochu envoyer une patrouille opérer une descente chez un boucher ou un épicier! C'est pour le coup qu'on aurait enlevé l'Hôtel de Ville! « Que nous veulent ces *Capitulards*? »

VII. — Le nombre des rations étant toujours inférieur au nombre des cartes, les derniers arrivants trouvaient l'étal vide. Ils réclamaient énergiquement, comme on peut le croire : « Voilà ma carte! il me faut ma ration. Où passe donc la viande? — Est-ce que je le sais, moi? répliquait le boucher. Mon affaire est de couper. Tant qu'il y a de la viande, je coupe; quand il n'y en a plus, je ferme ma boutique. Et, tenez, le moment est venu; faites-moi le plaisir de vous en aller. »

Après le 31 octobre, Jules Ferry avait été délégué à la mairie centrale, en remplacement d'Étienne Arago. C'est à Ferry et à ses sous-aides, Magnin, Brisson et Floquet, qu'il faut faire remonter la responsabilité de la mauvaise distribution des vivres. Qui dira les malédictions amassées sur la tête de ces organisateurs de la famine? Au lieu de multiplier les lieux de distributions, et d'ouvrir à deux battants les portes des boucheries existantes, Ferry eut l'effroyable idée de centraliser ces distributions dans quatre ou cinq locaux par arrondissement. On devine l'horrible cohue, le désastreux encombrement qui se produisit aussitôt à la porte de ces locaux. Des réclamations s'élevèrent; rien n'y fit. Le despote Ferry ne voulut pas en démordre. Chacun se dit alors que le plus sûr moyen de ne pas revenir à vide était d'arriver des premiers. De là ces stations douloureuses à la porte des boucheries, ces longues heures d'attente par le froid, ou sous une pluie glacée. L'étal n'ouvrait que vers huit heures... N'importe! En plein mois de décembre, par quinze degrés de froid, dès cinq heures du matin, dès quatre heures, dès trois heures, la queue commençait à se former. C'était à qui se devancerait. Une ménagère, réveillée par la crainte d'arriver trop tard, mettait tout un quartier sur pied dès minuit. Et lorsqu'on demeurait aux environs on entendait, dans la nuit noire, le brouhaha confus de la foule.

VIII. — A Belleville et à la Villette, dit Flourens, dans son *Paris livré*, les femmes arrivaient à deux heures du matin, et s'alignaient en longues files. On parlait peu, on était trop désespéré. Le froid mordait cruellement cette foule muette. Les longues heures s'écoulaient lentement. A quelque clocher d'église voisine on entendait tinter d'un son lugubre, comme cela tinte dans la nuit, successivement trois heures, quatre heures, cinq heures. Toujours nuit close et froid impitoyable. De temps en temps on s'agitait pour se réchauffer un peu. Mais chasser le froid était impossible; des extrémités il remontait jusqu'au cœur. Vers les six heures la file s'allongeait; des vieillards, des hommes prenaient rang. Parfois une estafette passait au galop : « Est-il heureux celui-là! disait-on; au moins il peut se faire tuer! »

IX. — Vers la fin du siège, dans les quartiers de Grenelle et de Vaugirard, parfois arrivera soudainement un obus qui renversera quinze ou vingt personnes.

Le jour apparaissait enfin, un jour triste, terne et blafard, comme les jours d'hiver. Cependant il ranimait un peu les cœurs, en indiquant que le supplice approchait de sa fin. Quelque mouvement commençait dans la rue. A huit heures un immense soupir de soulagement s'échappait de trois mille poitrines. La boutique ouvrait ! Ceux qui attendaient depuis deux heures du matin entraient les premiers et recevaient 100 grammes de viande de cheval ; ceux qui n'étaient arrivés qu'à six heures du matin en avaient encore pour trois ou quatre heures d'attente, et recevaient sur le coup de midi une poignée de riz ou une queue de hareng saur. Ce n'est pas tout. La queue finie à la boucherie, elle recommençait à la boulangerie ; finie à la boulangerie, elle recommençait au bois ; si bien que l'existence des infortunées mères de famille se passait à attendre jour et nuit devant des portes closes. Aussi la mortalité augmenta-t-elle dans des proportions énormes. Il y eut jusqu'à cinq mille décès par semaine dans les derniers temps, au lieu de neuf cents, hiver normal.

Jules Ferry tua plus de monde que Moltke et Frédéric-Charles réunis.

A la fin de décembre, les chats, les chiens et les rats firent leur apparition sur le carreau des Halles et à la devanture des boutiques de charcuterie.

Et pas une plainte, pas une récrimination ne s'échappait des groupes en station. L'ordre le plus parfait régnait à l'entour des lieux de distribution. Les femmes surtout, admirables de constance et de dévouement, supportaient leurs souffrances avec une abnégation sublime, les croyant nécessaires au salut de la patrie.

— « Restons unis, disaient les officieux ; pas d'émeute devant l'ennemi ; chassons les Prussiens, et nous verrons après. »

X. — Ainsi le peuple de Paris, en proie à une sorte de fatalisme musulman, subissait, inerte, la domination des Ferry et des Trochu, organisateurs de la famine et de la défaite. Cependant que dans les salons du Gouvernement on se ruait en banquets. Les cuisines flambaient à l'Hôtel de Ville. Et ce n'était pas des rats qui tournaient sur les broches, ni des carcasses de cheval. Si les Prussiens fusillaient impitoyablement tout patriote qui cherchait à traverser les lignes, ils étaient pleins de mansuétude pour les maraudeurs. Il se faisait aux avant-postes, un commerce actif de volailles, légumes, lièvres et perdreaux. Dans les grands restaurants, il n'était pas difficile, en y mettant le prix, d'avoir des huîtres d'une fraîcheur délicieuse. Les garde-manger bien pensants étaient largement approvisionnés. Il s'échappait, des soupiraux de l'Hôtel de Ville, de succulentes bouffées.

Vers la fin de décembre, on nous prit notre chat ; mais je n'ai jamais soupçonné Ferry de l'avoir volé pour s'en repaître. Garnier-Pagès avait une mine des plus luxuriantes. Quant à Ernest Picard, il trouva moyen d'engraisser pendant le siège!

XI. — Tout ce qui touchait au pouvoir avait su de même se ménager des douceurs. Certains personnages ont poussé l'impudeur jusqu'à faire frapper à la Monnaie une Médaille attestant qu'ils avaient toujours fait chère excellente dans Paris rationné. De si grands souvenirs historiques méritent d'être transmis aux générations futures. Sur la face de la Médaille on lit :

Pendant
le siège de Paris
quelques personnes ayant
coutume de se réunir chez M. Brébant
tous les quinze jours, ne se sont pas une seule
fois aperçues qu'elles dînaient dans
une ville de deux millions
d'âmes assiégée
1870-1871

Au revers :

A Monsieur PAUL BRÉBANT.

ERNEST RENAN	CH. EDMOND
P. DE SAINT-VICTOR	THUROT
BERTHELOT	J. BERTRAND
CH. BLANC	MAREY
SCHERER	E. DE GONCOURT
DUMESNIL	T. GAUTIER
A. NEFFTZER	A. HÉBRARD

Hébrard, directeur du *Temps*, *ne s'est pas aperçu* une seule fois qu'il dînait dans une ville assiégée. Les milliers de femmes et d'enfants que décimèrent le froid et la faim, ne s'en aperçurent que trop. D'autres auraient soigneusement dissimulé de pareilles orgies. Nos modernes républicains ont fait frapper une médaille commémorative. Ils ont tiré gloire de s'être rués en cuisine alors que les femmes et les enfants tombaient de froid à la porte des boucheries administratives, et que les sentinelles étaient laissées sans vivres aux avant-postes. Chacun comprend l'honneur à sa manière.

XII. — Quels débuts pour une République! En province et à Paris, sous Gambetta comme sous Trochu, vantardise, gaspillage et vol. La République de 1870 est marquée à son origine d'une tache indélébile. Le Wilsonisme et les prévarications de toutes sortes qui ont signalé la présidence de Grévy n'ont nullement surpris l'Historien de la Basse-République. Un régime qui avait eu de pareils commencements ne pouvait porter que des fruits empoisonnés. Et c'est toujours le même système qui fonctionne! C'est la même tourbe d'intrigants, d'incapables et de traîtres, qui occupe les avenues du pouvoir. Sous le couvert de Carnot, leur créature, les hommes de 1870, les Ferry, les Brisson, les Spuller, les Challemel-Lacour, les Simon et les Floquet tiennent encore nos destinées entre leurs mains. Pauvre France!

XIII. — Ah! le monde gouvernemental en prend à son aise, pendant le siège de Paris! *La République s'amuse.* Les théâtres font rage. La reprise est complète; tout sert de prétexte, une quête, des blessés, un canon à offrir au Gouvernement, une ambulance à créer. On ne peut se passer de divertissements, même quand la France agonise sous le talon prussien. On ne fait l'aumône, on ne se montre généreux, qu'autant que l'amour-propre est flatté, que devant une quêteuse jeune et jolie. Hugo *for ever.* C'est Hugo le lion du jour. Ce sont ses tirades qui ronflent dans les spectacles. Un poète biscornu qui n'a jamais pu aligner deux vers sans parler de Dieu, donne maintenant le ton à la ville de la Libre-Pensée. On lit les *Châtiments.* On répète en chœur des chansons sur Napoléon III :

> V'là le sir' de Fiche-ton-Camp
> Qui s'en ra-t'en guerre!
> Le Père et la Mère devant,
> Et l'Enfant derrière.

Tout le monde se pâme. Avec ça que nous autres républicains nous faisons des merveilles!

On aurait pu chanter et avec plus de raison :

> V'là Messieurs de Fiche-ton-Camp
> Qui s'en vont en guerre;
> Ils ne céderont pas une pierre;
> Pas un pouce de terre!
> Trochu, Gambetta, Favre, à deux sous tout le paquet;
> Trochu, Gambetta, Favre, avec monsieur Floquet!

On se presse, on s'écrase aux concerts, aux ventes de charité. On s'y donne rendez-vous; ce ne sont que poignées de mains et félicitations. Au mois d'octobre, tout cela n'était que grotesque : en décembre, en pleine famine, c'est révoltant. Les officieux trouvent là matière à admiration. Écoutons Claretie : « Paris (ce grand enfant devenu un héros) était prêt à tout subir. Il trouvait dans sa détresse des bravos pour ses poètes, des sourires et de l'argent pour ses pauvres. »

Il ne trouvait pas d'obus pour les Prussiens.

XIV. — Le 24 décembre 1870, au moment où huit cents mobiles étaient ramassés gelés dans les plaines du Bourget, une vente était organisée au ministère de l'instruction publique au profit des victimes de la guerre. Les salles du rez-de-chaussée étaient pleines à peine ouvertes, « pleines à ce point, dit un journal du 24 décembre, qu'on a été, à plusieurs reprises, forcé de fermer les portes ».

Les dames patronnesses étaient mesdames Jules Simon, Evrard, Paul Meurice, Floquet, Béquet, Charles Hugo, Dorian, Vée, Balli, Duranton, Ullach, Trotrot, Goudchaux, Magnin...

Une feuille de papier sur laquelle Hugo avait écrit :

<blockquote>Je veux rester proscrit, voulant rester debout!</blockquote>

fut achetée 50 francs — par une actrice. C'était pour rien!!

Le lendemain 25 décembre la vente continuait. Un exemplaire des *Châtiments*, signé par le poète, était acheté *trois cents francs*, par M. Cernuschi.

Je m'étonne qu'on n'ait pas songé à battre monnaie sur la présence même de Hugo.

Avoir vu le dieu Hugo, cent francs.

Pour parler à Hugo, mille francs.

On aurait trouvé des niais pour mettre le prix.

Claretie et les journalistes officieux s'extasient sur l'énormité de la recette : « La seconde journée de vente avait produit 15,000 francs. Avec la recette de la veille, c'est un total de *trente-quatre mille francs*. »

Peste! Quelle largesse! 34,000 francs dans tout le personnel gouvernemental et républicain-bourgeois! Ces dames et ces messieurs ne se ruinaient pas.

Cette comédie de la charité permettait d'éviter des sacrifices plus sérieux. A Montevideo, les dames engagèrent jusqu'à leurs bijoux pour fondre des canons. En 1870, la bourgeoisie républicaine de Paris aurait pu, sans se mettre sur la paille, offrir cinq cents millions à la Défense nationale. Elle jetait, de temps à autre, entre deux romances, une aumône dérisoire de quelques billets de mille francs.

XXVII

LE BOMBARDEMENT

I. — Le 15 décembre 1870, quelques hommes du 200° bataillon ayant été trouvés ivres aux avant-postes, le Gouvernement, au lieu de voiler cette défaillance, saisit avidement l'occasion de jeter le discrédit sur la garde nationale tout entière. Il donna le plus grand retentissement à la lettre suivante :

« Paris, 16 décembre.

« Monsieur le Gouverneur,

« Le 200° bataillon est sorti aujourd'hui de Paris pour aller occuper les avant-postes de Créteil. Je reçois de M. le général commandant supérieur à Vincennes la dépêche suivante :

« Chef de bataillon du 200° ivre! La moitié au moins des hommes ivres! Impossible d'assurer le service avec eux. Obligation de faire relever leurs postes. Dans ces conditions, la garde nationale est un danger de plus. »

« J'ai l'honneur de vous demander la révocation du chef de bataillon Leblois, commandant du 200° bataillon.

« CLÉMENT THOMAS. »

Approuvé :
Le Gouverneur de Paris,
GÉNÉRAL TROCHU.

II. — Des faubouriens pris en faute! C'était une aubaine inespérée, et la revanche des rhéteurs de la Défense sur les envahisseurs de l'Hôtel de Ville, au 31 octobre.

« Pour caractériser cette affaire, dit Delescluze dans le *Réveil*, nous ne nous contenterons pas du rapport dressé à l'état-major général de la garde nationale. Quand il y va de la vie et de l'honneur des citoyens, la précipitation est mauvaise conseillère. Nous attendrons la publicité de l'audience pour formuler une opinion consciencieuse. Jusque-là, nous ne voyons qu'une chose, c'est que le bataillon de Belleville a eu des morts et des blessés, et que les journaux de la réaction ont eux-mêmes rendu justice à son courage. »

Et même en acceptant la version du Gouvernement, quels sont les premiers auteurs responsables des actes d'indiscipline qui ont pu être commis pendant le siège de Paris? Précisément les membres du Gouvernement eux-mêmes, les Trochu, les Thomas et les Le Flô, sans cesse paradant sur les places dans de brillants uniformes que les Prussiens ne virent jamais. Quand dans une cité en péril, les chefs manquent à leur devoir; quand la lâcheté et la trahison s'étalent dans les hautes sphères, l'indiscipline et le désordre sont fatals chez les inférieurs.

III. — Tous les soirs, pendant le siège, des groupes se formaient sur les grands boulevards. On y discutait avec animation les événements de la journée. Un soir de décembre, je m'approchai d'un de ces groupes : « Trochu, dis-je à mon tour, me fait l'effet d'un individu auquel on aurait donné à confectionner une paire de chaussures. Mon homme n'est pas plus cordonnier que vous ou moi. N'importe! Il a accepté à tout hasard la commande, a pris vaille que vaille des mesures et empoché l'argent. Les semaines se passent. Le client demande ses chaussures : « Patience, lui dit mon personnage, encore quelques jours... J'ai mon plan; je prétends vous livrer des chaussures d'une élégance exceptionnelle. » Le client s'endort là-dessus. Cependant le temps s'écoule; les chaussures n'arrivent pas. Un beau soir, une idée pousse à mon faux cordonnier : il se dit qu'après tout il ne risque pas grand'chose. Et le voilà qui taille, qui coupe, qui rogne en plein cuir. Et il attend la visite du client. Quand celui-ci arrive, il lui montre un semblant de travail en train. Le client s'en retourne émerveillé : « Ça commence à prendre tournure », dit-il à sa femme.

« Enfin, quand les choses vont se gâter; lorsque le client furieux d'avoir attendu si longtemps et en vain, accourt pour redemander son cuir, son argent ou ses bottes, le faux cordonnier a disparu.

« Ainsi de Trochu; il n'est pas plus capable de commander une armée que mon individu de faire des bottes. Mais il a la commande et ne veut pas la lâcher. Il tâtonne, il gagne du temps, il lanterne. Il n'ose engager une action générale, car alors son incapacité éclaterait; non, il donne un coup de ciseau à l'avenant, sort, rentre, amuse le tapis. De temps à autre, pressé par le client, l'opinion publique, il risque une reconnaissance plus sérieuse, à la Malmaison, à Villejuif, à Champigny. Que risque-t-il? Ce n'est pas lui qui reçoit les coups. Les badauds s'extasient sur sa merveilleuse stratégie. Cependant, les vivres s'épuisent; l'impatience gagne les plus sots. Quand il se verra démonétisé, démasqué, au dernier moment, Trochu disparaîtra comme mon cordonnier! » (*Rire général.*)

IV. — Depuis l'échec de Champigny, le Gouverneur était resté dans les tièdes salons du Louvre. Il n'en sortit, sous la pression des patriotes, que le 21 décembre pour aller se faire battre au Bourget et à la Ville-Évrard.

Le froid avait repris avec une nouvelle intensité. Le thermomètre descendit à 18 degrés. La Seine, qui, depuis le 10 décembre, charriait d'énormes glaçons, se prit tout à coup. Le 22 décembre 1870, huit cents mobiles furent gelés aux avant-postes.

La population ne cessait pas d'avoir confiance. Elle avait accueilli avec indifférence l'annonce de la perte d'Orléans; le mot de capitulation lui faisait horreur; aveuglée, elle considérait les Prussiens comme perdus, alors au contraire qu'ils rétrécissaient leur cercle de fer et mettaient la dernière main à leurs ouvrages.

Tout en se morfondant de froid à la porte des chantiers et des débitants de cheval, hommes et femmes se repaissaient de leurs chères illusions. Si Paris était à plaindre, les Prussiens l'étaient davantage; eux qui avaient tous les produits de la Beauce, de la Normandie, et qui ravageaient le grenier de la France, on se plaisait à se les représenter comme mourant de faim; et, tandis qu'ils pouvaient détacher leurs armées pour battre Chanzy, refouler Faidherbe et menacer Bourbaki, la clameur publique faisait voler de bouche en bouche la mort du prince Frédéric-Charles, l'entrée de Bourbaki dans le grand-duché de Bade et l'apparition de Faidherbe dans les environs de Creil.

V. — Ce fut une terrible séance que celle du 29 décembre 1870, à l'Hôtel de Ville. Les vivres tiraient à leur fin; le désastre prochain s'annonçait; les colères se donnèrent cours. Les maires avaient été convoqués dans le cabinet de Ferry, préfet de la Seine. On échangea les plus violentes interpellations; l'outrage fut jeté à la face du Gouvernement, la démission du général Trochu fut *exigée* impérieusement.

Delescluze traita les membres de la Défense de *peutres* et de *traîtres* : « Misérables, s'écria-t il, en terminant, le seul tort que nous ayons eu, c'est de ne pas vous avoir jetés par les fenêtres de l'Hôtel de Ville, au 31 octobre ! »

VI. — Le 30 décembre, l'ennemi sortit du mystérieux silence et du calme impassible qu'il observait depuis le commencement du siège. Les canons Krupp entrèrent en lice, et dès les premiers résultats obtenus par ces engins formidables contre le plateau d'Avron, il fut aisé de juger de leur irrésistible puissance. Le temps ne nous avait pourtant pas manqué pour fortifier cette position et en faire une sorte de Mamelon Vert imprenable. Le génie avait jugé inutile de la mettre en défense. Quand les projectiles prussiens arrivèrent comme une trombe sur le plateau, nos troupes, sans abri contre cette pluie de fer, durent l'évacuer précipitamment. Trois jours après, des projectiles arrivèrent boulevards Port-Royal et Montparnasse. Jules Favre vit dans ce fait matière à une nouvelle circulaire dans laquelle il discuta savamment et avec une logique irréfutable, le droit et le non-droit de l'ennemi à nous bombarder. Pour moi, je ne sais pas si les Prussiens ont vraiment le droit de lancer des obus ; ce que je sais, c'est qu'ils en lancent.

C'est ici le moment de se demander pourquoi ils n'en ont pas lancé plus tôt, dès novembre, dès octobre même ? Parce qu'alors Paris avait des vivres pour trois mois et que Paris ne serait pas resté aussi tranquillement trois mois à recevoir des obus. Trochu et ses acolytes eussent été enlevés, balayés. L'exaspération eût poussé au combat. Au contraire, en janvier 1871, les vivres tirant sur leur fin, quelques jours d'obus activaient la capitulation. Ainsi s'explique, ainsi seulement peut s'expliquer le mot de M. de Bismarck : « Attendons, pour amener à merci les Parisiens, le *moment psychologique* ».

VII. — Le parti révolutionnaire prit acte du bombardement pour protester à nouveau contre les gouvernants de l'Hôtel de Ville. Le 6 janvier au matin, fut placardée sur les murs de la Cité la proclamation suivante :

« Au Peuple de Paris,

« Le Gouvernement qui, le 4 septembre, s'est chargé de la défense nationale a-t-il rempli sa mission ? — Non !

« Nous sommes 500,000 combattants et 200,000 Prussiens nous étreignent ! A qui la responsabilité, sinon à ceux qui nous gouvernent? Ils n'ont pensé qu'à négocier, au lieu de fondre des canons et de fabriquer des armes.

« Ils se sont refusés à la levée en masse.

« Ils ont laissé en place les bonapartistes et mis en prison les républicains.

« Ils ne se sont décidés à agir enfin contre les Prussiens qu'après deux mois, au lendemain du 31 octobre.

« Par leur lenteur, leur indécision, leur inertie, ils nous ont conduits jusqu'au bord de l'abîme : ils n'ont su ni administrer ni combattre, alors qu'ils avaient sous la main toutes les ressources, les denrées et les hommes.

« Ils n'ont pas su comprendre que, dans une ville assiégée, tout ce qui soutient la lutte pour sauver la patrie possède un droit égal à recevoir d'elle la subsistance ; ils n'ont su rien prévoir : là où pouvait exister l'abondance, ils ont fait la misère ; on meurt de froid, déjà presque de faim : les femmes souffrent ; les enfants languissent et succombent.

« La direction militaire est plus déplorable encore : sorties sans but ; luttes meurtrières sans résultats : insuccès répétés, qui pouvaient décourager les plus braves ; Paris bombardé. — Le Gouvernement a donné sa mesure ; il nous tue. — Le salut de Paris exige une décision rapide. — Le Gouvernement ne répond que par la menace aux reproches de l'opinion. Il déclare qu'il maintiendra l'ORDRE, — comme Bonaparte avant Sedan.

« Si les hommes de l'Hôtel de Ville ont encore quelque patriotisme, leur devoir est de se retirer, de laisser le peuple de Paris prendre lui-même le soin de sa délivrance.

Place au Peuple ! Place à la Commune !

« *Les délégués des vingt arrondissements de Paris :*

« Léo Meillet, docteur Tony Moilin, Jules Vallès, Antoine Arnaud, Beslay, Chatelain, Demay, Pierre Denis, Ferré, Flotte, Goullé, Humbert, Johannard, Lafargue, Malon, Constant-Martin, Sallé, Sapia, Tridon. »

VIII. — Personne ne bougea : l'affiche fut même déchirée avec fureur dans certains quartiers. Paris assistait inerte, hébété, en proie à une sorte de fatalisme musulman, à la ruine de ses espérances. La Bourgeoisie, en haine de la Révolution, s'était livrée corps et âme aux rhéteurs de l'Hôtel de Ville. La *Patrie en danger*, le journal où Blanqui produisait chaque jour des articles resplendissants de bon sens et de patriotisme, s'était éteinte faute de lecteurs.

Trochu répliqua à la proclamation des délégués par la suivante :

« Citoyens de Paris,

« Au moment où l'ennemi redouble ses efforts d'intimidation, on cherche à égarer les citoyens de Paris par la tromperie et la calomnie. On exploite contre la défense nos souffrances et nos sacrifices.

« *Rien ne fera tomber les armes de nos mains. Courage, confiance, patriotisme.*

« *Le Gouverneur de Paris ne capitulera pas.*

« Paris, le 6 janvier 1871.

« *Le Gouverneur de Paris,*

« Général Trochu. »

La déclamation, on le voit, sévit jusqu'au bout. Ce sont toujours des *Combattons! Vainquons! Mourons!* En fait, on ne se bat pas, personne n'est victorieux, et aux dernières nouvelles la troupe gouvernementale se porte à merveille. Les avocats de l'Hôtel de Ville rappellent les choristes des opéras qui crient : « En avant! » et ne bougent d'une semelle. Ils ne font peur qu'aux danseuses.

Le Gouverneur ne capitulera pas... c'est possible, mais Paris capitulera. Il vaudrait beaucoup mieux que Trochu capitulât et que Paris fût débloqué.

IX. — A partir du 5 janvier, le bombardement avait pris des proportions plus formidables. Les obus jetaient le ravage et la mort sur les quartiers de la rive gauche. Les hôpitaux n'étaient pas épargnés. Celui de la Pitié était criblé de bombes dans la nuit du 8 au 9 janvier. Les Prussiens prenaient pour points de mire l'asile de nos malades, ou les usines où étaient établis les moulins à blé. L'institution de Sainte-Périne, à Auteuil, était frappée de projectiles. Des hauteurs de Châtillon et de Meudon, les Prussiens frappaient ce qu'il y avait, dans Paris, de monuments ouverts aux malades ou consacrés à la science. Tandis qu'on mettait en sûreté les prisonniers allemands dans des abris casematés, leurs artilleurs canonnaient la ville. C'était la nuit surtout qu'ils faisaient feu. Dans cette nuit du 8 au 9 janvier, où la Pitié était atteinte, la partie de la ville située entre Saint-Sulpice et l'Odéon, recevait un obus par chaque intervalle de deux minutes. L'église Saint-Sulpice, la Sorbonne, le Val-de-Grâce étaient frappés.

« Une école de la rue de Vaugirard avait quatre enfants tués et cinq blessés par un seul projectile. La cervelle de ces petits êtres rejaillissait contre la muraille ». (Jules Claretie, *Récit* 1870-1871.)

On évacuait le musée du Luxembourg. Les médecins de l'hôpital des Enfants-Malades protestaient contre cette artillerie qui venait frapper des innocents dans leurs lits.

X. — Les projectiles prussiens purent semer la mort, non la terreur dans Paris. Au contraire, au fracas de l'artillerie, le courage de la population se ranima. En sentant approcher la crise suprême, un seul cri sortit de toutes les poitrines : « Aux armes ! »

— « Ils veulent une saignée ? dirent les hommes de l'Hôtel de Ville. Qu'on la leur donne ! » Et on organisa la boucherie de Montretout. Trochu accepta, pour l'occasion, le concours de ces gardes nationaux qu'il affectait de mépriser. Il ne sembla les avoir appelés que pour leur donner une leçon. Ce furent eux qui la donnèrent à ce traître par leur intrépidité et leur bravoure.

Dans la nuit du 19 janvier, les troupes de ligne et les bataillons de marche de la garde nationale se massèrent au pied du Mont-Valérien et du rond-point des Bergères. A huit heures du matin, les colonnes Vinoy et Bellemare entrent en ligne au cri mille fois répété de : « Vive la République ! » Malgré ses décharges meurtrières, l'ennemi fut débusqué de ses positions. A dix heures, le drapeau tricolore flottait sur la redoute de Montretout. De son côté, le général Carrey de Bellemare s'emparait de la maison dite du Curé et pénétrait par brèche dans le parc de Buzenval. *Malheureusement*, par un retard *inexplicable*, Ducrot, qui aurait dû attaquer dès huit heures, ne paraissait pas. Les troupes de Carrey, ne se sentant pas appuyées, restèrent l'arme au bras, sous un feu roulant de mitraille et d'obus. Les bataillons civiques montrèrent à ce moment la fermeté de vieilles troupes ; et du haut du Mont-Valérien, où il était en observation, Trochu ne put s'empêcher de rendre hommage à la vaillance des Parisiens.

Enfin, sur les hauteurs de la Jonchère, débouchent les tirailleurs de Ducrot. L'attaque devient alors générale. Bellemare lance sa division à l'assaut de la Bergerie. Un combat acharné se livre sur la crête du plateau.

De leur côté, les Prussiens recevaient à chaque instant des renforts. Leur 10ᵉ division, concentrée à Garches, arrêtait nos soldats, tandis que de puissantes colonnes quittaient la ferme Jardy et s'élançaient vers Montretout. De loin, on apercevait le Mont-Valérien enveloppé d'éclairs. Il tonnait sans relâche. Le brouillard intense qui régna toute la journée, rendait son tir inefficace. La nuit venait ; on ne pouvait songer à se maintenir sur le plateau, que balayaient les obus allemands. Trochu fit sonner la retraite.

Nos pertes étaient grandes dans cette journée qui, nous l'avons dit, dans l'idée de Trochu, ne devait amener aucun résultat sérieux. Nous avions près de 5000 hommes tués, blessés ou faits prisonniers. La garde nationale surtout était cruellement atteinte. Le marquis de Koriolis, qui, à soixante-sept ans, s'était engagé comme volontaire, Henri Regnault, l'auteur de *Salomé*, artiste du plus brillant avenir, Séveste, de la Comédie-Française, Gustave Lambert, le commandant Rochebrune et tant d'autres noms illustres qu'il nous est impossible d'énumérer ici, tombèrent glorieusement aux premiers rangs...

XI. — Le lendemain, pour achever de décourager les esprits et compléter l'*effet psychologique*, Trochu expédia, du Mont-Valérien, les dépêches les plus sinistres :

« Mont-Valérien, 20 janvier 1871, 9 h 30 matin.

« GOUVERNEUR A GÉNÉRAL SCHMITZ, AU LOUVRE.

« Le brouillard est épais. L'ennemi n'attaque pas. J'ai reporté en arrière la plupart des masses qui pouvaient être canonnées des hauteurs, quelques-unes dans leurs anciens cantonnements. Il faut, à présent, parlementer d'urgence à Sèvres pour un armistice de deux jours, qui permettra l'enlèvement des blessés et l'enterrement des morts. Il faudra pour cela du temps, des efforts, des voitures très solidement attelées et beaucoup de brancardiers. Ne perdez pas de temps pour agir en ce sens. »

Outre que cette dépêche semait le trouble dans la population, elle était exagérée, et nous n'avions pas besoin de tant de brancardiers pour enlever les nôtres. Les Prussiens, dans la matinée du 20 janvier, firent jusqu'à trois appels de clairon pour nous offrir une trêve de quelques heures, avec faculté d'enlever nos morts et nos blessés gardes nationaux.

Tout Paris avait des parents à Montretout ; faire croire que la garde nationale entière avait péri, livrer toutes les familles à de terribles angoisses, cela faisait partie du plan de Trochu, cela menait à la capitulation.

XII. — Veut-on savoir comment Gambetta présenta cet échec

suprême? Voici l'affiche officielle, placardée dans tout le territoire non occupé :

BATAILLE DE TROIS JOURS

« 17, 18, 19 janvier, grande sortie. Les Prussiens rejetés du parc de Saint-Cloud où un affreux carnage a eu lieu. Résultat : 25,000 Prussiens tués, blessés ou faits prisonniers ; canons pris, encloués et jetés à la Seine. »

L'enthousiasme fut général. Ainsi, Bonaparte nous avait fait sortir nos drapeaux au moment où nous perdions l'Alsace et la Lorraine; Gambetta fait illuminer en province le jour même où Paris capitule !

Le général Faidherbe, commandant de l'armée du Nord, après avoir lutté avec honneur le 2 janvier à Bapaume, avait été forcé, après la bataille de Saint-Quentin (18 et 19 janvier), de se réfugier derrière les places fortes du Nord. Il avait eu à combattre non seulement les troupes du général de Gœben, mais encore des renforts envoyés de Paris par le général de Moltke.

Dans l'Ouest, le général Chanzy avait été battu, le 11 janvier, aux environs du Mans, par le prince Frédéric-Charles. Avec les débris de son armée, il traversa rapidement la ville et alla s'établir à Laval où les Allemands jugèrent inutile de le poursuivre.

XIII. — Gambetta, Glais-Bizoin, Crémieux, Freycinet et la Délégation s'étaient repliés en toute hâte sur Bordeaux. Les campagnes, en proie à l'invasion, demandaient la paix à grands cris. Les partisans des anciennes monarchies avaient d'abord combattu avec vigueur; mais depuis Patay et la retraite de l'armée de la Loire, ils avaient jugé toute résistance inutile, et, l'honneur étant sauf, étaient d'avis d'ouvrir l'ère des négociations. Seul, Gambetta et ses conseillers écoutés, Ranc, Spuller et Freycinet, croyaient au succès final et étaient disposés, pour y arriver, à imposer au pays de nouveaux et plus terribles sacrifices. C'est cette politique que M. Lanfrey qualifia « de dictature de l'incapacité, » et M. Thiers « une politique de fou furieux ». Quant à madame George Sand, qui, retirée dans le Berri, suivait les événements au jour le jour, elle s'écriait en parlant de Gambetta :

« Nous comptions qu'il aurait eu un peu de génie. — Il n'a même pas eu de bon sens. »

XIV. — Un fait d'armes consolant, au milieu de ces désastres, et qui ferme du moins glorieusement la triste guerre de 1870. Garibaldi, les 21 et 22 janvier 1871, attaqué par les Prussiens, dans la

Côte-d'Or, les contenait d'abord. La journée du 23 fut décisive. Appuyées des mobiles de la Haute-Savoie, les 4ᵉ et 5ᵉ brigades de l'armée des Vosges résistèrent à l'ennemi qui venait de recevoir du renfort. Le château de Pouilly fut, dans cette bataille, pris et repris trois fois. C'est là qu'un officier garibaldien, arrosé de pétrole, fut brûlé vif par les Poméraniens.

Les Allemands perdirent un drapeau, celui du 61ᵉ régiment (8ᵉ Poméranien) qu'on retrouva sous un monceau de cadavres, la hampe brisée par un éclat d'obus.

Là tomba le général Bosak-Hauké, noble enfant de la Pologne, auquel Garibaldi rendit un magnifique hommage dans son ordre du jour à l'armée des Vosges. Cet ordre du jour montre également dans toute leur horreur les sauvages procédés des Prussiens :

« 24 janvier 1871.

« ARMÉE DES VOSGES,

« La Pologne, la terre de l'héroïsme et du martyre, vient de perdre un de ses plus braves enfants, le général Bosak.

« Ce chef de notre première brigade de l'armée des Vosges a voulu par lui-même s'assurer de l'approche de l'ennemi vers le Val-de-Suzon, dans la journée du 21 janvier, et, lancé avec une douzaine de ses officiers et miliciens de ce côté, il a voulu, bravoure inouïe, arrêter une armée avec une poignée de braves.

« Ce Léonidas des temps modernes, si bon, si aimé de tous, manquera, à l'avenir, à la démocratie dont il était un des plus ardents champions, et il manquera surtout à sa noble patrie !

« Il y a longtemps que le bruit des crimes horribles commis par les Prussiens m'importunait et je croyais toujours, en le désirant, qu'il y avait de l'exagération dans ces bruits.

« Dans les trois combats de ces derniers jours, où la victoire a souri à nos armes, la réalité des misérables méfaits de nos ennemis s'est montrée dans toute sa brutale et féroce évidence.

« Quelques-uns de nos blessés, tombés entre leurs mains pendant la lutte, ont eu le crâne broyé à coups de crosse de fusil.

« Nos chirurgiens, restés selon leur habitude sur le champ de bataille, pour soigner nos blessés et ceux de l'ennemi, ont été assassinés d'une façon horrible. Miliciens, hommes des ambulances et chirurgiens ont servi de cibles à ces barbares et féroces soldats.

« Un capitaine de nos francs-tireurs, trouvé blessé dans le château de Pouilly, a été lié aux pieds et aux mains et brûlé vif.

« Le cadavre de ce martyr a été trouvé entièrement dévoré par les flammes.

« L'indignation est au comble; je ferai mon possible pour empêcher nos Volontaires d'user de représailles, mais j'espère que l'Europe et le monde entier sauront distinguer et apprécier la conduite loyale et généreuse des enfants de la République, et flétrir les féroces procédés des soldats d'un despote.

« GARIBALDI. »

XXVIII

MASSACRE DE L'HÔTEL DE VILLE

I. — La retraite de Montretout et la nouvelle défaite de Trochu soulevèrent contre le Gouvernement du Quatre-Septembre les colères assoupies depuis le 31 octobre. Dans la soirée du 21 janvier, une colonne révolutionnaire forte de cent cinquante hommes, drapeau rouge en tête, se porta sur Mazas où était détenu Flourens, depuis le 7 décembre 1870. Aux approches de la prison, la colonne s'arrêta; quatre hommes furent envoyés en avant qui occupèrent la porte sans coup férir. Alors la colonne tout entière avança, les tambours battant la charge. On envoya au directeur des délégués : « Nous sommes, dirent-ils, l'avant-garde de six mille hommes marchant sur Mazas. Rendez-nous Flourens. Toute résistance est inutile. » Le directeur ayant voulu refuser, on le menaça de mort. Il céda à la force.

C'était le samedi 21 janvier, à onze heures et demie du soir. Ses amis lui ayant promis que la semaine ne s'écoulerait pas sans qu'il fût délivré, Flourens attendait dans sa cellule, tout prêt à partir. Ses amis arrivent. Maître de la prison, il délivre les détenus politiques qui s'y trouvaient dans d'autres divisions, fait former sa petite troupe, et monte à Belleville. Maire-adjoint du vingtième arrondissement, il s'empare de la mairie où l'avait appelé le suffrage de ses concitoyens, et envoie, au nom du peuple, ordre aux chefs de bataillons de l'arrondissement de prendre position sur le boulevard de Puebla :

« Je comptais, dit-il, avec l'un de ces bataillons, m'emparer de l'État-Major de la garde nationale, place Vendôme ; avec les autres, de l'Hôtel-de-Ville ».

Un seul commandant se rendit à l'appel de Flourens, et encore sans son bataillon. Il dit qu'il n'y avait rien à faire ; qu'on n'était pas encore assez animé contre les traîtres.

Flourens, désespéré, licencia sa petite troupe et rentra en maison sûre.

II. — Aussitôt connus l'envahissement de Mazas et la délivrance de Flourens, Trochu, dans la nuit, télégraphia aux chefs de secteurs : « Tout annonce pour demain une journée grave. Ayez vos « hommes prêts et tenez-les à notre disposition. » A sept heures, le général Vinoy donnait ordre aux trois bataillons de mobiles du Finistère de rentrer dans Paris : un bataillon s'arrêterait avenue d'Italie, à hauteur du secteur, les deux autres iraient s'établir dans les bâtiments neufs de l'Hôtel-Dieu. Pendant ce temps, le général d'Exéa surveillerait Belleville. Les troupes du général Courty, venues de Puteaux aux Champs-Élysées, attendraient les événements. Merveilleuses dispositions ! Cette fois, messieurs les généraux ne seront pas en retard.

La journée était humide et froide. La foule qui, dès le matin, se pressait sur la place de l'Hôtel-de-Ville n'était pas irritée, menaçante comme au 31 octobre 1870. Elle était sombre, désespérée. Peu de gardes nationaux, la plupart sans armes ; des femmes, des enfants en majorité.

Les portes de l'Hôtel de Ville étaient fermées. Les fenêtres étaient garnies de mobiles bretons, le fusil à la main. A deux heures, des Délégations des Comités démocratiques se présentent. L'une d'elles est reçue et introduite auprès de l'adjoint à la mairie centrale, Gustave Chaudey.

— La défense a été mal conduite, s'écria un des délégués, lieutenant de la garde nationale, il ne nous faut plus des généraux semblables à ceux que nous avons vus à l'œuvre, il nous faut des Hoche et des Marceau !

— Où les trouverez-vous ? demanda Gustave Chaudey.

— Je suis là, répondit l'orateur, moi, si vous voulez !

Peu après, ce même jeune homme, pâle et l'air fiévreux, sortait de l'Hôtel de Ville, et grimpant à un des lampadaires de la place, annonçait à la foule que la députation venait de réclamer énergiquement à Chaudey la démission du Gouvernement de la Défense. La foule couvrait l'orateur d'acclamations.

III. — Dans le salon bleu, se tenaient, livides, épouvantés, les membres du Gouvernement. Ils redoutaient un nouveau Trente-et-Un Octobre, suivi, cette fois peut-être, d'une *défénestration* générale. Il fallait éviter à tout prix l'envahissement du Palais. Trochu et Favre, les deux membres du Gouvernement les plus impopulaires et les plus menacés, s'entretenaient avec animation dans l'embrasure d'une fenêtre. Il pouvait être deux heures un quart. Trochu quitte un instant la salle du Conseil et appelle à lui le commandant des mobiles. Un instant après, sans qu'aucune sommation ait été faite, sans aucune provocation du dehors, une fusillade effroyable part des fenêtres de l'Hôtel de Ville et éclate sur la foule.....

Ce fut un spectacle épouvantable. Chacun se précipitait pour fuir. La place était jonchée de morts et de blessés. Quelques gardes nationaux armés voulurent riposter; mais les mobiles étaient protégés par les murailles épaisses de l'Hôtel de Ville, où les balles n'avaient point prise, tandis qu'ils tiraient sur la foule en pleine chair. Une barricade fut essayée sous le feu meurtrier et continu des Bretons. Vinoy l'enleva.

On battait la générale dans les rues. Le commandant Clément Thomas accourait au galop de son cheval, suivi de son état-major. Il mit pied à terre devant le Palais et à l'aspect de la vaste place couverte de cadavres, s'écria : « Les misérables! »

Les misérables, c'étaient ceux qui avaient reçu les coups de fusil.

On voyait, chose lugubre, les voitures d'ambulance, les chirurgiens aux brassards blancs croisés de rouge, relever des cadavres, ramasser des blessés, non plus devant l'ennemi, mais dans Paris, au cœur même de la cité bombardée.

Le commandant Sapia fut au nombre des morts ; il avait sa canne sous le bras quand il tomba. On trouva un vieillard tenant un paroissien dans sa main crispée. La cervelle d'un enfant de neuf ans avait éclaboussé un candélabre voisin.

L'enfant avait reçu deux balles dans la tête,

au Deux-Décembre, a dit Victor Hugo dans ses *Châtiments*. On voit que messieurs les républicains bourgeois, quand besoin est, ne restent pas en arrière des despotes. Ils savent de même faire bonne mesure aux enfants.

On évalue à deux cents le nombre des victimes tombées, le 22 janvier 1871, sous les balles du Gouvernement de Septembre.

IV. — Tandis que sur la place de Grève on relevait les morts et les blessés, une scène terrible se passait à quelques pas plus loin, au parc d'artillerie de la garde nationale, square Notre-Dame.

Quand retentit la fusillade de l'Hôtel de Ville, une vive agitation se manifesta parmi les hommes de service. Des passants éperdus crient à travers les grilles : « Alerte ! On égorge nos frères ! Trochu a fait mitrailler le peuple !... La place de l'Hôtel de Ville est couverte de cadavres !... »

Les canonniers se précipitent sur leurs pièces ; les sentinelles appellent aux armes : « En avant ! A l'Hôtel de Ville ! »

Il y avait là soixante bouches à feu dont la mise en batterie contre le Palais gouvernemental pouvait amener les plus terribles complications. Évidemment les assassins et les traîtres auraient subi le châtiment qu'ils méritaient ; mais leurs séides auraient immédiatement appelé à l'aide M. de Bismarck. Les Prussiens seraient entrés dans Paris au milieu des horreurs de la guerre civile. Il n'y avait plus de France.

Déjà des pièces avaient été chargées à mitraille ; déjà les grilles du square roulaient sur leurs gonds, lorsque accourent des officiers : « Que faites-vous ? Arrêtez !... » Les canonniers les repoussent : « Laissez-nous ! Nous allons venger nos frères ! A mort, Trochu ! » Un tumulte effroyable se produit. Le colonel Juillet, Édouard Siebecker et un groupe d'officiers couvrent de leurs corps la porte du parc. Des hommes menaçants s'approchent ; l'un d'eux saisit au collet le commandant ; celui-ci tire son revolver ; on le lui arrache. Attirés par le bruit arrivent d'autres officiers ; ils dégagent leur colonel, défendent, sabre en main, la grille du square, puis s'avançant sur les rebelles, les somment de se tenir derrière leurs pièces, déclarant qu'on passerait sur leurs cadavres avant de sortir un seul canon. Les artilleurs reculèrent... Les traîtres échappaient au châtiment.

Le soir, les feuilles gouvernementales répandirent le bruit qu'on avait trouvé de l'or allemand dans les poches des mitraillés de la place de Grève.

« Restons unis, disaient les officieux. Pas de divisions devant l'ennemi ! Chassons les Prussiens et nous verrons après. » Or, ce jour même, Jules Favre était en conférence avec Bismarck, à Versailles.

XXIX

CAPITULATION

I. — Par la fusillade du 22 janvier, l'ordre règne à Paris. Les journaux révolutionnaires sont supprimés, les clubs fermés, les principaux chefs du parti avancé arrêtés ou sous mandat d'amener. Trochu, Ferry, Simon sont tout-puissants. Plus de voix discordante. Ils n'ont plus que des admirateurs.

On peut capituler à l'aise.

Le *Temps* et l'*Electeur libre* sont chargés de préparer le terrain. Ce sont d'abord ballons d'essai. L'organe des Picard insinue « que nos approvisionnements ne sont pas inépuisables ». Personne n'avait jamais rien cru de pareil. Il n'y a d'inépuisable que la patience des Parisiens. Un autre officieux nous avertit charitablement que la résistance est poussée au delà des limites raisonnables : « Le monde entier, ajoute-t-il, est rempli d'admiration pour la grande Cité. L'honneur est largement satisfait. »

Enfin l'*Electeur libre* du 25 janvier nous apprend *« que l'heure des résolutions viriles est arrivée ».*

Ciel! de quoi s'agit-il? Favre, Picard, Pelletan, Magnin et Ferry vont-ils, à la tête de leurs secrétaires, Arago, Floquet, Claretie et Dréo, marcher à l'ennemi? Est-ce enfin la fameuse *trouée*, la *sortie torrentielle*? Non, il s'agit simplement de capitulation.

II. — « Le Gouverneur de Paris ne capitulera pas! » avait dit fièrement Trochu. Et il tint sa parole! Et c'est qu'en effet il ne capitula pas! Lui-même a raconté, fort agréablement, ma foi, à l'Assemblée nationale (Séance du 13 juin 1871), la manière dont la chose s'était exécutée : « Après l'échec du 19 janvier à Montretout, dit-il, la population, la presse, la garde nationale, le gouvernement se prononcèrent contre moi d'une manière définitive. Je reçus des députations des gardes nationaux qui me proposèrent de faire sortir des masses, même non armées, afin de livrer une bataille *torrentielle*. (*Agitation mêlée de rires*.) Et cette adresse de gardes nationaux était faite dans de bons sentiments (*Hilarité*) ; le Gouvernement, à des degrés divers, y était rallié. J'étais pressé par tous de livrer la bataille définitive.

« Je déclarai qu'il y avait là un crime militaire à commettre, et je ne voulus pas le commettre.

« Les maires de Paris, et M. Vacherot avait, je crois, la parole, les maires de Paris me dirent, et je reconnus avec eux, que ma situation n'était plus possible. Je répondis que je ne donnerais jamais ma démission. Mais j'ajoutai, en m'adressant au Gouvernement : Vous êtes le Gouvernement, vous avez le droit de me destituer. On me destitua. On n'a pas manqué de dire que c'était chose arrangée. »

Et on le dira longtemps ! Le 21 janvier, le titre de Gouverneur de Paris, que portait le général Trochu, était supprimé, et le général de division Vinoy nommé commandant en chef. Trochu n'en conservait pas moins la présidence du Gouvernement ; seulement n'étant plus Gouverneur de la ville, il tenait de la sorte cette solennelle promesse officiellement affichée quelques jours auparavant sur les murs de la Cité : *Le Gouverneur de Paris ne capitulera pas*. Ainsi voilà un homme qu'on jette à la porte du Gouvernement de la Cité et qu'on maintient Président du Gouvernement de la République !... Il est inutile de demander de qui on se moque.

Il faudrait savoir pourtant qui a capitulé !

Quelqu'un s'est rendu. Si ce n'est pas Trochu, qui donc est-ce ? Vous verrez que ça finira par être M. de Moltke !...

III. — Le 29 janvier 1871, Paris, au matin, apprit que le sacrifice était consommé. On lisait au *Journal officiel* :

CONVENTION POUR L'ARMISTICE

« C'est le cœur brisé de douleur que nous déposons les armes. Depuis lundi le Gouvernement négocie ; hier soir a été signé un traité qui garantit à la garde nationale tout entière son organisation et ses armes ; l'armée, déclarée prisonnière de guerre, ne quittera point Paris. Les officiers garderont leur épée. Une Assemblée nationale est convoquée. La France est malheureuse, mais elle n'est pas abattue. Elle a fait son devoir ; elle reste maîtresse d'elle-même.

« La ville de Paris payera une contribution municipale de guerre de la somme de 200 millions de francs. Ce payement devra être effectué avant le quinzième jour de l'armistice. »

C'était la capitulation, mais non sans phrases. Jusqu'à ce mot d'*Armistice* qui servait à masquer une reddition sans espoir. Le *Journal officiel* terminait, en couvrant de fleurs les hommes de Septembre : « L'ennemi est le premier à rendre hommage à l'énergie morale et au courage dont la population parisienne tout entière vient de donner l'exemple. Paris a beaucoup souffert ; mais la République profitera de ses longues souffrances, si noblement supportées. Nous sortons de la lutte qui finit, retrempés pour la lutte à venir. Nous en sortons *avec tout notre honneur*, avec toutes nos espérances. Malgré les douleurs de l'heure présente, plus que jamais nous avons foi dans les destinées de la patrie. »

IV. L'annonce officielle de la capitulation avait rempli la Cité d'agitation et de rumeurs. A dix heures du matin, je me dirigeai avec quelques amis vers la municipalité du VIII° arrondissement. La rue d'Anjou regorgeait de gardes nationaux. L'irritation était sur les visages. J'entre dans la cour de la mairie. L'état-major du 3° bataillon de la garde nationale se répandait en malédictions contre Trochu, Favre et Ferry : « Lâches ! menteurs ! scélérats ! Que ne les a-t-on jetés par les fenêtres au 31 octobre !... »

Je m'approchai : « Eh ! messieurs, de grâce, du calme ! Ce n'est qu'un *armistice !*... Restons unis ! Pas de divisions devant l'ennemi. Chassons les Prussiens et nous verrons après ! »

L'exaspération fut à son comble contre moi. Sans mes amis qui me firent un rempart de leurs corps, j'étais écharpé.

V. — Dans la soirée, les marins défilèrent tristement sur les boulevards, la tête baissée, les larmes dans les yeux, les poings crispés par la honte et la rage ; ils venaient d'évacuer ces forts qu'ils avaient si vaillamment défendus.

Il y eut des scènes navrantes, des drames poignants, des désespoirs à la manière antique.

Au fort de Montrouge, où trois capitaines de frégate avaient été tués par les obus prussiens, le commandant, Jarret de Lamalignie, avait reçu, le 28 janvier, à minuit, l'ordre de cesser le feu. Cet ordre l'informait en outre que « le 29, à dix heures du matin, le fort, son armement et ses provisions devaient être remis intacts entre les mains du général prussien... »

Aussitôt connaissance prise de la communication, le commandant fit assembler le corps des officiers. Quand ils furent réunis, il lut, sans qu'un muscle tressaillît sur son visage, la lettre qu'il venait de recevoir. Tous écoutèrent, muets, tête nue, des larmes dans les yeux. Alors, au milieu du silence, Jarret dit froidement : « Messieurs, ce n'est pas moi qui livrerai le fort aux Prussiens. Allez ! »

Et il descendit aux casemates où se trouvait sa chambre. On crut qu'il allait écrire sa démission. Tout à coup une détonation retentit dans les profondeurs de l'escalier. On se précipite. Jarret gisait étendu sur le sol, une balle dans la tête. Il avait dit, comme Arago, Favre et Trochu : « Moi vivant, les Prussiens n'entreront pas dans mon fort. » Lui avait tenu parole.

VI. — Dans la « Convention pour l'Armistice » Jules Favre avait traité au nom de la France entière. De quel droit? En vertu de quels pouvoirs? Comment des prisonniers de guerre sans mandat se permettaient-ils de disposer d'armées tenant la campagne et dont une, celle de Garibaldi, était victorieuse? Ce qu'il y eut d'inconcevable — et qui fut le fait d'une dernière machination de M. de Bismarck, c'est que l'Armistice ne s'étendit pas précisément à cette armée victorieuse et menaçante. M. Jules Favre, chose plus étrange, comme s'il prêtait les mains à la honteuse machination du chancelier prussien, oublia de prévenir le général Clinchant et Garibaldi que l'Armistice ne les concernait pas!... Écoutons M. Claretie lui-même :

« L'ignorance dans laquelle le Gouvernement de Paris laissa, pendant deux jours, les autorités militaires, est un des griefs les plus graves que lui adressera l'Histoire : les Prussiens étaient décidés à anéantir notre malheureuse armée de l'Est, qui leur avait causé une certaine inquiétude et, chose triste à reconnaître, pour arriver à ce but, ils trouvèrent un aide involontaire dans l'impardonnable oubli de notre ministre des affaires étrangères. »

Qu'arriva-t-il? Le général Clinchant, sur la nouvelle de l'Armistice, laissa occuper, sur la route de Lyon à Mouthe, des positions importantes qu'il eût certainement défendues s'il eût été informé que cet Armistice ne regardait pas l'armée de l'Est. Voyant que le général prussien Manteuffel continuait les hostilités, Clinchant lui signifia la Convention de Paris et télégraphia à Bordeaux.

Pontarlier, 30 janvier, 5 h. 35.

« CLINCHANT A GUERRE.

« Je n'ai pas encore de réponse officielle du général Manteuffel, mais d'après une lettre apportée par un parlementaire, le général Manteuffel ne voudrait pas reconnaître cet Armistice pour l'armée de l'Est, disant qu'il ne concerne que les armées du Nord et de Paris. »

Les Prussiens avançaient toujours. Lorsque enfin Clinchant eut connaissance des clauses de la Convention de Paris, ses communications étaient coupées. Il n'eut que le temps, par des chemins couverts de neige et sous un froid terrible, de se réfugier en Suisse, où ses troupes furent désarmées et retenues prisonnières.

On le voit désormais avec une clarté irrésistible : le succès définitif de nos ennemis, à Metz, à Paris et dans les Vosges, est moins le fait de leur vaillance et des habiles manœuvres de leur état-major que du mauvais vouloir de nos gouvernants et des machinations de M. de Bismarck. Voilà qui diminue singulièrement la gloire des légions allemandes, et rend à nos armées et au noble peuple de Paris, tout leur prestige, toute leur valeur morale, car il n'y a jamais eu de honte à succomber à la trahison.

XXX

RESPONSABILITÉS

I. — Le siège de Paris avait duré quatre mois et douze jours. Aux yeux d'un public indulgent, cette durée, relativement longue, et les trois batailles livrées dans l'intervalle peuvent paraître un résultat satisfaisant ; aux yeux de l'Historien, il n'y a eu qu'un simulacre de résistance. La défense de Paris pouvait être une page splendide, une réhabilitation : il n'était pas nécessaire de vaincre, il suffisait de moins parler et de combattre davantage. Assurément on rencontre, dans la période qui va du 18 septembre 1870 au 28 janvier 1871, de nobles efforts, des actes de bravoure, de beaux épisodes militaires : les marins au Bourget, les zouaves à Villiers, les gardes nationaux à Montretout firent preuve d'un courage héroïque. En dépit de ces dévouements, dans son ensemble, l'œuvre de défense fut médiocre. Le nombre et l'importance des engagements ne furent nullement en rapport avec les forces considérables dont on disposait. Une seule sortie véritable fut tentée, celle de Champigny. Voilà tout ce que l'on fit de sérieux avec 2000 canons, 250,000 chassepots, 15,000 marins, 100,000 mobiles, 100,000 soldats de la ligne, 300,000 gardes nationaux et la masse des auxiliaires. Avec 600,000 hommes, Paris pouvait vaincre, ou du moins faire un mal considérable à l'ennemi et le forcer à des propositions honorables. Les trois batailles citées pouvaient être cent combats heureux.

Et personne ne s'y est trompé à l'étranger. Lors du passage de M. Thiers à Pétersbourg, à la fin d'octobre 1870, le prince Gortschakoff lui dit : « Nous avons des nouvelles; la paix est possible ; mais il faut aller à Versailles traiter courageusement, et vous aurez des conditions acceptables, *surtout si Paris s'est un peu défendu*. Ayez courage, et, je vous le répète, vous donnerez la paix à votre pays et à l'Europe, *surtout si la fortune seconde un peu les armes françaises sous les murs de Paris* ». (Enquête parlementaire.)

On devine, d'après ces paroles du chancelier russe, qu'il n'a pas une très haute idée de la résistance de Paris. On ne parle pas ainsi d'une ville qui se défend avec énergie. Et les rhéteurs de la Défense qui nous présentaient comme faisant l'admiration de l'Europe !

II. — « Masséna mangera ses bottes avant de se rendre ! » disaient les soldats, au siège de Gênes.

En 1793, le Gouverneur de Mayence assiégée, Aubert-Dubayet, recevant à dîner Kléber et l'état-major, fit servir un chat flanqué de douze souris.

A Paris, il s'est bien mangé des rats en 1870, mais ce n'est ni Hébrard, ni Ferry, ni Pelletan, ni Trochu, ni les Bourgeois qui s'en sont repus. Seuls, les ouvriers, les petits employés, les femmes du peuple eurent recours à cette nourriture immonde. Jusqu'au dernier moment, il fut possible aux bourses bien garnies de se procurer des œufs, du beurre, du jambon et des pommes de terre. En outre, il y avait d'excellent vin dans les caves. Dans ces conditions, et pour tous ces Messieurs, un siège pouvait, sans trop de mal, durer trente ans.

Veut-on une dernière preuve de ce que j'avance ? Le 12 décembre, après *trois mois* de siège, le Gouvernement s'exprimait ainsi dans une affiche *aux habitants de Paris* :

« Hier, des bruits inquiétants répandus dans la population ont fait affluer les consommateurs dans certaines boulangeries.

« On craignait le rationnement du pain.

« *La consommation du pain ne sera pas rationnée.*

« Le Gouvernement a le devoir de veiller à la subsistance de la population : c'est un devoir qu'il remplit avec la plus grande vigilance. *Nous sommes encore fort éloignés du terme où les approvisionnements deviendraient insuffisants.* »

Deux jours après, le Gouvernement tenait à revenir sur ces déclarations et assurait que « rien ne faisait prévoir que la quantité de pain quotidiennement vendue dût être diminuée. Il n'y aura de différence, ajoutait-il, que pour la qualité. Quant à la viande, *elle ne manquait pas* ». Ainsi, le pain et la viande, c'est-à-dire la double base de l'alimentation, étaient assurés!... Que de pauvres gens, en pleine paix, n'en demanderaient pas davantage!...

Vers le milieu de janvier 1871, les vivres de choix devenant réellement rares et les privations commençant à les atteindre eux-mêmes, nos républicains-bourgeois ouvrirent les portes aux Prussiens.

III. — « Le Siège de Paris, me dit-on, dura quatre mois. » Eh bien? Après? L'éclat et la grandeur d'un siège se mesurent, non à la durée, mais à l'énergie de la résistance. Le siège de Gênes ne dura que cinquante jours. C'est cependant un des plus glorieux de l'Histoire universelle. Masséna, qui n'avait que dix-huit mille hommes, en tua vingt mille aux Autrichiens. Sa belle défense donna le temps au Premier Consul Bonaparte de passer le Saint-Bernard et d'écraser l'ennemi dans les plaines de Marengo.

Avec six cent mille hommes sous la main, Trochu, en quatre mois, fit quatre sorties. Avec une poignée de combattants, Kléber, à Mayence, Masséna, à Gênes, en faisaient deux par jour.

Trochu et ses collègues ont tenu quatre mois! La belle affaire! Ils auraient pu tenir éternellement sur ce ton-là! Que leur en coûtait-il? De temps à autre, une promenade hygiénique dans les forts, pour s'ouvrir l'appétit.

Le Siège de Paris fut ce que j'appellerai un siège passif. On tint par la force des choses; parce qu'on était six cent mille hommes; que le mur d'enceinte était inabordable à l'ennemi; que les vivres ne manquaient pas; qu'on pouvait aller au théâtre; que la province résistait, et qu'il aurait été par trop honteux de se rendre, lorsqu'on luttait au dehors. Si Paris avait été approvisionné pour vingt ans, Paris tiendrait encore. Nos gouvernants en seraient arrivés à inviter, entre deux reconnaissances, les généraux prussiens aux représentations de la Comédie-Française.

IV. — Une accusation dont ne se lavera jamais le général Trochu, c'est qu'il n'a pas fait son devoir de soldat. Quand il dit qu'il a trouvé Paris dépourvu de toute défense, il est très loin d'exposer d'une manière exacte l'état des choses.

Il faut rendre cette justice au Gouvernement de l'Empereur, que c'est lui principalement qui avait accumulé dans Paris toutes les subsistances qu'on y a trouvées; que c'est lui qui avait fait venir 10,000 marins, 65,000 hommes de troupes, 110,000 hommes de gardes mobiles.

En outre, n'y avait-il pas la nombreuse garde nationale de divers bans que pouvait fournir une population de 2,000,000 d'âmes? Si

Trochu avait eu le sentiment de la capacité patriotique et militaire de cette immense population, il aurait agi avec énergie pour exciter les esprits, au lieu de se traîner à leur remorque; il aurait songé, au lieu de laisser tout languir, à mettre en ordre, à discipliner ce personnel, à former des corps réguliers et permanents qui, dans l'espace de quelques semaines, auraient mis à sa disposition une armée d'au moins 350,000 hommes pourvus de 1200 pièces d'artillerie.

On peut être certain que, si Trochu n'avait pas eu pour collègues, ou plutôt pour complices, Favre, Simon, Picard, Ferry, Magnin, qui, ayant eu la plus large part à ses fautes, ont eu intérêt à les dissimuler, il n'en aurait pas été quitte à si bon compte. S'il eût été isolé comme Bazaine, on l'aurait fait asseoir à côté de lui sur la sellette ; et je ne sais en vérité s'il aurait fait devant ses juges meilleure figure que l'homme de Metz.

Savez-vous quel a été le crime irrémissible de Bazaine? C'est d'être resté fidèle à la dynastie bonapartiste, à laquelle il devait sa haute situation. Tant que Favre, Simon et Gambetta eurent l'espoir de s'attacher le commandant de l'armée du Rhin, ils le couvrirent de fleurs. Nous avons vu le *Journal officiel* du 28 octobre 1870 appelant Bazaine « le glorieux soldat de Metz », même son mauvais vouloir connu, même lorsqu'il ouvre à Frédéric-Charles les portes de la Cité.

Quand ils apprirent qu'il avait négocié au nom de l'Empereur, les hommes de l'Hôtel de Ville le traînèrent dans la boue. Il ne fut plus qu'un traître. Si Bazaine, après le 4 septembre 1870, avait eu l'habileté de se dire républicain, tout en ne s'étant pas plus défendu qu'il ne l'a fait, on aurait continué à lui tresser des couronnes et il aurait atteint aux plus hautes destinées.

Des traîtres? Oui, il y en a eu en 1870! L'Empereur Napoléon III, qui s'opposa de toutes ses forces à la guerre, ne fut pas un traître. L'Impératrice, Ollivier, Palikao, Lebœuf sont gens de cœur léger. Bazaine fut un politicien. Les traîtres, ce sont les Trochu, les Ferry, les Favre et les Simon, qui se jouèrent indignement d'une généreuse population et, le 22 janvier 1871, firent mitrailler sur la place de l'Hôtel-de-Ville les patriotes exaspérés qui les couvraient de huées. Voilà les véritables traîtres ! Voilà ceux qu'il faut dénoncer à l'indignation des Français ! Voilà les hommes qui méritent d'être marqués d'infamie et cloués au pilori de la Conscience éternelle !

Pour vaincre, pour expulser les Prussiens, après la chute de l'Empire, il fallait faire appel à toutes les forces vives de la Révolution. Mais la Révolution victorieuse eût réclamé sa part; il eût fallu la lui faire, octroyer de nouveaux droits, de nouvelles libertés au peuple triomphant. C'est ce que ne voulaient pas les Trochu, les Ferry et autres rhéteurs de Septembre. Ils se disaient, et avec raison d'ailleurs, que des droits une fois concédés ne se rattrapent plus; mais qu'on peut toujours s'arranger pour faire payer aux masses, par la voie de l'impôt, l'argent d'une rançon. Et ils allèrent s'agenouiller devant M. de Bismarck; et les désastres se succédèrent, et les haines s'accumulèrent; et la Commune, et les massacres de janvier et de mai 1871 suivirent... Et ce sinistre passé pèse toujours sur nous! Les hommes du Quatre-Septembre, pour se rallier la Réaction, sous prétexte d'ordre et de conservation sociale, découragèrent systématiquement la Cité parisienne et finalement la livrèrent à l'ennemi. L'histoire n'a que des malédictions pour ces hommes qui, toujours préoccupés de sauver l'ordre, ont refusé de sauver la patrie!

XXXI

GLORIA VICTIS!

I. — A voir le *Journal officiel*, de février 1871, et la profusion de décorations qui en encombraient les colonnes, on aurait pu croire à une de ces brillantes défenses militaires qui font époque dans les annales des nations. N'a-t-on pas parlé aussi de rédiger au ministère de la guerre un compte rendu de la campagne de 1870? Si la chose avait été faite, soyez certains qu'on nous aurait prouvé que les Prussiens ont été constamment battus, et que le comble de la stratégie de la part de nos généraux a été de les amener sous les murs de Paris, où on les aurait écrasés jusqu'au dernier sans Blanqui et consorts qui firent avorter le plus magnifique des plans.

Et cela se comprend! Les incapables ont besoin d'excuses et de palliatifs. A la Comédie-Française, quand Mithridate, appelant ses fils autour de lui, leur dit : « Je fuis! » la salle frémit; le spectateur est remué à l'aspect de ce grand capitaine avouant noblement sa défaite. Seulement il n'y a que des hommes comme Mithridate ou Annibal qui puissent se permettre de pareils aveux. Ni Bazaine, ni Trochu, ni Gambetta n'en seraient capables. Si quelqu'un de ces derniers disait : « Je fuis! » personne ne serait étonné. On se dirait : « Il fuit... c'est son habitude! » Aussi que font-ils? Ils disent : « Nous nous replions en bon ordre, et nous sommes plus grands que si nous avancions! Notre but est atteint! Notre fuite n'est qu'une feinte. . Malheur à l'ennemi s'il nous poursuit! »

L'ennemi poursuit-il? Une nouvelle déroute de Wœrth, de Châtillon ou du Mans surgit-elle? « Parfait! Tout est pour le mieux! L'écrasement de nos adversaires n'en sera que plus complet. » Enfin arrive le moment où, acculé à la défaite et à la capitulation, le pouvoir doit avouer la vérité et s'exécuter. On accuse alors les récalcitrants des désastres survenus, et s'ils haussent un peu trop le ton, on leur envoie des coups de fusil.

C'est là l'éternelle manière d'agir des incapables. C'est là ce qu'on a pu observer en France, du 27 juillet 1870 au 22 janvier 1871. Jusqu'à Sedan, ceux qui mettaient en doute les hautes capacités de Lebœuf, de Bazaine et de Failly, étaient des républicains soudoyés par M. de Moltke; l'Empire renversé, ceux qui ne comprirent pas la beauté du plan stratégique des Trochu et des Gambetta furent des bonapartistes payés par M. de Bismarck.

II. — On a pu juger, par cet ouvrage, que le siège de Paris ne comporte ni légende ni colonne commémorative. Je comprendrais seulement, comme souvenir typique, la Médaille que firent frapper à la Monnaie, Hébrard, Renan, Scherer et consorts, désireux évidemment de rappeler aux générations futures qu'ils n'avaient cessé de faire bonne chère dans Paris rationné et affamé. Cette Médaille, les partisans des Hommes du Quatre-Septembre pourraient, sans protestation de ma part, la porter à leur cou, en guise de relique. Quant à un monument de la Défense de Paris; quant à une colonne sur la place du Carrousel, ceci dépasse les limites ordinaires de la mystification. *Gloria Victis! Gloire aux Capitulards!* Les sophistes du Quatre-Septembre ne sauvèrent rien, pas même l'honneur; ils ne firent que rendre nos défaites plus irréparables et la capitulation plus certaine. Si l'honneur a pu être sauf, c'est par le peuple de Paris, supportant héroïquement un long Siège avec ses dures privations et ses cruelles épreuves, rendues plus dures encore par l'incapacité et la trahison des gouvernants.

Apothéose du Gouvernement de Paris; apothéose du Gouvernement de Tours; les statues foisonnent; on ne peut aborder une avenue, on ne peut arriver sur une place aussi bien à Paris que dans les villes de province, sans se heurter à un bronze représentant un personnage qui a *sauvé* la France, en 1870.

III. — Gambetta, comme nous verrons plus tard, mourut, fort misérablement du reste, le 31 décembre 1882. La coterie du journal la *République française*, au lendemain des obsèques de son patron, obsèques qualifiées de *nationales*, ouvrit une souscription également *nationale* pour ériger un monument non moins *national* à la mémoire de son héros. Les souscriptions affluèrent, comme bien on pense, car de tout temps, même en France, les niais furent en force.

À quel titre un pareil monument? Que peut-on bien avoir voulu honorer en Gambetta?

Est-ce le timide rhéteur qui, devant nous-même, au Quatre-Septembre, s'opposait à la proclamation de la République? — « Non, pas la République; criez : Vive la France! *vous dis-je.* »

On oublie trop que Gambetta n'a quitté Paris que le *sept octobre 1870*; que par conséquent il a assisté impassible à l'investissement de la Cité; qu'il a été au courant de la honteuse démarche de Jules Favre à Ferrières; qu'il a connu Trochu présomptueux, incapable et lavard; qu'il l'a soutenu de ses votes au Conseil du Gouvernement; que s'il a été aperçu souvent au balcon du Bocador, nous ne l'avons jamais vu aux avant-postes. Il ne s'est prodigué qu'en proclamations.

En province, quelle victoire a-t-il remportée?

Ici encore, qui veut-on glorifier?

Est-ce le financier, ami de Ferrand, dont la Cour des comptes n'a pu apurer la gestion, et dont la Cour d'assises a frappé les auxiliaires?

Est-ce l'administrateur qui a fourni nos soldats de semelles de carton, de fusils hors de service et de cartouches de son?

Est-ce le général qui, apprenant que l'armée était coupée en deux, s'écriait : « Tant mieux! Ça nous fera deux armées. »

Est-ce le savant tacticien qui confondait Épinay-sur-Orge avec Épinay-sur-Seine?

Ce patriote incomparable a-t-il jamais essuyé le feu de l'ennemi? A-t-il été blessé? Après les désastres du Mans et du Jura, a-t-il seulement fait semblant de se brûler la cervelle, comme Bourbaki? Lorsque l'armée de Versailles, au moment de la Commune, mitraillera Paris, s'interposera-t-il? Que fera-t-il? Il sera à Saint-Sébastien, aspirant le parfum des orangers et des citronniers. Voilà des faits précis, indiscutables. Et pourtant, à cette heure, pour la majorité des républicains français, le nom de ce sophiste est synonyme d'éloquence et d'énergie virile : « C'est le Sauveur qui... le grand tribun que... » Du moins Floquet, Brisson et Ferry l'affirment. Les naïfs qui les écoutent ne se demandent pas ce que ce soi-disant Sauveur a sauvé; s'il a débloqué Paris; si depuis il a reconquis l'Alsace et la Lorraine. On ne se demande pas surtout si les Brisson, les Floquet et les Hébrard qui, de complicité avec Trochu, ont livré Paris, sont compétents sur les questions de patriotisme.

Dira-t-on que Gambetta a fondé la République? Encore une légende! Les vrais fondateurs de la République nominale que nous avons encore seront les partis monarchiques qui, par leurs divisions, rendront toute restauration légitimiste ou impériale impossible.

Parlerai-je du *grand ministère* qui tombera en 1882 sous les sifflets au bout de soixante jours; ou du profond économiste qui niait la question sociale? L'homme a disparu tout entier, sans rien laisser derrière lui de ce qui peut perpétuer une mémoire. Il a disposé du pouvoir absolu, sous la forme occulte et officielle; qu'en a-t-il fait? Quelle œuvre a-t-il fondée? Quelle réforme a-t-il accomplie? A quels progrès a-t-il attaché son nom?... Déjà le monument de papier que ses flatteurs avaient commencé de lui dresser de son vivant avec le recueil de ses plaidoyers et de ses discours est dispersé entre les boutiques d'épicerie et le parapet des quais.

Et dire que les héritiers politiques de Gambetta trouvent intelligent d'abriter leur journal derrière son nom, et de se réclamer, auprès des électeurs, des idées et des programmes d'un homme conspué à Belleville et jeté à bas dans le Parlement par une majorité que lui-même y avait envoyée... Vraiment, c'est ce qu'on pourrait appeler l'art de se tailler un manteau dans une *veste*...

Et pour éterniser la mémoire de la Dictature de l'incapacité, on a élevé dans Paris, sur la place du Carrousel, un monument ridicule et d'un développement tel, que les sculpteurs ne sauront plus comment honorer par le bronze ou le marbre le grand capitaine qui nous rendra l'Alsace et la Lorraine.

Qu'aurait-on fait de plus, si Gambetta, refoulant les Prussiens, était rentré dans Paris à la tête de légions victorieuses?

Réussirai-je à ruiner une absurde légende? C'est peu probable avant longtemps. Les *capitulards* de 1870 ont leur siège fait. Ils se sont proclamés admirables et n'en démordront pas. La colonne de Gambetta flatte l'orgueil de chacun. Il semble qu'on ait fait de bien grandes choses puisqu'on a élevé un pareil monument.

C'est le propre des nations en décadence de se consoler des défaites qu'elles éprouvent en les célébrant comme des victoires.

XXXII

LE DIX-HUIT MARS

I. — L'Assemblée Nationale élue le 8 février 1871, sous l'occupation prussienne, tint sa première séance le 13, au Grand-Théâtre de Bordeaux. Jules Favre déposa immédiatement sur le bureau les pouvoirs du Gouvernement de la Défense. Les députés appartenaient en majorité à la réaction; les paysans étaient allés au scrutin en criant : « Vive la Paix ! » protestant contre la politique de Gambetta, dont les candidats furent écartés.

A l'exception de Jules Favre, les membres du Gouvernement candidats à la députation, Pelletan, Ferry, Simon, Picard, Garnier-Pagès et Trochu, furent battus à Paris.

On s'est souvent demandé pourquoi le nouvel Empereur d'Allemagne, Guillaume, et son ministre M. de Bismarck n'imposèrent pas à la France écrasée un Gouvernement de leur choix? Ils ne pouvaient agir autrement qu'ils ne firent. L'héritier de Louis XVIII et de Charles X, le chef de la branche aînée des Bourbons, M. le comte de Chambord, n'aurait pas accepté l'intronisation. Il se rappelait « ces fourgons de l'étranger » dans lesquels les ennemis de Louis XVIII disaient qu'il était revenu en 1814. Lui-même avait protesté contre le bombardement de Paris par les Prussiens.

Les Bourbons de la branche cadette, les princes d'Orléans, qui, dans la personne du prince de Joinville et du duc Robert de Chartres, s'étaient illustrés à Orléans et dans le Maine, auraient repoussé également avec indignation toutes propositions des Allemands.

Que faire? Restaurer l'Empire, replacer un Bonaparte sur le

trône? Blücher aurait frémi dans sa tombe... La République était là. On la laissa.

II. — L'Assemblée du 8 février 1871, bien que composée en majorité d'ennemis de la forme républicaine, se trouvait elle-même impuissante à restaurer une monarchie. Il y avait quatre partis dans cette Assemblée : le parti légitimiste, le parti orléaniste, le parti bonapartiste et le parti républicain. Aucun de ces partis n'était assez fort pour dominer les autres ; aucun n'était en possession de la majorité. Les trois partis réactionnaires marchent-ils unis contre le parti républicain? Celui-ci est battu, un 24 mai se produit, M. Thiers est renversé. A ce moment, l'un des trois partis monarchiques veut-il se mettre en avant et s'imposer? Les deux autres partis réactionnaires s'unissent au parti républicain, lequel triomphe à son tour.

L'histoire de l'Assemblée Nationale tient dans ces quelques lignes. Le pacte du 17 février 1871, dit Pacte de Bordeaux, sortit de cette situation et y correspondit exactement. Ce Pacte fut une sorte de compromis par lequel M. Thiers, monarchiste-libéral, élu dans vingt-huit départements, était nommé chef du pouvoir exécutif de la République française. Voyant, avec une sûreté incontestable de coup d'œil, que la nouvelle Assemblée ne contenait de majorité dans aucun sens, il s'engageait à maintenir la forme existante et à faire observer *la trêve des partis* : « Renonçons, disait-il, aux questions irritantes et consacrons toutes nos forces à la conclusion rapide de la paix ». M. Thiers était pressé d'en finir. Les conditions de cette paix, qu'il n'y avait guère à discuter devant un vainqueur impitoyable, furent, quoi qu'aient pu dire les thuriféraires officieux, aussi dures qu'elles pouvaient l'être. L'Assemblée les vota le 1ᵉʳ mars. Nous perdions l'Alsace et la Lorraine et nous payions cinq milliards d'indemnité de guerre à l'Allemagne. A la fin de la séance, la majorité proclama la déchéance de Louis Bonaparte et de sa dynastie. Tout le monde applaudit, tout le monde se félicita ; les visages étaient rayonnants, comme pour l'annonce de la plus brillante victoire. Dans les moments les plus tristes, on trouve en France matière à applaudissements et à félicitations.

Dès ses premières séances, l'Assemblée avait laissé éclater sa haine contre Paris, boulevard de la République et de la liberté. Le commandant de l'armée des Vosges, le vainqueur de Dijon, Garibaldi, nommé député par la Côte-d'Or, étant monté à la tribune pour remercier les patriotes qui l'avaient élu et donner sa démission, des clameurs couvrirent sa voix. Garibaldi quitta l'Assemblée au milieu des hurlements et des vociférations de la Droite. En retour, quand, au sortir des couloirs, il parut sur les marches du Théâtre, d'immenses acclamations saluèrent le grand révolutionnaire.

L'indigne traitement fait à Garibaldi; la haine non dissimulée des « Ruraux » pour Paris; leur intention bien arrêtée de siéger désormais à Versailles; les bruits d'un désarmement prochain des gardes nationales de la Seine; la présence, au ministère, de Favre et de Simon que Paris abhorrait, portaient au comble l'exaltation de la Cité. Une explosion était fatale à courte échéance.

Delescluze et les députés du parti Révolutionnaire avaient déposé une demande de mise en accusation contre Favre, Ferry, Trochu, pour crime de trahison. Les Réactionnaires auraient plutôt décrété d'accusation Delescluze lui-même et ses amis, pour avoir voulu la lutte à outrance.

III. — Une chose avait été très débattue entre le roi de Prusse, M. de Bismarck et M. Thiers : l'entrée de l'armée prussienne dans Paris. Cette entrée était pour le patriotisme un coup douloureux. M. Thiers disait à ses interlocuteurs : « Je ne puis consentir à une telle exigence. Réfléchissez-y bien : si vous voulez entrer dans Paris, la population élèvera des barricades de toutes parts; il vous faudra les enlever, et Dieu sait ce qui en arrivera. — Nous en viendrons à bout, répondait M. de Bismarck. — Ce ne sera pas aussi aisé que vous le croyez, répliquait M. Thiers; il y aura combat, et Paris pourra être dévasté. » Le roi de Prusse disait : « Je ne veux pas humilier les Parisiens, ce n'est pas mon intention; mais devant toute l'Europe, on a prétendu que j'avais peur d'un coup de fusil, et jamais je ne reculerai devant un danger. »

Il fut alors convenu que les Prussiens ne sortiraient pas des Champs-Élysées. Ils y parurent et y restèrent quarante-huit heures, juste le temps de la ratification du traité.

Le 10 mars, l'Assemblée décida qu'elle transporterait le siège de ses séances à Versailles. Elle avait peur de Paris; et ses craintes n'étaient pas sans fondement. Le Gouvernement de M. Thiers était sans autorité, par suite de la présence dans son sein des Jules Favre, des Picard et des Simon, que Paris exécrait. Il y était aussi sans force, la convention du 28 janvier n'ayant autorisé qu'une garnison de 40,000 hommes, démoralisés par la défaite et en pleine désorganisation. Quant aux bourgeois, ils avaient quitté la ville pour aller se remettre à la campagne des fatigues du siège. Les bataillons révolutionnaires étaient donc maîtres de la situation. Ils avaient conservé leurs armes, qu'on n'eût pu d'ailleurs leur enlever, au moment de la capitulation, sans un conflit sanglant et sans le secours des Prussiens. M. Jules Favre ne pouvait évidemment accepter de prime abord sur ce point l'appui que lui offrait M. de Bismarck. Il comptait, — et nul ne saurait sans injustice lui en faire un crime, — sur une solution pacifique et amiable de la question du désarmement. A cette heure, le Comité central que nous avons déjà vu pendant le siège, commande dans la Cité. C'est lui qui convoque les gardes nationaux; c'est par son ordre qu'on bat le rappel. A la fin de février, il déclara qu'il s'opposerait, au besoin par la force, au désarmement de la garde nationale.

IV. — Le jour de l'entrée des Allemands dans Paris, le 1ᵉʳ mars, le Comité central avait fait enlever de la place Wagram, pour qu'il ne tombât pas aux mains de l'ennemi, un parc d'artillerie appartenant à la garde nationale. Les pièces en furent transportées sur les buttes Montmartre. Le Comité se trouvait ainsi outillé d'une manière formidable; la gueule de ses canons était tournée vers Paris. Les journaux de l'ordre poussèrent des cris de terreur, feinte ou réelle, on ne sait trop. Les cabinets de lecture du quartier d'Europe s'émurent. L'Assemblée pressa M. Thiers de faire cesser au plus tôt un état de choses qui paralysait le crédit et compromettait la libération du territoire. Les gens d'affaires disaient : — « On ne traitera jamais d'opérations financières tant qu'on sera sous les canons de l'émeute. » Le 5 mars, M. Thiers appelle le général d'Aurelle de Paladines au commandement des gardes nationales de la Seine. Le Comité central riposte en nommant général en chef, Henry, ouvrier fondeur, lequel entre immédiatement en fonctions. Le Gouvernement proteste dans le *Journal officiel* contre ces menées, et fait appel aux bons citoyens « pour étouffer dans leur germe ces coupables manifestations ». Personne ne bouge. Les *bons* citoyens sont fatigués de ce rôle de protecteurs du Gouvernement qu'ils ont joué pendant le siège.

V. — Le général Cluseret qui avait pris part à la guerre en province et avait pu juger à l'œuvre les Gambetta et les Paladines, protesta contre la nomination de ce dernier :

« Aux Gardes Nationaux de la Seine.

« Citoyens,

« Le général d'Aurelle de Paladines est, après Gambetta et Trochu, l'homme le plus coupable envers la France. C'est lui qui a livré l'armée de la Loire à l'ennemi, sans combattre, car on ne peut donner le nom de combat à sa fuite honteuse. Cette armée comptait alors plus de 200,000 hommes.

« Mais M. d'Aurelle, par ineptie ou trahison, comptait vaincre, comme Trochu, par l'intercession de Notre-Dame-de-Fourvières à laquelle il faisait dire des messes.

« Mon cœur est trop triste pour venir plaisanter. Je parle sérieusement. C'est à la Vierge de Fourvières que M. d'Aurelle avait remis la conduite de nos armées. Or, qui dit Vierge dit jésuite. Est-il étonnant que vous n'ayez pas été secourus et qu'à toutes les calamités de cette guerre infâme où tout le monde a déchiré la France, Parisiens, vous ayez eu à subir cette honte suprême, l'entrée des Prussiens dans Paris ?

« Cette honte, vous la devez à Paladines. Il devrait passer devant un conseil de guerre, et c'est lui que M. Thiers choisit pour mettre à votre tête.

« Il n'y a pas un honnête homme en France qui puisse servir sous les ordres d'un Paladines.

« Deux *décembriseurs* à la tête des forces armées de la capitale, c'est trop.

« Général CLUSERET.

« Bordeaux, 6 mars 1871. »

VI. — M. Thiers était pressé par la majorité réactionnaire de l'Assemblée de prendre des mesures énergiques contre la démagogie maîtresse de Paris. Le dimanche 12 mars, un arrêté paru à l'*Officiel* décréta la suspension des journaux *le Vengeur*, de Félix Pyat ; *le Cri du Peuple*, de Jules Vallès ; *le Mot d'ordre*, d'Henri Rochefort. En même temps, l'affaire du 31 octobre 1870 (Envahissement de l'Hôtel de Ville) était évoquée devant un conseil de guerre. Blanqui et Flourens furent condamnés à mort par contumace. Favre et Ferry triomphaient. Du fond de la retraite où il se cachait, Blanqui protesta contre sa condamnation.

« CITOYENS,

« Le 4 septembre 1870, un groupe d'individus qui, sous l'Empire, s'était créé une popularité facile, s'était emparé du pouvoir. A la faveur de l'indignation générale, ils s'étaient substitués au Gouvernement pourri qui venait de tomber à Sedan. Ces hommes étaient pour la plupart les bourreaux de la République de 1848. Cependant, à la faveur du premier moment de surprise, ils se sacrèrent arbitres de la destinée de la France. Les vrais républicains, ceux qui, sous tous les gouvernements, avaient souffert pour leurs croyances, virent avec douleur cette usurpation des droits de la nation. Pourtant le temps pressait, l'ennemi approchait; pour ne pas diviser la nation, chacun se mit de toutes ses forces à l'œuvre de salut. Espérant que l'expérience avait appris quelque chose à ceux qui avaient été pour ainsi dire les créateurs de l'Empire, les républicains les plus purs acceptèrent sans murmurer de servir sous eux, au nom de la République.

« Qu'arriva-t-il? Après avoir distribué à leurs amis toutes les places où ils ne conservaient pas les bonapartistes, ces hommes se croisèrent les bras et crurent avoir sauvé la France. En même temps l'ennemi enserrait Paris d'une façon de plus en plus inexorable, et c'était par de fausses dépêches, par de fallacieuses promesses, que le Gouvernement répondait à toutes les demandes d'éclaircissements.

« L'ennemi continuait à élever ses batteries et ses travaux de toute sorte, et à Paris trois cent mille citoyens restaient sans armes et sans ouvrage et bientôt sans pain, sur le pavé de la capitale.

« Le péril était imminent. Or, au Gouvernement issu d'une surprise, il fallait substituer la Commune, issue du suffrage universel. De là le mouvement du 31 octobre. Plus honnêtes que ceux qui ont l'audace de se faire appeler le Gouvernement des honnêtes gens, les républicains n'avaient pas ce jour-là l'intention d'usurper le pouvoir. C'est du peuple, réuni librement devant les urnes électorales, qu'ils en appelaient du Gouvernement incapable, lâche et traître. Au Gouvernement issu de la surprise et de l'émotion populaire, ils voulaient substituer le Gouvernement issu du suffrage universel. C'est là, citoyens, notre crime. Et ceux qui n'ont pas craint de livrer Paris à l'ennemi, avec sa garnison intacte, ont trouvé des hommes pour nous condamner à mort. Mais nos principes sont immortels. Confiants dans la grandeur et dans la justice de notre cause, nous en appelons du jugement qui nous frappe au jugement du monde entier et de la postérité. C'est lui qui, si nous succombons, fera, comme toujours, un piédestal glorieux aux martyrs de l'échafaud infamant élevé par le despotisme ou la réaction.

« Vive la République!

« BLANQUI. »

VII. — Les mesures votées par l'Assemblée faisaient la partie belle au Comité. Jusqu'ici, les divers gouvernements qui s'étaient succédé depuis la déclaration de guerre (juillet 1870), prenant en considération l'arrêt complet des affaires et l'impossibilité pour l'industrie de se créer des ressources, avaient prorogé les échéances des effets de commerce. Ces échéances furent brusquement fixées, le 11 mars 1871, par une décision de l'Assemblée, au surlendemain 13 Mars. C'était un délai de 48 heures à peine donné au débiteur entre le vote de la loi et le paiement. Du 13 au 17 Mars, il y eut dans Paris 150,000 protêts. Le petit négoce était jeté dans la ruine par voie de banqueroute. Les loyers, qu'à ces heures de chômage l'ouvrier ne pouvait solder, furent immédiatement exigibles. Les subsides quotidiens qu'on allouait aux gardes nationaux et qui s'élevaient à 1 fr. 50 par homme et 75 centimes par femme *légitime*, devaient être brusquement supprimés. Au lendemain d'un siège qui avait épuisé les ressources de tous, alors que le travail n'existait pas, ces mesures plongeaient le Paris ouvrier dans la plus affreuse détresse. Ainsi Paris ruiné, son rôle de capitale perdu. Sur ce, l'Assemblée s'ajourne au 20 mars à Versailles. Voilà qui engagera peu les Parisiens, même bien pensants, à répondre tout à l'heure à l'appel désespéré du Gouvernement.

VIII. — Outre les canons de Montmartre, le Comité central avait encore un parc d'artillerie place des Vosges. Dans la soirée du 16, le Gouvernement croyait être arrivé à un résultat. Il y avait une telle apparence de bonne foi dans ceux qui faisaient des promesses de soumission, que M. Thiers consentit à une démarche. On se présenta de sa part, place des Vosges, avec des attelages. Le parti de l'action, qui l'avait emporté pendant la nuit, congédia les envoyés : « Que venez-vous faire ici ? » Ce dernier incident eut un grand retentissement. Le Gouvernement, humilié de cet affront, se décida à en finir. Dans trois jours, l'Assemblée allait se réunir à Versailles. M. Thiers ne pouvait se présenter devant elle sans que la question des canons de Montmartre fût vidée et l'ordre rétabli dans Paris. Le 18 Mars, à 5 heures du matin, la troupe cerna les buttes Montmartre et s'empara, presque sans résistance, du plateau et des canons qui s'y trouvaient installés. *Malheureusement*, quand il s'agit d'enlever les pièces, comme à Thiais, comme à la Malmaison, les attelages firent défaut. La population de Montmartre, au réveil, voyant un mouvement inusité, accourut et se mêla aux soldats. Ceux-ci, hésitants, entourés, finirent par lever la crosse en l'air. Leur chef, le général Lecomte, qui leur avait donné l'ordre, non exécuté, de faire feu sur le peuple, resta aux mains de l'émeute. Il fut conduit rue des Rosiers, derrière la butte Montmartre. Vers deux heures, Clément Thomas, l'un des exécuteurs des basses-œuvres de Trochu pendant le siège, reconnu place Pigalle, en tenue de ville, en train de prendre des notes pour un rapport, fut signalé à la foule par un ancien combattant des journées de Juin 1848. On se jette sur lui ; on le saisit au collet ; on l'entraîne au milieu de hurlements de mort rue des Rosiers. Quelques citoyens essaient de s'interposer. Les faubouriens que Clément Thomas n'a cessé de diffamer pendant le siège ne veulent rien entendre. Poussé dans un jardin, accolé contre un mur, l'ancien commandant de la garde nationale tombe criblé de coups de feu. Sa mort entraîna celle du général Lecomte, frappé aussitôt après.

Le Gouvernement avait fait battre dès le matin la générale dans les quartiers riches. La Bourgeoisie, en agissant avec ensemble et vigueur, pouvait, comme au 31 octobre 1870, rendre la victoire au Gouvernement légal. Personne ne paraissant, M. Thiers se replia sur Versailles avec les ministères.

XXXIII

LA COMMUNE

I. — Le 19 Mars au matin, le parti révolutionnaire était maître de Paris, mais rien que de Paris. Il se méprit sur l'importance de sa victoire. Il crut qu'il en irait comme en 1830 et 1848 : — « Le Gouvernement est chassé de la capitale, il n'y a plus de Gouvernement! » Profonde erreur! M. Thiers lui-même ne saisit pas combien étaient dissemblables les deux époques. Dans sa déposition devant le Conseil d'enquête du 18 mars, il a raconté qu'au 24 février 1848, il avait conseillé à Louis-Philippe d'abandonner Paris et de se retirer en province avec l'armée. Et là-dessus il triomphait : « Si le roi avait écouté mes conseils, son trône serait resté debout. » Illusion complète! Si en 1830 Charles X et en 1848 Louis-Philippe s'étaient retirés en province avec leur armée, Paris les aurait poursuivis, atteints et battus. Aucune ville ne leur aurait donné asile. Tout autre était la situation en mars 1871. M. Thiers a quitté Paris. Mais les troupes du Comité ont-elles pu quitter Paris et le poursuivre? En apparence, oui; en réalité, non. Les Prussiens étaient là. Si Versailles avait été sérieusement menacée, ils seraient immédiatement intervenus pour faire respecter une Assemblée qui leur avait voté cinq milliards. Cela compris, l'histoire du Dix-Huit Mars est bien simple à écrire. Les hommes qui dirigeaient le mouvement ont accompli à peu près tout ce que, dans une position inextricable, il était possible d'accomplir. Ils ne pouvaient faire des merveilles, ni remporter un triomphe final. La Révolution du 18 Mars a été une impasse.

Malheur à ceux qui s'y sont trouvés fourvoyés!

II. — Le 19 Mars, le Comité central, Gouvernement de fait, lança une proclamation :

« Citoyens,

« Le peuple de Paris a secoué le joug qu'on essayait de lui imposer.

« Calme, impassible dans sa force, il a attendu, sans crainte comme sans provocation, les fous éhontés qui voulaient toucher à la République.

« Cette fois, nos frères de l'armée n'ont pas voulu porter la main sur l'arche sainte de nos libertés.

« Merci à tous, et que Paris et la France jettent ensemble les bases d'une République acclamée dans toutes ses conséquences, le seul Gouvernement qui fermera pour toujours l'ère des invasions et des guerres civiles.

« L'état de siège est levé. Le peuple de Paris est convoqué dans ses sections pour faire ses élections communales.

« La sûreté de tous les citoyens est assurée par le concours de la garde nationale.

« Hôtel de Ville, 19 mars 1871.

« *Le Comité central de la garde nationale :*

« Assi, Billioray, Ferrat, Babick, Ed. Moreau, C. Dupont, Varlin, Boursier, Mortier, Gouhier, Lavalette, Fr. Jourde, Rousseau, Ch. Lullier, Blanchet, Grollard, Barroud, Géresme, Fabre, Pougeret. »

Le Journal officiel de la Commune publiait en outre quelques considérations sur la situation : « Il n'y a plus d'autre Gouvernement que celui du peuple : c'est le meilleur. Paris est devenu ville libre. » Tout cela est très beau ; mais avec une majorité royaliste à Versailles, et les Prussiens à Saint-Denis, que vaut le « Paris ville libre ? »

Un de mes amis, révolutionnaire ardent, vient s'entretenir avec moi de la situation : « Que faire ? — Ma foi, répondis-je, je n'en sais trop rien. Le difficile n'est pas de faire son devoir ; c'est de le connaître ! »

III. — Dès le premier jour, les hommes du Dix-Huit Mars se trouvèrent dans une situation fausse. Il fallait de l'argent pour la solde des cent cinquante mille gardes nationaux de Paris. Le Comité central ne trouva d'autre combinaison que d'aller quémander quelques billets de mille francs à M. de Plœuc, Gouverneur de la Banque de France. Celui-ci, qui avait des ordres en sous-main de M. Thiers, fut enchanté, sans le faire paraître, de l'humble démarche des nouveaux maîtres de l'Hôtel de Ville. Moyennant une maigre prébende, une aumône, il sauvait la grande citadelle de la Bourgeoisie française. Il promit à Eudes, envoyé en ambassadeur, un million. Quand Jourde et Varlin, délégués aux Finances, apprirent avec quelle bonne grâce M. de Plœuc s'était exécuté, comme de véritables enfants, ils ne purent cacher leur joie aussi grande que leur étonnement : ils se regardaient en riant ; puis, spontanément, ils se levèrent et se serrèrent dans les bras les uns des autres, en se disant : « Ça va ! ça va ! »

La Banque avança successivement ainsi, d'abord au Comité central, ensuite à la Commune, à peu près vingt millions. J'ai dit au 31 Octobre, lors de l'envahissement de l'Hôtel de Ville : « Jamais, dans l'histoire, on n'avait vu deux Gouvernements assis à la même table. Qu'on se figure Marat et Louis XVI délibérant côte à côte. Blanqui lui-même n'eut pas l'aperception du dénouement logique de la journée. Lorsque vers cinq heures il arriva dans le salon Rouge, il demanda : « Où donc est le nouveau Gouvernement ? — Mais, lui répondit-on, le nouveau Gouvernement, c'est vous. » Il ne lui vint pas à l'idée de demander : « Et l'ancien, où est-il ? Qu'en a-t-on fait ? »

Eh bien, à cette heure, nous voyons chose plus étonnante encore ? Nous voyons deux Gouvernements, ennemis implacables et qui ne s'entendaient sur rien, s'entendant cependant sur un point, l'un pour verser, l'autre pour toucher. La Commune était alimentée par M. Thiers !...

Oui, la Commune n'ayant vécu que de la prébende de la Banque, et la Banque ne versant que sur l'autorisation de Versailles, j'ai le droit de dire que la Commune était alimentée par M. Thiers.

IV. — Le 20 mars, l'Assemblée arriva à Versailles dans un état d'exaspération indicible. Quelques députés et maires de Paris essayèrent un accord. Les esprits étaient trop animés des deux côtés. La question n'était pas, comme le croyaient les Lockroy, les Louis Blanc, les Clémenceau et les Stupuy, sur les franchises municipales à accorder ou à refuser; la question était entre le pouvoir légal et la Révolution, et cette question ne pouvait se vider que par les coups. Quelques députés bien intentionnés auraient voulu que l'Assemblée autorisât les élections municipales à bref délai, de manière à rendre inutiles les élections irrégulières que préparait, pour le 26 mars, le Comité central. M. Thiers répondit : « Le Comité central qui n'a pas écouté des républicains comme Bonvalet, Lockroy et Peyrat, et qui a refusé de céder l'Hôtel de Ville, n'aura aucun souci de nos délibérations à nous autres, réactionnaires à ses yeux. L'adoption à la hâte d'un projet de loi par l'Assemblée aurait-elle plus d'influence que n'en ont eue ces hommes notoirement connus depuis longtemps pour leur dévouement à la République ? »

V. — Le 26 mars, eurent lieu les élections pour la Commune. Dès son installation, cette Assemblée rendit des décrets portant remise entière des loyers, abolissant la conscription et séparant l'Église de l'État. Certains journaux favorables en principe à l'Hôtel de Ville, le journal de Georges Duchêne par exemple, désapprouvèrent des mesures aussi radicales : « Tenez-vous-en à la revendication des franchises de la Cité, » disaient-ils aux nouveaux élus. C'était facile à dire; mais un programme strictement limité aux franchises municipales n'aurait pas trouvé vingt hommes pour le défendre. Or, le 2 avril, on avait besoin de monde, car M. Thiers, qui avait mis le temps à profit, faisait avancer des troupes sur le pont de Courbevoie.

« *Ils ont attaqué!* » disait, imprimée en gros caractères, une proclamation de la Commission exécutive. Eh parbleu, oui, citoyens, ils ont attaqué! Est-ce que vous vous figuriez par hasard qu'on allait vous laisser éternellement en possession de Paris ?

A l'appel du Comité central, les faubourgs descendirent, et dans la nuit prirent position à Neuilly, Issy et Châtillon. Au matin, ils s'ébranlèrent aux cris de : « *Vive la Commune!* » Duval, Flourens, Bergeret se trouvaient sur le champ de bataille.

Malgré tout leur courage, les fédérés, ne pouvant évoluer que dans des défilés étroits, obligés d'escalader des hauteurs couvertes de bois, furent rejetés sur Paris. Duval, resté aux mains des *Versaillais*, fut fusillé sur le plateau de Châtillon; il tomba noblement en criant : « Vive la Commune! » Flourens, cerné à Rueil par des gendarmes, eut le crâne fendu d'un coup de latte. L'insurrection est perdue : la prise de Paris n'est plus qu'une question d'ingénieur.

On est désorienté et sans vues arrêtées à l'Hôtel de Ville. Écoutons un des hommes les plus en vue du Dix-Huit Mars, Jules Vallès (*L'Insurgé*, p. 205) : « La Commune est en séance..... J'ai pris la parole..... Il s'est fait un grand silence... Quelqu'un s'approche de moi.

— Vous avez vraiment fait de la peine à Delescluze. Il se figure que vous l'avez visé, désigné même, quand vous avez parlé de ceux qui hésitaient entre Paris et Versailles.

— Et il est furieux?

— Non, il est triste. » C'est vrai, son masque n'est plus creusé par le pli du dédain ; il y a dans ses yeux de l'inquiétude. Il est dérouté dans ce milieu de blousiers et de réfractaires. Sa République, à lui, avait ses routes tracées, ses bornes miliaires et ses poteaux, sa cadence de combat, ses haltes réglées de martyre.

« On a changé tout cela. Il s'y perd et rôde, sans autorité et sans prestige, dans ce monde qui n'a encore ni un programme, ni un plan — et qui ne veut pas de chef!

« Et lui, le vétéran de la révolution classique, le héros de la légende du bagne qui, ayant été à la peine voulait aussi être à l'honneur, et se croyait droit à deux pouces de socle, voilà qu'il se trouve au ras du sol, et qu'on ne le regarde pas davantage, et qu'on l'écoute peut-être moins que Clément, le teinturier, qui arrive en galoches de Vaugirard. Je me sens pris d'une respectueuse pitié devant ce chagrin qu'il ne peut cacher. De son cœur, jusqu'alors bronzé par la discipline, ont jailli de vraies larmes, qu'il a étouffées, mais qui sont allées tout de même mouiller le métal de son regard et rouiller sa voix, quand il m'a remercié de l'explication que je lui ai portée, avec les regards qu'un jeune doit à un ancien qu'on a, sans le vouloir, blessé... et fait pleurer. »

VI. — Des écrivains à la solde de la Réaction ont présenté l'aspect de la Cité, pendant la Commune, sous les couleurs les plus sombres. Rien n'est plus faux. Le calme le plus parfait régna toujours; et sans les violents coups de canon qui retentissaient le matin et dont l'écho se prolongeait dans les rues de Paris, on ne se serait nullement douté qu'on était dans une ville assiégée. Les vivres abondaient ; en conscience, Thiers ne pouvait les couper ; il y avait dans Paris plus de la moitié des citoyens se tenant en dehors de la lutte; certains même faisaient tout haut des vœux pour le triomphe de M. Thiers et du Gouvernement légal. Les négociants vaquent paisiblement à leurs affaires, achètent, vendent ; personne ne les inquiète. La garde nationale est chargée de la police et du maintien de l'ordre, et s'acquitte fort bien de sa tâche. Les filous n'auraient pas beau jeu. Les rondes de nuit enverraient sans hésiter une balle au voleur surpris fracturant une devanture de magasin. Pendant les deux mois de règne de la Commune, on peut mettre au défi le plus acharné de ses détracteurs d'invoquer contre elle un acte de violence. Elle ne vota le décret sur les otages (5 avril) que provoquée par les fusillades sommaires de Châtillon.

VII. — Au mois de Mai 1871, la Commune aux abois essaya de provoquer au dehors des mouvements en sa faveur. Le 17 Mai, elle lança deux manifestes; le premier « Aux Travailleurs des campagnes » :

« Frère, on te trompe. Nos intérêts sont les mêmes. Ce que je demande, tu le veux aussi : l'affranchissement que je réclame, c'est le tien. Qu'importe si c'est à la ville ou à la campagne que le pain, le vêtement, l'abri, le secours manquent à celui qui produit toute la richesse de ce monde? Qu'importe que l'oppresseur ait nom : gros propriétaire ou industriel? Chez toi, comme chez nous, la journée est longue et rude et ne rapporte pas même ce qu'il faut aux besoins du corps. A toi comme à moi, la liberté, le loisir, la vie de l'esprit et du cœur manquent. Nous sommes encore et toujours, toi et moi, les vassaux de la misère.

« Cela n'est pas juste, frère paysan, ne le sens-tu pas? Tu vois donc bien que l'on te trompe ; car s'il était vrai que la propriété est le fruit du travail, tu serais propriétaire, toi qui as tant travaillé. Tu posséderais cette petite maison, avec un jardin et un enclos, qui a été le rêve, le but, la passion de toute la vie, mais qu'il t'a été impossible d'acquérir, — ou que tu n'as acquise peut-être, malheureux, qu'en contractant une dette qui t'épuise, te ronge, et va forcer tes enfants à vendre, aussitôt que tu seras mort, peut-être avant, ce toit qui t'a déjà tant coûté. Non, frère, le travail ne donne pas la propriété. Elle se transmet par hasard ou se gagne par ruse. Les riches sont des oisifs, les travailleurs sont des pauvres, — et restent pauvres. C'est la règle ; le reste n'est que l'exception.

« Cela n'est pas juste. Et voilà pourquoi Paris, que tu accuses sur la foi de gens intéressés à te tromper, voilà pourquoi Paris s'agite, réclame, se soulève et veut changer les lois qui donnent tout pouvoir aux riches sur les travailleurs. Paris veut que le fils du paysan soit aussi instruit que le fils du riche, et *pour rien*, attendu que la science humaine est le bien commun de tous les hommes, et n'est pas moins utile pour se conduire dans la vie, que les yeux pour voir.

« Paris demande que tout homme qui n'est pas propriétaire ne paye pas un sou d'impôt ; que celui qui ne possède qu'une maison et son jardin ne paye rien encore ; que les petites fortunes soient imposées légèrement, et que tout le poids de l'impôt tombe sur les richards.

« Paris demande que ce soient les députés, les sénateurs et les bonapartistes, auteurs de la guerre, qui payent les cinq milliards de la Prusse, et qu'on vende pour cela leurs propriétés, avec ce qu'on appelle les biens de la Couronne, dont il n'est plus besoin en France.

« Paris demande que la justice ne coûte plus rien à ceux qui en ont besoin, et que ce soit le peuple lui-même qui choisisse les juges parmi les honnêtes gens du canton.

« Paris veut enfin, écoute bien ceci, travailleur des campagnes, pauvre journalier, petit propriétaire que ronge l'usure, bordier, métayer, fermier, vous tous qui semez, récoltez, suez, pour que le plus clair de vos produits aille à quelqu'un qui ne fait rien : — ce que Paris veut, en fin de compte, c'est la terre au paysan, l'outil à l'ouvrier, le travail pour tous.

« La guerre que fait Paris en ce moment, c'est la guerre à l'usure, au mensonge et à la paresse. Donc, habitants des campagnes, vous le voyez, la cause de Paris est la vôtre et c'est pour vous qu'il travaille, en même temps que pour l'ouvrier. Ces généraux qui l'attaquent en ce moment, ce sont les généraux qui ont trahi la France. Ces députés que vous avez nommés sans les connaître veulent nous ramener Henri V. Si Paris tombe, le joug de misère restera sur votre cou, et passera sur celui de vos enfants. Aidez-le donc à triompher, et, quoi qu'il arrive, rappelez-vous bien ces paroles, — car il y aura des révolutions dans le monde jusqu'à ce qu'elles soient accomplies : — LA TERRE AU PAYSAN, L'OUTIL A L'OUVRIER, LE TRAVAIL POUR TOUS. »

Le second manifeste était adressé « Aux grandes villes » :

« Après deux mois d'une bataille de toutes les heures, Paris n'est ni las ni entamé. Paris lutte toujours, sans trêve et sans repos, infatigable, héroïque, invaincu. Paris a fait un pacte avec la mort. Derrière ses forts, il a ses murs ; derrière ses murs, ses barricades ; derrière ses barricades, ses maisons, qu'il faudrait lui arracher une à une, et qu'il ferait sauter, au besoin, plutôt que de se rendre à merci.

« Grandes villes de France, assisterez-vous immobiles et impassibles à ce duel à mort de l'Avenir contre le Passé, de la République contre la Monarchie?

« Attendrez-vous que les soldats du droit soient tombés jusqu'au dernier sous les balles empoisonnées de Versailles? Attendrez-vous que Paris soit transformé en cimetière et chacune de ses maisons en tombeau?

« Grandes villes, vous lui avez envoyé votre adhésion fraternelle ; vous lui avez dit : « De cœur, je suis avec toi ! » Grandes villes, le temps n'est plus aux manifestes : le temps est aux actes, quand la parole est au canon. Assez de sympathies platoniques. Vous avez des fusils et des munitions : Aux armes ! Debout les villes de France ! »

VIII. — Cet appel trouva peu d'écho. Les tentatives d'émancipation qui, à l'instar de Paris, s'étaient produites en province avaient été énergiquement réprimées. A Marseille, le général Espivent, du haut de la colline de Notre-Dame de la Garde, avait écrasé de boulets Gaston Crémieux et les insurgés retranchés dans la Préfecture. A Lyon, au quartier de la Guillotière, l'insurrection fut vaincue après une courte lutte. A Toulouse, le mouvement dirigé par Duportal et Félix Ducasse fut sans importance. M. Thiers, par ses déclarations républicaines aux délégations municipales, avait réussi à maintenir dans la neutralité les autres villes de province.

Les jours de la Commune de Paris sont comptés. De graves dissentiments existent entre les élus de l'Hôtel de Ville et les membres du Comité central de la garde nationale. Les deux pouvoirs rivaux sont aux prises. Au sein même de la Commune, les divisions se montrent. Les délégués à la guerre se succèdent : Cluseret a fait place à Rossel ; Rossel à Delescluze. Et le cercle de fer se resserre toujours autour de Paris. Les francs-maçons ont beau organiser des meetings, planter leur bannière sur les remparts ; la Commune ne trouve aucune force dans ces manifestations bruyantes.

Un de ses derniers actes fut le renversement de la Colonne Vendôme. Le hideux personnage qui mena la France aux abîmes et que l'on avait juché au milieu des airs, dans un accoutrement ridicule, fut jeté bas le 16 mai 1871. Il tomba sur du fumier préparé à cet effet. Les organes du *Caporalisme* fulminèrent ; Mac-Mahon, à Versailles, protesta ; Gambetta et les Bas-Républicains firent la grimace ; Hugo, bande à tout chanter, esprit biscornu, fut indigné qu'on eût osé toucher à *sa* Colonne et au Dieu qui la surmontait.

> Car nous l'avons pour Dieu, sans l'avoir eu pour Maître...

Mais tous les véritables amis du Progrès et de la Fraternité applaudirent à cette mesure de réparation sociale. L'Obscurantisme et les prétoriens triomphants relèveront le bronze en 1875. O Honte ! l'homme de la Bérésina et de l'Elster, le fuyard de Waterloo, déshonore à nouveau l'une des plus belles places du monde et trône dans l'azur...

XXXIV

JOURNÉES DE MAI

I. — M. de Bismarck s'impatientait. Cette insurrection qui se prolongeait paralysait les affaires et rendait impossible le paiement des cinq milliards votés par l'Assemblée nationale : « Laissez-moi intervenir, faisait-il dire à M. Thiers. J'en aurai bientôt fini avec la Commune ! Une simple sommation... » M. Jules Favre, ministre des Affaires étrangères, répondit (20 mai 1871) : « Que M. de Bismarck soit tranquille. La guerre sera terminée dans le courant de la semaine. Nous avons fait une brèche du côté d'Issy. On est occupé à l'élargir... Je supplie M. de Bismarck, au nom de la cause de l'ordre, de nous laisser achever nous-mêmes cette répression de brigandage antisocial qui a, pour quelques jours, établi son siège à Paris. Ce serait causer un nouveau préjudice au parti de l'ordre en France et, dès lors, en Europe, que d'en agir autrement. Que l'on compte sur nous et l'ordre social sera vengé dans le courant de la semaine. »

Cette lettre, dit Jules Simon qui la reproduit dans son histoire du *Gouvernement de Thiers*, caractérise à merveille la situation. Et le traître a raison ! Il ne s'agit pas de patrie ; il s'agit du salut du parti de l'ordre en France et dès lors en Europe. « On peut compter sur eux. »

Quel enseignement pour les peuples ; et comme on prend ici sur le fait les Gouvernements, quels qu'ils soient, monarchiques ou républicains, s'entendant partout et toujours entre eux pour écraser la Démocratie !

Pour tous les Gouvernements, le Peuple, voilà l'ennemi !

II. — Dans les premiers jours de Mai, le génie avait élevé à Montretout, une puissante batterie ; sous sa protection, le général Douai entra dans le bois de Boulogne. Le travail des tranchées était des plus faciles, on cheminait très rapidement vers Paris. L'artillerie de Montretout avait démoli les remparts depuis Neuilly jusqu'au Point-du-Jour. Toute cette ligne de fortifications était devenue intenable pour les fédérés qui avaient dû reculer leurs postes à quelque cent mètres en arrière, dans des maisons inoccupées. L'escarpe allait être en assez mauvais état pour permettre de donner l'assaut, lorsque, le dimanche 21 mai, vers trois heures de l'après-midi, le général Douai et quelques soldats de tranchée aperçurent un homme agitant un mouchoir blanc : c'était Ducatel, piqueur du service municipal. En faisant sa tournée, il s'était aperçu que la partie des fortifications voisine de Saint-Cloud, n'était pas gardée et, au risque de se faire écraser par les obus qui arrivaient à ce moment de Montretout, il appelait à lui les soldats cachés à quelques pas de là dans les massifs du bois de Boulogne. Son signal fut compris. Quelques instants après, l'armée de l'ordre entrait dans Paris.

Le général Douai poussa rapidement vers le Trocadéro. L'École Militaire fut occupée à cinq heures. Plus de trente mille soldats étaient dans Paris, et cependant la population, à dix heures du soir, ignorait encore ce grand événement. Le lundi, à trois heures du matin, la générale retentit dans les rues. De tous côtés, les fédérés se replient en hâte vers le centre : « Les Versaillais sont entrés ! » Rue Saint-Lazare, les boutiques restent hermétiquement closes ; pas une voiture ne circule... et déjà, vers le boulevard Malesherbes, crépite la fusillade. La troupe attaque la caserne de la Pépinière. A neuf heures, elle en était maîtresse, ainsi que de la gare Saint-Lazare. Les différents quartiers de Paris tombèrent ainsi successivement au pouvoir de Mac-Mahon.

A Vincennes et à Saint-Denis, les Prussiens, avertis par M. Thiers, avaient doublé leurs postes, et veillaient à ce qu'aucun fédéré ne pût s'échapper par leurs lignes.

Les exécutions sommaires commencèrent le dimanche 21, et se prolongèrent six jours. Exaspérés, les fédérés incendièrent les Tuileries et l'Hôtel de Ville, et fusillèrent, le 26 mai, les otages, parmi lesquels l'archevêque de Paris, M. Darboy. Par la disparition de ce dernier, les Jésuites se trouvaient débarrassés d'un adversaire, (Darboy était Gallican) et gagnaient un martyr. C'était tout bénéfice.

III. — On évalue à plus de trente mille le nombre des fédérés tombés, non au milieu de la mêlée (les trois quarts des partisans de la Commune ne s'étaient pas battus), mais dans les cours des mairies et les jardins publics, sous les balles de pelotons d'exécution. Au bois de Boulogne des mitrailleuses, disposées en face de groupes de prisonniers, activaient la besogne.

A Versailles, les belles dames frappaient à coups d'ombrelle les prisonniers défilant sur les avenues. Les soldats, plus humains, durent quelquefois protéger les infortunés qu'ils escortaient contre ces furies en robes de soie. Resté, depuis longtemps, en dehors des agitations politiques, et blâmant même le mouvement du Dix-Huit Mars, je ne fus pas inquiété. Dans le quartier de l'Europe, le mardi 22 mai, à deux heures de l'après-midi, j'ai assisté à de nombreuses exécutions de fédérés inoffensifs, pris à domicile. Les terrains vagues, sur lesquels est bâtie la rue d'Edimbourg, étaient remplis de cadavres. Deleseluze se fit tuer sur la barricade du Château-d'Eau ; Vermorel fut blessé mortellement, boulevard Voltaire. Le député révolutionnaire Millière, bien que n'ayant pris aucune part au mouvement fédéraliste, n'en fut pas moins arrêté à son domicile, et fusillé sur les marches du Panthéon par le lieutenant Garcin. Vallès, Pyat, Cournet purent échapper au carnage et se réfugièrent à l'étranger.

IV. — Au cimetière du Père-Lachaise, théâtre des dernières convulsions de la Commune, on vit des tueries épouvantables. M. le comte d'Hérisson (*Nouveau Journal*, p. 251) a recueilli de la bouche même d'un des exécuteurs, lieutenant au 65ᵉ de marche, l'épisode suivant : « Ma compagnie avait reçu l'ordre d'aller prendre à Mazas 144 fédérés et de les conduire à une destination que nous n'avions pas à leur indiquer. Le capitaine et moi, nous nous présentâmes à la prison où, après les formalités d'usage, on nous remit les cent quarante-quatre hommes, que nous encadrâmes avec nos quatre-vingts soldats, baïonnette au canon. Comme ces malheureux ne savaient pas où on les menait, ils ne montrèrent aucune velléité de résistance. Nous arrivâmes sans incident à l'entrée du Père-Lachaise. Là, nous fîmes halte et le capitaine prit les ordres d'un officier supérieur chargé de nous recevoir et auquel il remit le reçu des cent quarante-quatre hommes.

« Les prisonniers comprirent seulement alors de quoi il s'agissait. Je les vis presque tous saisis d'un tremblement nerveux. Ils commencèrent à se lamenter, se mirent à genoux, se tordirent les mains, criant : « Pardon! messieurs, pardon! qu'avons-nous fait pour être fusillés? » Les uns avaient complètement perdu la raison et se débattaient au milieu des coups de crosse. Les autres, hébétés et inconscients, marchaient machinalement à la file comme des moutons. Nous entrâmes dans le cimetière. Nous gravîmes la rampe et nous arrivâmes au fameux mur.

« Parmi nos prisonniers, il y avait un certain nombre de francs-maçons qui se revêtirent de leurs insignes, croyant sans doute en imposer à ceux de leurs frères qui se trouveraient par hasard parmi les exécuteurs.

« Quand nous arrivâmes près du mur, nous trouvâmes là de l'infanterie de marine et on demanda des hommes de bonne volonté pour former trois pelotons d'exécution. Je dois avouer que ce fut à qui se présenterait parmi ces soldats. Ce corps avait été très maltraité par l'émeute, et à toutes les supplications des fédérés ces marsouins inflexibles répondaient : « Pas de quartier! Vous avez empalé nos frères; c'est notre tour. » On m'imposa le rôle pénible de compter les condamnés et de les former par fractions de douze.

« On plaçait chaque fraction devant l'un des trois pelotons. L'officier levait son sabre et les trois pelotons faisaient feu ensemble, abattant ainsi trente-six hommes à la fois. Cette opération se renouvela quatre fois, pour la troupe entière, et, par conséquent, chacune des trois fractions de douze hommes qui furent exécutés les derniers avait devant elle trente-six cadavres. »

V. — De pareilles boucheries à froid, la lutte terminée, sont indignes d'une nation civilisée. Il faut se reporter aux siècles barbares, où l'on égorgeait les prisonniers, pour voir ainsi massacrer, trois jours après la bataille, des malheureux qui souvent n'y avaient même pas pris part. L'aspect de Paris était hideux. Les victimes fusillées dans les squares, recouvertes par un mince linceul de terre, montraient leur profil lugubre gonflé par la fermentation. « Qui ne se rappelle, disait le *Temps*, s'il ne l'a vu, ne fût-ce que quelques minutes, le square, non, le charnier de la tour Saint-Jacques? Du milieu de ces terres humides, fraîchement remuées, surgissaient çà et là des têtes, des bras, des pieds, des mains. Une odeur fade, écœurante, sortait de ce jardin. Par instants, à certaines places, elle devenait fétide. »

La répression *légale* ne fut pas moins terrible : des conseils de guerre jugèrent et frappèrent sans merci. Six ans après la chute de la Commune, on condamnait à mort des hommes dont le seul crime était d'avoir commandé un bataillon de fédérés.

Ainsi l'armée bonapartiste prenait sur Paris la revanche de ses défaites. Les Faubouriens avaient traité les Mac-Mahon, les Trochu, les Vinoy, les Lebœuf et les Ducrot de « Capitulards »; ceux-ci se vengeaient en lâchant sur eux leurs prétoriens. Et les officiers, dont la captivité, par le fait de la résistance des Parisiens, avait été prolongée en Prusse, au milieu d'un hiver rigoureux, partageaient, en dignes bonapartistes-réactionnaires, la haine des généraux. On en vit éventrer avec leurs sabres des femmes et des enfants.

VI. — Le spectacle des journées de Mai inspira à Vermersch, rédacteur du *Père Duchêne* pendant la Commune, des ïambes d'une admirable venue. C'est toujours de l'indignation que jaillissent les plus beaux vers :

O Révolution, nous t'avions oubliée !
  Tu nous en punis justement.
Pour le peuple vaincu, pour la France liée
  Au char du vainqueur allemand ;

Pour Blidah, pour Cayenne et l'horreur indicible
  Des funèbres prisons dans l'eau,
Nous devions à ces gueux la justice impassible,
  La guillotine et le bourreau !

O Révolution, j'ai vu ta face austère
  Où l'indignation flambait !
Tu criais : « Allons donc ! Frappez du pied la terre !
  « Faites-en sortir le gibet !

« La guerre est éternelle entre vous et ces drôles.
  « Ne l'avez-vous assez appris ?
« Non, il ne suffit pas de marquer leurs épaules.
  « Pas de bagne et plus de mépris.

« La mort ! Quand le forçat s'évade et recommence,
  « La pitié n'est plus de saison.
« Demandez au passé ce que vaut la clémence ;
  « O peuple, écoute la raison !

« Va dans le cimetière où sont couchés tes pères
  « Avec leur balle dans le cœur ;
« Laisse dans leur fureur parler ces voix sévères ;
  « Et donne à ces morts un vengeur. »

Mais la sensiblerie a perdu cette race ;
  Tout pour ce siècle est innocent ;

Nul ne s'est souvenu que tu veux qu'on t'embrasse
        Avec des bras rouges de sang.

On sauva les bandits; on prêcha l'indulgence;
        On dit aux gueux effarouchés
Qui se faisant petits se tenaient cois d'urgence :
        « Nous oublions vos vieux péchés. »

Aujourd'hui, ces gredins, du sang jusqu'aux chevilles,
        Rient d'un rire stupide et lourd,
Et dans le vin joyeux et les baisers des filles,
        Se moquent de leurs peurs d'un jour.

Les orphelins, levant les mains, demandent grâce
        A ces assassins triomphants!...
Ce que pour l'avenir contiennent de menace
        Les mains de ces petits enfants;

Ce que plus tard diront avec leurs bouches vertes
        Les cadavres ensanglantés,
Le mot d'ordre sorti des fosses entr'ouvertes,
        Le sombre appel des transportés,

Non, ô triomphateurs d'abattoir, non, infâmes,
        Non, vous ne vous en doutez pas!
Un jour viendra bientôt où les enfants, les femmes,
        Les mains frêles, les petits bras,

S'armeront de nouveau sans peur des fusillades,
        Et sans respect pour vos canons.
Les faibles, sans pâlir, iront aux barricades;
        Les petits seront nos clairons

Sur un front de bataille épouvantable et large
        L'émeute se relèvera;
Et, sortant des pavés pour nous sonner la charge,
        Le spectre de Mai parlera...

Il ne s'agira plus alors, gueux hypocrites,
        De fusiller obscurément
Quelques mouchards abjects, quelques obscurs jésuites,
        Canonisés subitement;

Il ne s'agira plus de brûler trois bicoques
        Pour défendre tout un quartier;
Plus d'hésitations louches! plus d'équivoques,
        Bourgeois, tu mourras tout entier!

> La conciliation, lâche, tu l'as tuée!
> Tes cris ne te sauveront pas!
> Tu vomiras ton âme au crime habituée
> En invoquant Thiers et Judas!
>
> Nous t'apportions la paix et tu voulus la guerre,
> Eh bien, nous l'aimons mieux ainsi!
> Cette insurrection, ce sera la dernière;
> Nous fonderons notre ordre aussi!
>
> Non, rien ne restera de ces coquins célèbres,
> Leur monde s'évanouira.
> Et toi, dont l'œil nous suit à travers nos ténèbres,
> Nous t'évoquerons, ô Marat!
>
> Toi seul avais raison : pour que le peuple touche
> A ce port qui s'enfuit toujours,
> Il nous faut au grand jour la justice farouche
> Sans haines comme sans amours,
>
> Dont l'effrayante voix plus haut que la tempête
> Parle dans sa sincérité,
> Et dont la main tranquille au ciel lève la tête
> De Prudhomme décapité!
>
> (Londres, novembre 1871.)

VII. — Les républicains-bourgeois applaudirent à la chute de la Commune et à l'épouvantable répression de Mai. Les Clémenceau, les Louis Blanc, les Tirard, les Carnot et les Henri Martin votèrent des félicitations aux égorgeurs. Gambetta qui, le danger passé, avait quitté les orangers de Saint-Sébastien, déclara à Bordeaux, dans un *magnifique* discours, « qu'un Gouvernement qui avait pu dompter Paris avait, par cela même, démontré sa légitimité ». Les philosophes, les Vacherot et les Littré jetèrent l'injure à la grande vaincue. On chercha à atteindre au dehors ceux que n'avaient pu faucher les pelotons d'exécution et les conseils de guerre. Le 26 mai 1871, M. Jules Favre, ministre des Affaires étrangères, adressait télégraphiquement l'instruction suivante aux représentants de la France à l'étranger :

« Monsieur, l'œuvre abominable des scélérats qui succombent sous l'héroïque effort de notre armée ne peut être confondue avec un acte politique. Elle constitue une série de forfaits prévus et punis par les lois de tous les peuples civilisés. L'assassinat, le vol, l'incendie systématiquement ordonnés, préparés avec une infernale habileté, ne doivent permettre d'autre refuge que celui de l'expiation légale. Aucune nation ne peut les couvrir d'immunité, et sur le sol de toutes leur présence serait une honte et un péril. Si donc vous apprenez qu'un individu compromis dans l'attentat de Paris a franchi la frontière de la nation près de laquelle vous êtes accrédité, je vous invite à solliciter des autorités locales son arrestation immédiate et à m'en donner de suite avis pour que je régularise cette situation par une demande d'extradition.

« Recevez, monsieur, les assurances de ma haute considération.

« JULES FAVRE.

« Versailles, 26 mai 1871. »

L'Angleterre monarchique donnant une leçon de libéralisme et de pudeur politique aux républicains français, répondit par une fin de non-recevoir.

VIII. — Le mouvement du Dix-Huit Mars pouvait-il aboutir ? Certains chefs de la Commune ont cru qu'avec une direction plus énergique et des mesures extra-révolutionnaires, ils auraient tenu tête à la Réaction : « Ouvrir le champ à la révolution, forcer la Banque avec un bataillon de francs-tireurs ; mettre l'embargo sur tous les papiers déposés dans les études des notaires et des avoués et à la conservation desquels toutes les fortunes de l'Europe sont intéressées ; confisquer les propriétés des lâches et les faire passer aux mains des patriotes. Mettre les citoyens qui s'y seraient fait tuer jusqu'au dernier si elles avaient été à eux, dans les maisons des aristocrates, et mater *sur la place de la Concorde*, en pleine lumière, la réaction murmurant et conspirant », tel était le programme que Vermersch et les autres chefs avaient rêvé. Et ailleurs : « En fait, chaque jour qui s'écoulait diminuait nos moyens de résistance ; la simple prolongation de la lutte devait nous faire tomber les armes des mains. Tout mouvement révolutionnaire qui n'atteint pas son but du premier bond peut être regardé comme avorté. En lançant les bataillons fédérés sur Versailles, le 20 mars, le Comité central se rendait maître de la situation. Le 25, il était déjà trop tard. Par suite, la Révolution était condamnée, et ces deux mois de bataille ne furent qu'une longue agonie. »

A dix-sept ans de distance, Paul Brousse, reprenant le même thème, écrivait dans *Le Prolétariat :* « Voici le fait impardonnable. On permit à la Banque d'armer contre Paris, d'être versaillaise, de prodiguer les millions à Versailles, disputant une légère aumône à la Révolution.

« La Commune pouvait exiger le règlement immédiat du compte créditeur de la Ville de Paris, soit *neuf millions*. Elle pouvait ensuite détenir provisoirement tout le reste, et opérer ainsi sur l'opinion bourgeoise une pression qui, plus sûrement que les canons, eût amené à composition Versailles. Là était l'otage sérieux, dont la sûreté eût tenu plus à cœur à la bourgeoisie que la vie de quelques gendarmes, d'un sénateur, d'un archevêque et d'une douzaine de capucins. On ne le comprit pas.

« L'imminence de cette mesure de conservation était cependant si attendue, que l'administration de la Banque prenait toutes ses mesures pour en écarter le péril. Exhumant un décret de 92, elle obtenait de la Commune le droit d'armer ses « habits gris », de les former en bataillons et de leur confier la garde *exclusive* de ses coffres. Elle organisait un véritable sauvetage : le 23 mars, M. de la Rogerie partait pour Versailles, littéralement capitonné de billets ; fin mars, les clichés filaient sur Lille, et en mai, on enfouissait tout dans les caves et on ensablait complètement l'escalier qui y conduit.

« Jourde, Beslay, Varlin, les spécialistes de la Commune, débattaient de longues heures des crédits de 400,000 francs. Thiers, lui, ne plaisantait pas avec la Banque : il a 10 millions et il lui en faut 200. Il mande Rouland à Versailles, il l'y retient, l'y fait cracher. Pendant la durée de la Commune, Thiers se fait donner 257 millions par la Banque ; Jourde, Beslay, 16 millions seulement.

« Ainsi pendant deux mois, à peine touchée par la vague, l'île d'or demeure inviolée au milieu de l'Océan révolutionnaire. Les soldats de la Commune sont sans pain, sans vêtement ; leurs femmes, leurs enfants sans ressources, et l'île d'or reste intacte ; on ne touche pas à cette terre promise. On la respecte même au moment de partir pour les plages de la déportation et la terre d'exil. Les capitalistes ont fait tous leurs efforts pour représenter les communeux comme de franches canailles. Ils n'y ont pas réussi. Certes, non, nos amis ne furent pas canailles ! mais, quels naïfs ! »

IX. — A toute cette argumentation, je répondrai : « Et les Prussiens ? » Oui, demanderai-je à Paul Brousse, à Vermersch et aux théoriciens de la Commune, que faisons-nous des Prussiens ? Nous les oublions un peu, ce me semble. Les considéreriez-vous par hasard comme une quantité négligeable en Mars 1871 ?

En fait, à cette époque, les Prussiens campés à Saint-Denis et dans les forts de Paris, étaient maîtres absolus de la situation. Rien ne pouvait se faire que par eux et avec leur haute approbation.

M. Thiers, comme la Commune, était sous la coupe de Guillaume et de ses reitres. Celui des deux adversaires qui avait les sympathies prussiennes était certain de l'emporter. Or, c'est M. Thiers et l'Assemblée qui avaient manifestement ces sympathies-là. Guillaume, dont l'aïeul était accouru en 1792 pour écraser le Tiers-État, ne pouvait pactiser avec la Révolution, et la laisser fonctionner à sa barbe. Si le 20 mars 1871, alors que l'Assemblée Nationale et M. Thiers étaient sans défense, le Comité central avait poussé ses légions sur Versailles, le général allemand Fabrice occupait Paris sans coup férir.

M. Thiers était le protégé de M. de Bismarck, auquel il avait fait voter cinq milliards ; avec lequel il était en relations continuelles et qui lui permettra de disposer de l'armée de Metz prisonnière en Allemagne. Si Jourde, le délégué aux finances de la Commune, avait fait mine de s'installer à la Banque de France, avant la fin du jour, à l'instigation de M. Thiers, le général Fabrice aurait intimé à Jourde l'ordre formel de vider la place. Et Jourde serait parti. C'était évidemment en vue d'un coup de main possible, de la part de la Commune, que l'Administration de la Banque avait ensablé les escaliers. Le déblaiement aurait demandé deux jours au moins ; ce laps de temps aurait suffi pour protéger les caveaux, en attendant l'arrivée des Prussiens.

X. — Tout cela est triste à dire ; ce n'est brillant ni pour M. Thiers, ni pour la Commune. J'aimerais mieux, comme dans ma *Révolution*, avoir à m'écrier plein d'enthousiasme :

>..... Si nos vaillants aïeux
> Étaient sans dieu, sans rois, sans prêtres, devant eux
> La Justice marchait en colonne de flamme.
> O Liberté, ton souffle embrasait leur grande âme !
> Christ était contre nous ; mais nous avions Danton,
> Robespierre, Saint-Just, Bertezène, Couthon...
> Et du sol jaillissaient de puissantes armées,
> Qui par les nations se voyaient acclamées !
> Jourdan rivalisait de gloire avec Marceau.
> Pour écrivains sacrés, Diderot et Rousseau.
> La veille d'un combat, en guise de symbole
> Nos soldats dans les camps dansaient la Carmagnole ;
> Et pour se recueillir méditaient le *Contrat*.
> Sur les traîtres était ouvert... l'œil de Marat.
> Les bonnets phrygiens avec les longues piques
> Au loin portent l'effroi, dans des luttes épiques ;

Et comme à Jéricho, s'écroule tout rempart
Quand Kléber dit : « Enfants, entonnons le *Départ !* »

La victoire en chantant nous ouvre la barrière,
La liberté guide nos pas,
Et du Nord au Midi la trompette guerrière
A sonné l'heure des combats.

XI. — Nous n'en sommes plus là. Les cycles héroïques sont formés ; et la froide réalité se dresse devant l'historien de la *Basse-République*. Il ne s'agit plus de flatter l'amour-propre national. Ce n'est pas en voilant la vérité et en couvrant d'un bandage une plaie vive qu'un chirurgien sauve un malade. Je dis ce qui est ; et si ce qui est est pénible, si la situation est triste, il faut s'en prendre, non au peuple français, mais aux Trochu, aux Favre et aux Simon qui l'ont créée. Oui, si Vallès, Lefrançais ou Trinquet avaient voulu mettre la main sur les études des notaires, le général Fabrice aurait prié ces citoyens, et sans y mettre des formes, de laisser les notaires en paix ; et on les aurait laissés en paix. On le vit bien, lorsque le délégué aux Affaires étrangères de la Commune, Paschal Grousset, se mit en tête de regarder du côté de la Légation des États-Unis, vers l'ambassadeur-espion Washburne. Le général Fabrice, sur l'ordre de M. de Bismarck, qui craignait de voir saisir des pièces compromettantes, ordonna avec menaces à Paschal Grousset de ne pas inquiéter Washburne. Et Washburne ne fut plus inquiété.

Veut-on, par une supposition d'un moment, se rendre compte de la justesse de nos déductions ? Supprimons un instant les Prussiens en mars 1871... Aussitôt les événements changent de face. La Commune est acclamée sur toute la ligne. Les *Ruraux* se gardent d'attendre Flourens et Duval. A la première nouvelle de la marche des Parisiens sur Versailles, ils s'enfuient de tous côtés. La Province suit Paris. M. Thiers ne trouve ni un homme ni un écu pour écraser les insurrections qui éclatent dans les divers départements.

XII. — La Commune de 1871 n'avait pas les mains libres. La fatalité d'une situation qu'elle n'avait pas créée pesait sur elle. Sans être une aventure, il est inutile de dissimuler qu'elle n'eut pas l'importance qu'on veut lui attribuer aujourd'hui. Les peuples et les individus ont en général la mémoire courte. A vingt ans de distance, les événements s'émoussent, les détails s'effacent ; la vraie physionomie d'un mouvement s'altère. Les acteurs de la moindre échauffourée ont une tendance naturelle à grandir les événements auxquels ils ont pris part. Une réunion qu'ils présidaient dissoute, une escarmouche au coin d'une rue, prennent avec eux l'ampleur d'une révolution sociale vers laquelle les Peuples et les Historiens devront toujours se tourner.

La Commune de 1871, bien que mouvement considérable, n'a pas non plus tant d'ampleur. L'affaire des canons de Montmartre et la prise de possession, par un Comité central, de l'Hôtel de Ville, non défendu, ne furent qu'un *réchauffé* du 31 octobre 1870. A la date du 18 Mars 1871, tout mouvement révolutionnaire était condamné d'avance. Paschal Grousset en convenait lorsqu'il écrivait quelques jours avant dans son journal *la Bouche de fer* : « Si la résistance à l'oppression est presque toujours le plus saint des devoirs, dans les circonstances présentes, l'insurrection serait la plus désastreuse des fautes. »

Blanqui, Félix Pyat, Millière, Tridon, Delescluze, Vermorel et les hommes les plus éclairés du parti révolutionnaire voyaient aussi une maladresse immense dans une prise d'armes contre la Réaction, les Prussiens présents. Par malheur (je l'ai dit dans ma *Politique Scientifique*), quand une force existe, elle a tôt ou tard son effet. Il en est de l'homme d'État comme du pilote : il peut louvoyer plus ou moins habilement; il ne change pas la direction des vents : « Après la capitulation de Paris, en février 1871, j'avais reconnu l'existence d'une force comprimée, d'un courant patriotique, d'une fièvre *obsidionale* à laquelle un simulacre de défense n'avait pas donné satisfaction. Deux cent mille gardes nationaux, profondément irrités de la manière dont avait été conduit le siège, avaient conservé leurs armes. Une explosion était inévitable. »

Tout se fit sans plan préconçu, sans vues arrêtées. Félix Pyat, Vermorel, Delescluze, Millière, Flourens lui-même ne fut pour rien dans l'affaire des canons. Blanqui était à Cahors. Les chefs les plus éclairés de la Démocratie avaient été d'avis de laisser d'abord s'éloigner les Prussiens. Alors la Révolution réglerait ses vieux comptes avec les Thiers, les Favre, les Simon et les Ferry. Le Peuple n'ayant pas su attendre et ayant opéré lui-même son coup d'État, ses chefs ne voulurent pas laisser protester sa signature. Bien qu'ils se fissent peu d'illusion sur le résultat final, ils prirent la tête du mouvement, et essayèrent d'en tirer parti pour le bien de la Révolution. Malgré l'issue funeste de la lutte, la grande prise d'armes de 1871 n'aura pas été sans résultats pour le Progrès Universel : de nobles idées furent émises; des solutions sociales entrevues; des problèmes posés. De sublimes dévouements se montrèrent; des morts glorieuses, celles de Duval, de Millière, de Delescluze, commandent le respect et l'admiration..... Et un sang généreux ne fut jamais en vain répandu; de tout temps, le sol aride de la Liberté en fut fécondé. Si l'historien attristé ne peut enregistrer le triomphe des Défenseurs de la Commune, du moins il peut rendre hommage à leur désintéressement et à leur profond amour de la Justice.

XXXV

M. THIERS

I. — « La République est le gouvernement qui nous divise le moins, avait dit M. Thiers, en février 1871, à Bordeaux; faisons-en l'*Essai loyal*. » En d'autres termes, rallions-nous sans arrière-pensée à ce régime et ne le sapons pas en dessous main, comme nous avons fait en 1848. Les réactionnaires sourirent et crurent qu'il en irait de même. Leur calcul était faux : cette fois, l'intérêt de M. Thiers marchait d'accord avec celui de la République. Le premier dans l'État, il n'aurait pu que descendre dans une monarchie. Les républicains comprirent la situation et se serrèrent autour de lui. L'adhésion de M. Thiers à la République rallia à ce régime la majorité de la bourgeoisie et des conservateurs libéraux.

Le 2 juillet 1871, par suite d'options, de décès et de démissions, la France fut appelée à nommer 114 députés. On pouvait s'attendre après les terribles événements de la Commune et les ruines qu'elle avait semées, à un mouvement de réaction. Il n'en fut rien : 85 républicains furent élus. Généreux pays qui, au sortir de désastres inouïs, regarde encore vers la Liberté, comme seule capable de cicatriser ses blessures et de lui rendre sa grandeur passée !

Le 28 juin, l'emprunt de deux milliards fut souscrit plusieurs fois et hâta l'évacuation du territoire. Le 3 août 1871, un premier milliard put être payé aux Prussiens.

Les Conseils généraux et les Chambres de commerce envoyèrent à M. Thiers des adresses de remerciements. Un membre du Centre gauche, M. Rivet, profita du mouvement de l'opinion pour déposer un projet de loi conférant au chef du pouvoir exécutif le titre de « Président de la République ». Le 31 août 1871, l'Assemblée, quoique à contre-cœur, adopta « la Constitution Rivet ». Cette constitution consacrait indirectement la République puisqu'elle lui reconnaissait un président. Les républicains protestèrent contre ce qu'ils appelaient une usurpation de la souveraineté populaire. M. Gambetta entre autres ne trouvait à cette Chambre « aucune autorité assez forte pour constituer quoi que ce soit, république ou monarchie ». Il ne parlait ainsi que parce qu'il savait l'Assemblée hostile à ses idées. Dans quatre ans, lorsque l'impuissance de faire la monarchie aura été constatée, le même Gambetta trouvera la même Assemblée excellente pour constituer la République.

A partir de la loi Rivet, une sourde hostilité gronda contre M. Thiers. Alors commença à fonctionner le fameux système dit « à bascule, ou de l'équivoque ». Pour apaiser les récriminations de la Droite qui l'accusait de favoriser les républicains, M. Thiers frappa à coups redoublés sur les journaux démocratiques. Lorsqu'il se voyait serré de trop près par la majorité, il lui mettait le marché à la main et offrait sa démission. La Droite, qui n'était pas prête, et trouvait encore trop lourd le fardeau du pouvoir, battait en retraite, et les choses reprenaient comme auparavant. Les attaques des monarchistes et leurs mesures rétrogrades eurent pour résultat de refaire une deuxième popularité aux Gambetta, aux Simon et aux Ferry, tout à fait discrédités depuis la guerre. Les voilà de nouveau en pied.

II. — Le 20 juin 1872, une délégation de la majorité alla trouver M. Thiers pour l'engager à imprimer à son gouvernement une autre direction. Cette démarche prit le nom de « manifestation des bonnets à poils ». M. Thiers renouvela à MM. Changarnier, de Broglie, Batbie et autres délégués, son dévouement absolu aux principes conservateurs; mais il se refusa formellement à changer de voie. Bien plus, à la suite de nouvelles élections républicaines, et après la conclusion de l'emprunt de trois milliards, qui assurait l'entière libération du territoire, il rompit résolument avec la Droite et adressa, le 12 novembre, à l'Assemblée un Message célèbre dans lequel, après avoir exposé la situation prospère de la France, au point de vue financier et commercial, il constatait, aux applaudissements du Centre gauche et de la Gauche, « qu'une forme de gouvernement qui d'ordinaire troublait profondément le pays, commençait à entrer peu à peu dans ses habitudes ». M. Thiers, poursuivant, ajoutait ensuite, à l'adresse de M. Gambetta, dont le voyage en Dauphiné avait soulevé à droite les plus vives récriminations : « C'est par vous surtout que l'ordre doit être passionnément désiré. Si la République peut réussir cette fois, c'est à l'ordre que vous le devrez. Sachez donc renoncer momentanément à certains droits, et faites à la sécurité publique un sacrifice qui profitera surtout à la République. » Puis, affirmant hardiment son évolution à gauche, il ajoutait ces mémorables paroles :

« La République existe; elle est le Gouvernement légal du pays. Vouloir autre chose serait une révolution et la plus redoutable de toutes. »

Ce message eut un immense retentissement ; la France entière l'acclama. Mais, de ce jour, la perte de M. Thiers fut résolue dans l'esprit de la majorité.

L'*Essai* devenait en effet trop *loyal*.

Le 16 mars 1873, le *Journal officiel* annonçait qu'un traité d'évacuation complète du territoire par les Prussiens, au 5 septembre prochain, avait été signé à Berlin. La question de l'indemnité de guerre est réglée ; les Prussiens sont payés. Le terrain est libre : les Réactionnaires vont monter à l'assaut de la République.

III. — Depuis le 14 février 1871, l'Assemblée avait appelé régulièrement à la Présidence un ancien bâtonnier du Palais, Grévy, républicain comme il était avocat, par carrière ; peu dangereux par suite ; sans énergie, ami de son repos ; orateur secondaire et que sa médiocrité même, sous le régime de l'*Équivoque*, désignait, comme transition, aux suffrages des réactionnaires. M. Grévy était dans une situation fausse. Comment lui, républicain, acceptait-il de présider une Assemblée conservatrice ? Il devait un jour ou l'autre s'attendre à un éclat. Mais le madré Franc-Comtois n'y regardait pas de si près. En attendant l'éclat, il était entouré d'honneurs et, ce qui valait mieux, il se voyait logé, chauffé et nanti d'un bon traitement. Les hommes de la Troisième République ne demanderont jamais autre chose. Grévy est un chef d'école.

Le 2 avril 1873, la discussion sur la suppression de la mairie centrale de Lyon était sur le tapis. M. Leroyer, député du Rhône, prenant en main la défense de la municipalité, trouva les motifs allégués bien faibles et « le bagage » du rapport bien léger pour justifier une mesure aussi radicale. Sur le mot « bagage » une tempête se déchaîne à droite. M. de Gramont s'écrie : « C'est une impertinence ! » M. Grévy, paternellement : « Monsieur de Gramont, je vous rappelle à l'ordre. » Les clameurs redoublent. Toute la Droite est debout : « Nous protestons ! » Et plusieurs membres quittent la salle, M. Grévy, le lendemain, envoyait à l'Assemblée sa démission de président. La Droite, revenue de son émotion, le nomma de nouveau. M. Grévy, qui sentait venir l'orage, refusa, malgré les supplications de ses amis et de M. Thiers lui-même, de remonter au fauteuil. Ce fut là une véritable désertion. On ne doit pas lâcher pied au premier obus qui vous arrive. Grévy n'était pas sans connaître les manœuvres souterraines de la Droite contre M. Thiers. Son devoir était de tenir jusqu'au bout et de couvrir le Président de la République. Du haut de son siège, il aurait pu dominer et déjouer les complots. En disant par exemple, le 24 mai prochain : « La séance est levée et renvoyée à lundi, » il donnait le temps au pays d'intervenir et sauvait M. Thiers et la République.

Le poste qu'occupait M. Grévy devait devenir un moment ou l'autre un poste de combat; l'historien *remarquait avec regret* et presque avec étonnement en 1873 (*Troisième République*, p. 207), il remarque aujourd'hui (après les scandales Wilson) sans en être surpris, que M. Grévy n'occupa ce poste que tant que ce fut un poste de parade. M. Grévy voulait bien être à l'honneur, aux émoluments, aux représentations officielles, aux prières publiques, aux revues de Longchamps; il ne voulait pas être au péril.

M. Buffet montra une tout autre énergie. Le 4 avril, il entra par la brèche et s'empara du fauteuil. L'Assemblée se prorogea au 19 mai, après avoir voté la suppression de la mairie de Lyon.

IV. — Le 27 avril, Paris fut appelé à élire un député au scrutin de liste, en remplacement de M. Sauvage, administrateur du chemin de fer de l'Est, décédé. Quelques officieux crurent devoir offrir le siège vacant à M. de Rémusat, ministre des Affaires étrangères et actif collaborateur de M. Thiers dans les négociations pour la libération du territoire. C'était là une maladresse insigne, Paris n'étant pas une ville à laquelle on puisse dicter ses choix. Les journaux démocratiques crièrent « à la résurrection des candidatures officielles ». En principe, ils avaient évidemment raison. Si M. de Rémusat a mérité réellement une récompense, qu'on la lui donne; mais le mandat législatif n'est pas, ne saurait être une récompense. C'est une des plus funestes erreurs de nos Gouvernements de considérer les fonctions publiques comme une rémunération de services rendus. Le journal *le Corsaire*, dont le directeur était M. Édouard Portalis, mit en avant, comme protestation contre le vote du 4 avril, le nom de M. Barodet, naguère maire de Lyon. Les hommes les plus habiles du parti républicain repoussèrent cette candidature. Il était évident qu'au point de vue de l'affermissement de la République, la candidature de M. Barodet était une faute. Dans la situation si difficile que lui faisaient les partis à l'Assemblée, le Gouvernement avait besoin qu'on lui donnât de la force contre les ennemis de la République, et non un avertissement intempestif qui serait pour lui un échec et un affaiblissement plein de périls. Il était souverainement impolitique de fournir des prétextes à ceux qui cherchaient à effrayer le pays.

V. — Les exaltés ne voulurent rien entendre : — « Il faut donner une leçon à M. Thiers, dit M. Gambetta dans une réunion publique à Belleville. Nous avons été tenus à bien des ménagements pour préserver les premiers pas de la République naissante. Nous avons pris souvent des chemins de traverse. Mais où? Dans le Parlement, sur le terrain naturel des transactions politiques, dans le domaine réservé à la confection des lois, à la triture des affaires, dans ce qu'on peut appeler le ménage quotidien de la vie politique du pays. Voilà où les concessions, de la part du parti républicain, étaient nécessaires, justes, souvent avantageuses pour nous, toujours efficaces sur l'opinion ; elles nous ont permis d'affermir peu à peu ce pouvoir qui n'avait de la République que le nom. Mais cette fois, il ne s'agit nullement de faire acte de stratégie parlementaire. C'est bien ici qu'apparaît la profonde erreur de l'homme éminent qui est au pouvoir. Il s'imagine qu'il pourra transporter dans le domaine électoral, les finesses, les expédients, les procédés, les mille et une ruses qui lui réussissent si bien dans les coulisses de Versailles. » *(Rires, marques d'approbation.)*

M. Gambetta et les rieurs ne réfléchissaient pas que le pays n'ayant plus voix au chapitre, et l'Assemblée ayant pour elle la légalité, c'était avec cette dernière qu'il fallait en définitive compter. M. Thiers va être renversé pour avoir voulu passer outre. Si, trois mois plus tard, les réactionnaires triomphants n'ont pas rétabli la royauté, ce ne sera certes pas la faute à Gambetta.

M. Barodet fut élu. Évidemment, en cette affaire, M. Thiers eut le tort de laisser mettre en avant par les officieux la candidature Rémusat. Mais du moment où il s'entêtait à la maintenir, il eût été sage et d'une bonne politique de lui céder. Les membres de la Droite prirent prétexte de l'élection Barodet pour crier à l'abomination de la désolation : — « M. Thiers lui-même est débordé. Le radicalisme nous envahit! » M. de Rémusat vaincu eut toutes sortes de mérites. Batbie, de Kerdrel, Ventavon, Prélavoine et Lefèvre-Pontalis, le jour de la rentrée, se précipitèrent au-devant de lui dans la galerie des Tombeaux : — « Ce cher Rémusat! Ils vous ont préféré un Barolet ! Un maître d'école !... Vous, le libérateur du territoire ! » On lui prenait les mains... Les larmes étaient dans tous les yeux, M. de Broglie levait les bras au ciel : — « Un si digne homme !... Et voilà les résultats de la politique républicaine de M. Thiers ! »

VI. — L'opinion inquiète se demandait à quel parti allait s'arrêter ce dernier. Accepterait-il la leçon du 27 avril? Irait-il à gauche, ou bien, irrité de l'échec de son ministre, se rejetterait-il à droite? Le 18 mai, le pays accueillit avec joie une modification du cabinet dans un sens libéral. Le ministre de l'intérieur, M. de Goulard, était remplacé par Casimir Périer, esprit ouvert aux idées de progrès et un des membres les plus distingués du Centre gauche.

La Réaction ne dissimula point sa colère. Le 19 mai, une interpellation signée de 314 membres fut déposée « sur les dernières modifications ministérielles et sur la nécessité de faire prévaloir dans le Gouvernement une politique nettement conservatrice ». La discussion en fut fixée au vendredi 23. Dans cet intervalle, MM. de Broglie, Batbie, Rouher, Changarnier et les principaux chefs de la majorité eurent de fréquentes entrevues. La candidature du duc d'Aumale, mise en avant par le Centre droit pour la présidence de la République, rencontra une insurmontable opposition de la part des bonapartistes. Comme on ne pouvait rien sans l'appoint de leurs voix, on chercha une autre combinaison. Il fallait pour ce poste un homme étranger aux luttes politiques, prêt à céder la place au premier signal. L'accord se fit sur le maréchal de Mac-Mahon, le vainqueur de la Commune.

Le 23 mai, à deux heures, M. le duc de Broglie aborda la tribune et développa l'interpellation. L'orateur exposa la situation politique qu'il trouva pleine de périls : « Aux yeux des signataires de l'interpellation, dit-il, cette gravité se résume en ceci : la possibilité révélée par les dernières élections de voir arriver dans un délai prochain le parti républicain radical à la tête des affaires par la voie du suffrage universel tel qu'il est organisé; parti redoutable, qui menace les institutions et les bases de la société, et dont l'avènement serait le signal de la ruine de la France ». L'orateur évoque alors les souvenirs de 1871. Il se demande « si le Gouvernement est à la hauteur de la situation, et s'il ne pactise pas par moment avec le parti radical ». Il constate « que deux courants ont toujours existé dans le gouvernement de M. Thiers, l'un conservateur, l'autre révolutionnaire. Quel est celui qui a prévalu? Quel est l'élément qui l'a définitivement emporté? Les derniers et récents remaniements ministériels ont-ils été faits dans un sens résolument conservateur ou dans un sens républicain révolutionnaire? Le cabinet nouveau représente-t-il la tendance à la résistance ou la tendance à la concession au radicalisme? Aux yeux des signataires de l'interpellation, le nouveau changement de cabinet est un pas de plus dans la voie des ménagements et des compromis vis-à-vis du parti révolutionnaire. Il est temps de retenir le Gouvernement sur cette pente fatale. C'est la conviction profonde des auteurs de l'interpellation, et tout cabinet qui ne leur donnera pas à cet égard une certitude absolue ne peut pas compter sur leur concours ».

VII. — Le ministre Dufaure répondit à M. de Broglie. Il s'étendit sur les mesures que lui-même, dans le sein du Gouvernement, avait provoquées contre les démagogues et les partisans de l'Internationale. « Le duc de Broglie paraît craindre, ajouta le garde des sceaux, que le ministère actuel ne se laisse aller à des complaisances pour le parti radical. Une pareille question est-elle sérieuse, lorsqu'on a devant soi les hommes d'ordre, les conservateurs qui composent le cabinet actuel? On reproche encore à ce cabinet d'avoir été formé sur une base trop étroite, c'est-à-dire que les trois nouveaux membres ont été pris dans le groupe centre gauche? Une pareille détermination n'a pas été prise à la légère. Le pays avait parlé, le gouvernement a reconnu qu'il était devenu désormais nécessaire de proclamer et d'organiser la République, et de sortir enfin du provisoire. Et il a appelé dans son sein des hommes qui, comme MM. Casimir Périer et Bérenger, avaient fait adhésion à la forme républicaine. Quant aux intérêts conservateurs, examinez les lois constitutionnelles que nous vous présentons, et dites-nous s'ils ne sont pas suffisamment garantis. »

Après ce discours, un débat bizarre s'engagea pour savoir quand et comment M. Thiers serait admis à prendre la parole. On finit par décider qu'il y aurait séance le lendemain à neuf heures, pour entendre le Président de la République.

VIII. — Le 24 mai, au matin, M. Thiers apparut. Tout d'abord, couvrant ses ministres, il réclama pour lui l'entière responsabilité des mesures prises et des lois proposées par le Gouvernement. Entrant ensuite dans le débat, il défendit la politique qu'il avait jusqu'alors suivie, politique qu'on a, dit-il, qualifiée de politique de l'équivoque ou à double face : « Cette politique, messieurs, mes collègues pas plus que moi ne l'avons choisie; elle nous a été imposée par la situation; et notre mérite, si nous en avons eu un, ça été de comprendre cette situation, de discerner cette nécessité et d'y obéir. Je défie, je l'ose dire, un homme de bon sens d'avoir suivi, dans les circonstances que nous avons traversées, une autre conduite que celle qui a été la nôtre.

« Rappelez-vous l'état du pays au mois de février 1871 : 400,000 hommes occupaient le nord de la France jusqu'à la Loire; de deux armées ennemies, l'une menaçait Bordeaux, l'autre Lyon. Quant à nos armées, les unes, après des efforts très honorables, étaient rejetées en Suisse; les autres dans les places du Nord, les autres au delà de la Loire. De moyens de résistance, il n'y en avait pas. La passion en faisait supposer; la passion égarait.

« Nos finances consistaient en quelques secours de la Banque de France; l'impôt ne revenait plus au Trésor, il restait dans les provinces. De crédit, nous n'avions que celui que dans une situation pareille on peut avoir.

« Le désordre, l'anarchie partout. Ce n'était pas la démocratie, c'était la démagogie arrivée au dernier degré d'exaltation qui disposait de toutes les villes du Midi, toutes en armes, toutes coalisées, et qui disposait surtout de Paris, où se trouvait un peuple nombreux, habitué depuis quatre mois à la présence de l'ennemi, armé de 400,000 fusils que depuis nous lui avons arrachés en le désarmant. Vos alarmes étaient grandes en ce moment. Eh bien, qu'ai-je dit alors, en acceptant le pouvoir? Déposons chacun nos préférences et faisons une trêve qui nous permette de pourvoir au salut de la patrie. Et le pacte de Bordeaux a été conclu.

« Quant à moi, ajoutai-je, — et c'était mon engagement personnel, — vous me remettez la République, je vous rendrai la République. Et ce n'était pas un acte de loyauté envers le parti républicain, c'en était un envers vous-mêmes. Car, si j'avais favorisé clandestinement la monarchie, comme on ne pouvait pas appeler au trône trois dynasties, j'en aurais servi une et trahi deux. »

M. Thiers passe ensuite en revue les événements qui suivirent la paix, « les Prussiens évacuant les forts de Paris, la Commune vaincue, le commerce, l'industrie florissant de nouveau, d'énormes emprunts quatorze fois souscrits, tout cela grâce à la politique de conciliation et d'apaisement. Et pour couronnement de ce grand œuvre, la libération du territoire assurée dans un avenir prochain, la France relevée dans l'estime du monde entier !

« Voilà pour le présent, messieurs, il est assuré. Mais la tâche de l'avenir? Là est la grande difficulté. Vous parlez d'ordre moral et de garanties conservatrices? Sous ce masque de conservateurs je vois percer les monarchistes. Quand hier mes ministres se sont déclarés conservateurs, vous leur avez dit : On ne vous croit pas. Eh bien, messieurs, à mon tour, quand vous dites que vous n'êtes pas monarchistes, permettez-moi de vous dire : On ne vous croit pas non plus. »

Ici un incident significatif. Après que M. Thiers eut prononcé les mots « on ne vous croit pas non plus », un applaudissement partit d'une tribune. La Droite se leva furieuse.

M. LESTOURGIE. — On ne doit pas applaudir dans les tribunes ; on a applaudi dans la tribune présidentielle, et c'est M. le préfet de la Seine. (*Rumeurs diverses.*)

M. LE PRÉSIDENT. — Si quelques manifestations ont lieu dans les tribunes, la tribune où cette manifestation se sera produite, sera immédiatement évacuée. (*Très bien.*)

M. LE MARQUIS DE SERS. — C'est scandaleux! faites évacuer la tribune du président de la République!

Plusieurs voix à droite. — Oui! oui! faites évacuer la tribune! (*Agitation.*)

M. LE PRÉSIDENT. — Veuillez faire silence, messieurs, c'est au président de l'Assemblée qu'appartient le maintien de l'ordre.

M. Thiers, un peu troublé, reprit son discours : — « Au fond, dit-il, toute la question est là : République ou monarchie. Le moment, moment solennel, est enfin venu de trancher la question. Le provisoire ne peut plus durer. Un gouvernement ne peut vivre s'il est constamment discuté, si sa nature même est indéfinie. Tel est notre cas. Il faut de toute nécessité que notre principe soit établi et consacré. Notre parti est pris; pratiquement, la monarchie est impossible. Il n'y a qu'un trône et on ne peut pas l'occuper à trois. D'un autre côté, dans les masses, la République a une immense majorité. Cette République doit être rassurante, elle doit être Conservatrice. C'est la République Conservatrice que les lois déposées sur le bureau de l'Assemblée organiseront. Examinez ces lois et dites-nous si elles ne donneront pas aux intérêts conservateurs la satisfaction la plus large. »

Et M. Thiers descendit de la tribune en lançant à M. de Broglie le trait du Parthe : « Vous êtes le protégé de l'Empire! »

La Droite était restée froide pendant le discours du Président. On sentait qu'elle avait son siège fait, et que les meilleures raisons ne changeraient rien à ses dispositions. M. Thiers sorti, M. Buffet se leva : « Aux termes de la loi, dit-il, la séance est levée. La discussion sera reprise à deux heures de l'après-midi. »

Le soir, au début de la séance, M. Casimir Périer prit la parole pour expliquer son entrée au ministère : — « Il regarde inutile de se déclarer conservateur, son passé parle pour lui. Le pays, dit-il, est fatigué du provisoire. Sa patience est à bout. Il veut un Gouvernement ferme et non un Gouvernement précaire et contesté. Le Gouvernement ne pourra être ferme que quand il sera respecté et obéi ; il ne peut l'être que sur le terrain de la République. »

IX. — La clôture est prononcée. M. Ernoul, un des signataires de l'interpellation, dépose alors l'ordre du jour suivant :

« Considérant que la forme du Gouvernement n'est pas en discussion ; que l'Assemblée est saisie de lois constitutionnelles, mais qu'il importe de rassurer le pays en faisant prévaloir la politique résolument conservatrice, regrette que les nouvelles modifications ministérielles n'aient pas donné au parti conservateur la satisfaction qui lui est due. » (*Applaudissements à droite.*)

Je demande la priorité.

M. Target. — Au nom de mes collègues, je déclare que, nous associant à l'ordre du jour proposé, nous acceptons la résolution républicaine des lois constitutionnelles. Puis votant avec M. Ernoul, nous voulons une politique résolument conservatrice. (*Bravos à droite.*)

La volte-face imprévue de M. Target et de son groupe, qui jusqu'alors avait voté pour le ministère, changeait le sort de la journée. Alors on comprit combien la présence de M. Thiers aurait été utile. M. Dufaure vit le complot, le danger imminent, et hésita avant de s'engager à fond. Mais il avait reçu l'ordre formel de ne pas reculer ; il n'osa prendre sur lui la responsabilité d'une capitulation ; et, se levant, il dit d'une voix ferme : — « Le Gouvernement demande l'ordre du jour ». M. Thiers fut battu par 362 voix contre 348.

Aussitôt l'ordre du jour Ernoul voté, M. Baragnon, député de Nîmes, comprenant qu'il n'y a pas un moment à perdre, et qu'il s'agit d'enlever les positions avant que Paris et la province aient eu le temps de se reconnaître et de protester, demande une séance de nuit « pour entendre le Gouvernement et savoir ce qu'il a décidé ».

Le plan des coalisés pouvait, à cette heure même, être mis en échec si M. Thiers, cédant à la nécessité, opérait, lui aussi, adroitement sa conversion et se résignait à un ministère de Droite, lequel ministère il aurait ensuite employé toute sa fertilité de ressources à faire renverser à la première occasion. La majorité voyait clairement le péril et, ne comprenant pas comment M. Thiers n'avait point aperçu le parti qu'il eût pu tirer de la déclaration Target, redoutait une surprise ou une brusque évolution, contre laquelle elle se fût trouvée désarmée. L'habile motion de M. Baragnon, qui mit le Gouvernement en demeure de s'expliquer dans une séance de nuit, montra qu'elle était résolue à ne pas attendre jusqu'au lundi l'effet d'intrigues parlementaires ou de manifestations extérieures. Une démarche auprès de M. de Goulard, ancien ministre de M. Thiers, eut pour but de couper court à toute velléité de constituer un cabinet de *conciliation*.

Le Gouvernement comprit qu'il n'y avait qu'à s'exécuter. A huit heures du soir, les ministres viennent annoncer à la Chambre qu'ils ont remis leurs démissions entre les mains de M. Thiers. Un instant après, arrive la démission de M. Thiers lui-même. Un membre du Centre gauche, M. Georges, propose à l'Assemblée de refuser cette démission. On vote ; la démission est acceptée à une majorité de trente voix. On n'a pas le temps de respirer, que déjà la Droite, par 392 voix, a nommé le maréchal de Mac-Mahon président de la République.

X. — Ainsi tomba M. Thiers, fondateur de la République *nominale*. Violemment attaqué par les monarchistes, suspect à la démocratie, aux prises avec la guerre civile et l'occupation étrangère, il n'eut que les charges et les déboires du pouvoir ; et, par une suprême cruauté, en septembre 1877, au moment où il étendra de nouveau la main pour le ressaisir, la Mort la lui glacera...

Une vive émotion avait régné dans Paris pendant toute la durée de l'interpellation. A la gare Saint-Lazare, où arrivaient les trains parlementaires, on discutait avec animation les divers incidents des séances et les chances du scrutin. Le 24 mai, à onze heures et demie du soir, la salle des Pas-Perdus regorgeait d'une foule énorme contenue par un cordon d'agents de police. On connaissait, par les dernières éditions des journaux, l'adoption de l'amendement Ernoul et la démission de M. Thiers. L'anxiété était au comble. A deux heures du matin, au coup de sifflet qui annonçait l'approche du train de Versailles, un frémissement parcourut les rangs ; l'angoisse étreignit les cœurs ; le sentiment de l'injustice commise envers le négociateur de la libération attristait les consciences. On sentait qu'une situation nouvelle, pleine de hasards et de périls, allait s'ouvrir pour le pays. Et quand les députés apparurent, le cri de : « Vive la République ! » protestation suprême, ébranla les voûtes de l'immense salle des Pas-Perdus.

Au 24 Mai 1873, il y avait raison de révolution. Le coup d'État, pour être parlementaire et légal, n'en était pas moins un coup d'État. Les coalisés foulaient aux pieds la volonté formelle du pays, exprimée, depuis juillet 1871, par plus de cent élections partielles. En dépit de la fameuse phrase de Mac-Mahon « qu'il ne serait rien changé aux institutions existantes, » la République était bel et bien renversée; et je constate que si on l'acclama avec énergie, personne ne s'arma pour la défendre.

XI. — Dans la nuit, à l'arrivée du train de Versailles, on avait cherché de tous côtés, parmi les députés républicains, le *grand tribun* Gambetta pour l'acclamer et protester devant lui contre le coup d'État. Le *grand tribun* demeura invisible. Après le dépouillement du scrutin qui portait M. de Mac-Mahon au pouvoir, Gambetta s'était vu perdu. Craignant d'être arrêté à sa sortie de l'Assemblée, il imagina un subterfuge pour échapper aux agents que sa terreur apercevait dans l'ombre.

Les membres de la gauche et ceux de la droite avaient l'habitude de sortir du palais par des portes différentes et éloignées, formant ainsi deux courants très distincts. Ce soir-là, au lieu de suivre ses amis dans le couloir accoutumé, le chef des opportunistes s'attarda dans la salle vide, puis, par un mouvement tournant d'une habileté incontestable, s'engagea dans le couloir de droite affecté aux royalistes et, marchant avec lenteur, prit négligemment le bras d'un légitimiste, M. le comte de Rességuier, assez surpris de cette familiarité inattendue.

Ainsi accompagné, Gambetta suivit le groupe des monarchistes, sans hâte, à pas comptés, arrêtant volontiers son collègue par des observations diverses, laissant au flot des députés et des curieux tout le temps de s'écouler. Il parvint de la sorte l'un des derniers et toujours au bras de son *ami* qu'il ne lâchait pas, à la petite porte particulière par laquelle sortait la droite, et où, dans la pensée du républicain troublé, ne devait se trouver aucun garde. Il n'y en avait aucun, en effet, et Gambetta respira en voyant la rue déserte et le chemin libre. Néanmoins, il tenait toujours le bras du royaliste et, malgré l'heure avancée, prolongeait sans mesure la conversation. On arriva près d'une maison silencieuse, en face les Réservoirs, et là M. de Rességuier s'arrêta.

— Comment, balbutia Gambetta, est-ce que vous ne revenez pas à Paris cette nuit, mon cher comte?

— J'aurais grand plaisir à vous y accompagner, mon cher collègue, mais il se fait tard et je demeure ici. »

Il fallut quitter le bras protecteur du royaliste. Gambetta disparut dans les ténèbres. C'est ainsi que le *grand tribun* organisait la *résistance énergique* à la Réaction. Il est plus facile de glorifier Baudin que de l'imiter.

Les faubourgs, au 24 Mai 1873, se tinrent sur la réserve ; et ils eurent raison. Qu'avaient-ils à voir dans une dispute de politiciens? Pour qui se serait-on levé, grands dieux? Pour Thiers, pour Gambetta, pour Simon, pour Ferry? Ces mêmes hommes n'avaient-ils pas mitraillé le peuple deux ans auparavant?

Les faubourgs ne bougeant pas, la Bourgeoisie, dont M. Thiers était le représentant, endossa tranquillement l'outrage et attendit avec une résignation mahométane que les vainqueurs fussent d'accord sur le choix d'un maître et le partage des dépouilles.

XXXVI

LA FUSION

I. — Le 20 septembre 1870, s'accomplissait un des plus grands événements des temps modernes, la prise de Rome par les troupes italiennes. Le pouvoir temporel des papes, ce dernier vestige du Moyen-Age, resté debout comme un antique *burg* des bords du Rhin, roulait dans l'abîme, accompagné dans sa chute par les éclats de rire de Martin Luther triomphant...

Après les victoires inouïes de l'Allemagne et le rétablissement du Saint-Empire Germanique, quelques penseurs croyaient avoir à redouter le retour de la réaction qui marqua d'un signe si néfaste les périodes de 1815 et de 1849. Il n'en fut rien. Et pendant que M. de Bismarck combattait avec vigueur l'ultramontanisme, la France, ce foyer de la civilisation, dominée par le parti conservateur-clérical, suivait une politique qui, si elle avait triomphé, aurait fait reculer d'un siècle la société européenne. Le ministère du 25 mai 1873, formé d'éléments hétérogènes, sans but défini, ayant seulement pour programme le rétablissement de l'ordre, fut, à peine né, à la discrétion des jésuites et se traîna à la remorque du Vatican. Les cléricaux tinrent le haut du pavé; les pèlerinages se multiplièrent, et l'exaltation croissant, on ne parla pas moins que de partir en guerre contre Victor-Emmanuel. Les routes retentirent du cantique :

<blockquote>
Sauvez Rome et la France
Au nom du Sacré-Cœur
</blockquote>

Au commencement de septembre 1873, l'archevêque de Paris,

M. Guibert, publia un mandement que le *Journal des Débats* qualifia d'*insensé* et dans lequel le prélat, après avoir protesté contre l'occupation de la Ville Éternelle par Victor-Emmanuel, prêchait une grande croisade pour en chasser l'*usurpateur*, et rétablir Pie IX dans sa souveraineté. Les menaces des cléricaux nous aliénèrent l'Italie et la tournèrent vers la Prusse. Victor-Emmanuel, pressé par M. de Bismarck, se rendit à Vienne et à Berlin. Dans ces deux cours, il fut acclamé roi d'Italie. C'était le dernier sceau mis au grand acte du 20 septembre 1870. Le descendant de Rodolphe de Habsbourg, François-Joseph, et l'héritier d'Othon-le-Grand, Guillaume de Hohenzollern, s'inclinaient devant le fait accompli et renonçaient à leurs droits séculaires sur les principautés de la péninsule italique réunies sous la Croix de Savoie.

II. — Les ultramontains présentèrent le voyage de Victor-Emmanuel comme une démonstration hostile à la France. En faisant de ce roi le vassal de la Prusse, ils espéraient rendre le peuple plus disposé à une intervention en faveur du pape dépossédé. Sur la haine religieuse, le parti clérical comptait greffer une haine politique. En réalité, il avait fallu la pression d'une nécessité absolue pour déterminer Victor-Emmanuel, illustre et sympathique frère d'armes des zouaves de Palestro, à une démarche qui pouvait être interprétée comme un acte de méfiance à l'égard de la France. Aussi longtemps qu'il fut permis d'espérer que la volonté nationale déterminerait la dissolution de l'Assemblée de Versailles, le roi d'Italie s'était tenu sur la réserve vis-à-vis de l'Allemagne et avait évité avec soin toute apparence de solidarité avec la politique de M. de Bismarck. L'arrivée de MM. de Mac-Mahon, de Broglie et Ernoul aux affaires jeta le trouble dans nos rapports avec l'Italie. Il était, en outre, de notoriété publique que des négociations se poursuivaient entre les chefs de la Droite monarchique en vue d'une restauration. Le commerce s'alarma; les affaires s'arrêtèrent. Les rôles étaient renversés en faveur des républicains. Au 8 février 1871, les réactionnaires avaient présenté ces derniers, partisans de la lutte à outrance, comme voulant la ruine totale du pays; et ils avaient emporté les suffrages des populations, avides de paix. Maintenant ce sont eux que les républicains présentent comme perturbateurs du repos public; leur politique cléricale, alors que M. de Bismarck lutte en Allemagne contre les évêques, éloigne de la France l'Europe entière.

III. — Le 13 février 1820, à la sortie de l'Opéra, le duc de Berri, fils du comte d'Artois, tombait frappé d'un coup de poignard par

Louvel. La princesse Caroline de Naples, sa femme, accoucha, dans les délais normaux, le 29 septembre suivant, d'un fils, le duc de Bordeaux ou prince de Chambord, appelé aussi, après la chute de Charles X, Henri V par ses partisans. Ce fut tout d'abord l'enfant du Miracle :

> Cet Enfant fait notre joie :
> Dieu pour sauveur nous l'envoie.

C'est ainsi que Hugo prôna le petit-fils du comte d'Artois. (Ode XI.)

Louis XVIII, à son lit de mort (16 septembre 1824), avait appelé le jeune prince et posant une main défaillante sur sa tête : « Mon frère, avait-il dit en s'adressant au comte d'Artois, ménagez la couronne de cet enfant ».

La politique rétrograde du nouveau roi lui aliéna la nation. Le 27 juillet 1830, après les célèbres *Ordonnances*, Paris se hérissa de barricades. Charles X, se voyant vaincu, voulut abdiquer en faveur de son petit-fils : « Il est trop tard! » lui fut-il répondu. Le vieux roi partit pour la terre d'exil.

En 1832, la duchesse de Berri, nature ardente et chevaleresque, voyant les embarras du nouveau règne, tenta une restauration légitimiste. Débarquée secrètement sur les côtes de Provence, elle se rendit en Vendée et essaya de soulever les provinces de l'Ouest au nom de son fils, Henri V. Les paysans restèrent indifférents à ses appels. Les quelques troupes qu'elle avait réussi à réunir, battues au combat *du Chêne*, elle erra dans les campagnes de la Vendée, de ferme en ferme et d'asile en asile. Trahie par un des siens, Deutz, le 7 novembre 1832, elle fut découverte à Nantes et arrêtée par les agents de M. Thiers, alors ministre de l'Intérieur. Enfermée au fort de Blaye, elle fut, au mois de janvier 1833, reconnue dans une *position...* que sa qualité de veuve rendait plus *intéressante* que d'ordinaire. Les partis politiques sont féroces : Louis-Philippe et les ministres tirèrent de cette femme vaincue une vengeance cruelle et d'une moralité douteuse : un procès-verbal, en bonne et due forme, fut dressé de l'accouchement de la duchesse, et publié au *Moniteur*, de manière à convaincre les plus incrédules et rendre impossible, pour l'avenir, une restauration légitimiste. Et l'on renvoya l'infortunée à Palerme, où elle mourut obscure et délaissée, en 1870.

La monarchie de Juillet fut renversée le 24 février 1848. Après les journées de Juin et l'écrasement du parti démocratique, les royalistes manœuvrèrent en vue d'une réconciliation entre les deux branches de la famille des Bourbons. Le problème de « La Fusion » fut abordé. Il était difficile à résoudre. Dix-huit ans n'avaient pu faire oublier à M. le comte de Chambord le fort de Blaye. Pendant que s'agitaient les royalistes, le prince Louis Bonaparte s'élevait à la Présidence de la République. Le 2 décembre 1851, nous l'avons vu culbutant orléanistes et légitimistes et s'emparant du pouvoir suprême.

1870 arrive avec son cortège sinistre de désastres. Le 17 février 1871, M. Thiers, élu dans vingt-huit collèges électoraux, fut nommé par la nouvelle Assemblée chef du pouvoir exécutif. La majorité réactionnaire comptait trouver, dans cet ancien ministre de Louis-Philippe, un appui pour ses projets de restauration monarchique. Ce calcul, nous l'avons montré, fut faux. M. Thiers avait tout intérêt à maintenir un état de choses où il était le premier; il n'aurait pu que descendre avec une monarchie. Le grand acte de la libération du territoire, les emprunts souscrits, les déclarations républicaines de M. Thiers lui ayant valu une certaine popularité, il se crut assez fort pour rompre avec la Réaction. Le 24 mai 1873, les coalisés l'emportèrent et il fut précipité du pouvoir.

Le terrain était libre. Le parti démocratique, écrasé deux ans auparavant, se gardait d'intervenir. La couronne était à prendre. La question de la Fusion fut abordée sur nouveaux frais et dans des conditions exceptionnellement favorables. Une entente s'établit. Il fut convenu que M. le comte de Paris se rendrait à Frohsdorf, en Autriche, auprès de M. le comte de Chambord et par une déclaration solennelle reconnaîtrait en lui le Chef incontesté de la Maison de France.

IV. — Le 4 août 1873, M. le prince de Joinville, précédant son neveu, se présentait au château de Frohsdorf et remettait au comte de Chambord la note suivante :

« Monsieur le comte de Paris pense, comme Monsieur le comte de Chambord, qu'il faut que la visite projetée ne donne lieu à aucune interprétation erronée.

« Il est prêt, en abordant Monsieur le comte de Chambord, à lui déclarer que son intention n'est pas seulement de saluer le Chef de la Maison de Bourbon, mais bien de reconnaître le principe dont Monsieur le comte de Chambord est le représentant. Il souhaite que la France cherche son salut dans le retour de ce principe, et vient auprès de Monsieur le comte de Chambord pour lui donner l'assurance qu'il ne rencontrera aucun compétiteur parmi les membres de sa famille. »

Le 5 août, M. le comte de Paris franchissait à son tour le seuil de Frohsdorf. M. de Chambord l'attendait dans un salon. Il le reçut debout, et, après lui avoir tendu la main, s'assit et le fit asseoir. M. le comte de Paris dit alors :

« Sire, je viens faire à Votre Majesté une visite qui était dans mes vœux depuis longtemps. Je viens, en mon nom et au nom de tous les membres de ma famille, saluer en vous, non seulement le Chef de notre Maison, mais encore le seul représentant du principe monarchique en France.

« J'ai l'espoir qu'un jour viendra où la nation française comprendra que son salut est dans ce principe et n'est que là. »

Le comte de Chambord se leva et ouvrit les bras à son cousin.

V. — « En politique, ai-je dit déjà, le système est plus fort que l'individu, cet individu fût-il Roi, Czar ou Président.

Louis XVIII voulut vainement gouverner avec modération. Les ultra-royalistes le forcèrent à congédier son favori, le libéral duc Decazes.

Après l'assassinat du général Ramel, en 1816, le Gouvernement de la Restauration et Louis XVIII lui-même voulurent en vain faire justice de ce forfait. Les assassins furent couverts par l'Association royaliste, plus puissante que le roi. » (*Politique Scientifique*, ch. XIII : *Des partis forts*.)

Le 5 août 1873, M. le comte de Chambord put bien désarmer devant M. le comte de Paris; son parti resta sous les armes. Même dans l'entourage immédiat du prince, les haines n'abdiquèrent pas : Mme la comtesse de Chambord battit toujours froid à M. le comte de Paris; elle ne pardonna jamais le fort de Blaye... Le comte de Chambord disparu, les fidèles de la branche aînée non seulement ne se sont pas inclinés devant le comte de Paris, devenu Chef de la Maison de France, ils lui ont opposé un descendant du duc d'Anjou, un Bourbon d'Espagne ! Ils répudient le traité... d'Utrecht !...

Non, les partis n'abdiquent pas! Ils ne suivent un chef qu'autant que ce chef reste dans le programme commun. S'il s'en écarte, il perd sa raison d'être, et on l'abandonne.

Ainsi fit le parti légitimiste vis-à-vis du chef de la légitimité; ainsi fit l'Orléanisme vis-à-vis de M. le comte de Paris. Ce dernier crut faire un coup de haute politique en allant se prosterner aux pieds de M. de Chambord. Il s'y prosterna à peu près seul. La masse du parti orléaniste resta dans ses positions. Elle se refusa à suivre M. le comte de Paris jusqu'au bout, c'est-à-dire jusqu'au drapeau blanc. M. le duc d'Aumale parut même à la tribune et parla en termes émus du drapeau tricolore, le *Drapeau chéri!*

M. le comte de Paris resta seul avec le prince de Joinville et un petit groupe de fidèles. A dix-sept ans de distance, il peut voir où l'acte du 5 août 1873 et son effacement devant M. de Chambord l'ont conduit. Ils l'ont conduit à Sheen-House. Héritier désormais, non de Louis-Philippe, mais de Charles X, il est marqué au front de la tache cléricale. Cette « Fusion », dans laquelle il comptait trouver une force, l'a laissé diminué. Il a toujours contre lui la masse des républicains ; il n'a pas rallié les légitimistes ; et il s'est affaibli du côté de l'Orléanisme même. Son parti s'est désorganisé ; ses troupes se sont débandées ; et nombre de soldats, réprouvant les tendances rétrogrades de leur chef, ont passé à la République.

VI. — En jetant, en 1873, ses principes aux pieds de M. de Chambord, comme jadis Vercingétorix jetait ses armes au pied du proconsul César, M. le comte de Paris s'aliéna, en dehors de l'Orléanisme, tout ce qu'il y avait dans la nation d'esprits éclairés et indépendants. Il devint le prisonnier de Frohsdorf. Le roulement général des révolutions de France semblait appeler l'Orléanisme au pouvoir. Déjà tous ceux qu'inquiétaient les menées cléricales des légitimistes ou qu'épouvantaient les menaces des bonapartistes et des prétoriens vaincus à Sedan, tous ceux-là commençaient à tourner leurs regards vers les princes d'Orléans. La belle conduite, pendant la guerre, de M. de Joinville et du duc de Chartres, leur avait valu de vives sympathies. Beaucoup s'habituaient à voir, dans les princes de Juillet, des protecteurs éventuels, et dans l'Orléanisme comme un refuge, au cas d'un retour offensif du Bonapartisme. Pour gagner la partie, les princes n'avaient qu'à se laisser porter par les événements, se placer derrière M. Thiers, lequel entouré par eux de prévenances et d'honneurs aurait mis tout en œuvre pour leur ménager sa succession. Et cette succession se serait ouverte sous peu, le Libérateur du territoire marchant sur quatre-vingts ans. Au moment décisif, l'Orléanisme n'aurait pas eu à s'humilier devant l'héritier de Charles X et de la Congrégation, ni à quémander les suffrages du Deux-Décembre. Cent vingt membres du Centre gauche, Léon Say, Dufaure, Jules Simon, Adrien Léon, Target, Béranger, Laboulaye, Casimir Périer, etc., auraient voté pour eux et enlevé la majorité des suffrages. Alors et sur leur nom, se serait opérée tout naturellement l'insaisissable *Conjonction des centres*. Mais quoi ! Battre en brèche M. Thiers ! Aller se prosterner devant un clérical, devant un papiste, qui depuis 43 ans vivait à l'étranger, en dehors du mouvement national ! Marcher la main dans la main avec les hommes du Deux-Décembre et de Sedan !... Le pays en fut douloureusement surpris. M. Thiers et le Centre gauche évincés tenaient leur revanche.

VII. — M. de Chambord et le comte de Paris réconciliés, une Commission parlementaire, dite des *Neuf*, se mit à l'œuvre, sous la présidence du général Changarnier. La principale difficulté était de faire accepter au châtelain de Frohsdorf, désormais seul candidat des deux partis royalistes, le drapeau tricolore. Le Maréchal-Président, M. de Mac-Mahon, avait dit, — ou plutôt on lui avait fait dire, — qu'à l'aspect du drapeau blanc *les chassepots partiraient tout seuls*. Le mois de septembre et une partie du mois d'octobre se passèrent en allées et venues de Paris à Vienne et en conférences de MM. Chesnelong, Sugny et Merveilleux-Duvignaux alternativement avec « Henri V » et la commission des *Neuf*. Le *Roy* tenait « à l'étendard d'Arques et d'Ivry ». Les purs orléanistes (qui n'avaient pas abdiqué, comme M. le comte de Paris, et *avaient leur plan*) insistaient pour le drapeau tricolore, *chéri du duc d'Aumale*. Entre nous, si M. de Chambord eût cédé sur cette question-là, on aurait soulevé une autre difficulté. Henri V aurait coiffé le bonnet rouge, que les mêmes orléanistes, *qui avaient leur plan* (abdication de M. de Chambord en faveur d'un prince d'Orléans), ne se seraient pas tenus satisfaits.

Et la France ? Pendant tous ces pourparlers, que devenait-elle ? Triste, désespérée, elle en était réduite, pour connaître le sort qu'on lui réservait, à aller écouter à la porte d'un salon ou d'un cabinet. On se demandait : « M. de Chambord cédera-t-il ou non sur la question du drapeau ? »

M. de Chambord ne céda pas. Le 27 octobre 1873, il lança de Salzbourg une lettre-manifeste dans laquelle il annonçait « qu'il restait tout entier avec ses convictions, son droit et son drapeau ». A première vue, cette déclaration avait un caractère de grandeur et de superbe qui en imposa. Les faits mieux connus, il faut en rabattre. La raison de cette majestueuse épître se trouve dans l'attitude des bonapartistes qui, partisans du suffrage universel, avaient déclaré hautement qu'ils voteraient contre la monarchie constitutionnelle. On s'explique maintenant les sourires prodigués au Centre gauche par le duc d'Audiffret-Pasquier, un des *Neuf*. Ah ! si l'on avait pu détacher de ce groupe une vingtaine de membres pour remplacer les bonapartistes hostiles ! La chose fut tentée ; mais les libéraux tinrent bon et restèrent fidèles à M. Thiers. Ce sera l'éternel honneur de M. Léon Say, alors président du Centre gauche, d'avoir repoussé tout d'abord et catégoriquement les avances des monarchistes. — « Le Centre gauche, dit-il au duc d'Audiffret-Pasquier envoyé en éclaireur, ne peut accepter des conversations officielles qui ressembleraient à des négociations qu'il ne veut pas entamer. » Les monarchistes s'en allèrent à la débandade, et M. de Chambord déclara fièrement... que les raisins étaient trop verts.

VIII. — La prorogation des pouvoirs du maréchal de Mac-Mahon parut être le seul moyen qui restât aux habiles de la Fusion de couvrir leur défaite, et de réserver les droits de la *vraie* dynastie, celle des Bourbons de la branche cadette. La restauration de l'Orléanisme n'étant pas possible avant longtemps, M. de Broglie n'hésita pas à concéder au Maréchal des pouvoirs d'une longue durée. Le 5 novembre 1873, M. Changarnier et un certain nombre de ses collègues demandèrent à l'Assemblée de proroger les pouvoirs du Maréchal de Mac-Mahon pour dix ans. Le Centre droit, après réflexion, trouva sans doute que sept ans suffiraient amplement pour dégager l'inconnue. La Gauche protesta vainement : — « Vous voulez faire en sept ans, dit M. Simon, ce que vous n'avez pas pu faire en trois mois. » Et M. Grévy faisant allusion à la dissolution inévitable de l'Assemblée, s'écria : — « En conférant à M. le Maréchal de Mac-Mahon un pouvoir provisoire de gouvernement pour un temps où vous ne serez plus, vous excédez votre droit. Vous avez essayé de faire la monarchie; vous avez échoué; faites place à d'autres. Vous ne pouvez pas rester ici indéfiniment pour attendre les occasions! »

La majorité de l'Assemblée passa outre et le 24 novembre 1873 vota la prorogation.

En 1874, les manœuvres orléanistes recommencèrent insidieusement, à l'ombre de la loyale épée du « *Bayard des temps modernes* ». C'est ainsi que les journaux de droite appelaient, sans rire, M. de Mac-Mahon. Il fallait d'ailleurs se hâter, car les élections partielles, presque toujours républicaines, allaient avant peu déplacer l'axe de la majorité.

En mai, M. le duc de Broglie crut avoir mis la main sur la bienheureuse formule qui permettrait à l'Orléanisme de se hisser au pouvoir. Il arriva, le 15 mai, à l'Assemblée avec un projet de Constitution : un Grand-Conseil, une loi électorale. Le ministre demanda la priorité pour cette dernière loi. Rien n'était plus inoffensif en apparence. Cependant, sous une simple question d'ordre du jour, s'agitait en réalité l'avenir du pays. J'admire M. Robert Mitchell qui dans *le Soir* se méprit complètement sur la portée du vote : « Le ministère, dit-il, doit tomber sur une question de principe; il ne doit pas glisser sur une pelure d'orange ». Les véritables limiers politiques ne prirent pas la chose aussi allégrement. *L'Ordre*, organe de l'Appel au Peuple, et les journaux républicains éventérent la ruse et donnèrent de la voix. L'agitation fut grande à Versailles. A travers les réticences de M. de Broglie, on voyait clairement que son but était de se débarrasser d'électeurs hostiles en mutilant le suffrage universel. La loi électorale proposée en supprimait trois millions et demi. Cette loi votée, le reste s'ensuivait. Le Grand-Conseil, nommé par des électeurs choisis, aurait été peuplé de créatures de M. de Broglie. L'Orléanisme était fait. Voilà pourquoi le ministre insistait tant pour la priorité de sa loi électorale. Le délit était flagrant : M. de Broglie prétendait forcer la main à l'Assemblée et lui imposer le régime de son choix. Il rompait à son tour la *trêve des partis*. La situation était à peu près la même qu'au 24 Mai. A cette époque, c'était M. Thiers qui voulait faire voter la République par l'Assemblée ; maintenant, M. de Broglie lui présentait la monarchie censitaire. Il reprenait dans un sens orléaniste la politique de M. Thiers. Il eut le même sort. Les bonapartistes, se posant en champions du suffrage universel intégral, votèrent avec les Gauches, et M. de Broglie fut renversé par 381 voix contre 317.

On se rappelle qu'au 24 mai, M. Thiers, en descendant de la tribune, avait dit au chef de la coalition : « Vous êtes le protégé de l'Empire ». Les républicains devenaient à leur tour les protégés de ce même Empire. Au fond, toutes ces phrases ne signifient pas grand'chose. En politique, est un scélérat quiconque vote contre vous ; un galant homme, l'agioteur qui vous vend sa voix.

Les votes n'ont pas d'odeur.

En fait, l'Assemblée de 1871 ne contenait de majorité dans aucun sens. Tous ses actes étaient des actes négatifs.

Le nouveau ministère, présidé par le général de Cissey, fut une pâle continuation de l'ancien. Les orléanistes qui y dominaient, irrités de ce qu'ils appelaient *la trahison* des bonapartistes, se tournèrent contre eux. L'élection de M. de Bourgoing dans la Nièvre avait révélé l'existence à Paris d'un Comité central de l'Appel au peuple. Le 26 juin 1874, des perquisitions eurent lieu chez MM. Amigues, Piétri, Bauny et Mansart. Les deux ministres Magne et de Fourtou, suspects de bonapartisme, furent mis en minorité et sortirent du cabinet.

IX. — Il fallait cependant constituer ou se dissoudre. Les orléanistes, dont les candidats étaient constamment battus devant le scrutin, comprirent que le plus avantageux pour eux, pour le moment, était de capituler devant le Centre gauche. M. Buffet s'entremit ; un rapprochement eut lieu ; et le 21 janvier 1875, s'ouvrit la discussion des lois constitutionnelles par la lecture du projet Venlavon. La deuxième lecture fut décidée, le 22, ainsi que la mise à l'ordre du jour de la loi sur le Sénat. Les débats mirent en pleine lumière l'impuissance et la désunion des différents groupes de Droite. Les légitimistes, irrités de voir le Septennat tombé aux mains des orléanistes, dénoncèrent à leur tour la trêve. Ce qu'il y eut de particulièrement instructif dans ces débats, ce fut d'apprendre, de la bouche même de M. Lucien Brun, un des promoteurs du Septennat, que la loi du 20 novembre 1873 avait été une équivoque, que chacun des partis interprétait à sa guise. On avait voté sept ans de Présidence, mais avec la réserve expresse que ces sept ans pourraient n'être que sept mois, ou même sept jours selon que « Henri V » serait plus ou moins vite disposé à accepter la couronne. Les orléanistes étant abandonnés par leurs anciens alliés, *le Ventavonat* n'avait plus aucune chance. Le 30 janvier, à la majorité d'une voix, 353 contre 352, l'Assemblée adopta un amendement Wallon qui consacrait définitivement la République. Les trois Gauches, et une dizaine de membres *flottants*, MM. Savary, Voisin, Vingtain, Adrien Léon, Clapier, Luro, Babin-Chevaye, Gouin, Houssard et du Chaffault avaient voté cet amendement.

C'était la revanche tant attendue du 24 Mai. MM. Thiers et Dufaure, qui avaient dirigé les opérations parlementaires étaient très entourés au sortir de la séance.

Le 2 février, les Gauches obtinrent une seconde victoire. La Commission des Trente voulait donner au Maréchal seul le droit de dissoudre la Chambre. M. Wallon demanda que ce droit fût attribué à tous les présidents de la République et que l'exercice en fût subordonné à l'approbation du Sénat. Son amendement fut adopté à une énorme majorité. M. de Broglie et les orléanistes, après avoir vainement disputé pied à pied le terrain, avaient, au dernier moment, pour masquer leur défaite et sans doute aussi pour se prévaloir de leur vote et avoir leur part de la victoire, voté en masse avec les Gauches.

X. — Après cinq jours de vacances, l'Assemblée aborda la discussion sur le Sénat et adopta, le 11 avril, un amendement de M. Pascal Duprat ainsi conçu : « Le Sénat est électif. Il est nommé par les mêmes électeurs que la Chambre des députés ».

Cette fois, le coup était droit. Les orléanistes, voyant que le Sénat lui-même leur échappait, jetèrent le cri d'alarme. Le Maréchal-Président intervint. Le 12, à l'ouverture de la séance, le ministre Cissey lut une déclaration portant que le dernier vote de l'Assemblée dénaturant l'institution du Sénat et compromettant les intérêts conservateurs, le Gouvernement ne pouvait s'associer aux résolutions prises : il croit devoir vous en prévenir, ajoutait le ministre, avant qu'elles puissent devenir définitives. »

La lecture de cette déclaration fut suivie d'une longue agitation. Ainsi le Maréchal jetait son épée dans la balance : — « Ce vote ne me convient pas ; il m'en faut un autre ». Les Gauches dévorèrent l'affront et cédèrent. Et elles firent bien, car un coup de force était imminent.

« Dès que vous nous donnez la République, faites-la comme vous voudrez, » dit M. Laboulaye. A ce jeu perpétuel de compromis et de capitulations, les énergies s'émoussent, la dignité s'amoindrit, les caractères tombent en décomposition. Quelle autorité peut avoir une Constitution ainsi imposée le sabre sur la gorge? De ce moment, les débats perdent toute valeur; chacun est pressé d'en finir; la discussion est enlevée au pas de course. On ne parle plus, on vote... La Chambre est devenue l'Académie du silence. Les langues ne se délient plus que dans les couloirs. La tribune est muette. Singulière façon de pratiquer le régime parlementaire, et d'élaborer une Constitution!

Les Gauches se résignèrent à un Sénat élu par des électeurs choisis et consentirent à la nomination par le Sénat lui-même de soixante-quinze sénateurs inamovibles. Le 25 février 1875, la nouvelle Constitution fut adoptée par 436 voix contre 262. Elle n'a de remarquable que l'article 6, relatif à la revision :

« Les Chambres auront le droit, par délibérations séparées, prises dans chacune à la majorité absolue des voix, soit spontanément, soit sur la demande du Président de la République, de déclarer qu'il y a lieu de reviser les lois constitutionnelles.

« Après que chacune des deux Chambres aura pris cette résolution, elles se réuniront en Assemblée nationale pour procéder à la revision.

« Les délibérations portant revision des lois constitutionnelles, en tout ou en partie, devront être prises à la majorité absolue des membres composant l'Assemblée nationale. »

XI. — La plupart des hommes politiques qui ont voté cette Constitution et l'appliquent à cette heure, avaient de tout temps formellement dénié à l'Assemblée de 1871 la capacité constituante. On se rappelle qu'au moment de la discussion de la proposition Rivet, M. Gambetta avait dit : « Je ne voudrais même pas d'une République créée par une Assemblée incompétente ». Et M. Pascal Duprat : « Vous n'avez pas le droit de donner une Constitution à la France ».

M. Laboulaye, dans ses *Questions constitutionnelles*, étudiant la situation des partis dans l'Assemblée, qualifiait d'avance la future Constitution « d'œuvre informe ». Comme le fait observer M. Portalis dans son remarquable ouvrage, *les Deux Républiques*, « aucun Gouvernement ne pourra jamais défendre avec quelque autorité une Constitution qui, avant de naître, a été attaquée par de pareils hommes et dans de pareils termes ».

Elle ne répond à aucun principe, monarchique ou républicain. Ceux-là mêmes qui la firent accepter n'en dissimulèrent pas les graves imperfections. Emile de Girardin, dans un article de la *France*, intitulé « : Confiance! Confiance! » disait : « La Constitution qui vient d'être votée est loin d'être la Constitution qu'il eût été possible de faire, en mettant à profit l'expérience des États-Unis, l'expérience de la Suisse, — ces deux pays de suffrage universel, — et notre propre expérience; mais il suffit qu'elle soit une Constitution ouverte, pour qu'elle doive être trouvée bonne. Dans six ans, la Constitution du 25 février 1875 pourra être revisée ».

Le *Temps* du 23 février 1875 allait même plus loin. Il croyait que la Gauche demanderait, avant le vote d'ensemble, « que la revision autorisée par le Congrès des deux Chambres fût opérée par une Assemblée constituante spécialement nommée à cet effet ». Il faut vivement regretter qu'il ne se soit pas rencontré, à l'Assemblée, un orateur capable de défendre et de faire triompher l'idée d'une Constituante spéciale, non seulement pour la revision, mais pour la Constitution même.

Le *Journal des Débats* disait au lendemain du vote : — « Il viendra un temps où les esprits seront plus calmes, les factions moins audacieuses, le pays moins inquiet de son avenir. Nous pourrons alors revenir sur notre œuvre et en corriger les défauts. »

Les législateurs de 1875 ne se sont pas occupés d'assurer le respect de la souveraineté nationale ; ils se sont occupés de ménager leurs intérêts. Un peuple dont la constitution a été ainsi préparée n'a pas en réalité de constitution. Dans un État libre, une constitution est un contrat discuté et voté par les électeurs.

La Constitution de 1875 n'est pas une loi fondamentale décrétée par le Peuple. C'est un traité passé entre quelques individus dans l'ancienne salle de spectacle du château de Versailles.

XXXVII

LE SEIZE-MAI

I. — On rapporte qu'après la guerre de l'Indépendance, Franklin, la Constitution votée, se leva au milieu du Congrès et montrant le soleil qui brillait sur un tableau dans la salle, s'écria plein d'enthousiasme : « C'est bien le soleil levant ! » Le 25 février 1875 est-il le commencement d'une marche en avant vigoureuse, féconde? L'astre Wallon qui monte à l'horizon est-ce Phébus... ou Phébé?

La tactique des orléanistes avait été de *constituer* avec les Gauches et de *gouverner* avec les Droites. Au lendemain du 25 février, le *Journal de Paris*, moniteur des ducs, publiait un article significatif : « Le vote de la Constitution Wallon n'aura rendu ni le radicalisme moins dangereux, ni le bonapartisme moins entreprenant. Il aura seulement fourni au Gouvernement le moyen de combattre efficacement l'un et l'autre, à une condition : c'est que le Gouvernement ne sera abandonné par aucun de ses anciens amis ».

Mais il suffisait de lire les journaux de la Droite pure, l'*Union*, la *Gazette de France*, l'*Univers* et le *Monde*, pour mesurer l'abîme qui s'était formé entre les orléanistes du Centre droit et les légitimistes. La presse des départements fit écho à la presse de Paris. L'*Espérance du peuple*, de Nantes, rédigée par M. Emerand de la Rochette, frère du député légitimiste de ce nom, tonna en ces termes contre messieurs les ducs : « Leurs espérances, les voici : aussitôt le vote des lois constitutionnelles, ils prendront les ministères, car ce sont eux qui se sont emparés de l'esprit du Maréchal.

« Alors, abandonnant les radicaux, ils se tourneront du côté des conservateurs et leur tiendront à peu près ce langage : « Vous nous connaissez de longue date ; vous savez que nous sommes avant tout pour la conservation sociale, pour le rétablissement de l'ordre moral. Oubliez, conservateurs nos vieux amis, nos excursions dans le camp républicain. Nous y sommes allés la rougeur au front, par nécessité. Vous nous en voyez repentants et s'il le faut, nous vous demandons très humblement pardon. Réunissons-nous sur le terrain de la défense sociale : notre union, croyez-le bien, est la meilleure garantie contre les entreprises du césarisme et de la démagogie. Ainsi, après avoir trahi les conservateurs, ils trahiront les républicains. Ainsi, ils élèveront le cynisme des apostasies jusqu'à cette hauteur. Mais les conservateurs ne se laisseront plus prendre à ce langage... »

La fameuse démarche de M. le Comte de Paris à Frohsdorf, le 5 août 1873, et l'humiliation de l'Orléanisme devant le droit divin, quels fruits avaient-elles rapportés? Un redoublement de haine entre les deux partis monarchiques.

II. — Les orléanistes évincèrent en effet les légitimistes et s'emparèrent des ministères. M. Buffet, un de leurs fidèles, appelé, le 26 février 1875, à la Présidence du Conseil, chercha en même temps à écarter les libéraux. C'est à grand'peine qu'il consentit à admettre dans le cabinet MM. Dufaure et Léon Say. Et pour qu'on ne se méprît pas sur sa politique, dès le 12, il fit à l'Assemblée une déclaration ultra-conservatrice qui lui aliéna du premier coup les trois Gauches et produisit un effet déplorable sur le pays.

Le 15 juillet, à la suite du rapport Savary sur l'élection de la Nièvre, qui fut annulée, M. Buffet se jeta dans le débat et sauva les bonapartistes d'un vote accablant de l'Assemblée : « Le péril social est là, » dit le Président du Conseil, en montrant la Gauche. Et il demanda un vote de blâme contre les radicaux. La Chambre adopta un ordre du jour qui, laissant de côté les manœuvres de l'Appel au peuple, visait la propagande démocratique. Après le vote de la loi électorale rétablissant le scrutin d'arrondissement (30 novembre), l'Assemblée procéda à la nomination de 75 sénateurs inamovibles. Grâce aux habiles négociations de M. Jules Simon, un accord fut conclu avec les légitimistes. Les candidats orléanistes furent écartés, et 60 sièges échurent aux républicains. Ceux-ci devenaient les protégés du droit divin. La Fusion rêvée par les orléanistes s'était faite contre eux au profit des républicains.

Le 31 décembre 1875, l'Assemblée, après avoir fixé au 30 janvier suivant l'élection des sénateurs, au 20 février celle des députés et au 18 mars la réunion des deux Chambres, se sépara aux cris de : « Vive la République! Vive la France! »

III. — Le 1ᵉʳ janvier 1876, s'ouvrit la période électorale pour le Sénat. MM. Dufaure et Wallon, ministres de la Justice et de l'Instruction publique, invitent, par une circulaire, leurs subordonnés à se tenir soigneusement en dehors de toute action politique durant les élections. Une crise ministérielle éclate à la suite des circulaires libérales de MM. Dufaure, Léon Say et Wallon, et de l'attitude prise par M. Buffet. M. Léon Say offre sa démission. Le Président de la République allait l'accepter, quand M. Dufaure intervint, menaçant de suivre dans sa retraite son collègue et ami. Le Maréchal recula et la crise fut ajournée. Le scrutin du 30 janvier ne donna que 87 voix (sur 225) au parti républicain. M. Buffet fut battu dans les Vosges. Les élections législatives du 20 février furent plus significatives : les républicains obtinrent 365 sièges sur 532. La volonté du pays se manifestait clairement. Et cependant le 7 mars, veille du jour fixé pour la réunion des Chambres, aucun ministère nouveau répondant aux exigences de la situation n'avait été constitué. Tout s'était borné à la retraite de M. Buffet, vice-président du Conseil, battu dans quatre collèges différents, et de M. de Meaux, ministre de l'Agriculture et du Commerce. Le Chef de l'État ne pouvait se décider à former un cabinet franchement républicain. M. le maréchal de Mac-Mahon avait déclaré à M. Casimir Périer, qu'il se résignait bien à prendre des ministres dans les rangs du Centre gauche, mais qu'il se refusait absolument à aller jusqu'à la Gauche républicaine. Enfin, il paraissait certain que le Président de la République s'opposait aux remaniements administratifs que comportaient les circonstances. Aussi, après d'assez longs pourparlers, M. Casimir Périer avait refusé de former un cabinet. Ce fut seulement le 10 mars, deux jours après la réunion des Chambres, que le *Journal officiel* fit connaître la composition du ministère formé après tant de tergiversations.

Présidé par M. Dufaure, il ne comprenait pas un seul membre de la Gauche et de l'Union républicaine. On y trouvait, à côté de députés du Centre gauche, des ministres dont l'esprit réactionnaire était de nature à exciter de légitimes défiances, l'amiral Fourichon, M. Decazes, le ministre de tous les régimes, et enfin M. de Cissey, l'ancien vice-président du Conseil sous l'*Ordre moral*. Ainsi l'avait voulu M. le maréchal de Mac-Mahon, qui avait, dès le début, déclaré qu'il se réservait la libre disposition des portefeuilles de la

Guerre, de la Marine et des Affaires étrangères. On ne put rien obtenir de ce ministère, ni un remaniement administratif sérieux, ni un mouvement diplomatique ou judiciaire important.

Le système opportuniste et les capitulations furent plus que jamais en honneur. Les républicains courbèrent la tête, car, sur trois des grands pouvoirs de l'État, deux leur étaient hostiles. Le cabinet du 10 mars 1876, aux prises avec une Chambre des députés républicaine et un Sénat réactionnaire, marqua le pas, végéta huit mois, fut constamment mis en minorité et fit enfin place, le 10 décembre, à un ministère Jules Simon.

Ce fut encore une côte mal taillée. Dans sa déclaration aux Chambres, le nouveau Chef du cabinet se déclara *profondément républicain* (bravos à gauche) mais non moins *profondément conservateur* (bravos à droite). Tout cela n'est pas sérieux, et mérite à peine d'être rapporté.

IV. — Sous ce ministère, les rapports entre la Chambre et le Sénat se tendirent de plus en plus. Le 4 novembre 1876, la Chambre avait adopté une proposition de M. Gatineau, mettant fin aux poursuites pour faits relatifs à la Commune. Le 1er décembre, ce projet de loi avait été rejeté par le Sénat. Le 19 décembre, comme pour inaugurer le ministère Jules Simon, nouveau conflit. Le Sénat voulut s'arroger le droit de rétablir au budget des articles repoussés par la Chambre des députés. Le ministère capitula devant lui et lui sacrifia les droits de la Chambre.

L'agitation cléricale continuait et nous aliénait de plus en plus l'Italie. Le 4 mai 1877, la Chambre adopta un ordre du jour réprouvant les menées ultramontaines, qui risquaient de porter atteinte à nos bons rapports avec une puissance amie.

Les anciens partis, forts de l'appui du Maréchal et du Sénat, attendaient avec impatience le moment de rentrer en scène. Les chefs, tous cléricaux, avaient particulièrement été sensibles à l'ordre du jour du 4 mai. Les jésuites s'entremirent et ménagèrent aux trois fractions du parti réactionnaire une réconciliation. Un coup d'éclat fut résolu.

Le 16 mai 1877, Paris trouva dans les journaux du soir la lettre suivante du Maréchal à M. Jules Simon :

« Monsieur le Président du Conseil,

« Je viens de lire dans le *Journal officiel* le compte-rendu de la séance d'hier. J'ai vu avec surprise que ni vous ni M. le Garde des Sceaux n'aviez fait valoir à la tribune toutes les graves raisons qui auraient pu prévenir l'abrogation d'une loi sur la presse votée, il y a moins de deux ans, sur la proposition de M. Dufaure, et dont tout récemment vous demandiez vous-même l'application aux tribunaux; et cependant, dans plusieurs délibérations du Conseil et dans celle d'hier matin même, il avait été décidé que le Président du Conseil ainsi que le Garde des Sceaux se chargeraient d'en combattre l'abrogation.

« Déjà on avait pu s'étonner que la Chambre des députés, dans ses dernières séances, eût discuté toute une loi municipale, adopté même quelques dispositions dont, au Conseil des ministres, vous avez vous-même reconnu tout le danger, comme la publicité des conseils municipaux, sans que le ministre de l'Intérieur eût pris part à la discussion. Cette attitude du chef du cabinet fait demander s'il a conservé sur la Chambre l'influence nécessaire pour faire prévaloir ses vues. Une explication à cet égard est indispensable, car je ne suis pas responsable, comme vous, envers le Parlement; j'ai une responsabilité envers la France, dont, aujourd'hui plus que jamais, je dois me préoccuper.

« Agréez, monsieur le Président du Conseil, l'assurance de ma haute considération.

Signé : *Le Président de la République*,
MARÉCHAL DE MAC-MAHON.

M. Jules Simon se rendit immédiatement à l'Élysée. M. de Mac-Mahon lui adressa de vifs reproches, particulièrement au sujet de son attitude lors du vote de l'ordre du jour du 4 mai. M. Jules Simon répondit qu'il avait été aussi modéré que possible, mais que sa conscience lui interdisait tout acte contraire à ses opinions. Après avoir énuméré les divers griefs qui s'étaient accumulés dans son esprit, le Maréchal ajouta qu'il était un homme de droite et qu'il ne pouvait souffrir plus longtemps qu'on voulût le conduire à gauche : « Jusqu'à ce jour, continua le Maréchal, j'ai écouté les conseils; je n'en veux plus; j'ai ma politique, je la suivrai ». Sur ce, M. Jules Simon, comprenant ce qu'un pareil langage voulait dire, se retira.

V. — Bien que le Maréchal n'eût usé que de son droit strict, le 16 mai était un véritable coup d'État. Les coalisés foulaient aux pieds la volonté nationale. Les opportunistes dévorèrent l'affront. D'ailleurs un appel aux armes n'aurait pas été entendu. Se figure-t-on les faubourgs se levant pour conserver sa situation à Jules Simon? Ah! les coalisés connaissaient bien le terrain! La Chambre du 20 février 1876 avait déjà baissé dans l'opinion. Tremblante devant le Sénat, elle n'avait osé prendre l'initiative d'aucune réforme. Les hommes de Mai furent trop pressés. S'ils avaient laissé M. Jules Simon au pouvoir, avant trois mois il aurait été complètement discrédité. A ce moment-là, en raisonnant à leur point de vue, il eût fallu pousser le Maréchal à prendre pour premier ministre Gambetta. Celui-ci se serait usé comme Jules Simon et plus vite que lui, car il n'avait ni la souplesse, ni le talent de l'auteur du *Devoir*. C'est dans ce sens qu'il fallait aller *jusqu'au bout*. Alors, la Chambre dissoute, les coalisés auraient été au scrutin dans des conditions autrement favorables.

Par leur retour offensif trop précipité, ils refirent une *troisième* popularité aux rhéteurs du 4 septembre.

On a accusé M. de Mac-Mahon de déloyauté. Le Maréchal ne cessa pas un moment d'être loyal. Bien aveugles les républicains qui avaient cru qu'il pourrait être leur homme. Il ne dit ni ne fit jamais rien qui pût les entretenir dans cette illusion. Il était resté l'homme de la droite, rougissant presque, comme le cerf de la fable, de son titre de Président de la République :

Ses pieds ne lui font point d'honneur.

Le tort de Jules Simon fut d'abuser le pays et ses amis sur sa véritable situation, et d'affirmer hautement à la tribune « qu'il avait le pouvoir, tout le pouvoir », alors qu'il n'en avait même pas l'ombre.

VI. — Les hommes du 16 Mai, pour réussir, devaient hardiment rompre avec la légalité, suspendre les journaux hostiles, proroger la Chambre, non pour un mois, mais pour six mois, pour un an au besoin. Il y aurait eu des protestations, mais rien que des protestations. Le président Grévy, se levant majestueusement, aurait dit : « Le pouvoir exécutif sort de la légalité. C'est ce qui fera notre force. Restons-y nous-mêmes, avec sagesse, fermeté et confiance ». (*Applaudissements à droite.*)

Évidemment, dans le désarroi général des partis, au 16 mai, tout bien examiné, il y avait raison de dictature. Si M. de Mac-Mahon avait été, comme Louis Bonaparte, un homme audacieux et résolu, il fondait une nouvelle dynastie : « Parbleu, aurais-je dit à sa place aux Broglie, aux Fourtou et aux Chesnelong, voilà tantôt quatre ans que vous vous servez de moi ! Pensez-vous que la chose puisse durer éternellement? Je vous ai laissé jusqu'ici carte blanche. Vous n'êtes arrivés qu'à ternir dans des intrigues le nom d'un honnête homme, d'un brave soldat qui ne vous demandait rien.

Vous n'êtes que des brouillons. Vous vous figurez sauver l'ordre, vous le compromettez. Votre apparition aux affaires est le signal d'une mise en interdit de la part de l'Europe. C'est assez! Vous voulez un monarque? Moi aussi! Mais il n'y a qu'un trône et vous êtes trois. Pour ne pas faire de jaloux, c'est moi qui vais m'asseoir dessus!... » J'aurais tiré mon sabre, appelé mes compagnons d'armes, Canrobert, Ducrot, Vinoy, Rochebouët... Et personne n'aurait bougé.

Le soir même, je recevais à l'Élysée les félicitations du corps diplomatique. Le lendemain je *priais* les princes d'Orléans et autres membres des anciennes dynasties, de s'éloigner *momentanément*.

— « Quant à vous, Guibert, Freppel et autres ultramontains, votre agitation était excellente contre la République; elle serait déplorable désormais. Mettez une sourdine à vos litanies en faveur de Rome et du Sacré-Cœur et préparez tout à Notre-Dame pour un *Te Deum* en mon honneur :

Salvum fac Mac-Mahonem! »

VII. — Du moment que les auteurs du 16 mai entendaient rester dans la légalité, ils étaient perdus. Leur coup d'éclat n'était plus qu'une ridicule équipée. Dès le premier jour, la discorde éclata au camp des coalisés. Les bonapartistes qu'on avait à peine consultés, et qui ne se souciaient pas de faire le jeu des orléanistes, battirent vivement en retraite : « Conservateurs, dit M. Léonce Détroyat dans l'*Estafette*, savez-vous pourquoi nous n'avons pas personnellement une grande confiance dans le résultat de l'entreprise du 16 Mai? C'est que, de quelque côté que nous nous tournions, nous ne voyons que négations, compétitions, haines, peur ; toutes choses qui engendrent conflits et violences ». Chose plus grave, les cabinets Européens ne dissimulèrent pas leur profond mécontentement. L'Italie s'alarma de l'avènement du « ministère des curés ». L'ambassadeur de cette puissance, le général Cialdini, le 17 mai, alla trouver le Maréchal et lui fit part des craintes de la *Consulta*. Le cabinet se vit dans la nécessité de répudier les menées ultramontaines avec plus d'énergie que Jules Simon lui-même au 4 Mai!

VIII. — Le 18 mai, M. de Broglie fut nommé Garde des Sceaux et Président du Conseil; M. de Fourtou ministre de l'Intérieur. Ce même jour, la Chambre des députés fut prorogée pour un mois, après lecture d'un Message présidentiel : « Pour laisser calmer l'émotion qu'ont causée les derniers incidents, disait le Maréchal, je vous inviterai à suspendre vos séances pendant un certain temps.

(*Vives exclamations ironiques et interruptions à gauche.*) Quand vous les reprendrez, vous pourrez vous mettre, toute autre affaire cessante, à la discussion du budget, qu'il est si important de mener bientôt à terme. (*Nouvelle interruption à gauche.*) D'ici là, mon Gouvernement veillera à la paix publique. »

M. Gambetta se présente à la tribune. (*Bruits divers à gauche. Parlez! parlez!*)

M. Grévy, qui présidait, dit que la Chambre donnait acte au ministre de l'Intérieur du Message et du décret de prorogation : « On demande la parole sur le Message ? Après la lecture du Message, il ne peut y avoir de discussion, les observations trouveront place à la rentrée de la Chambre. (*Bruit à gauche.*) Il faut rester dans la légalité (*Applaudissements à droite*) et attendre l'avenir avec sagesse, fermeté et confiance ».

Le 16 juin, à la rentrée du Parlement, M. de Fourtou vint lire une déclaration ministérielle : « A l'heure où je parais à cette tribune, dit-il, M. le Président de la République adresse au Sénat un message pour lui faire part de son intention de dissoudre la Chambre des députés et lui demander un avis conforme. Cette décision ne vous surprendra pas. Depuis le 16 mai dernier, un profond dissentiment s'est révélé entre M. le Président de la République et cette Assemblée. Notre présence sur ces bancs est le signe de ce dissentiment et ne peut s'expliquer d'aucune autre manière ».

M. Bethmont qualifie sévèrement la politique du nouveau ministère : « la raison même de l'acte du 16 mai, elle peut se définir ainsi : La République allait chaque jour grandissant dans l'estime de l'Europe et dans la confiance du pays ; les élections des conseils généraux approchaient ; les partis monarchiques se voyaient perdus dans la confiance du pays ; et alors il y a eu nécessité absolue de faire un coup d'autorité, d'enrayer le mouvement de la France, de faire renaître des espérances qui n'étaient plus que des tristesses et des désolations ». (*Très bien ! à gauche.*)

M. de Fourtou : « Je ne répondrai que peu de mots. Il me semble qu'à l'heure présente un long débat est superflu. Le désaccord qui existe entre la majorité de cette Assemblée et M. le Président de la République, est si absolu, si profond, qu'il ne peut sortir de vos délibérations rien qui puisse modifier, ici ou au dehors, une situation politique dévolue maintenant au seul jugement de la nation.

« Nous n'avons pas votre confiance, vous n'avez pas la nôtre.

Vous n'avez pas craint d'ajouter que l'acte du 16 mai menaçait la paix extérieure, oubliant que les hommes qui sont au Gouvernement ont fait partie de cette Assemblée nationale de 1871 qui a été la pacificatrice, la libératrice du territoire. »

A ces mots, les membres de la Gauche et du Centre se lèvent, et se tournant vers M. Thiers, s'écrient : « Le voilà, le libérateur ! » Profonde sensation. La séance est suspendue. Des acclamations retentissent autour de M. Thiers. On lui presse les mains. « Vive M. Thiers ! Vive le libérateur du territoire ! »

M. Gambetta, à la reprise de la séance, revient sur le 16 mai : « Personne dans le pays, personne en Europe ne s'y est trompé, dit l'orateur ; on a bien vu que ce n'était pas pour la publicité des séances des conseils municipaux ou pour l'adoption d'un paragraphe sur la presse que le cabinet a été renvoyé. Toute la France l'a dit, le cabinet républicain a été condamné parce qu'il a accepté un ordre du jour contre les ultramontains et les jésuites. Le 4 mai, M. Jules Simon a dit que la prétendue captivité du pape était une invention mensongère. Deux jours après, du haut du Vatican, on relevait cette parole du ministre républicain et c'est de là qu'est parti le coup du 16 mai. (*Applaudissements répétés à gauche.*) Un cri a traversé la France. On a dit : « C'est un coup des prêtres ; c'est un ministère des curés. »

Et M. Jules Ferry : « La lutte qui s'établit ici et qui se dénouera devant le pays, seul juge en dernier ressort, pour tous les droits comme pour toutes les personnes, est bien vieille ; elle a le caractère qui se retrouve dans le long passé de la France depuis 80 ans. C'est la lutte du Gouvernement personnel contre le Gouvernement parlementaire. (*Applaudissements à gauche.*) Qu'est-ce que la Constitution républicaine du 25 février 1875 ? Est-ce que nous sommes sous le Gouvernement du bon plaisir ou sous celui de la majorité ? (*Nouveaux applaudissements à gauche.*) Est-ce que nous sommes sous l'épée d'un maréchal de France ou sous le règne des lois ? »] (*Vifs applaudissements à gauche.*)

Le 19 juin, la Chambre adopta, par 363 voix contre 158, un ordre du jour de blâme contre le ministère. Le 22 juin, la Droite et les Constitutionnels du Sénat, ces derniers *la mort dans l'âme*, paraît-il, accordèrent au cabinet la dissolution de la Chambre des députés.

Devant les électeurs, M. Thiers et les républicains présentèrent les candidats des hommes de Mai comme devant amener à courte échéance une conflagration générale. En vain M. de Fourtou multiplia les procès de presse, traqua les cercles, les cabaretiers et les colporteurs. Les coalisés avaient au pied le boulet du cléricalisme. Ils ne s'entendaient d'ailleurs sur rien. On raconte qu'un haut fonctionnaire du ministère de l'Intérieur demandant à M. de Fourtou ce que le Gouvernement comptait faire en cas d'un insuccès : — « Nous ne voulons pas prévoir cette éventualité, répondit le ministre ; la défaite est une question réservée ». A quelques jours de là, le même fonctionnaire rencontra M. de Broglie : « Que comptez-vous faire au lendemain de la victoire ? — Mon Dieu, répondit le Garde des Sceaux, nous n'en savons trop rien ; la victoire est une question réservée ! » Tout le 16 mai est là.

IX. — Le 3 septembre, M. Thiers mourait subitement à Saint-Germain, au pavillon Henri IV. Il s'était levé à cinq heures du matin et avait travaillé jusqu'à sept à son manifeste électoral. Ensuite il avait pris un bouillon froid et était allé sur la terrasse, sa promenade favorite. Rentré à l'hôtel à dix heures, il se remit au travail jusqu'à midi. L'ancien Président devait aller à Paris dans la soirée faire ses adieux au docteur Barthe, qui allait partir le soir même pour l'Italie.

A midi un quart, on se mit à table. M. Thiers, après avoir mangé de très bon appétit des rognons et du poulet, avait demandé des flageolets, lorsqu'il dit tout à coup : « Ces haricots ne me semblent pas bons ». Et une subite pâleur envahit son visage. Madame Thiers lui demanda ce qu'il avait. « Ce n'est rien ! » dit-il. Ce furent ses dernières paroles ; il fut pris à ce moment d'une paralysie de la langue. Il était une heure vingt minutes. On le transporta dans un petit salon, dont les fenêtres donnent sur le pont du Pecq.

Les deux docteurs Le Pied père et fils et le docteur Barthe, appelé de Paris, constatèrent une attaque d'apoplexie séreuse, qui ne laissait aucun espoir.

A six heures, M. Thiers expirait sans avoir repris connaissance. Le parti républicain lui fit des funérailles *politiques* splendides. Six cent mille personnes suivirent le cercueil de l'ancien Président, bien moins pour glorifier sa mémoire que comme protestation contre les hommes de Mai. C'est ainsi que la plupart du temps sont faites les popularités. Le réacteur de la veille est acclamé le lendemain comme un sauveur, non parce qu'il est libéral, mais parce que ses adversaires sont plus réactionnaires que lui.

La mort de M. Thiers ne fut d'aucun bénéfice pour ses adversaires. Il laissait derrière lui un remarquable manifeste aux électeurs du IX° arrondissement qui fut mis à profit par le parti républicain. Il parut le 24 septembre 1877 : « La question de la monarchie ou de la République, disait M. Thiers, est le tourment de la France. La résoudre est ce qui importe le plus à son repos, à son bien-être, à son avenir. Tant que j'étais au pouvoir, la question étant obscure, on pouvait dire que ma mauvaise volonté faisait seule obstacle au rétablissement de la monarchie. Moi écarté, l'évidence était éblouissante, et l'expérience ne pouvait manquer d'être décisive au dernier degré.

« Eh bien! par la majorité victorieuse, le pouvoir a été livré à tous les partisans déclarés, connus, de la monarchie; ils ont fait tout ce qu'ils ont voulu. Au mépris des lois, des convenances, la couronne de France a été colportée sur les routes de l'Europe par des hommes sans mandats; et, après tous ces efforts qui ont eu le monde pour témoin, il a fallu venir avouer que la monarchie ne pouvait se faire. On aurait dû au moins s'en tenir à une seule épreuve; la première avait été assez coûteuse au pays pour qu'on ne fût pas pressé de la renouveler. Mais on l'a voulu, et une seconde fois, le 16 mai dernier, on est venu fournir une dernière et éclatante démonstration.

« Le 16 mai 1877, comme le 24 mai 1873, on a donné le même spectacle désolant, celui de trois partis monarchiques unis un jour pour renverser l'objet de leur haine commune, rompant le lendemain cette union et s'abreuvant d'outrages, se poursuivant de menaces; puis, quand ils sentent qu'il y a danger à continuer la rupture, se rapprochant pour se diviser encore et remplir ainsi la France de dégoût, et l'Europe de commisération pour une grande et noble nation livrée à de si déplorables déchirements.

« Quelle est l'explication d'un pareil égarement? Celle-ci, que j'entends donner depuis plus d'un demi-siècle: La France périt, va périr, il faut la sauver! Mot fatal, avant-coureur de toutes les fautes des gouvernements tombant en démence avant de tomber en ruines. La France n'a pas péri; mais trois monarchies ont péri. Leurs débris couvrent le sol; leurs héritiers se relevant, se menaçant, veulent se disputer les ruines. Arrêtons-les, obligeons-les à supporter le Gouvernement de tous au profit de tous, et répétons partout cette vérité: La monarchie n'est pas possible; elle aurait pour conséquence immédiate ou prochaine la guerre civile.

« Faisons donc la République, la République honnête, sage, conservatrice, qui n'est pas impossible, car elle commençait, quand les héritiers intéressés des monarchies détruites sont venus la troubler et faire retentir à nos oreilles des menaces insensées et criminelles.

« Souveraineté nationale, République, Liberté, Légalité scrupuleuse, Liberté des cultes, Paix; telles sont, mes chers électeurs, les opinions de toute ma vie, celles de notre dix-neuvième siècle, qui marquera dans l'histoire de la France et de l'humanité, et que je vous conjure de consacrer dans cette occasion solennelle. Mille calomnies vont m'assaillir. Vous y répondrez par vos suffrages, qui ne m'ont jamais fait défaut depuis près d'un demi-siècle.

« A. Thiers. »

X. — Cet appel posthume eut la plus grande influence sur les décisions de la nation. Il écrasa le Manifeste que le maréchal de Mac-Mahon avait adressé aux électeurs le 19 septembre et dans lequel le Président de la République, brandissant son épée, disait :
« Des élections favorables à ma politique faciliteront la marche régulière du Gouvernement existant. Elles affirmeront le principe d'autorité sapé par la démagogie; elles assureront l'ordre et la paix. Des élections hostiles aggraveraient le conflit entre les pouvoirs publics, entraveraient le mouvement des affaires, entretiendraient l'agitation, et la France, au milieu de ces complications nouvelles, deviendrait pour l'Europe un objet de défiance. Quant à moi, mon devoir grandirait avec le péril. Je ne saurais obéir aux sommations de la démagogie. Je ne saurais ni devenir l'instrument du radicalisme, ni abandonner le poste où la Constitution m'a placé.

« Je resterai pour défendre, avec l'appui du Sénat les intérêts conservateurs et pour protéger énergiquement les fonctionnaires fidèles qui, dans un moment difficile, ne se sont pas laissé intimider par de vaines menaces. »

Il était impossible de dire plus crûment à tout un peuple qu'on ne lui demandait son avis que pour ne pas le suivre, et qu'on ne lui faisait une question que pour se moquer de sa réponse. C'était l'éternelle redite de l'éternelle formule : « Faites ce que vous voudrez, dites ce que vous voudrez, je ne m'en irai pas ».

Eh, mon Dieu ! Louis XVI non plus ne voulait pas s'en aller; ni Napoléon le premier, ni Charles X, ni Louis-Philippe, ni Napoléon le dernier. Ils ne voulaient pas s'en aller, cependant ils sont partis tout de même.

XI. — Les élections du 14 octobre 1877 furent républicaines. Une dernière tentative de résistance à la volonté nationale se produisit par la constitution d'un ministère *d'affaires* présidé par le général de Rochebouët (27 novembre). La nouvelle Chambre refusa d'entrer en rapport avec lui, et se montra déterminée à refuser le budget. Les fauteurs de coups d'État s'agitèrent. Le 10 décembre 1877, les conspirateurs présentèrent au Maréchal une série de mesures exceptionnelles contre lesquelles il protesta, déclarant qu'il ne se sentait pas l'étoffe d'un dictateur. Le 11, il annonça à ses amis qu'il donnait sa démission.

L'heure attendue par les organisateurs du complot avait sonné. On sonda le comte de Chambord qui refusa, comme on l'avait prévu.

Tout semblait marcher à merveille, au gré des Orléanistes.

Restait la troisième partie du plan à exécuter. Il fallait obtenir l'assentiment d'un prince qui avait toujours voulu rester jusqu'alors en dehors de ces machinations. Le duc d'Aumale, oncle du comte de Paris, faiblit au dernier moment. La situation semblait grave, en effet. La province s'agitait. Les Constitutionnels du Sénat n'osaient prêter les mains à une seconde dissolution. Une protestation du major Labordère à Limoges montra qu'on ne pouvait compter absolument sur l'armée. Le duc d'Aumale refusa d'entrer dans la combinaison. Cette détermination renversait le plan savamment ourdi de longue main par les hommes du Centre droit. Les républicains purs allaient l'emporter. Pour éviter ce désastre, les Orléanistes se retournèrent vers le Maréchal qui consentit à reprendre sa démission. Le 13 décembre 1877, un ministère républicain-conservateur était constitué sous la présidence de M. Dufaure.

La Chambre, désarmée par la soumission du Maréchal et rassurée par les déclarations toutes constitutionnelles d'un Message, détacha sans débats les quatre contributions directes et vota deux douzièmes provisoires. Les services publics qui étaient sous le coup d'une complète désorganisation, furent assurés et la vie nationale qui avait failli être un moment suspendue, se trouva sauvegardée.

XII. — Il fallait d'ailleurs éviter les débats irritants : l'Exposition universelle allait ouvrir ses portes. Le 1ᵉʳ mai 1878, le Maréchal de Mac-Mahon, entouré du corps diplomatique, des membres du Sénat et de la Chambre des députés, l'inaugura solennellement. Don François d'Assises, le prince de Galles, le duc d'Aoste, le prince Henri des Pays-Bas, le prince royal de Danemark, le grand-duc de Leuchtemberg assistaient à la cérémonie. A la fête officielle succéda une fête populaire, improvisée par les Parisiens. Toutes les maisons furent pavoisées. Une foule joyeuse couvrit les places, les boulevards et les quais. Le soir, la Cité entière resplendissait de lumières.

Aussitôt les récompenses distribuées et l'Exposition close, le pays se prépara aux élections sénatoriales du 5 janvier 1879. La situation était excellente pour les républicains ; la prospérité était générale, le commerce florissant ; l'affluence immense d'étrangers que l'Exposition avait attirés, avait été pour le pays une source de richesse et de bien-être. Une pluie de décorations, intelligemment distribuées, abattit des antipathies et fit germer des dévouements inconnus. Aussi le scrutin du 5 janvier fut-il favorable aux républicains. Désormais ils étaient les maîtres de la situation. Le Maréchal se trouvait isolé. Il choisit son jour et son heure pour descendre du pouvoir : le 21 janvier 1879, le ministre de la guerre, M. Gresley, présenta à sa signature un mouvement relatif aux grands commandements militaires ; des généraux notoirement connus pour leur hostilité à la République étaient sacrifiés. M. de Mac-Mahon se refusa absolument à immoler « de vieux compagnons d'armes ». On essaya de le faire revenir sur sa décision : il fut inébranlable. Le 30 janvier, il adressa sa démission aux Chambres. Immédiatement elles se formèrent en Congrès national et nommèrent M. Grévy Président de la République pour sept ans.

XIII. — Au Seize-Mai, et pendant la campagne électorale de 1877, la République avait été protégée, remorquée par M. Thiers, dont le Manifeste posthume rallia les hésitants et sauva les Trois-cent-soixante-trois d'un désastre certain. Ferry, Simon, Gambetta, Clémenceau et les députés radicaux s'effacèrent derrière les hommes du Centre gauche. La préoccupation générale fut de les cacher très soigneusement, eux et leurs doctrines, et de présenter au pays un front conservateur.

On a vu que l'habile stratégie de M. Thiers avait complètement réussi.

On s'est demandé ce qu'il fût advenu, si les coalisés, refusant jusqu'au bout de s'incliner devant le verdict du 14 octobre 1877, avaient tenté un coup d'État ? Au lendemain même du renvoi de M. Jules Simon, le 17 Mai, il s'était formé un Comité de résistance dit des Dix-Huit, comprenant les principaux chefs de la Gauche parlementaire. Après les élections d'Octobre, les Coalisés manifestant l'intention de ne tenir aucun compte de la volonté nationale, Gambetta posa nettement, dans le sein du Comité, la question d'une prise d'armes : la majorité recula épouvantée. Un saisissement s'empara de Jules Ferry, qui défaillit. On s'empressa autour de lui; on lui fit respirer des sels. Il reprit ses sens. Mais l'émotion avait été trop forte. On fit avancer une voiture et Ferry disparut à toute vitesse, accompagné de MM. Jules Simon et Brisson qui avaient avidement profité du malaise de leur collègue pour se dérober à leur tour.

A la hauteur de la rue Coq-Héron, un embarras de voitures arrêta le fiacre. Justement, M. de La Forge se trouva là. En jetant un coup d'œil dans l'intérieur du véhicule, il aperçut Jules Simon, Brisson et Ferry.

Ce dernier, à mesure qu'il se sentait s'éloigner du foyer de l'insurrection, était rentré en possession de lui-même.

M. de La Forge leur trouva à tous un air martial.

— Où donc allez-vous ainsi, messieurs? demanda-t-il.

— Nous allons organiser la résistance, s'écria Ferry.

XIV. — Un fidèle de Gambetta, Ranc, ne nie pas les défaillances qui se montrèrent, mais il soutient qu'il y en eut dans tous les groupes, et cette constatation lui suffit. Il tient même à nous apprendre que, parmi ces intrépides tribuns du peuple, il y en eut *qui proposèrent d'aller à l'étranger pour y protester énergiquement, loin des coups.*

Et c'est devant de pareils conjurés, que les coalisés de Mai auraient capitulé? Il faut convenir qu'ils auraient capitulé pour bien peu. Mais non! Ils n'ont pas reculé devant les hommes de la Basse-République; on ne recule pas devant des Gambetta, des Ferry et des Simon. Les coalisés n'ont renoncé à la violence, que parce qu'ils ne pouvaient s'entendre entre eux sur le partage des dépouilles. Au cas d'un coup de force du Seize-Mai, Gambetta se serait contenté de dresser des plans de bataille au fond de son cabinet et d'envoyer de loin des paroles enflammées aux quelques naïfs qui étaient disposés à se sacrifier. Si Gambetta était destiné à mourir d'une balle, ce n'est pas sur une barricade qu'elle devait l'atteindre.

Les faubourgs ne se seraient pas plus mis en mouvement qu'au 2 décembre 1851, qu'au 24 mai 1873. Qu'avaient à voir les révolutionnaires dans une dispute de politiciens? S'ils s'étaient seulement montrés, l'accord se serait fait immédiatement sur leur dos.

XV. — On le voit, ce n'est ni par leur énergie, ni par leur habileté que les hommes de la Troisième République sont parvenus au pouvoir. Pour que des traîtres et des incapables comme les Ferry, les Grévy, les Simon et les Gambetta aient pu l'emporter, il a fallu un concours particulier de circonstances. D'abord M. Thiers, dès 1871, par un savant travail de désagrégation, neutralisa les uns par les autres orléanistes et légitimistes, soufflant la désunion entre tous et faisant tourner peu à peu les compétitions et les haines au profit de sa République personnelle.

M. Thiers renversé au 24 Mai 1873, les légitimistes et les bonapartistes se refusèrent à organiser le Septennat, par haine des princes d'Orléans.

Le vote de la République en 1875 fut la revanche de l'Orléanisme contre l'Empire et la Légitimité qui lui avaient fait obstacle.

La conspiration des soixante-quinze sénateurs fut la revanche de la Légitimité contre l'Orléanisme.

Et le ministère Dufaure, du 13 décembre 1877, fut fait encore une fois contre l'Empire.

Si bien que, tandis que légitimistes, bonapartistes, orléanistes s'annihilaient successivement les uns les autres, les républicains gagnaient du terrain et finissaient par rester seuls debout sur les ruines conservatrices.

Et c'est ainsi, à force d'intrigues, d'outrages subis et de capitulations de conscience, que l'emporta la République. Là où Marat et Barbès se seraient levés furieux, Simon et Ferry se courbent, rampent et désarment par leur abjection. Les républicains de principes, les hommes d'action ont fait place aux politiciens calculateurs et positifs.

Là où Danton eût échoué, un Gambetta réussit.

XXXVIII

L'OPPORTUNISME

I. — Le 30 janvier 1879, par la rentrée du maréchal Mac-Mahon dans la vie privée et l'avènement de M. Grévy à la présidence de la République, se termine un cycle de notre histoire. Après 90 ans de luttes (1789-1879), le Tiers-État est maître de toutes les positions, et la forme républicaine, jusqu'alors contestée, est définitivement acquise.

Le 5 février, M. Waddington, membre du Centre gauche, devenait président du conseil. M. Grévy aurait désiré conserver M. Dufaure: « A situation nouvelle, hommes nouveaux », répondit ce dernier, rappelant ainsi le nouveau président aux usages parlementaires et à la loi des majorités qu'il paraissait déjà oublier.

Dès l'entrée en fonctions du nouveau ministère on s'attendait à voir la victoire de la bourgeoisie se résoudre en une pluie bienfaisante de libertés. Il fallait dix minutes à la Chambre pour rédiger et voter les trois lois sur la liberté de la presse, de réunion et d'association, sans lesquelles il n'est pas de véritable démocratie. Le Sénat aurait cédé à l'entraînement général; et la nation, débarrassée de toute entrave, s'élançait vers le progrès. Pas une de ces lois ne fut proposée. Une amnistie bâtarde, mécontentant tout le monde, exaspérant les proscrits par ses lenteurs, ses subterfuges et ses exceptions, fut accordée le 12 février et fit presque regretter la *large* clémence de M. de Mac-Mahon. L'amnistie plénière ne fut votée que le 12 juillet 1880. Quant aux poursuites contre le Seize Mai, Gambetta, devenu président de la Chambre des députés, et chef occulte du Gouvernement, se déclara « pour la pacification des esprits ». Lorsque l'austère Brisson présenta pour la forme un rapport concluant à une mise en accusation, la majorité avait oublié les actes du Gouvernement des curés. Elle n'en souffrait plus ; elle était aux honneurs; elle commençait déjà à agioter. L'argent rend le pardon facile. MM. de Fourtou et de Broglie furent renvoyés indemnes.

Que devenaient ces fameuses responsabilités, ces peines correctionnelles dont M. Jules Ferry, en juin 1877, avait menacé les conspirateurs ? En politique, il n'y a pas de justice; et des responsabilités, il n'y en a que pour les faibles.

L'imprimeur de cet ouvrage, M. Blanpain, avait cru, comme tant d'autres, aux Gambetta, aux Grévy et aux Ferry. Dans son ardeur démocratique, il était allé de l'avant et s'était fait condamner à trois mois de prison et trois mille francs d'amende pour offenses au Maréchal. Il fut tout étonné, après la victoire des 363, de recevoir la visite d'un agent du Fisc, l'invitant à opérer, et sans retard, le versement des trois mille francs : « Ainsi, dit M. Blanpain indigné, la République venge les prétendues offenses aux Hommes de Mai ? — Là n'est pas la question, répliqua l'agent. La République, comme l'Empire, recouvre les amendes; et le Fisc m'a chargé d'encaisser la vôtre. »

Ce que le Fisc ignorait, c'est que M. Blanpain ayant fait appel de sa condamnation, l'amende avait été abaissée à cinq cents francs. Le triomphe de la République avait aggravé sa situation !

II. — La Chambre de 1877 avait été nommée sur une protestation. En dehors de la haine contre les Hommes de Mai, la majorité hybride des 363, dans laquelle on comptait jusqu'au prince Napoléon, n'avait aucun point commun. MM. de Broglie, Ernoul et de Fourtou définitivement éliminés, l'incapacité des Gambetta, des Grévy et des Ferry éclata comme au Quatre-Septembre 1870. Les vainqueurs n'avaient ni formules sociales ni programme de Gouvernement. L'équivoque régna comme au temps de M. Thiers. Le Centre gauche ne se souciait pas d'opérer des réformes. « La République sera conservatrice, ou ne sera pas », avait dit M. Thiers; c'est-à-dire la République sera monarchique ou nous la renverserons.

Pour donner un semblant de satisfaction à la démocratie impatiente, on lui jeta les jésuites en pâture. Le 15 mars 1879, M. Jules Ferry, ministre de l'Instruction publique, déposa sur le bureau de la Chambre un projet de loi sur la liberté de l'enseignement. L'article 7 portait : « Nul n'est autorisé à diriger un établissement d'enseignement de quelque ordre que ce soit, s'il appartient à une congrégation non autorisée ». Les cléricaux poussèrent les hauts cris. La diversion était faite. Toutes réformes politiques ou sociales étaient reléguées à l'arrière-plan. Le ministère Waddington et le cabinet Freycinet qui lui succéda, se traînèrent d'expédients en expédients jusqu'au rejet de l'article 7 par le Sénat (mars 1880). Le ministre de la justice, M. Cazot, inventa alors les décrets du 29 mars. Les congrégations visées par l'article 7 étaient requises de se faire autoriser dans le délai de trois mois, sous peine de se voir dissoutes par la force. Aucune ne demanda cette autorisation; et le 30 juin, Paris assista au spectacle de vieillards enlevés de force de leurs cellules par des agents de police. Au Conseil général de la Sarthe, le duc de La Rochefoucauld ayant protesté contre de pareils procédés, le préfet répondit que des violences semblables avaient été commises dans la nuit du 24 août 1572. Que penser d'un gouvernement qui, à la fin du dix-neuvième siècle, est obligé, pour se justifier, de remonter jusqu'à la Saint-Barthélemy ?

Le 1er septembre 1880, se joua le dernier acte de cette pièce. Le Gouvernement, représenté par un commissaire de police ceint de son écharpe, pénétra *solennellement* au matin dans les divers établissements d'éducation tenus par les jésuites. Le préfet de police, M. Andrieux, en gants gris-perle, fut reçu, rue de Sèvres, avec la courtoisie la plus parfaite et la plus ironique par des évêques, des prêtres séculiers, membres du célèbre clergé national, et par des civils. Ces messieurs exhibèrent au représentant de l'État des actes notariés en vertu desquels les jésuites s'étaient fait partout remplacer comme propriétaires et comme directeurs nominaux par des sociétés anonymes ou civiles, — sous le couvert desquelles ils continuèrent tranquillement à enseigner aux jeunes générations le mépris des institutions démocratiques.

III. — La majorité des 363 ne montra de véritable ardeur que dans la poursuite des places. Des ministères, des sous-secrétariats d'État furent créés. Cochery, Tirard, Girerd, Turquet, Christophe furent brillamment pourvus. *Monsieur*, frère de Jules, devint gouverneur général de l'Algérie. Il paraît qu'on eut beaucoup de peine à obtenir du Président cette nomination. Il se résolut à ce *cruel* sacrifice dans l'intérêt de la colonie. Sous l'œil paternel de M. Grévy et de son gendre Wilson, furent inaugurées les guerres financières, pour ouvrir des débouchés aux convoitises républicaines. On alla en Tunisie soumettre des Kroumirs, au Tonkin subjuguer des pirates. Concessions de mines et de casinos, fournitures militaires, fermes de jeu tombèrent comme une manne sur les opportunistes ravis. Un syndicat, formé d'excellents républicains, avait acheté les obligations tunisiennes à 225 francs, avant la guerre. Les Kroumirs dispersés, elle les revendit avec un bénéfice de 250 francs. On ne sait comment les membres de ce syndicat surent, avant la guerre, que cette guerre se terminerait par un traité qui placerait les finances tunisiennes sous la garantie de la France. Le fait est qu'ils eurent, comme *par hasard*, la fructueuse idée d'acheter tous les titres tunisiens. Le traité conclu, les obligations bénéficiant du crédit de la France, montèrent à des cours très élevés; et les compères se partagèrent des dividendes énormes.

La France, au 16 Mai 1877, en combattant Mac-Mahon, de Fourtou et de Broglie, avait cru lutter pour la liberté sainte; elle avait lutté pour une troupe d'aigrefins et d'agioteurs.

IV. — On vit, sous Gambetta-Grévy, reparaître les agissements ténébreux des pires gouvernements autocratiques. Canler, ancien chef de la Sûreté sous Louis-Philippe, a fait des révélations foudroyantes sur la monarchie de Juillet qui faisait organiser des sociétés secrètes par des mouchards. On pouvait croire que la Troisième République française tiendrait à honneur de se différencier sur ce point de régimes flétris par l'Histoire. Il n'en fut rien. Il résulte des confidences de M. Andrieux, préfet de police sous Gambetta, et des aveux du mouchard qui a organisé des explosions de bombes et des assassinats de gendarmes à Montceau-les-Mines, que, sous aucun Gouvernement, la police politique ne fut employée à des besognes aussi infâmes.

Elle a, dans les réunions publiques, ses hommes qui poussent au pillage; elle a ses journaux qui excitent à la guerre civile; elle a ses agents qui lancent des bombes et placent des cartouches de dynamite sous les portes !...

La police, dans un accès de cynisme, fait mieux qu'avouer, elle revendique la part initiale et prépondérante qu'elle a prise dans les troubles et les grèves qui ont marqué les années 1880 et 1881. Sur un ton des plus dégagés et avec une désinvolture charmante, M. Andrieux (*Souvenirs d'un Préfet de police*, page 340) nous raconte qu'avec l'argent des contribuables il a entretenu un journal, la *Révolution sociale*, dans lequel une des plus sympathiques victimes de la répression versaillaise de 1871, Louise Michel, a écrit, avec la candeur qui la caractérise, sous l'œil vigilant de la police : « C'est moi, s'écrie d'un air triomphant Andrieux, c'est moi qui faisais les frais de cette feuille, par l'intermédiaire de mon agent Serraux, lequel s'était présenté à l'administration du journal comme droguiste passé au Socialisme !... Ce bourgeois qui voulait être mangé n'inspira aucune suspicion aux compagnons. Par ses mains, je déposai un cautionnement dans les caisses de l'Etat et le journal de la *Révolution sociale* fit son apparition. C'était un journal hebdomadaire, ma générosité de droguiste n'allant pas jusqu'à faire les frais d'un journal quotidien.

« M¹ˡᵉ Louise Michel était l'étoile de ma rédaction. Je n'ai pas besoin de dire que « la grande citoyenne » était inconsciente du rôle qu'on lui faisait jouer, et je n'avoue pas sans quelque confusion, le piège que nous avions tendu à l'innocence de quelques compagnons des deux sexes. Tous les jours, autour d'une table de rédaction, se réunissaient les représentants les plus autorisés du parti de l'action. On dépouillait en commun la correspondance internationale; on délibérait sur les mesures à prendre pour en finir avec « l'exploitation de l'homme par l'homme », on se communiquait les recettes que la science met au service de la Révolution.

« J'étais toujours représenté dans les conseils et je donnais au besoin mon avis. Mon but était surtout de surveiller plus facilement les honorables compagnons en les groupant autour d'un journal.

« Cependant la *Révolution sociale* me rendait encore quelques petits services accessoires. Vous croyez que j'y attaquais les adversaires de mon administration? En vérité, puisque je fais une œuvre de bonne foi et puisque les erreurs qui s'y peuvent glisser ne sont jamais volontaires, j'en fais l'aveu; je n'ai pas été étranger aux articles publiés contre M. Yves Guyot et contre ses amis au moment des élections municipales. J'aurais certainement préféré avoir pour conseillers municipaux les rédacteurs du *Prolétaire* plutôt que ceux de la *Lanterne*.

« De tout temps l'administration, dans la question électorale, a été du côté de la candidature socialiste, quand elle a dû choisir entre celle-ci et la candidature radicale. Ma tâche eût été certainement plus facile si j'avais eu au pavillon de Flore une douzaine de bons anarchistes traitant les radicaux de réactionnaires et discréditant leurs collègues par leurs propres excentricités. Mais la *Révolution sociale* faisait mieux que d'attaquer mes adversaires et de prêcher l'abstention au profit de candidatures plus modérées. Elle m'adressait à moi-même les outrages les plus véhéments. »

Que la police entretienne des agents pour surveiller ceux qui lui semblent une menace pour la société plus ou moins respectable qu'on l'a chargé de défendre, c'est là une nécessité dont aucun Gouvernement ne s'affranchira. Mais ne semble-t-il pas indigne de notre temps et de nos mœurs de fournir à un groupe d'esprits exaltés, condamnés au silence faute d'argent, les moyens de publier des écrits incendiaires?

Ces écrits, répandus à profusion, ne vont-ils pas créer des adeptes aux théories réprouvées par le Gouvernement lui-même? Leur premier résultat est d'entraîner de braves gens, lesquels, sans ces excitations, seraient restés paisiblement à l'atelier et n'auraient pas songé à emplir les rues de leurs clameurs et de leurs revendications.

Faire écrire Louise Michel et de loyaux socialistes dans un journal stipendié par la police, est une plaisanterie qui a pu divertir Gambetta, Grévy et Andrieux; elle n'en est pas moins d'une moralité douteuse. Soudoyer des agents provocateurs pour lancer des bombes dans les centres ouvriers est un procédé qui, à lui seul, donne la mesure d'un Gouvernement.

V. — Voulant savourer les joies du pouvoir et recueillir les ovations auxquelles il croyait avoir droit, d'abord comme membre de la Défense, en 1870, ensuite comme *organisateur de la résistance* au 16 Mai 1877, Gambetta fit préparer par ses amis un voyage à Cahors, sa ville natale, impatiente d'acclamer le plus illustre de ses enfants. Le 26 mai 1881, le train présidentiel quitta Paris en grand apparat, au milieu des acclamations des opportunistes massés sur le quai de départ. Jamais la flagornerie publique envers un homme n'atteignit niveau si élevé qu'alors, chez nous, en pleine République. Ce n'est pas un président de Chambre, c'est un souverain qui s'est mis en route; cent cinquante journalistes l'accompagnent. Le général de Galliffet lui fait escorte jusqu'à Orléans. Dans les gares où le train ne s'arrête pas, il ralentit sa marche, pour que les populations puissent apercevoir le célèbre tribun. Et en effet, il se montre à la portière; et aussitôt d'immenses acclamations retentissent: « Vive Gambetta! Vive la République! » Il pleut des bouquets sur le wagon-salon. Les cloches des villages sonnent à toute volée, comme sur le passage d'un monarque : « Il me semble, disait à ce sujet Albert Wolf, dans le *Figaro*, relire une vieille page du *Moniteur* d'il y a vingt ans, avec le vieux cliché appliqué cette fois à M. Gambetta : de tous les points du canton, les laboureurs des champs sont venus apporter à Sa Majesté le témoignage de leur inaltérable fidélité au trône. »

A cette brillante reprise des voyages impériaux, il ne manque qu'un acteur de la création : c'est le vieux troupier, vêtu d'un uniforme usé des grenadiers de la garde, qui traversait la foule en s'écriant d'une voix entrecoupée par les sanglots : « Où est-il? Je veux le voir, le neveu de mon vieil Empereur ! »

Cet acteur manque et cela s'explique, car aucun oncle de Gambetta n'ayant gagné la bataille d'Austerlitz... ni même celle de Coulmiers, il est impossible de saluer le Maître au nom des glorieux débris. Pour la présente reprise, le rôle du vieux militaire couvert de nobles blessures a été remplacé par celui d'un homme du peuple à barbe blanche qui dans les gares suit en courant le train présidentiel en s'écriant :

« — Où est Gambetta ? Je veux le voir. » Spuller apparaît sur le marche-pied du wagon, et, l'œil humide, montre de la main le grand orateur. Gambetta jette sur le vieillard un regard attendri. Les vivats redoublent... L'homme du peuple tombe, suffoqué par l'émotion. On s'empresse autour de lui. Gambetta, la tête à la portière, lance alors majestueusement ces mots à la foule : « Je l'inscrirai parmi les victimes du Deux-Décembre. Il aura une pension. »

Des larmes de reconnaissance coulent de tous les yeux... Et le train s'éloigne à toute vapeur.

VI. — C'est ainsi que l'Opportunisme comprenait l'éducation démocratique des masses. Gambetta, qui n'avait pas enlevé Montargis et Vendôme aux Prussiens, s'immortalise en enlevant à M. le duc de La Rochefoucauld son cuisinier Trompette. On s'écrase dans les salons du quai d'Orsay; les menus présidentiels font prime. On voit des proscrits du Deux-Décembre, des démocrates, retour de Nouméa, s'extasier devant les sauces de Trompette, ramper pour être admis à les goûter. Le mobilier du Palais législatif est trouvé indigne de Gambetta. Lui qui, douze ans auparavant, logeait au quartier latin, au sixième, en garni, ayant sur sa table une bouteille vide en guise de chandelier, met à cette heure en réquisition les plus riches étoffes du Garde-Meuble. Il réclame la fameuse baignoire en argent du duc de Morny! On dépense dix mille francs à installer dans le jardin de la Présidence, à trente mètres au-dessus du sol, un immense réservoir pour renforcer la pression de l'eau et permettre au tribun l'hydrothérapie à domicile. Au cours du terrible hiver 1879-1880, le froid et la misère désolant la population ouvrière de Paris, le Corps législatif resplendissait tous les soirs de lumières. Vitellius s'y ruait en cuisine; le champagne pétillait dans les coupes. Après les banquets, la Comédie-Française et les étoiles du chant venaient en représentation. Mlles Biot et Sangalli, du corps de ballet de l'Opéra, esquissaient devant les Gambettistes transportés d'enthousiasme, leurs plus brillants entrechats. Radicaux, opportunistes, tous se dédommagent de leurs *luttes* contre la dictature. Ils se rattrapent; ils roulent de fête en fête. On ne voit qu'eux dans les loges des théâtres, dans les bals et au Bois. Du plus loin que nos Bas-Républicains s'aperçoivent, ils se saluent, majestueux et graves, sans même, tant ils se croient des êtres supérieurs, avoir besoin de s'empêcher de rire : ils s'appellent entre eux de noms superbes et se donnent des qualifications mirifiques. En les voyant passer, on se prend à penser à quelque Haïti des blancs, tant cela a l'air d'une mascarade.

Et les réformes? Patience! Gambetta les étudiait. Il les *sériait*. Il les *séria* si bien qu'il va mourir sans en avoir proposé une seule.

VII. — La roche Tarpéienne fut de tout temps peu éloignée du Capitole; et les Faubouriens n'ont pas l'acclamation aussi facile que les campagnards, voire que les Orléanais et les Caluréens. Le 1er août 1881, s'ouvrait la période électorale pour la Chambre des députés. Les procédés autoritaires des Gambetta et des Ferry; le faste étalé au Palais du quai d'Orsay avaient indisposé les démocrates et la population travailleuse de Paris. Un comité de la rue de Suresnes, composé d'opportunistes, prétendait dicter leurs choix aux électeurs. Tout candidat qui se refusait à passer sous le joug, ou qui n'avait pas obtenu l'estampille gambettiste, était traité en ennemi et combattu à outrance.

Belleville renversa d'un seul coup d'épaule l'échafaudage sournoisement élevé par les fauteurs de candidatures officielles. Le 16 août 1881, une réunion électorale était organisée, rue Saint-Blaise, par les Opportunistes. Ils prétendaient venir chercher chez les faubouriens, dont Gambetta était le représentant depuis 1869, une sorte d'absolution pour leur ligne de conduite, absolution qu'ils auraient jetée à la tête des véritables Démocrates et de ceux que n'avaient pu séduire les sauces de Trompette. Toutes précautions en vue d'une manifestation éclatante en faveur de Gambetta avaient été prises par le Comité électoral de Belleville et son président, Métivier. On n'affrontait pas les électeurs d'une réunion publique, mais les assistants d'une réunion privée pour laquelle avaient été visiblement convoqués amis et partisans. On avait mis sur pied un déploiement considérable de gardiens de la paix. La foule, repoussée et tenue à distance, commença par protester énergiquement contre ces procédés insolites en période électorale. Au dedans, malgré le soin avec lequel M. Métivier avait fait distribuer les invitations, des électeurs restés fidèles à leur vieux programme démocratique avaient pu pénétrer. Au moment de la formation du bureau, ils demandèrent qu'on mit la Présidence aux voix, pour assurer la sincérité et l'impartialité des débats. Les Opportunistes s'y refusèrent et M. Métivier s'installa de son autorité au fauteuil. Le tumulte et les protestations commencèrent pour ne plus s'arrêter. Gambetta voulut essayer de son antique prestige. Il s'avança sur le bord de l'estrade. On le couvrit de huées : « A bas le Dictateur! Nous voulons nommer notre Président!... A bas Métivier!... Réties! Réties! Vive Réties! Mettez d'abord aux voix Réties et Métivier. Vous parlerez après. »

L'autoritaire reparut alors sous le sophiste politique. Gambetta, infatué de lui-même, n'admettant pas un instant qu'on ne se prosternât pas aussitôt qu'il apparaissait, se redressa dans une attitude menaçante, et reprocha en termes insultants aux électeurs de ne pas se taire devant lui, frappant de grands coups de poing sur le bureau. Cette attitude arrogante ne pouvait que soulever des protestations plus violentes. Des coups de sifflet se font entendre.

Gambetta. — Silence aux braillards! silence aux gueulards! silence à ceux qui n'ont ni pudeur ni conscience!

(Nous extrayons ces paroles du compte-rendu de la *République française*, journal de M. Gambetta. Le langage du *grand orateur* est, on le voit, des plus choisis et des plus délicats. Et n'oublions pas qu'il est en présence d'électeurs et même d'électeurs triés sur le volet, qu'on croyait tout dévoués à la politique opportuniste!)

VIII. — De pareilles insultes eurent leur effet immédiat. La discussion dégénère en apostrophes violentes et en gros mots.

Voix nombreuses. — A bas l'insolent! Enlevez-le!

Des groupes de citoyens se précipitent vers l'estrade. Les poings sont tendus vers Gambetta : « A bas le jouisseur! A bas le ventru! Va retrouver Trompette!... »

Gambetta. — Citoyens, écoutez-moi.

Un Électeur. — Vous êtes un grossier personnage! (*Bravos.*)

Voix nombreuses. — Nommons d'abord un président et nous vous écouterons après.

Un Électeur, au pied de l'estrade. — Parle-nous un peu de ta baignoire en argent ! (*Explosion de rires.*)

Autre Électeur. — Tu venais peut-être récolter des bouquets, comme dans ton voyage à Cahors.

Une voix. — Ce sont des pommes cuites qu'il va récolter s'il continue à débiter des insolences. (*C'est ça ! Bravo ! A bas la clique opportuniste !*)

Gambetta. — C'est infâme... citoyens... Vous voyez... Comment ! Je viens ici !... Comment ! vous seriez impuissants à rétablir l'ordre et à assurer la liberté de la tribune ? Et vous voulez que demain, quand Paris lira le compte rendu de cette réunion ; quand la France vous jugera, vous voulez qu'on dise que vous n'avez pas les mœurs de la liberté, que vous n'avez que celles de la servitude par la violence ! Vous savez bien que si vous m'écoutiez, je suis homme à soutenir la contradiction. (*Bruyantes dénégations dans plusieurs parties de la salle.*)

Un Électeur. — Citoyen Gambetta, si vous aviez réellement voulu la liberté de la tribune, vous auriez laissé cette assemblée choisir son président, au lieu de lui imposer Métivier. (*Tonnerre d'applaudissements.*)

Gambetta. — Vous ne voulez pas me laisser parler ?... Eh bien, j'ai dit assez de choses dans ma vie ; mes sentiments et ma politique sont assez connus pour qu'il soit nécessaire de les développer une fois de plus. Mais écoutez bien ces mots par lesquels je me résume : Vous qui criez, vous qui hurlez, jamais je ne vous confondrai avec le peuple. Vous accusez l'homme qui est ici d'être un dictateur ; savez-vous ce que vous êtes ? Le savez-vous ? Vous êtes des esclaves ivres.

Voix nombreuses. — Et vous et les vôtres, vous êtes des charlatans et des saltimbanques. »

Le tumulte est à son comble. On se prend au collet au milieu de la salle.

Gambetta. — Le 21 août, le scrutin des vrais et loyaux citoyens me vengera de cette infamie... Quant à vous, le lendemain du scrutin, vous reviendrez, poignées de braillards, à vos vieilles habitudes. Mais, sachez-le bien, je saurai vous trouver jusqu'au fond de vos repaires. »

Cette fois, malgré les efforts des partisans de Gambetta, l'estrade est envahie. Le tribun allait recevoir une rude leçon, quand tout à coup, sur l'ordre d'un des organisateurs de la réunion, le gaz s'éteignit. Cinq mille personnes restèrent dans l'obscurité au milieu d'une confusion épouvantable. Si une panique s'était produite, les plus terribles accidents pouvaient s'ensuivre.

Les gambettistes s'enfuirent vivement par une porte de derrière. Et ceux qui étaient venus pour applaudir et acclamer le maître, firent retraite au milieu des huées de la foule contenue par la police opportuniste.

Le rhéteur qui avait pronostiqué un succès électoral éclatant, fut en ballottage à Charonne et ne passa à Belleville qu'à une minorité dérisoire et par la pression officielle.

IX. — Les élections de 1877 avaient été faites sur un mot d'ordre général : « Pas de divisions devant l'ennemi ! Chassons les... Hommes de Mai, et nous verrons après. » Et les vainqueurs vécurent quatre ans sur ce programme, marquant le pas, s'opposant à toute mesure démocratique. Aux élections d'août 1881 la même tactique, percée à jour et démonétisée, n'était plus possible. Le pays avait soif de réformes. On lui en promit. Les candidats firent miroiter les plus splendides programmes. On allait être étonné de l'ardeur réformatrice des législateurs; jamais peuple n'aurait assisté à une évolution plus libérale :

On en pourrait fourrer plutôt deux robes qu'une.

Sur ce, on passe au scrutin. Aussitôt, changement à vue. Les figures des nouveaux élus se renfrognent; on a été un peu loin dans les promesses; le pays n'est pas en état de supporter une forte dose de liberté; il ne faut pas épouvanter les intérêts; telle question qui, la veille, paraissait d'une solution facile, se hérisse maintenant de difficultés inaperçues; cette réforme qu'on croyait mûre, demande à être étudiée de près! Le journal de Gambetta, *La République Française*, ouvre la marche : « Il serait, dit-elle, désirable de se débarrasser des programmes incohérents, obscurs, discordants et impossibles, que candidats et électeurs ont échangés à l'envi. »

Le Temps est frappé du même péril : « La Chambre qui sort du dernier scrutin, est, quant à sa composition, essentiellement la même que la dernière. La plupart des membres de la majorité républicaine ont été réélus. Mais, si les personnes sont les mêmes, elles reviennent dans des circonstances différentes. La plupart des députés qui vont se retrouver au palais Bourbon y reviendront avec des engagements nouveaux. Entraînés par l'exemple, par les besoins de la lutte, par les exigences de leurs comités, ils ont souscrit des programmes qu'ils n'auraient pas spontanément rédigés. Ces programmes portent presque tous la revision de la constitution ; mais cette question elle-même, quelque grave qu'elle soit, est bien vite devenue l'une des plus innocentes. *On a été fort loin sur nombre d'autres, le Concordat, la magistrature, l'armée. Personne ne voulait paraître plus timide que son adversaire, plus avare de réformes et d'améliorations.* Nous n'ignorons pas combien, en pareille circonstance, le candidat du lendemain ressemble peu à celui de la veille, et quel embarras lui causent, après le triomphe, les promesses dont il était si prodigue à l'heure de la lutte et du combat. Nous savons aussi combien ces programmes électoraux deviennent importuns à ceux qui les ont souscrits. »

On ne peut dévoiler plus ingénument les procédés électoraux des candidats républicains, présentés ainsi comme des mystificateurs !

X. — Les réformes sont renvoyées aux calendes électorales de 1885. Gambetta, dont les manœuvres occultes importunaient la Maison Grévy et l'Elysée, fut sournoisement attiré à la Présidence du Conseil des ministres. Le piège était grossier. Gambetta y tomba. Sans programme défini de gouvernement, sans souplesse, n'ayant aucune des qualités indispensables à un premier ministre, déjà diminué par les huées de la rue Saint-Blaise, il ne s'en croyait pas moins, infatué de lui-même, de l'étoffe d'un Richelieu ou d'un Cavour. Ses yeux ne se dessillèrent que lorsqu'il vit les personnalités un peu marquantes du parti républicain repousser nettement ses offres. MM. Léon Say, Freycinet, entre autres, malgré les plus pressantes instances, se refusèrent à entrer dans le nouveau cabinet. Les modérés trouvaient Gambetta trop radical ; les radicaux, trop modéré. Il n'aurait pas réussi à constituer un gouvernement s'il n'avait pris la précaution, étant président de la Chambre, d'organiser un groupe de dîneurs. Quand il fut assez abreuvé d'humiliations, il jeta un coup d'œil sur la bande de viveurs qui attendaient chaque jour, dans l'antichambre du Palais-Bourbon, l'heure de la curée. Il les érigea ministres. C'était la première fois qu'une troupe de parasites passait ainsi de plain-pied de la salle à manger dans le cabinet de travail. « Rien de pareil ne s'était encore vu, » comme dit fort judicieusement le journal de M. Gambetta. Jamais ministère ne fut plus homogène. C'était l'homogénéité du ventre.

Ce cabinet d'hommes d'Etat de brasserie, que les rédacteurs de la *République Française* décorèrent immédiatement du nom pompeux de « grand ministère », au bout de quelques semaines, sans avoir opéré une seule réforme, fut jeté à bas sur la question du scrutin de liste. Gambetta et la troupe opportuniste tenaient à ce mode de scrutin qui leur aurait permis d'imposer en bloc leurs candidats au pays. La Maison Grévy, qui voyait toujours dans Gambetta un compétiteur à la Présidence de la République, sut, par des intrigues parlementaires, amener la Chambre à un vote hostile à l'Opportunisme.

Le 26 janvier 1882, le scrutin de liste fut repoussé. Le ministère Gambetta fit place à un ministère Freycinet. A peine à terre, au lieu de consentir à sa défaite, l'Opportunisme se reconstitua. Son mot d'ordre fut la guerre à tous les cabinets par tous les moyens. Le Parlement fut constamment travaillé par un obstructionniste, Gambetta. Il dispose de quatre-vingts à cent voix, d'un reste de clientèle au dehors et d'un certain nombre de journaux. Ces moyens, insuffisants pour le ramener au pouvoir, lui permettent de livrer aux divers ministères des combats incessants et de les renverser plus ou moins rapidement, par une coalition momentanée, sans scrupule et sans choix, avec les groupes égarés ou hostiles. Ce qui le rend plus dangereux encore, c'est qu'il compte, dans presque tous les cabinets qui se forment, d'anciens complices, ou d'anciens collègues. Le personnel gouvernemental n'est pas considérable. Or, parmi les hommes qui le composent, il en est bien peu qui n'aient plus ou moins goûté les sauces de Trompette.

Lorsque Gambetta exerçait ce pouvoir occulte qui a faussé le mécanisme gouvernemental, il a noué des rapports d'ambition avec une foule d'hommes que le roulement ministériel ramène forcément aux affaires. De sorte qu'en même temps qu'il travaille l'opinion par ses feuilles, le Parlement par les évolutions du groupe qu'il dirige, il sème la discorde dans les cabinets et accélère leur chute. Par ces artifices, il empêche que les divers ministères qui se succèdent suivent une ligne politique claire et définie, et non seulement à l'intérieur, mais encore au dehors, à l'immense détriment des intérêts nationaux. On le vit notamment lors des affaires d'Égypte.

XI. — Une révolution ayant éclaté au Caire, au commencement de 1882, à l'instigation d'Arabi-Pacha, M. de Freycinet, pour protéger les Français du Delta, envoya, d'accord avec le cabinet de Saint-James, notre flotte croiser de concert avec l'escadre anglaise, sur les côtes d'Égypte. Aussitôt cette décision connue, M. Gambetta se lève dans le Parlement. Il reproche avec aigreur au ministère (1ᵉʳ juin 1882) d'avoir menti à ses déclarations précédentes;

d'avoir fait avec l'Angleterre une alliance néfaste; d'avoir provoqué l'intervention de la Turquie; d'avoir envoyé la flotte à Alexandrie sans l'autorisation du Parlement. »

M. de Freycinet, qui voit se dresser les oreilles des lièvres, s'écrie : « Jamais nous ne ferons la guerre; nous soumettrons la question au Congrès des puissances ».

Ces différentes volte-face du président du Conseil n'apaisèrent pas les hostilités des vaincus du 26 janvier; et M. Gambetta vint mettre le comble à tant de fautes accumulées en lançant à M. de Freycinet cette accusation odieuse : « Vous avez livré à l'Europe le secret de vos faiblesses; désormais, elle sait qu'elle n'aura qu'à intimider ».

Pour satisfaire une rancune personnelle, M. Gambetta ne craignait pas de souligner les fautes du ministre des Affaires étrangères au risque d'aggraver le dommage fait à la patrie. Un tel mot suffit à juger l'homme.

M. de Freycinet met la main sur son cœur : « Nous nous battrons, dit-il, si le Congrès décide qu'il est obligatoire de se battre ».

Un membre du Centre rattrape le ministère : « Tout cela ne résout rien, dit-il. Avec quelles instructions irez-vous au Congrès? — Pour maintenir le *statu quo* », répond piteusement M. de Freycinet. Ainsi dans moins d'une heure il renie la guerre, il accepte la guerre, et il finit par le *statu quo*. Pauvre France !

XII. — La conclusion de tous ces débats, c'est qu'en matière diplomatique un Parlement est bon pour dire ce qu'il ne faut pas qu'on fasse. Il est difficile de lui demander ce qu'il faut faire.

« Quelle politique extérieure, dit fort justement à ce propos le *Siècle*, peut-on suivre au nom d'une nation dont l'âme est sans cesse hantée par le souvenir des désastres passés; qui à chaque période électorale demande à ses candidats s'ils sont pour la paix ou pour la guerre, et dont tous les partis flattent cette monomanie pacifique dans le but d'escalader le gouvernement?

« Pour se débrouiller au milieu de ce chaos, il faut ou la toute-puissance d'un Bismarck ayant derrière lui une armée victorieuse et un Parlement servile, ou bien la situation relativement forte d'un Disraëli ou d'un Gladstone, protégé par la mer contre toute invasion, par sa flotte contre une attaque à son empire colonial, par des Chambres censitaires contre la curiosité ou l'imprévoyance aveugle des masses. Hélas ! nous ne sommes point dans une île, et nous n'avons ni un Bismarck, ni — ce qui vaut davantage — le prestige d'une armée trois fois victorieuse. Nous avons à compter avec le suffrage universel, avec une nation dont le moral a été frappé, non pas à mort, mais pour longtemps, par des désastres imprévus; nous avons à compter avec des querelles politiques encore trop violentes pour que le patriotisme puisse les faire taire. »

XIII. — Les intrigues gambettistes eurent leur plein effet. Même après les massacres de chrétiens à Alexandrie (11 juin), les crédits demandés par M. de Freycinet pour châtier les coupables et rétablir l'ordre en Égypte, lui furent refusés. L'Angleterre, laissée libre d'agir, bombarda Alexandrie, et s'installa en souveraine au Caire et sur le canal de Suez. Elle y est encore...

Un ministère Duclerc succéda au ministère Freycinet. M. Brisson, pressé par M. Grévy de prendre la présidence du conseil, répondit qu'il ne se trouvait pas assez renseigné sur les affaires extérieures pour accepter une pareille mission. Était-ce un prétexte pour éloigner de lui un fardeau et se ménager l'avenir? Quelques-uns l'ont cru. Si, au contraire, M. Brisson a été sincère dans sa modestie, que penser d'un homme occupant une des plus hautes situations de la République, qui avoue ainsi son incompétence sur des questions capitales?

XIV. — En octobre 1882, le *Bulletin des Lois* nous fit assister à un spectacle des plus curieux : le défilé des victimes pensionnées du Deux-Décembre 1851. L'idée de transformer les souffrances politiques en titre de rentes est une idée neuve et qui donne son vrai caractère à la Basse-République. L'Histoire a connu des partis victorieux se partageant les biens des vaincus; elle n'a jamais vu tout un peuple, trente ans après la bataille, se ruant avec frénésie à l'assaut des guichets du Trésor public, et recherchant avec soin, pour s'en faire des dividendes, des blessures qui étaient certainement cicatrisées, si même elles avaient jamais été reçues.

Quatre listes ont paru et à chaque fois la stupéfaction redouble à la lecture des noms et des chiffres portés sur ces nouvelles tables de la charité. On y voit avec ébahissement des sénateurs, des députés, des receveurs-généraux, des préfets, des sous-préfets, des conseillers de préfecture, des juges de paix, des commissaires de police, des officiers même, pourvus tous de places lucratives, de traitements, de sinécures, et tendant la main comme à la porte d'un bureau de bienfaisance!

On s'attendait à une exhibition déguenillée de l'Hospitalité de Nuit, et on assiste à un brillant cortège de dignitaires, de législateurs et de fonctionnaires de tous grades en chapeaux à plume et en habits brodés!

M. Rane, député du IX° arrondissement, s'étonna qu'on fît grand bruit autour de la pension de 100 francs accordée à M. Spuller, frère du confident de M. Gambetta, et trésorier-général à Nîmes.

Qu'est-ce que cent francs pour M. Spuller? « Un peu moins de six sous par jour », écrit M. Rane.

Pourquoi donc les accepte-t-il? La modeste pension considérée comme une superfluité par le grand seigneur qui touche, dans le Gard, 219 fr. 10 cent. par jour, serait reçue avec reconnaissance par l'un des infortunés auxquels les commissions départementales ont trop parcimonieusement mesuré les secours votés par la Chambre.

XV. — Le 31 décembre 1882, Gambetta mourait aux Jardies, à Ville-d'Avray, des suites d'un coup de pistolet reçu dans son salon, en voulant séparer deux rivales furieuses. Digne fin d'un rhéteur de troisième ordre, sans convictions et dont tout le talent consistait à tirer des circonstances le meilleur parti possible au profit de son ambition propre, sans le moindre souci des principes!

Gambetta n'était pas le représentant d'une idée : il était le chef d'une coterie à la tête de laquelle il luttait pour conquérir la possession du pouvoir et la jouissance des plantureux produits de l'impôt. Son système de gouvernement, qu'on a justement flétri du nom d'*Opportunisme*, consistait en ceci : la veille d'un scrutin, toutes les réformes sont urgentes; on promet merveille aux électeurs. Le lendemain, les candidats nommés, rien n'est plus opportun; rien n'est mûr; tout a besoin d'être étudié; trop de précipitation effrayerait le pays. Avec la pleine conscience du triste rôle qu'il remplissait, il englobait peu à peu la démocratie dans ce milieu qui avait pour centre Miribel, Galliffet, Campenon et consorts.

Gambetta condamna les tripotages financiers de l'Empire; il flétrit les bonapartistes de l'épithète de jouisseurs. Mais ne s'est-il pas enrichi au pouvoir? N'a-t-il pas encouragé tous les agioteurs? Les Rouvier, les Savary et les Etienne n'étaient-ils pas ses amis, ses associés et ses lieutenants?

Dans plusieurs de ses harangues retentissantes il avait parlé de concorde et de fraternité. Est-ce que ces belles paroles l'ont empêché de combattre, de vilipender, de diffamer et de persécuter les républicains dont le talent ou l'indépendance lui portaient ombrage, depuis Ledru-Rollin jusqu'à Duportal et Bonnet-Duverdier?

N'est-ce pas lui qui a inauguré la guerre des « Petits Papiers? » Vous aviez, par exemple, écrit un jour à Gambetta : « Mon cher député, un père de famille ruiné par le Seize-Mai se recommande à votre bienveillance. Trouvez-lui un poste, soit de garçon de bureau, soit de préposé à l'octroi. Agréez d'avance toute ma gratitude. »

Quelques mois plus tard, il se trouve que vous êtes en désaccord avec Gambetta sur une question administrative ou budgétaire. Vous motivez votre vote. Aussitôt on exhibe votre lettre; des clameurs épouvantables retentissent contre vous dans le camp opportuniste. « Voilà ce qu'il écrivait! Était-il assez plat, assez valet! Le traître! le renégat! »

Les plus courageux vous tournent le dos.

Les bonapartistes ont fait observer avec juste raison que jamais Napoléon III n'employa contre ses adversaires les armes lâches que ramassa Gambetta. Duportal le combattait, et le gouvernement avait en main la lettre par laquelle Duportal, alors déporté à Lambessa, suppliait en faveur de sa femme et de ses enfants; Jules Favre le combattait, et le gouvernement avait la preuve que Jules Favre était un faussaire. Une police toute-puissante mettait entre les mains du pouvoir impérial la vie privée de ses ennemis. Et cependant nous n'assistions pas au spectacle qui a soulevé, en pleine République, le dégoût universel.

XVI. — Comment un pareil homme, que la Chambre avait renversé quelques mois auparavant, et qui, depuis sa chute, méprisé de tous, errait lamentablement dans les couloirs, eut-il à Paris des funérailles splendides aux frais de l'État, au milieu d'un concours extraordinaire de population? Ceci, c'est de la politique.

Premier point : j'ai dit, au moment du 24 Mai 1873, après l'élection Barodet : « M. de Rémusat vaincu eut toutes sortes de mérites, auprès de la Réaction. On se précipita au-devant de lui dans la galerie des Tombeaux. M. de Broglie levait les bras au ciel : un si digne homme! » Ainsi de Gambetta. Mort, il eut toutes les qualités. Grévy, débarrassé d'un redoutable rival, se montra d'autant plus coulant sur le chapitre des funérailles, qu'il ne lui en coûtait pas un centime de sa poche. Si lorsque président, députés et sénateurs décrètent des obsèques gratuites, on leur disait : « Parfait, messieurs! Puisque le mort vous tient tant à cœur, illustrez-vous en faisant vous-mêmes les frais de la cérémonie! » Vous verriez l'horrible grimace que feraient ces messieurs, si larges avec l'argent des contribuables. Ils y regarderaient à deux fois, désormais. Dans tout le Sénat et la Chambre on ne trouverait pas vingt sous pour faire enterrer une vraie gloire nationale !

Second point : J'ai déjà fait remarquer que la Basse-République, pauvre en hommes de valeur, avait toujours eu tendance à grandir les maigres personnalités ayant passé au pouvoir. Chanzy, Uhrich, Trochu, Denfert-Rochereau, Faidherbe, en 1870, furent proclamés par les officieux du Gouvernement de la Défense, preux des temps antiques. Bazaine lui-même eut son tour et nous avons vu le *Journal officiel* du Gouvernement de la Défense (28 octobre 1870) le décorer du titre pompeux « d'héroïque défenseur de Metz ».

Le premier résultat de ces apologies de généraux de salons et de ces apothéoses d'hommes d'État de brasseries est de faire dire aux naïfs : « Admirable régime qui produit de pareilles capacités ! Décidément les talents éclosent en foule sous la Troisième République. » Et les dirigeants, les Grévy, les Wilson, les Ferry et les Rouvier, riant sous cape, bénéficient de cet enthousiasme.

Troisième point : honorer les grands hommes, c'est s'honorer un peu soi-même ; il rejaillit toujours quelque chose sur vous des hommages que vous avez rendus à une illustration.

Et voilà pourquoi les roués de la République décrétèrent que Gambetta mort avait été un grand homme de son vivant ; voilà pourquoi ils lui votèrent des funérailles splendides.

XVII. — Et le Gouvernement rédige un rapport officiel qui donne un démenti à l'histoire, à l'histoire la plus récente et la mieux connue. Et l'on apporte de Ville-d'Avray au Palais-Bourbon le corps du grand capitaine, du grand patriote, du grand tribun. Et l'on fait déborder les crêpes hors l'hôtel, jusque sur la demeure de la représentation nationale, laquelle n'est pas plus morte que la Patrie et la République.

Il est certain qu'on n'aurait pas proposé à la Chambre, si elle avait été réunie, de subir ces signes extérieurs de deuil. Ce qu'il n'aurait pas été possible de faire, le Parlement siégeant, M. Brisson, le président en fonctions, l'ordonne en l'absence de la Chambre.

Cet excès de hardiesse avait lieu d'étonner de la part d'un personnage aussi timoré. Mais on touchait au jour du renouvellement du bureau ; et M. Brisson était préoccupé de se concilier les voix de l'Union républicaine. Il laissa donc les gambettistes s'installer en maîtres au Palais-Bourbon. La maison est à eux. Ils peuvent pousser jusqu'à l'excès, jusqu'au ridicule l'amour de la pompe et des exhibitions.

La mise en scène est des plus soignées. C'est dans la galerie des fêtes de l'hôtel de la présidence que le cercueil est placé. Les tréteaux sur lesquels il repose ont été montés au lieu précis où Gambetta faisait élever, le 14 juillet 1879, d'autres tréteaux pour donner la comédie à quelques privilégiés.

De véritables funérailles républicaines, simples, modestes, brillantes seulement par les regrets que la rectitude de sa conduite politique aurait pu inspirer à tous, auraient été, selon nous, l'unique récompense que la nation aurait due à un grand citoyen. Gambetta le fut si peu, qu'il lui faut des obsèques royales pour relever, en tant que possible, aux yeux de tous, un prestige depuis longtemps perdu.

C'est ainsi qu'un madré maquignon attife et rhabille un vieux cheval fourbu pour lui redonner une valeur aux yeux de l'acheteur.

La ruse réussit. Le pays... acheta le cheval : plus de cent mille niais suivirent, la démarche consternée et les yeux humides, le corps de Gambetta, de la place de la Concorde à la gare de Lyon. Et, comme je l'ai dit au « *Gloria Victis!* » après ces obsèques *nationales*, fut ouverte, dans les colonnes de la *République Française*, une souscription également *nationale* pour ériger un monument non moins *national* à la mémoire du héros. On recueillit des sommes énormes, et l'on érigea, sur la place du Carrousel, une colonne ridicule et d'un développement tel, que les sculpteurs ne sauraient plus comment honorer par le bronze ou le marbre le grand capitaine qui nous rendrait l'Alsace et la Lorraine.

Qu'aurait-on fait de plus, si Gambetta, refoulant les Prussiens, était rentré dans Paris à la tête de légions victorieuses?

Richelieu, Colbert, Marceau, Kléber, Masséna, ont à peine à Paris, une statue, reléguée dans une niche. L'homme des cigares exquis s'étale en face du Louvre dans un entourage extravagant. L'étranger qui passe par là doit croire que Gambetta est la plus grande figure de l'histoire de France !

XXXIX

CARNOT

I. — « Ah! quel malheur d'avoir un gendre! » Tel est le cri dont retentissaient les boulevards et les rues de Paris, dans les premiers jours de novembre 1887. Le gendre, c'était M. Wilson, député; et le beau-père, M. Grévy, président de la République française. Ce cri est un cri *historique*, et l'historien est bien forcé de l'enregistrer.

On raconte que Voltaire, pressé d'annoter les œuvres de Racine, répondit : « A quoi bon? Il n'y a qu'à écrire au bas de chaque page : beau, admirable, sublime ! »

Ici, c'est le contraire. Si l'écrivain de la *Basse-République* ne se surveillait, les mots de « voleurs, scélérats, concussionnaires, fourbes, assassins, aventuriers, jouisseurs », reviendraient à tous moments. Je passe les « tas de braillards », les « silence aux gueulards » dont fut émaillé le discours de Gambetta à la salle Saint-Blaise ; les interruptions à la Cambronne, en pleine Assemblée, de M. Margue ; le « pas assez de salive pour mes bottes » du général Boulanger, dans sa lettre à M. Paulin Méry. Quelle histoire, grands dieux, quelle histoire ! Et dire que toutes les histoires ressembleraient à celle-ci, si on voulait les écrire avec la même scrupuleuse fidélité. On n'a pas encore remarqué que sitôt qu'il s'est rencontré un écrivain indépendant, soucieux de la Vérité seule, immédiatement la fourberie, la concussion et l'assassinat s'étalent dans le livre. Il n'est guère une page qui ne soit tachée de boue ou de sang. Voyez Thucydide, Xénophon, Tite-Live, Tacite, Suétone, Macaulay,

Guizot, Augustin Thierry : partout guerre, pillage et massacres. Remontez le cours des siècles; cherchez un gouvernement pur, honnête, sur lequel l'œil puisse se reposer. Vous marcherez longtemps avant de trouver cette oasis politique. En France, en Allemagne, en Angleterre et en Chine; dans les temps anciens comme dans les temps modernes; sous Sardanapale comme sous Louis XV, sous Cambyse comme sous les Éphores, sous Verrès comme sous Wenceslas l'*Ivrogne*, ou sous Vitellius; avec les Incas comme avec les Druides, avec Brahma comme avec Christ, sous les fakirs comme sous Catherine de Médicis, avec Tilly à Magdebourg comme avec Mac-Mahon à Paris, avec les massacres de Sylla comme avec ceux de Juin 1848 et de 1871; orgies à Rome sous Héliogabale; scandales à Londres sous Victoria ; partout, toujours, écrasement des faibles, concussions et carnage.

Un Tacite s'emparerait de Louis XV et de Louis XIV, il en ferait des scélérats dont on ne prononcerait plus le nom qu'avec horreur. Le voyez-vous s'étendant sur le Parc-aux-Cerfs ou les Dragonnades ? Il faudrait remonter jusqu'à l'Age d'Or, vous dis-je, avant de trouver un gouvernement un peu présentable. Et en voulant remonter jusque-là, ô surprise ! On s'apercevrait que l'Age d'Or n'a jamais existé ! Dans dix mille ans d'ici, nos arrière-neveux placeront peut-être l'Age d'Or en 1890 !

Et la raison de tout ceci ? Elle est renfermée dans ce principe de ma *Politique scientifique* : « Les gouvernements sont composés d'hommes, c'est-à-dire d'êtres généralement avides, rapaces et féroces. » Par suite, tous les gouvernements sont imparfaits. Et comme, plus on remonte le cours des âges, plus on s'éloigne de la civilisation, il s'ensuit que malgré tout ce qu'ont pu écrire des historiens bornés ou de fantaisie, les gouvernements de l'antiquité étaient certainement inférieurs aux gouvernements modernes.

Vous donc, réactionnaires de toutes nuances, légitimistes, orléanistes, bonapartistes ou boulangistes, qui applaudissez déjà à mes attaques contre la République du Quatre Septembre... Arrière ! Le gouvernement de vos rêves vaut encore moins que cette République-là.

II. — Le 1ᵉʳ janvier 1883, par la mort de Gambetta, le chef de l'Opportunisme avait disparu, non l'Opportunisme lui-même, plus en honneur, plus florissant que jamais avec les Rouvier, les Magnin, les Etienne, les Cazot, les Hérédia et *tutti quanti*. La troupe gouvernementale vivait ainsi, sous l'œil paterne de M. Grévy, fondant des sociétés véreuses, passant des conventions avec les grandes compagnies de chemins de fer, trafiquant, agiotant, gaspillant, pillant, quand tout à coup, au commencement d'octobre 1887, éclate un scandale épouvantable. Des généraux, des sénateurs sont accusés de livrer, contre argent, et au plus offrant, la décoration de la Légion d'Honneur. L'armée, la chancellerie s'émeuvent. On informe et on découvre que c'est le président Grévy lui-même et son gendre Wilson qui sont à la tête de ces honteux trafics. Ils ont fait du Palais de l'Elysée une agence interlope où tout se vend, places, fonctions, décorations. Il est acquis que des proxénètes, une Limouzin, une Rattazzi, ont leurs grandes et petites entrées au palais Présidentiel. Sous la pression de l'opinion publique indignée, le Parquet se saisit de l'affaire. On veut tout savoir. Et le procès commence, au milieu des démêlés de la justice et de la police qui échangent quotidiennement des aigreurs, et se renvoient mutuellement l'initiative de cette détestable opération.

Sur ces entrefaites, le Parlement reprend ses séances. Un député de la Droite obtient la nomination d'une commission d'enquête. Présidée par M. Colfavru, cette commission cherche à couvrir ceux que le cri général désigne, et rêve d'étendre l'enquête à l'infini, en remontant jusqu'au 16 mai, jusqu'au 2 décembre, voire jusqu'aux Camisards et à la Saint-Barthélemy, afin de noyer dans cet immense travail la recherche toute spéciale dont on l'a chargée.

III. — Les républicains auraient peut-être réussi à passer au compte de Napoléon III ou de Louis XIV toute la honte de cette affaire. Par malheur, à une des audiences du tribunal correctionnel, un incident se produit, qui déjoue ces charitables efforts; c'est l'incident des lettres, la preuve évidente d'une substitution de documents, ce que nous appellerons le coup du filigrane : Grévy, dans une touchante intention, a retiré du dossier Wilson, qu'un fonctionnaire avide d'avancement lui avait apporté en tapinois, des lettres compromettantes de son gendre, et les a remplacées par de nouvelles, soigneusement expurgées. Trop d'habileté nuit parfois; et le madré franc-comtois n'avait pas tout prévu. La pâte de son papier ayant été fabriquée postérieurement à la date portée sur les lettres substituées, la supercherie apparut éclatante, indéniable. S'il y avait eu une justice en France, Grévy, immédiatement appréhendé au collet à l'Elysée, était conduit à Mazas encadré de gendarmes. Le parquet ne put faire moins que d'introduire une demande en autorisation de poursuites à la Chambre des députés contre M. Wilson. Elle fut votée par la majorité républicaine, *la mort dans l'âme*.

Cependant, à travers le gâchis parlementaire, ministériel, administratif et judiciaire; dans cette confusion de tous les pouvoirs publics, on a vu nettement que l'exécutif était touché. Les grandes ambitions sont déchaînées, et c'est à qui deviendra président de la République. D'un commun accord on empêche M. Grévy de former un nouveau cabinet; on organise la grève des ministres pour l'obliger à partir.

Après huit ou dix jours d'hésitations, il est prêt à céder et le président du Conseil, M. Rouvier, reprenant provisoirement son portefeuille pour lui faciliter la retraite, déclare en son nom qu'il fera à ce sujet une communication au Parlement, le jeudi 1ᵉʳ décembre. Le jeudi arrive, et la communication n'arrive pas.

L'Europe se tient les côtes de rire. La Troisième République se débat dans la vase. Et les crieurs hurlent toujours : « Ah! quel malheur d'avoir un gendre! »

M. Grévy se raccroche en désespéré à la Constitution. M. Thiers, au 24 Mai 1873, M. de Mac-Mahon, au 30 janvier 1879, avaient montré une plus digne attitude. Le premier avait pour lui la loi Rivet; elle lui donnait le droit de conserver la Présidence jusqu'à l'expiration des pouvoirs de l'Assemblée nationale. Atteint par un vote, il se retira sur l'heure.

Le maréchal de Mac-Mahon avait le droit incontestable de rester à son poste jusqu'à la fin du Septennat. On voulut exiger de lui l'immolation de dix généraux; il refusa; et comprenant qu'un autre ministère lui demanderait le même sacrifice, il donna sa démission. Le Congrès élut M. Grévy; et la crise, ouverte à une heure après midi, était terminée à huit heures du soir.

M. Thiers et le maréchal de Mac-Mahon avaient pris immédiatement leur parti et exécuté sur l'heure leur résolution. Le premier était un homme d'État de mérite; le second un brave soldat; tous deux sentirent du premier coup qu'il est de certaines situations où il y va de l'honneur de ne point paraître tenir plus au pouvoir qu'au soin de sa dignité.

M. Grévy, lui, est surtout un jurisconsulte. La crise est à ses yeux une sorte de procès; et il emploie, pour le gagner, toutes les finasseries de la procédure. Il va en appel, il va en cassation, il demande des ajournements, il fait défaut; il ruse pour gagner du temps. Il a senti maintenant ou cru sentir une pointe de réaction en sa faveur, parce que cinq ou six radicaux dissidents, qui voient la candidature de M. Jules Ferry faire son chemin, et veulent l'écarter à tout prix, lui conseillent de rester.

IV. — Dans des conciliabules tenus à la fin de novembre chez un politicien besoigneux et à tout faire, M. Laguerre, les Boulanger, les Rochefort et les Andrieux avaient, en effet, projeté de tirer du bourbier M. Grévy, comptant bien, en échange de ce service, arriver enfin à une situation officielle que leur talent et leur autorité ne leur permettaient pas d'espérer par les voies ordinaires.

Le 29 novembre au soir, M. Granet, agent de M. Grévy, apercevant M. Laguerre dans les couloirs de l'Assemblée, s'était adressé à lui en désespoir de cause et l'avait amené à l'Élysée : « Trouvez-moi un ministère, messieurs, leur avait dit M. Grévy. Trouvez-moi surtout un président du Conseil. Je vous en prie et vous en charge officieusement. Le président du Conseil nécessaire pour surmonter les difficultés du moment, doit être un homme considérable, jouissant d'une grande autorité ! »

MM. Laguerre et Granet avaient promis de rechercher ce personnage, et ils étaient partis fort embarrassés de le découvrir, après l'échec des pourparlers avec MM. de Freycinet et Floquet.

Je ne comprends pas cet embarras : il fallait un homme considérable et jouissant d'une grande autorité? M. Laguerre lui-même était tout indiqué! Pourquoi ne s'offrit-il pas?

Le 30 novembre 1887, au matin, les journaux de la cabale essayèrent de retourner l'opinion en faveur de M. Grévy. La manœuvre venait trop tard. Elle ne réussit qu'à exaspérer les Parisiens. Dans la soirée, la foule qui s'est portée au Corps législatif interpelle les députés sur la terrasse : « A bas les voleurs ! » crie-t-on de tous côtés. Devant la grille du Palais-Bourbon, le président de la Ligue *dite* des patriotes, M. Déroulède, harangue la foule :

« Il faut, dit-il, crier maintenant : Vive Grévy! » J'allais justement entrer à la Chambre. Je m'arrête : « Et pourquoi, demandai-je à l'orateur, faut-il crier maintenant : vive Grévy?

— Par peur de Ferry, me répond M. Déroulède.

— Comment! répliquai-je, voilà un Président de République que depuis un mois la presse tout entière et vous-même traînez dans la boue; dont le gendre est mêlé à tous les tripotages, et ce même homme, ce Grévy, déconsidéré, avili, vous parlez de le remettre sur pied? (*Bravos! Très bien!*) Quoi! Par crainte d'un mal encore éloigné, et d'ailleurs incertain, nous nous condamnerons à subir la peste qui nous étouffe? Chassons d'abord le Grévy... et nous verrons après. » (*Tonnerre d'applaudissements.*)

Dans la salle des Pas-Perdus, Clovis Hugues, député de Marseille, fulmine de même : « Il est impossible de revenir à Grévy! dit-il. Jamais on ne me fera voter pour lui ! »

V. — Le surlendemain, 2 décembre, M. Grévy, à bout d'expédients, mis en demeure par un double vote des deux Chambres de résigner le pouvoir, envoie enfin une lettre de démission au Parlement. On n'attend sans doute pas que nous étalions ici la prose peu intéressante de ce triste personnage. Il suffira de dire qu'elle ne respirait que suffisance et acrimonie. Tel un laquais congédié s'en va en faisant claquer les portes.

Il n'y a plus qu'à se réunir en Congrès à Versailles pour élire un nouveau président. Deux concurrents sont sur les rangs, MM. de Freycinet et Ferry. Devant un soulèvement imminent des révolutionnaires, au cas de l'élection de ce dernier, nombre de modérés n'osent voter pour lui. Comme ils ne veulent pas voter non plus pour son rival, l'accord se fait sur le nom de M. Carnot, qui, quelques jours auparavant, avait reçu une sorte d'ovation de la Chambre, pour s'être refusé, étant ministre des finances, à la restitution d'une somme de soixante-quinze mille francs, indûment réclamée par Wilson.

Le soir, on s'écrasait sur les grands boulevards parisiens : « Carnot est nommé! C'est un honnête homme, celui-là. » Et on se pressait les mains. C'était en effet chose si nouvelle qu'un honnête homme au pouvoir, que l'on ne pouvait avec trop d'enthousiasme fêter un pareil événement.

VI. — Il était difficile au nouveau Président, élu sur un accord des partis, de rompre avec ceux qui venaient de le porter au pouvoir; difficile pour lui de jeter à la porte les intrigants et de faire maison nette. Tout fut à l'apaisement : « A l'œuvre! criaient les officieux. Plus de dissensions! » Certes il est désirable que ce vœu se réalise, et que le parti républicain puisse se remettre aux œuvres sérieuses sans en être distrait par les récits de scandales qui encombrent les journaux; mais c'est une question de savoir si ces scandales peuvent cesser tant que les hauts fonctionnaires qui ne doivent leur situation qu'à la protection de M. Wilson resteront en fonction, et si ce n'est pas une œuvre sérieuse, si ce n'est même pas l'œuvre la plus sérieuse de toutes, que de poursuivre la réforme de ce personnel.

Le 1ᵉʳ mars 1888, M. Wilson était condamné à deux ans de prison par la 10ᵉ Chambre du tribunal de la Seine. Les considérants du jugement stigmatisaient « l'agence d'affaires en laquelle M. Wilson, au mépris de toute pudeur et de toute dignité, avait transformé son cabinet, qu'il avait au palais même de l'Elysée, et où, sur la recommandation et souvent avec le concours des gens les plus suspects, il s'occupait notamment du trafic des décorations ». Ils proclament que M. Wilson, « à raison même de la position qu'il avait près du chef de l'Etat, a offensé la conscience et la moralité publiques et qu'il a failli même compromettre l'honneur et la dignité nationale ».

Cette condamnation me remplit d'étonnement : il y avait donc des juges à Paris!... Comment! Les opportunistes n'ont pas mieux pris leurs précautions? Avec leur magistrature *épurée*, ils n'ont pas su composer un tribunal d'acquittement? Si, exaspéré par cette flétrissante condamnation, Wilson, qui avait bec et ongles, allait riposter, ouvrir ses dossiers, citer des noms, désigner des complices en malversations? On n'a pas été huit ans au pouvoir sans avoir pris quelques notes, serré des reçus, classé des lettres compromettantes pour des personnages toujours en place?

Les opportunistes éperdus se précipitèrent chez Grévy, avenue d'Iéna :

« Eh! quoi, cher président, on a osé... Wilson!... Un si parfait honnête homme. — N'est-ce pas, messieurs, qu'il est innocent? — Comme l'enfant qui vient de naître... » Reinach et Antonin Proust tombèrent dans les bras du « grand vieillard ». Leurs larmes se confondirent. Touchant spectacle!

— « Il reste l'appel! » dirent ces messieurs en se retirant.

VII. — Le parti opportuniste fut d'accord qu'il y avait maldonne. Une campagne commence : le journal de l'Homme à la Médaille de digestion, le *Temps*, insinue que « dans les couloirs de la Chambre, le sentiment presque unanime est que la condamnation a été excessive ». Ainsi, voilà un homme qui a tout fait pour déshonorer le gouvernement républicain que son beau-père présidait; qui a livré le pays au plus offrant et dernier enchérisseur; et ces trafics qui, à certaines époques de notre histoire, eussent été punis de la corde, on trouve que c'est les faire payer trop cher au coupable par vingt-quatre mois d'emprisonnement?

Il faut avoir de la sensibilité de reste pour s'apitoyer sur ce Wilson qui pendant dix ans a attiré les passants dans sa caverne de l'Elysée pour les dépouiller. On s'attendrissait moins en 1871 sur les pères de famille et les travailleurs massacrés par les prétoriens de Mac-Mahon. Dans la nuit du 31 octobre 1870, à la mairie de la Villette, quelques gardes nationaux mourant de faim ayant ouvert deux boîtes de sardines, les mêmes écrivains du *Siècle* et du *Temps*, dans leur indignation, demandèrent qu'on traduisît « les pillards » devant les conseils de guerre.

Est-il besoin de dire que M. Wilson fut acquitté en appel? Il n'y eut de définitivement frappé en cette affaire que le député Numa Gilly, lequel s'était aventuré à dire, dans une réunion tenue à Alais, que la Commission du Budget contenait plus de vingt Wilsons. « Les noms! Les preuves! » crièrent en chœur les députés visés par le maire de Nîmes. Comme il n'était pas de taille à soutenir la lutte avec les roués de l'Opportunisme, on le fit condamner à l'amende et à la prison. Je fus même surpris que Wilson n'entrât pas lui aussi en ligne pour demander des dommages-intérêts à ses *diffamateurs*. Car enfin, il avait été acquitté!...

XI.

LE BOULANGISME

I. — Dans un pays comme la France, labouré depuis un siècle par les révolutions, les moindres incidents prennent des proportions formidables. Un simple choc peut ébranler l'édifice social. Les *questions* succèdent aux *questions*; elles s'enveniment et forment plaie. En 1871, question de la Commune; question de l'Équivoque; question Thiers; question de l'Ordre Moral; le 24 Mai 1873; question de la Constitution, toujours saignante; question du Seize-Mai 1877. Le Gouvernement occulte de Gambetta donna naissance à une *question*; ensuite se succédèrent, irritantes, les questions des Kroumirs, de la Tunisie, du Tonkin, des Conventions de Chemins de fer, de la Conversion du 4 1/2 0/0; les questions Wilson, Grévy, Gilly. Voici maintenant la question Boulanger. Bientôt, n'en doutez pas, surgira une nouvelle *question*. Dans l'état d'organisation des partis en France, un Ministère peut être renversé, un Gouvernement disparaître sur une question de *Picadores* ou de cavaliers en place.

C'est ainsi que du temps de Justinien, à Byzance, c'était à l'Hippodrome, tantôt sous les couleurs bleues, tantôt sous les couleurs vertes, que se décidaient les destinées de l'Empire.

II. — En janvier 1886, le général Boulanger entrait dans un ministère anti-opportuniste formé par l'honorable M. Goblet. Quelques réformes introduites dans l'armée; le port de la barbe laissé aux soldats; les guérites peintes aux trois couleurs; des déclarations républicaines qui coûtaient peu, et sans doute des

pots-de-vin pour fournitures militaires habilement distribués....
Comment Boulanger n'aurait-il pas été acclamé !

Un cheval noir sur lequel il caracolait avec grâce, à la revue du 14 juillet 1886, valut au général les suffrages féminins, auxquels il était particulièrement sensible. Un chanteur de café-concert, Paulus, mit le sceau à sa popularité par une chanson qui fut bientôt sur tous les claviers : *En revenant de la Revue*.

Chacun ne faisait qu'admirer
Le brav' général Boulanger.

Un soldat de hasard qui n'avait jamais gagné une bataille et n'avait triomphé que dans les revues du Bois de Boulogne, passa bientôt pour le plus grand capitaine des temps modernes. Le 26 avril 1886, notre commissaire spécial à la gare-frontière de Pagny-sur-Moselle, M. Schnœbelé, attiré traîtreusement sur le territoire allemand, avait été arrêté et emprisonné à Metz. Sur les vives réclamations du cabinet Goblet, M. de Bismarck ne put faire moins que de convenir de l'illégalité de cette arrestation ; et M. Schnœbelé fut mis en liberté. Là-dessus, les séides de Boulanger de crier sur tous les tons qu'il avait fait reculer l'Allemagne et M. de Bismarck. Les badauds, sur la foi de M. Déroulède et de sa *Ligue*, dite des *Patriotes*, commencèrent à voir en lui le sauveur attendu, l'homme de la Revanche, le prochain libérateur de l'Alsace-Lorraine.

Des républicains clairvoyants s'inquiétèrent de cette popularité bruyante et malsaine. Malgré toutes les sympathies que pouvait inspirer la personnalité de M. Goblet, le 17 mai 1887, sur une question budgétaire, à dessein introduite, le ministère était renversé et remplacé par un cabinet opportuniste Rouvier-Ferron.

III. — Le général Boulanger ne sut pas prendre son parti de sa chute. Il ne dissimula pas son profond dépit d'avoir été forcé, par des intrigues parlementaires, de descendre du pouvoir. Il ne sut pas attendre son heure, qui aurait fatalement sonné — et peut-être plus tôt qu'il ne l'aurait cru, — le personnel gouvernemental étant très restreint, et le roulement parlementaire rappelant en général assez vite un homme au pouvoir. Il se jeta dans la politique. Nommé commandant de corps d'armée à Clermont-Ferrand, il se considéra comme envoyé en exil. Le 9 juillet 1887, sur un mot d'ordre donné par ses journaux, une immense manifestation fut organisée à son départ, à la gare de Lyon. On cria : « A bas Ferron ! A bas Grévy ! Vive Boulanger ! »

Boulanger tournait au général espagnol. Avec un peu d'audace il pouvait, ce soir-là, esquisser un *pronunciamento*.

La Contre-Révolution, toujours aux aguets, ne tarda pas à se rendre compte qu'il y avait là à la fois une popularité et un mécontentement à exploiter contre la République. Les réactionnaires, qui l'avaient autrefois attaqué avec violence, changent de tactique et sourient au commandant du XIII᷉ corps. Une tourbe d'aigrefins et de décavés l'enveloppa de ses trames. Un Comité, dit *Républicain National*, servait de paravent à ces manœuvres. En haine de Ferry et de Constans, le *marquis* Rochefort se vendit, lui et son journal l'*Intransigeant*, à la Réaction orléano-bonapartiste et ne contribua pas peu à faire prendre le change aux démocrates qui croyaient à sa loyauté et à son républicanisme.

Le 2 janvier 1888, Boulanger, chef de corps d'armée en fonction, osait, sous le déguisement et l'anonyme, quitter le siège de son commandement de Clermont pour aller en Suisse, à Prangins, auprès du prince Jérôme Napoléon, prétendant proscrit, et proscrit par lui-même, comploter avec le cousin de l'homme de Sedan, la ruine du Gouvernement dont il relevait.

IV. — Le Ministère, mal servi par sa police, en partie acquise au Boulangisme, n'avait que des présomptions sur la visite à Prangins. Il en sera question souvent. En mai 1889, au cours du procès Boulanger-Rochefort-Dillon, le réquisitoire du procureur général Quesnay de Beaurepaire en mentionnera le bruit ; mais il déclarera qu'on n'a pu en avoir la preuve ; et les boulangistes nieront alors énergiquement. Ils protesteront avec indignation contre ce qu'ils appelleront « une invention ridicule et calomnieuse ». Or, ils la racontent aujourd'hui avec une absence de sens politique et moral, une sorte d'inconscience vraiment stupéfiante, sans même se rendre compte qu'une pareille démarche justifie les poursuites et appelle le peloton d'exécution.

On poussa le général chez les Orléanistes, chez les Jésuites, chez madame la duchesse d'Uzès, à laquelle ce *galant homme soutira* trois millions, soi-disant pour la propagande électorale, en réalité pour « faire la fête », selon l'expression d'un des promoteurs du boulangisme, M. Thiébaud. C'est merveille de voir avec quelle aisance le général se faisait tout à tous et suivait, sans les embrouiller, les divers fils de cette intrigue devenue bien vite une conspiration ; jouant, au milieu des partis, le rôle de don Juan ; allant de la brune à la blonde, prenant des engagements avec chacun, faisant bon visage aux conservateurs comme aux révolutionnaires. Aux royalistes, il laisse espérer qu'il favorisera l'avènement du Comte de Paris ; à M. d'Andigné, chef des Blancs d'Espagne, il assure que jamais il ne travaillera pour les d'Orléans ; au prince Napoléon, il promet de ne pas laisser mettre en cause la République ; du reste parfaite nullité ; sans programme politique, sans vues arrêtées ; se laissant aller au courant des événements, gagné par le dernier qui lui parle, n'ayant qu'un objectif, l'argent pour dissiper en plaisirs. On a dit : « Un imbécile conduit par des gredins ». Général en fonction, inéligible, il se laisse porter à la députation. Le 26 février 1888, sa candidature inconstitutionnelle réunit de nombreux suffrages dans sept départements.

Le ministère Rouvier-Ferron étant impopulaire, les électeurs n'étaient pas fâchés de lui faire pièce.

Le Gouvernement furieux enlève son commandement à Boulanger et le met en retraite pour manque à la discipline (26 mars 1888).

V. — Ainsi frappé, Boulanger n'en était que plus intéressant. Dans ces duels d'un homme contre tout un Gouvernement, le Peuple, d'instinct généreux, prend toujours parti pour le faible. Les journaux de la cabale, l'*Intransigeant*, la *Presse*, la *Cocarde*, ne négligeaient rien pour entretenir l'agitation des esprits et mettre en relief leur idole. Boulanger, d'après eux, était le sauveur pur et sans tache qui devait ramener l'ère de la vertu; le conquérant devant lequel allaient fuir les Prussiens de Guillaume. Le 19 août 1888, une triple élection dans le Nord, la Somme et la Charente-Inférieure, donnait à l'adversaire du Gouvernement une force des plus menaçantes. Enfin, le 27 janvier 1889, les démocrates parisiens, en haine de Rouvier et de Ferry, et dans l'ignorance des menées ténébreuses de la Contre-Révolution, votèrent en masse pour Boulanger, qui obtint 245,000 suffrages contre 162,000 à son concurrent Jacques.

Comme je le fis observer à cette occasion dans mon journal *La Voix de Paris*, ce n'est pas pour le général Boulanger lui-même que la grande majorité des travailleurs de la Seine vota; c'est contre les traîtres de Septembre, toujours en place, et qui avaient perdu la pudeur au point de faire placarder sur les murs ces mots sinistres : « Pas de Sedan ! » ; c'est contre l'impuissance et les provocations du pouvoir; contre la candidature officielle et la coalition des appétits opportunistes. Il était par trop fort de vouloir, sur le nom de Jacques, glorifier Ferry, absoudre le Tonkin et passer l'éponge sur le pillage des deniers publics !

VI. — Le 27 janvier au soir, le général Boulanger, fort de ses

245,000 suffrages, pouvait enlever le Gouvernement et coucher à l'Élysée. Il le pouvait le lendemain, en donnant rendez-vous à ses partisans, place de la Concorde, devant le Palais Législatif. Les soldats de Saussier, gouverneur de Paris, auraient hésité à faire feu sur la foule acclamant son élu. Boulanger n'eut pas l'audace de la situation. Il manqua de courage. De ce moment, au lieu de manœuvrer avec prudence et de préparer dans l'ombre la ruine de ses ennemis, il se plut à les provoquer par d'incessantes menaces. Le prince-président Louis Bonaparte agissait avec une tout autre circonspection en 1851. L'hôtel de la rue Dumont-d'Urville devint le centre de manifestations bruyantes. Les délégations succédaient aux délégations. Une Ligue dite des *Patriotes* faisait retentir nuit et jour les rues environnantes de ses insupportables clameurs. Quand le général sortait, des affidés de *service* se précipitaient sur ses pas et couraient derrière sa voiture en criant : « Vive Boulanger ! A bas les voleurs ! »

Il était facile de prévoir que les parlementaires, menacés à tous instants d'être envoyés, les uns à Poissy, les autres en Nouvelle-Calédonie, prendraient leurs mesures. Accusés de vol, ils traitèrent à leur tour le Général de voleur et le traduisirent, avec MM. Rochefort et Dillon, devant une Haute-Cour de Justice, pour complot contre la République et concussion (avril 1889).

Boulanger ayant été ministre sous Grévy, les malversations dans le trésor de guerre étaient probables. Grévy et Wilson trafiquant sur les décorations, pourquoi Boulanger n'aurait-il pas trafiqué sur les fournitures ? Comme, en outre, l'ex-général avait à son avoir l'entrevue de Prangins, il fit sagement de prendre le large avec ses co-associés, Rochefort et Dillon. Tous trois furent condamnés par contumace à la déportation dans une enceinte fortifiée.

VII. — En exil, les complices se livrèrent plus complètement à la Réaction, en vue des prochaines élections générales. Il fallait de l'argent. Les trois millions *soutirés* à la duchesse d'Uzès étaient dévorés : les Rochefort, les Dillon et les Laguerre ont les dents longues. A qui pouvait-on demander des subsides ? Au prince Napoléon ? On l'avait déjà tâté. Mais celui-ci, en homme d'esprit, n'avait offert à Boulanger que le sabre de son oncle, le Premier Consul. Et encore, comme Boulanger étendait la main pour saisir la précieuse relique (que Rochefort aurait convertie en espèces), le prince, se ravisant, replaça l'épée dans la panoplie. Boulanger s'étonnant :

« — Je vous remettrai ce sabre, dit le prince, le jour,

prochain évidemment, où vous aurez reconquis l'Alsace et la Lorraine. »

Il restait à sonder l'Église et le Comte de Paris. On négocia. Une entrevue fut ménagée par la duchesse d'Uzès, à Londres, hôtel Alexandra, à la fin d'août 1889, entre le général Boulanger et le chef de la famille d'Orléans. Un accord fut conclu. Les jésuites et les royalistes avancèrent successivement des fonds entre les mains de Dillon, devenu le caissier de la Contre-Révolution. En retour, Boulanger s'engageait à soutenir les candidats monarchistes.

Le chef de la Droite réactionnaire, M. de Mackau, prit la haute direction des élections. Et pendant que dans leurs journaux, les Rochefort et les Laguerre, faisant le jeu de l'Orléanisme, parlaient aux masses crédules de Progrès, de Vertu, de Revision et de *Referendum*, croquant à pleines dents l'argent des jésuites, de la duchesse d'Uzès et du baron prussien Hirsch, M. de Mackau donnait ses ordres et dressait les listes des candidats.

Accusé de s'être abouché avec le réactionnaire Auffray, voici comment a répondu M. Rochefort (*Intransigeant* du 15 septembre 1890) : « Il paraît que M. Auffray, que je ne connais que pour l'avoir reçu *deux fois* comme ancien ami de M. Laguerre, et dont, *après examen*, nous avons, du reste, combattu la candidature dans les Ardennes, a écrit au comte Dillon qu'il avait envoyé à Naquet, à Turquet, à moi, une circulaire signée de M. de Mackau et qui devait paraître le lendemain ou le surlendemain dans tous les journaux. »

M. Rochefort, qui d'abord soutenait n'avoir jamais rien eu de commun avec M. Auffray, avoue maintenant l'avoir reçu *deux fois*. C'était au moins une de trop. Et ce « *après examen ?* » Ne vaut-il pas son pesant d'or ? Après examen ! Si M. Auffray était venu me trouver pour me parler de sa candidature, tout aurait été vite *examiné* : Je lui aurais montré la porte.

Quand on demandait aux boulangistes d'où venait cet argent qu'on les voyait répandre à pleines mains, Boulanger disait qu'il recevait tous les matins, de tous les points de la France, d'innombrables lettres chargées ; Rochefort, des larmes dans la voix, déclarait qu'il avait mis en vente ses bronzes et ses tableaux de prix ; et Dillon, consterné, vous glissait dans l'oreille qu'il venait de porter au prochain Mont-de-Piété l'argenterie de sa grand'mère.

Le bon sens national, et, il faut le reconnaître, l'habileté et l'énergie du Ministre de l'Intérieur, M. Constans, eurent raison des manœuvres ténébreuses des réactionnaires et de républicains traîtres à la démocratie. C'est à peine si, le 22 septembre 1889, la Coalition put faire passer 170 candidats.

VIII. — L'aventure boulangiste, la chose est désormais éclatante comme la lumière, fut en réalité un complot de Droite, une espèce de Seize-Mai, avec des républicains en plus comme atouts. La Réaction avait mis sur le devant de l'entreprise deux ou trois douzaines de démocrates bien marqués, facilement reconnaissables à leur silhouette, le nez bourgeonnant de Laguerre, le dos méphistophélique de Naquet, le toupet prétentieux de Rochefort.

Pauvre marquis, égaré dans la démocratie ! Les blancs sont toujours les blancs ! En 1868, sous prétexte qu'il attaquait l'Empire, la démocratie, toujours facile, l'acclama. C'est ainsi qu'elle acclama Trochu, pour une brochure sur l'armée ; Gambetta, pour des invectives débitées dans un prétoire contre le Deux-Décembre ; Bazaine, parce qu'il dépossédait Napoléon III du commandement en chef ; et de nouveau Trochu parce qu'il avait permis, au Quatre-Septembre, l'envahissement du Corps Législatif. Rochefort, que sa pièce *La Vieillesse de Brididi* avait peut-être insuffisamment préparé au maniement des destinées d'un pays, entra avec Trochu au Gouvernement de la Défense. Nous l'avons vu, vaudevilliste jusqu'au bout, présider l'inénarrable Commission des Barricades, dont nous avons déjà parlé.

Jusqu'au 31 octobre *inclusivement*, il couvrit Trochu de sa néfaste popularité, refusant malgré les adjurations de Gustave Flourens, de quitter l'Hôtel de Ville, repaire de mensonges et de trahisons. Soutenenur de Trochu en 1870, il le fut de Boulanger en 1889. C'est décidément une spécialité ; le *marquis* travaille dans l'armée ; *il tient* les soudards. Si le général Boum existait, M. de Rochefort ferait campagne en sa faveur !...

Le *marquis* Rochefort, se défendant d'avoir été vendu, répond victorieusement : « Venez voir mes livres ! » Ce sont ses poches qu'il faudrait explorer.

Le plus amusant est Laguerre. Sommé de s'expliquer sur les fonds versés par la duchesse d'Uzès, il envoie à cette dernière ses plus affectueux remerciements. Ainsi il la remercie, de quoi ? D'avoir donné trois millions pour restaurer l'orléanisme ! En voilà un démocrate !

Quel monde, mon Dieu, quel monde ! Et dire que toutes les histoires se ressembleraient si on les écrivait avec la même scrupuleuse exactitude.

IX. — Les membres du parti boulangiste en décomposition se

sont jetés des injures à la tête. Boulanger a traité Dillon de chevalier d'industrie; Mermeix a été appelé renégat; Naquet a flétri la fuite honteuse de Boulanger sur Bruxelles; Laguerre est un traître. Rochefort continue, malgré tout, à faire campagne pour le brav' général. Il croit encore aux vertus du cheval noir. Il y a beau jour que la meute boulangiste l'a mangé. Réfugié à Londres, il a fait annoncer solennellement, *urbi et orbi*, dans son *Intransigeant* du 15 novembre 1890, qu'il a dîné avec Boulanger. Il s'illusionne singulièrement s'il croit soulever l'enthousiasme par une chevaleresque fidélité au malheur.

Le 2 janvier 1888, le général Boulanger a quitté son poste pour aller conspirer à l'étranger, en Suisse, avec le prince proscrit Jérôme Bonaparte, démarche que le *marquis* Rochefort appelle une *erreur*, mais qui, selon nous et selon bien d'autres, relève, et sans phrases, du peloton d'exécution.

Le même général s'est abouché en août 1889, à Londres, avec le prince prétendant proscrit, Philippe d'Orléans. Il a engagé avec ce dernier une action commune en vue d'arriver à la formation d'une majorité de députés hostile à l'ordre de choses républicain.

Le général Boulanger a touché dans ce but des sommes énormes.

M. de Rochefort, très sévère quand il s'agit de MM. Constans et Rouvier, a des trésors d'indulgence pour Boulanger. Il insère dans son *Intransigeant*, devenu le journal des mécontents et de la contre-révolution, la prose de cet immonde personnage. Il dîne avec lui. Il s'en fait gloire. Il raille agréablement MM. Clémenceau, Pelletan et les rédacteurs de la *Justice*, qui ne sauraient comprendre d'aussi généreux sentiments, et tournent le dos *au malheur*.

Tout cela serait très beau si, en effet, Boulanger était un de ces grands proscrits comme Ledru-Rollin, Barbès ou Blanqui, dont la vie entière ne fut qu'un long dévouement à la démocratie. Alors les rédacteurs de la *Justice*, M. Clémenceau en tête, et ceux de la *Lanterne*, M. de La Forge compris, devraient être énergiquement réprouvés et signalés à l'indignation de l'histoire.

Mais comme il s'agit de Boulanger, c'est-à-dire d'un soudard sans valeur comme sans convictions, qui s'est vendu à tous offrants, la question change de face. Il s'agit de savoir si l'honneur véritable et le devoir ne commandent pas de le répudier. Lorsqu'un scélérat est démasqué, lui rester fidèle n'est rien moins que méritoire. Cela ne prouve qu'une chose, c'est qu'on a été son complice et qu'on ne peut se dégager. Cela ne s'appelle plus du courage; cela porte un autre nom : c'est du cynisme.

Tout le monde est absolument édifié et sur Boulanger et sur Rochefort, vendus tous deux en 1888, à la contre-révolution, et qui ont entraîné, au 27 janvier 1889, dans un vote antirépublicain, une foule de travailleurs qui, comme nous-même, ignoraient l'évolution de ces deux personnages et croyaient à leur loyauté.

Qu'importe aujourd'hui que dans son *Intransigeant*, un démocrate de hasard, ancien souteneur de Trochu, percé à jour et démonétisé, attaque Ferry? Venant d'un traître, quelle autorité peuvent avoir ces attaques? Et qui prône-t-on? Boulanger! Un immonde soudard!

La démocratie française ne veut pas plus de Boulanger que de Ferry.

X. — L'aventure boulangiste contient un grave enseignement. Elle met en pleine lumière la haine des partis monarchiques, toujours aussi ardents contre la République et ne regardant pas à l'instrument qui pourra les aider à la renverser. A ce sujet, l'article publié le 2 septembre 1890, par le moniteur de l'obscurantisme, *l'Univers*, est des plus significatifs :

> La majorité des conservateurs, après avoir combattu vivement le ministre de la guerre proscripteur des princes, le politicien radical, instrument de M. Clémenceau, ralentirent le feu, puis le cessèrent, et, en fin de compte, posant les armes, firent des vœux plus ou moins manifestes pour le succès de l'aspirant dictateur.
>
> Eh bien, ceux-là, nous le déclarons à la presse républicaine, ceux-là n'ont nullement à rougir de leur conduite, ils n'ont aucunement à la regretter. Qu'on le sache, au besoin même, ils recommenceraient, — avec un autre, cela va sans dire! Le *Temps* peut se voiler la face, c'est ainsi!
>
> En deux ou trois circonstances pour le moins, le général Boulanger pouvait monter à cheval avec des chances très sérieuses d'être conduit, par le peuple, tout droit à l'Élysée.
>
> Voilà donc un homme en situation de renverser une République dont le plus doux et le continuel passe-temps est de molester les conservateurs, de persécuter les catholiques. Et les conservateurs, les catholiques, auraient pu se retenir de faire des vœux pour cet homme !...
>
> D'autant plus que le rôle de M. Boulanger consistait, dans l'idée de ces conservateurs et catholiques, à déblayer seulement le terrain. Ils lui croyaient assez de courage pour démolir; ils ne lui croyaient point assez de principes, d'intelligence, de capacité gouvernementale pour construire. Ils se trompaient en ce qui concerne le courage; tout prouve aujourd'hui qu'ils ne se trompaient point en ce qui concerne l'absence de principes et de capacité.
>
> Que les hommes du régime actuel y prennent garde! Ce sont eux qui avaient fait Boulanger. S'ils continuent la même politique, elle produira les mêmes résultats. Ils referont Boulanger, sous un autre nom.
>
> Et tout le monde ne saute pas dans le train de Bruxelles à la première alerte.
>
> PIERRE VEUILLOT.

La menace n'est même pas déguisée. Après vingt ans de République, les cléricaux ont encore le verbe assez haut. Sitôt que l'occasion s'en présentera, ils donneront un nouvel assaut au gouvernement démocratique. Les royautés et les empires ont disparu ; seule l'Eglise est restée debout au milieu des ruines. Les Réactionnaires ont un trait d'union commun, le cléricalisme. Avant d'être légitimistes, orléanistes ou bonapartistes, ils sont d'abord cléricaux. C'est dans le sein de l'Église que s'élaborent les ténébreuses combinaisons qui, à intervalles, menacent le monde moderne. En 1889, le clergé français, sur un ordre parti du Vatican, a forcé les conservateurs à aller à Boulanger, malgré les lettres de ce dernier au duc d'Aumale, malgré l'incorporation des séminaristes dans l'armée et *les curés sac au dos*. L'Eglise est prête à s'allier à quiconque lui semble en posture de briser la Révolution. Au besoin elle se dira républicaine, et avec le cardinal Lavigerie, fera jouer *La Marseillaise*.

XI. — Je touche à l'extrême limite des événements contemporains. Aller plus loin serait tomber dans la polémique et faire du journalisme. Le moment est arrivé de clore ce travail. On me rendra cette justice que j'ai tenu la promesse faite dans ma préface. Aucun parti n'a trouvé grâce devant moi. C'est qu'en effet je n'en ai rencontré sur ma route aucun qui fût uniquement inspiré du bien public et du Progrès. Les gouvernements de ce siècle ont défilé ici avec leurs vices et leurs plaies. Tous, monarchiques ou républicains, ont apparu avec les mêmes appétits, les mêmes passions, la même haine de la Démocratie.

Je l'ai dit dans ma *Politique Scientifique* et je crois l'avoir démontré dans cet ouvrage : c'est sur la peur du socialisme que pivote l'Histoire Contemporaine. L'opposition au pouvoir, faite par certains libéraux, fait antithèse au gouvernement, mais est loin d'être l'ennemie du gouvernement. Guizot, Thiers, Dufaure, Grévy ne gouvernent pas en réalité autrement que les Bonapartes. La forme seule est changée. Les réformes radicales, l'impôt sur le revenu, l'abaissement des tarifs, l'impôt sur la rente, les épouvantent également ; et malgré l'ardeur de leur polémique les uns contre les autres, leur système à tous est le même.

Qu'on y prenne garde! Le mot de République ne saurait tenir lieu éternellement de programme de gouvernement, ni compenser pour le peuple les augmentations budgétaires qui s'accumulent tous les ans. Ce qu'il veut, c'est avoir du travail, c'est arriver à vivre honnêtement et confortablement. Dans une société qui inscrit sur les édifices le mot « *Égalité* », tous ont droit à un certain bien-être.

Nous avons dit aux masses : « Il n'y a pas de ciel! » Nous leur avons enlevé la consolation d'une vie à venir meilleure et l'espoir des joies paradisiaques. Je sais bien que nous ne leur avons pas pris grand'chose... Cependant il ne faut pas méconnaître le rôle que l'imagination et le sentiment jouent dans la vie humaine. Perdre une illusion, c'est perdre quelque chose. Je m'étonne que le Peuple n'ait pas encore exigé des félicités tangibles ; et que pour remplacer le ciel, mythe, il ne se soit pas rabattu sur la terre, qui est une réalité.

Les classes travailleuses, par le suffrage universel, maîtresses en principe du scrutin, en fait ne sont pas représentées. Cette situation fausse ne se prolongera pas longtemps. Le Peuple prend tous les jours plus conscience de ses droits. A des symptômes auxquels le penseur ne peut se méprendre, tout annonce un réveil social et l'apparition d'un nouvel ordre de choses. Le 1ᵉʳ mai 1890, les travailleurs d'Europe ont manifesté pacifiquement dans les rues des principales cités, pour la réduction de la journée de travail à huit heures. Une manifestation, sur un mot d'ordre commun aux nations européennes, est un fait de la plus haute gravité et que l'Historien considère comme l'indice de modifications profondes et peut-être prochaines de l'ordre social.

La Nature, poursuivant à travers les obstacles sa marche puissante, inéluctable, vers le Progrès, fait éclore des penseurs qui peu à peu dégagent l'inconnue et mettent à jour la nouvelle formule des sociétés futures. Les œuvres des grands philosophes remuent le monde plus profondément que les plus terribles prises d'armes d'une démocratie. Les idées et les principes, jetés pendant le dix-huitième siècle au vent populaire par les Encyclopédistes, allèrent, défiant les atteintes de l'obscurantisme, féconder le sol social. Au moment de l'explosion de Quatre-Vingt-Neuf, la Révolution était déjà opérée dans les esprits, grâce à Voltaire, Diderot, Kant, d'Alembert, d'Holbach, Condorcet, Helvétius et Rousseau. Au dix-neuvième siècle, les Comte, les Proudhon, les Quinet, les Karl Marx, les Lassalle, pionniers sublimes, portent la hache sur les abus et fraient passage à la civilisation nouvelle. Voilà les Sauveurs vers lesquels les peuples reconnaissants doivent éternellement se tourner! Quant à la cohue d'autocrates et de politiciens, Bonaparte, Trochu, Gambetta, Boulanger, repoussons du pied cette tourbe immonde. Arrière ces sauveurs qui n'ont jamais su que se sauver eux-mêmes! Que des écrivains de hasard et sans surface comme les Cassagnac ou les Rochefort les exaltent! Ils ne réussiront pas à faire prendre le change aux esprits clairvoyants et désintéressés qui d'abord analysent les actes et pèsent les choses et les hommes.

La politique n'aime pas les lettres, qui la démasquent et ramènent à leur vraie mesure les prétendus génies qu'on veut hisser au pinacle. Mais cette haine des parasites d'Etats, les lettres la leur rendent en dédain, sûres qu'elles sont, aujourd'hui comme dans les siècles passés, de remporter la victoire finale.

Merveilleuse puissance du style et de la pensée! Des peuples ont disparu, des empires se sont effondrés, de puissantes cités ont été recouvertes par l'herbe ou le sable des déserts; on cherche encore les champs où fut Troie! Mais des historiens, mais des poètes ont célébré dans des pages émues les drames de Babylone, d'Athènes, de Rome et de Lutèce. Ils ont raconté la chute de Pergame et celle de Jérusalem. Ils ont montré Annibal au sommet des Alpes marchant sur l'Italie, et les Croisés voguant vers la Terre-Sainte à travers les flots argentés du Bosphore. Et ces pages sont immortelles! Et ces drames nous remuent! Et les figures revivent et s'animent! Et l'on assiste aux formidables mêlées sous Ilion, au désespoir d'Andromaque à l'aspect d'Hector traîné par les coursiers d'Achille, à la mort de Socrate, aux conférences de Zénon sous le Portique, à l'entrée d'Alexandre dans Babylone, à la victoire d'Auguste au promontoire de Leucade, et aux grandes passes d'armes des chevaliers de la Table-Ronde. Et à dix siècles de distance, on entend encore, dans les gorges de Roncevaux, le cor de Roland, l'Olifant, dont les échos formidables, se prolongeant de vallon en vallon, vont faire tressaillir tout à coup sur leurs lourds étriers le grand Empereur Charles et les Paladins de l'avant-garde! Et dans les mouvements d'une idée généreuse, d'un principe vrai, d'une poésie vibrante, le Temps lui-même est vaincu. Là où s'effrite un bloc de granit, quelques lignes sur du papyrus défient les siècles.

Rien ne se fait sans les lettres, soit qu'on veuille abattre, soit qu'on veuille édifier. Il en sera de ces réputations improvisées à coups d'articles de journaux, comme d'un feu de paille et d'une étoile. A dix pas, le feu éclipse l'astre; mais à mesure qu'on s'éloigne, le premier n'est plus qu'une lueur blafarde, à peine perceptible dans le brouillard, pendant que l'étoile scintille au firmament, aussi pure et aussi radieuse. De même, reportons-nous à cent ans de distance : ces preux de la réclame, ces paladins d'opéra comique, ces grands hommes d'antichambres se seront éteints et auront sombré dans l'obscurité et le néant, tandis que l'on verra resplendir d'un éclat toujours égal, dans le ciel politique, les nobles figures des véritables défenseurs du Droit et de la Liberté!

TABLE

I.	Bonaparte	3
II.	Waterloo	8
III.	La Restauration	15
IV.	Louis-Philippe	19
V.	Deuxième République	22
VI.	Le Prince-Président	31
VII.	Le Deux-Décembre	45
VIII.	L'Empire libéral	53
IX.	Hohenzollerns	66
X.	Le Plan Lebœuf	75
XI.	Le Quatre-Septembre	91
XII.	Troisième République	103
XIII.	Le Siège de Paris	113
XIV.	M. de Bismarck	117
XV.	Blanqui	125
XVI.	Flourens	134
XVII.	Le Comité central	141
XVIII.	Le Plan Trochu	148
XIX.	Le Plan Bazaine	160
XX.	Le Bourget	165
XXI.	Le Trente-et-Un Octobre	173
XXII.	Inaction	188
XXIII.	Le Plan Gambetta	199
XXIV.	Garibaldi	204
XXV.	Champigny	208
XXVI.	Le Plan Ferry	214
XXVII.	Le Bombardement	224
XXVIII.	Massacre de l'Hôtel de Ville	235
XXIX.	Capitulation	239
XXX.	Responsabilités	244
XXXI.	*Gloria Victis!*	249
XXXII.	Le Dix-Huit Mars	252
XXXIII.	La Commune	261
XXXIV.	Journées de Mai	269
XXXV.	M. Thiers	282
XXXVI.	La Fusion	295
XXXVII.	Le Seize-Mai	307
XXXVIII.	L'Opportunisme	323
XXXIX.	Carnot	342
XL.	Le Boulangisme	350

OUVRAGES DE L'AUTEUR :

I

HISTOIRE DE LA BASSE-RÉPUBLIQUE
(1870-1890)

II

LA RÉVOLUTION
poème

Création des dieux; les Religions; Quatre-Vingt-Neuf; la Bastille; les Montagnards; Napoléon-le-Dernier; le Vrai Dieu; la Science.

Neuvième édition, prix : 50 centimes.

Dixième édition, édition de luxe, imprimerie Jouaust, Gravures. Eau-forte de Dubouchet. Prix : 5 francs.

III

POLITIQUE SCIENTIFIQUE

Un volume in-16, 256 pages. Prix : 2 francs.

Ces ouvrages sont en vente à la librairie de *La Voix de Paris*, 155, rue Montmartre, Paris.

Page 74. *Lire* : Confisquent le peu de libertés qu'ils avaient laissées au peuple.

Paris. — Imp. N. Blanpain, 7, rue Jeanne.

www.ingramcontent.com/pod-product-compliance
Lightning Source LLC
Chambersburg PA
CBHW050545170426
43201CB00011B/1568